Verein für Geschichte und Altertumskunde Westfalens
Abteilungen Paderborn und Münster

Systematisches Verzeichnis der Veröffentlichungen

Festgabe
anläßlich des 150. Jahrestages
der Gründung des Vereins am 19. Juli 1824

Im Auftrag des Vereins
herausgegeben von Klemens Honselmann
bearbeitet von Gertrud Lüke

1981

VERLAG BONIFATIUS-DRUCKEREI PADERBORN

ISBN 3 - 87088 - 298 - 0

Druck: Bonifatius-Druckerei Paderborn 1981

Vorwort

In den über 150 Jahren seines Bestehens hat der Verein für Geschichte und Altertumskunde Westfalens mehrere Zeitschriften und andere wertvolle Veröffentlichungen herausgegeben. Schon bald war die Menge des Erarbeiteten so groß, daß ohne Hilfsmittel eine Übersicht nicht möglich war. 1885 hat Wilhelm Diekamp ein systematisches Verzeichnis der Aufsätze und Mitteilungen in Wigands Archiv und in der Westfälischen Zeitschrift in einem Heft von 60 Seiten zusammengestellt. Es ist längst überholt, kaum noch bekannt und nicht mehr zu haben. In anderer Weise hat dann Alois Bömer den reichen Inhalt der Bände 1-75 der Westfälischen Zeitschrift in einem Historisch-Geographischen Register erschlossen, das zunächst für die Bände 1 – 50 in drei Teilen, später für die Bände 51 – 75 in zwei Teilen erschien. Darin sind die in den Beiträgen vorkommenden Personen, Orte und Sachen nachgewiesen. Diese Verzeichnisse sind auch heute noch bekannt und als Hilfsmittel unentbehrlich.

Dieses Systematische Verzeichnis soll die von Bömer geschaffenen Register durch eine Übersicht über die Themata, die in den Veröffentlichungen des Vereins bearbeitet worden sind, ergänzen. Erfaßt sind die bis 1975 erschienenen Veröffentlichungen, deren Bibliographie am Anfang des Bandes geboten ist. Das Werk sollte zum 150. Jahrestag der Vereinsgründung erscheinen. Die Bearbeitung nahm aber bei dem Umfang des Materials und infolge anderweitiger Beanspruchung des Herausgebers bedeutend längere Zeit in Anspruch. Die beiden Abteilungen des Vereins bieten mit dieser Jubiläumsgabe den Mitgliedern, soweit sie sich diese gewünscht haben, einen Wegweiser zu der Fülle der historischen Erkenntnisse, die in den Veröffentlichungen niedergelegt sind.

Paderborn, den 19. Juli 1981

Klemens Honselmann

Inhaltsverzeichnis

1. Teil

Bibliographie der Veröffentlichungen des Vereins und seiner Abteilungen und der Berichte über sein Wirken 1-117 11

2. Teil

Veröffentlichungen zu Personen 118-1049 29
Die Titel der Aufsätze, die Personen behandeln, sind nach den (fett gedruckten) Familiennamen, bzw. wo solche nicht in Frage kommen, nach den Rufnamen geordnet. Von Beruf, wissenschaftlicher oder künstlerischer Tätigkeit ist im 3. oder 4. Teil verwiesen.

3. Teil

Veröffentlichungen zu Orten oder Landschaften 1050-2321 73
Außer den Artikeln, die die Geschichte der Orte behandeln, sind auch solche über ortsgebundene Vorgänge und Sachen verzeichnet, sofern sie nicht unter Gesichtspunkten erörtert sind, die die Unterbringung im Sachregister erforderten. Den Städten Münster und Paderborn ist am Anfang eine Übersicht über die Ordnung der Titel beigegeben.

4. Teil

Veröffentlichungen von Sachen 175
Geschichtsvereine **2322**
Historische- und Altertumskommission **2355**
Urkunden **2359**
    Fälschungen, Papsturkunden, Bischofs- und Abtsurkunden, andere Urkunden
Handschriften, Inschriften **2443**
Archive **2453**, Bibliotheken
Siegel, Wappen **2472**, Münzen, Münzfunde
Museen **2505**
    Landesmuseum, Ausstellungen, einzelne Museen, Vereinigung westfälischer Museen
Denkmalpflege **2534**
    Allgemeines, Orgeldenkmalpflege, Anfänge der Denkmalpflege, Restaurierungen, Einzelobjekte, Bauforschung und Grabungen
Landschaften, Geologie **2584**
    Siedlungsgeschichte, Wüstungen, Geographie, Karten
Vorgeschichte **2607**
    Allgemeines, Begräbnisstätten, Urnenfunde, Einzelfunde, Bodenaltertümer
Germanen **2683**
Römerzeit **2710**
Geschichtsforschung **2750**

Deutsche Geschichte 2755
Westfälische Geschichte 2777
   Allgemeines, Juden, Gelehrte und Schriftsteller, Kriege, Westfälischer Friede, Siebenjähriger Krieg, Neueste Zeit, Wirtschaftsgeschichte
Kirchengeschichte 2929
   Allgemein, Liturgie, Heiligenkult, Reformation, Wiedertäufer, Klöster und Orden, Bruderschaften, Volksreligiösität, Schützenwesen
Bildung, Schulen 3018
Sprache 3037, Dichtung 3079
Recht 3089
   Femgerichte, Freigrafschaften, Freigerichte
Verfassung, Verwaltung 3165
Handel 3178
   Ostseeländer, England, Niederlande
Kirchliche Kunst 3221
   Allgemein, Kirchen, Monumental- und Bauplastik, Grabplatten, Wandmalerei, Glasmalerei, Bildwerke, Barockzeit, Tafelmalerei
Profanbau 3345
   Burgen, Schlösser, Rathäuser, Wohnbauten, Barockbaukunst, Baumeister
Glocken 3381
Orgeln 3387
Musik 3394
Kunstgewerbe 3400
   Gold, Silber, Elfenbein, Werke und Meister, Buchdruck, Buchkunst, Kunsthandwerk
Mensch, Familie, Arbeit 3462
   Gesundheitspflege, Jagdwesen-Waffen, Familienkunde, Bauerntum, Handwerk, Sagen, Legenden, Brauchtum, Volks- und Heimatkunde

5. Teil

Verzeichnis der Autoren 237

Zur Benutzung des Registers

Dem systematischen Register geht voran eine Bibliographie sämtlicher Veröffentlichungen des Vereins und seiner Abteilungen, in der auch die im Laufe der Jahre verschiedene Erscheinungsweise zu erkennen ist.

Dieser Bestandsaufnahme folgt die systematisch geordnete Verzeichnung der Verfasser und der Titel der Einzelwerke und der in Sammelausgaben und Zeitschriften veröffentlichten Abhandlungen mit ihrem Fundort.

Für die Zeitschriften stehen Siglen, die unten aufgelöst sind.

Die Titel sind fortlaufend, beginnend schon mit den Einzel- und Sammelwerken in der Bibliographie, gezählt. Die Ziffern stehen **fett** gedruckt am Anfang, in den Verweisen und im Autorenverzeichnis, in denen sie als Findnummer wiederkehren, am Ende.

Die Titel sind in drei Gruppen geordnet: Personen, Orte und Sachen. Jeder Titel ist nur einmal vollständig aufgeführt.

Im allgemeinen sind für die Einordnung nur die Titel maßgebend gewesen. Ausnahmen sind gemacht, wenn ein Titel sachlich ergänzungsbedürftig erschien oder in Abhandlungen eine Reihe von Personen, Orten oder Objekten unter besonderen Überschriften eingehend behandelt war. In solchen Fällen wurden an der zukommenden Stelle entsprechende Hinweise gemacht.

Die Aufnahme von Rezensionen, die in den Zeitschriften des Vereins erschienen sind, geschah in der Absicht, heimatgeschichtliche und wissenschaftliche Arbeiten durch Hinweis auf anderweitige Studien zu Themen der westfälischen Geschichte zu fördern.

Von P. Wigand sind in seinem Archiv, von J. Bauermann und Th. Rensing (vielfach anonym) in der Zeitschrift Westfalen Hinweise auf Dokumente und auf historisch oder kunstgeschichtlich wertvolle Funde gemacht worden. Sie sind an den zutreffenden Stellen berücksichtigt.

Das am Ende des Bandes gebotene Autorenregister soll das Auffinden von Aufsätzen, deren Verfassername dem Benutzer bekannt ist, durch die beigegebene Findnummer erleichtern. Bei Verfassern mehrerer Aufsätze sind Stichworte aus den Titeln hinzugesetzt.

Es ist versucht worden, auch die Lebensdaten und den Beruf der Autoren beizugeben. Die dazu notwendigen Erkundigungen sind allerdings nur teilweise gelungen.

Siglen:
- A   Wigands Archiv
- J   Jahrbücher (in A)
- WZ   Westfälische Zeitschrift
- W   Westfalen
- H   Die Heimat, Brilon
- D   Denkmalpflegebericht
- Rez.   Rezension
- WW   Werke

1. Teil

Bibliographie der Veröffentlichungen des Vereins,
seiner Abteilungen und der Berichte
über sein Wirken

Archiv für Geschichte und Alterthumskunde Westphalens
Im Namen des Vereins herausgegeben von Dr. Paul Wigand
Beilagen: Jahrbücher der Vereine für Geschichte und Altertumskunde

I. Bd 1825/26	Heft 1-4	(einzeln paginiert)
II. Bd 1827/28	1-4	(einzeln paginiert)
III. Bd 1828/29	1-2	S 1-228; Heft 3-4 S 1-253
IV. Bd 1829/31	1-4	S 1-482
V. Bd 1831/32	1-4	S 1-434; Jahrbücher No 1-4 S 1-124
VI. Bd 1832/34	1-4	S 1-428 Jahrbücher No 1-4 S 1-128
VII. Bd 1835/38	1-4	S 1-370 Jahrbücher No 1-4 S 1-128

Westfälische Zeitschrift
Zeitschrift für vaterländische Geschichte und Altertumskunde
Herausgegeben von dem Verein für Geschichte und Altertumskunde Westfalens durch dessen Direktoren:

Band		
1- 5	Meyer	Erhard
6- 7	Erhard	Gehrken
8-12	Erhard	Rosenkranz
13-16	Rosenkranz	C. Geisberg
17-18	C. Geisberg	Giefers
19	Giefers	Hölscher
20-25	Giefers	H. Geisberg
26-30	Giefers	Rump
31-32	Giefers	Hechelmann
33-35	Giefers	H. Geisberg
36-38	Giefers	Beckmann
39-52	Tibus	Mertens
53-56	Mertens	Finke
57-62	Mertens	Pieper
63-66	Pieper	Kuhlmann
67-80	Schwarz	Linneborn
81	Schmitz-Kallenberg	Linneborn
82	Linneborn	Schmitz-Kallenberg
83-84	Schmitz-Kallenberg	Wurm
85	Eitel	Wurm
86-93	Wurm	Eitel
94-96	Eitel	von Lüninck
97-100	Eitel	Fuchs
101-104	Zuhorn	Fuchs
105-113	Zuhorn	Honselmann
114-121	Honselmann	Prinz
122-125	Honselmann	Hartlieb von Wallthor

1929 wurde der Obertitel Westfälische Zeitschrift dem bisherigen Titel vorangesetzt.
Die Beiträge der beiden Abteilungen Paderborn und Münster sind von Band 29 an getrennt herausgegeben, zunächst mit eigener Paginierung, von Band 100 an durchlaufend paginiert.
Es erschienen:

Band							
1	1838	31	1873	61	1903	91	1935
2	1839	32	1874	62	1904	92	1936
3	1840	33	1875	63	1905	93	1937
4	1841	34	1876	64	1906	94	1938
5	1842	35	1877	65	1907	95	1939
6	1843	36	1878	66	1908	96	1940
7	1844	37	1879	67	1909	97	1947
8	1845	38	1880	68	1910	98/99	1949
9	1846	39	1881	69	1911	100	1950
10	1847	40	1882	70	1912	101/102	1953
11	1849	41	1883	71	1913	103/104	1954
12	1851	42	1884	72	1914	105	1955
13	1852	43	1885	73	1915	106	1956
14	1853	44	1886	74	1916	107	1957
15	1854	45	1887	75	1917	108	1958
16	1855	46	1888	76	1918	109	1959
17	1856	47	1889	77	1919	110	1960
18	1857	48	1890	78	1920	111	1961
19	1858	49	1891	79	1921	112	1962
20	1859	50	1892	80	1922	113	1963
21	1861	51	1893	81	1923	114	1964
22	1862	52	1894	82	1924	115	1965
23	1863	53	1895	83	1925	116	1966
24	1864	54	1896	84	1927	117	1967
25	1865	55	1897	85	1928	118	1968
26	1866	56	1898	86	1929	119	1969
27	1867	57	1899	87	1930	120	1970
28	1869	58	1900	88	1931	121	1971
29	1871	59	1901	89	1932	122	1972
30	1872	60	1902	90	1934	123	1973
						124/125	1975

Verzeichnis der im Archiv und in der Westfälischen Zeitschrift bis 1885 veröffentlichten Aufsätze und Mitteilungen (Diekamp) WZ 42, Beilage. 59 S.

Historisch-geographisches Register, bearbeitet von A. Bömer
zu Bd 1-50: 1. Bd A-G (1903)   zu Bd 51-75: 1. Bd A-K (1930)
        2. Bd H-M (1905)   2. Bd L-Z (1933)
        3. Bd N-Z (1906)

Westfalen – Hefte für Geschichte, Kunst und Volkskunde
   [Untertitel:]
1909-1925 Mitteilungen des Vereins für Geschichte und Altertumskunde Westfalens und des Landesmuseums der Provinz Westfalen
1927-1933 Mitteilungen des Landesmuseums der Provinz Westfalen und des Vereins für Geschichte und Altertumskunde Westfalens
ab 1934   Hefte für Geschichte, Kunst und Volkskunde

Band	Jahr	Heft	Band	Jahr	Heft	Band	Jahr	Heft
1	1909	1-4	18	1933	1-6	35	1957	1-3
2	1910	1-4	19	1934	1-6	36	1958	1-3
3	1911	1-4	20	1935	1-6	37	1959	1-3
4	1912	1-4	21	1936	1-6	38	1960	1-3
5	1913	1-4	22	1937	1-6	39	1961	1-3
6	1914	1-4	23	1938	1-6	40	1962	1-3
7	1915	1-4	24	1939	1-6	41	1963	1-4
8	1916	1-4	25	1940	1-6	42	1964	1-4
9	1918	1-4	26	1941	1-6	43	1965	1-4
10	1919	1-4	27	1948	1-3	44	1966	1-4
11	1921/22	1-4	28	1950	1-3	45	1967	1-4
12	1924/25	1-4	29	1951	1-3	46	1968	1-4
13	1927	1-4	30	1952	1-3	47	1969	1-4
14	1928	1-4	31	1953	1-3	48	1970	1-4
15	1930	1-6	32	1954	1-3	49	1971	1-4
16	1931	1-6	33	1955	1-3	50	1972	1-4
17	1932	1-6	34	1956	1-3	51	1973	1-4
						52	1974	1-4
						53	1975	1-4

Westfälische Bibliographie

W	2	S 21-28,	46-59	für	1909
	3	Beilage S	1-30		1910
	4	„	1-32		1911
	5	„	1-39		1912
	8	„	1-70		1913, 1914, 1915
	9	„	1-37		1916, 1917
	10	„	I-VIII		1919

Rensing: Zum 50jährigen Bestehen der Zeitschrift Westfalen. W 38,1-11

Die Heimat

Zwanglose Veröffentlichungen der Sonderabteilung Brilon. Im Auftrage des Vorstandes herausgegeben von Oberlehrer Josef Rüther, Brilon. – Beilage zur Sauerländer Zeitung.

1.	Jg 1913	Nr. 1- 8	5.	Jg 1922	Nr 1-8
2.	1914	1- 7	6.	1923	1-8
3.	1920	1-12	7.	1924	1-5
4.	1921	1-12			

Aus alter Zeit
Zeitschrift der Sonderabteilung Ahaus, 1903, monatlich.

Erwähnt in: WZ 61,229; 62,263; 63,275; 64,282

Festgaben

Festschrift
zum hundertjährigen Bestehen des Vereins für Geschichte und Altertumskunde Westfalens 1824-1924 WZ 82

Festgabe zum hundertfünfzigjährigen Bestehen des Vereins für Geschichte und Altertumskunde Westfalens 1824-1974 (1975) WZ 124/125

Von Asseburg zu Hinnenburg, Graf Dietrich, gewidmet:
Beiträge zur Geschichte Westfalens. 1866. **84**

Bömer, Alois
Zum 70. Geburtstag (1938) W 23 Heft 1

Franz von Fürstenberg
Aus Anlaß seines 150. Todestages (1960) Festschrift W 39

Geisberg, Max
Zum Gedenken. Festheft W 20 S 107

Gehrken, Franz Joseph
Ansprache zu dessen Amtsjubelfeier von H. A. Erhard (1844) WZ 7,266-271

Honselmann, Klemens
Zum 70. Lebensjahr (1970) W 40

Von Lüninck, Ferdinand Freiherr
Zum 50. Geburtstag (1938) W 23 H 2

Nissen, Robert
Zum 75. Geburtstag (1967) W 45 H 2/3

Philippi, Friedrich
Zum 75. Geburtstag (1928) W 14

Prinz, Joseph
Zur Vollendung des 65. Lebensjahres (1971) W 51

Rensing, Theodor
Zum 65. Lebensjahr (1959) W 37

Rothert, Hermann
Zum 80. Geburtstag (1955) WZ 105

Seibertz, Johann Suitbert
Zum 50jährigen Dienstjubiläum gewidmet: Giefers, Die Anfänge des Bistums Paderborn. 1860. **83**

Vom Stein, Heinrich Friedrich Reichsfreiherr
Zu seinem 200. Geburtstag (1957) WZ 107

Von Westphalen, Graf Clemens
gewidmet: Beiträge zur Geschichte Westfalens. 1874. **85**

Zuhorn, Karl
Zum 75. Geburtstag (1962) W 40

Chronik der Abteilung Paderborn

A	I	1,	1- 10					
A	I	2,	106-109					
A	II	1,	87- 92	-	J (1831)	1,		3
		2,	211-216	-		2,	33-	46
		4,	395-405	-		4,	97-103	
A	III	2,	203-213	-	J (1833)	4,	98-104	
		4,	202-207	-	J (1835)	1,	1-	5
A	IV	3,	341-345	-	J (1836)	3,	71-	74
		1,	115-119	-		3,	91-	95

WZ	1		323-326	WZ	50	II	167	WZ	86	II	249-256
	2		335-337		51	II	137-143		87	II	209-219
	3		129-133		52	II	152-156		88	II	160-164
	4		329-333		53	II	140-147		89	II	225-230
			352-360		54	II	437-440		90	II	207-217
	5		358-363		55	II	181-190		91	II	206-212
	6		301-309		56	II	182-190		92	II	180-189
	7		265-277		57	II	229-238		93	II	203-206
	8		327-352				239-252		94	II	297-304
	10		220-234		58	II	234-240		95	II	79- 82
	11		370-376		59	II	214-220		96	II	93- 99
	12		382-387		60	II	232-236		97	II	80- 86
	13		344-350		61	II	216-222		98/99	II	87- 93
	14		369-372		62	II	236-241		100		379-400
	15		408-411		63	II	207-214		101/102		455-461
	16		376-379		64	II	177-181		103/104		354-358
	17		360-370		65	II	223-226		105		249-253
	18		372-379		66	II	195-198		106		449-459
	19		369-375		67	II	255-259		107		429-441
	21		588-596	W	2		29; 62		108		397-408
	22		376-379	WZ	68	II	287-291		109		369-388
	23		371-376		69	II	377-383		110		363-371
	24		396-401		70	II	430-436		111		345-359
	25		399-402	W	4		108		112		351-372
	26		360-365	WZ	71	II	256-265		113		467-477
			370-377	W	5		113		114		361-377
	27		378-383	WZ	72	II	212-218		115		521-530
	28		385-388		73	II	266-267		116		191-203
	29	I	193-199*		74	II	221-222		117		363-375
	39	II	192-198		75	II	163-164		118		399-411
	40	II	163-167		76	II	218-221		119		429-440
	41	II	212-218		77	II	197-201		120		479-488
	42	II	179-185		78	II	75- 81		121		467-475
	43	II	162-168		79	II	125-128		122		303-310
	44	II	186		80	II	78- 79		123		291-300
	45	II	186		81	II	72- 73		124/125		307-317
	46	II	201-209		82		IX-XXXVIII				
	47	II	197		83	II	179-186				
	48	II	211		84	II	163-172				
	49	II	184		85	II	223-230				

* Die Berichte in Bd. 30-38 fehlen

Jahresversammlungen der Abteilung Paderborn

Sie fanden zunächst in Paderborn statt. 1855 tagte man erstmals auswärts zur Teilnahme am Jubiläum von J. S. Seibertz in Arnsberg. Von 1860 an fanden die Jahreshauptversammlungen fast regelmäßig auswärts statt.

1855 Arnsberg	WZ 17,364	1925 Büren	W 83,182
1860 Soest	21,390	1926 Meschede	84,164
1861 Brilon	22,376	1927 Lippstadt	84,166
1862 Arnsberg	23,371	1928 Driburg	85,225
1864 Paderborn	24,396	1929 Warburg	86,252
1865 Werl (Mai)	25,399	1932 Geseke	89,227
1865 Brakel (August)	26,360	1934 Brakel	90,209
1867 Lippstadt	27,378	1935 Lippspringe	91,207
1868 Paderborn	28,385	1937 Driburg	92,181
1869 Höxter	82,XXVII	1949 Lippstadt	100,381
1880 Brakel	39,192	1952 Werl	101/102,460
1881 Paderborn	40,162	1955 Arnsberg	106,452
1882 Marsberg	41,212	1956 Beverungen	107,431
1883 Warburg	42,179	1957 Neuhaus	108,398
1884 Attendorn	43,163	1958 Warburg	109,371
1885 Büren	44,186	1959 Meschede	110,365
1886 Brilon	45,186	1960 Herzebrock	111,346
1888 Wiedenbrück	46,201	1961 Erwitte	112,353
1890 Soest	47,218	1962 Steinheim	112,355
1893 Warstein	51,140	1963 Corvey	113,469
1895 Höxter	53,143	1964 Niedermarsberg	114,364
1897 Olpe	55,184	1965 Büren	115,525
1901 Brilon	59,127	1966 Paderborn	116,193
1903 Lippstadt	61,219	1967 Attendorn	117,365
1905 Warburg	63,211	1968 Lügde	118,402
1908 Beverungen	66,197	1969 Schmallenberg	119,431
1910 Neheim, Arnsberg	68,289	1970 Brilon	120,481
1911 Büren	69,381	1971 Wiedenbrück	121,470
1912 Werl	70,434	1972 Brakel	122,306
1913 Paderborn	71,260	1973 Neheim-Hüsten	123,294
1922 Höxter	80, 74	1974 Paderborn	124/125,311
1924 Paderborn	83,180	1975 Werl	124/125,315

Mitglieder-Verzeichnisse

A	II	(1828)	4,	413-416	Mitglieder:	33 + 39 auswärtige
WZ	13	(1852)		356-359		122 (mit Münster)
	14	(1853)		377-379		127 (mit Münster)
	19	(1858)		384-387		119
	22	(1862)		384-388		122
	26	(1866)		370-377		259
	32	(1874)	II	161-168		265

WZ	37	(1879)	II	219-223	Mitglieder:	173
	40	(1882)	II	168-174		202
	46	(1888)	II	210		325
	57	(1899)	II	253-263		
	62	(1904)	II	242-252		391
	68	(1910)	II	292-308		467
	83	(1925)	II	187-208		693
	98/99	(1949)	II	94-103		
	124/125	(1975)		318-332		1051

Chronik der Abteilung Münster

A	I	3,	83- 86				
A	II	1,	93- 96	- J (1835)	1,	5- 7	
		4,	405-413	- J (1836)	3,	74- 87	
A	IV	1,	113-115	- J (1838)	4,	101-112	

WZ	1		79- 94	WZ	40	I	190-196	WZ	80	I	91- 92
	2		325-335		41	I	186-191		81	I	66- 67
	3		120-128		43	I	210-222		82	XXXIX-XLVI	
	4		322-328		44		197		84	I	230-237
	5		307-358		45		198		85	I	293-297
	6		282-300		46		213		86	I	257-265
	7		252-264		47		227		87	I	215-220
	8		315-332		48		236		88	I	238-242
			352-365		49		185		89	I	241-244
	10		207-219		50		195		90	I	355-362
	12		375-382		51		192-205		91	I	408-413
	13		351f.		52		233-237		92	I	219-223
	14		366-369		53		359-369		93	I	193-197
	15		403-407		54		208-213		94	I	239-242
	16		368-375		55		265-272		95	I	213-216
	17		371-378		56		139-147		96	I	227-231
	18		366-376		57		147-159		97	I	95-103
	19		376-380		58		277-288		98/99	I	149-153
	20		375-378		59		255-264		100		208-223
	21		384-387		60		201-210		101/102		292-298
	22		373-376		61		220-229		103/104		211-218
	23		365-370		62		254-264		105		99-101
	24		393-395		63		269-275		106		247-264
	25		393-398		64		276-283		107		235-251
	26		356-360		65		289-296		108		177-198
			365-369		66		175-183		109		211-224
	27		375-377	WZ	67		237-242		110		177-196
	28		372-384	W	2,		61		111		131-145
	30		351-367	WZ	68		366-372		112		191-202
	31	I	177-189		69		465-470		113		249-268
	32	I	196-201		70		311-317		114		201-216

33	I	166-170		71		502-509	115	259-279
34	I	180-185		72		333-335	116	145-167
35	I	153-157		73		241-245	117	67- 81
36	I	199-204		74		313-318	118	141-153
37	I	161-173		75		318-322	118	157-175
38	I	179-208		76	I	248-254	120	245-259
39	I	199-204		77	I	156-164	121	249-262
				78	I	86- 88	122	61- 71
				79	I	136-138	123	65- 78
							124/125	245-282

Jahresversammlungen der Abteilung Münster

Sie waren zunächst in Münster. Seit 1895 wurden sie auswärts abgehalten.
1892 September geplant, wegen Cholera ausgefallen.

1895	Warendorf	WZ	53,363	1965	Wiedenbrück	WZ	115,262
1896	Burgsteinfurt		54,211	1966	Bagno		116,148
1897	Coesfeld		55,268	1967	Münster		117, 72
1899	Rheine		57,152	1968	Beckum		118,145
1958	Warendorf		109,213	1969	Halle		119,161
1959	Coesfeld		110,179	1980	Greven		120,249
1960	Rheine		111,134	1971	Münster		121,253
1961	Lüdinghausen		111,135	1972	Bocholt		122, 64
1962	Ahaus		112,193	1973	Recklinghausen		123, 68
1963	Münster		113,252	1974	Ahlen		124/125,249
1964	Tecklenburg		114,206	1974	Massen		124/125,271

Mitglieder-Verzeichnisse

A	II	(1828)	4	416	Mitglieder:	21		
WZ	13	(1852)		356-359		122	(mit Paderborn)	
	14	(1853)		377-379		127	(mit Paderborn)	
	19	(1858)		381-384		151		
	22	(1862)		380-384		180		
	26	(1866)		365-370		198		
	31	(1873)	I	190-197		252		
	37	(1879)	I	165-173		106	+ 161	auswärtige
	44	(1886)	I	205		182	+ 138	auswärtige
	47	(1889)	I	237		206	+ 155	auswärtige
	51	(1893)	I	194-204		179	+ 151	auswärtige
	54	(1896)	I	221-228				
	58	(1900)	I	293-302		470		
	63	(1905)	I	276-286		500	„ungefähr"	
	67	(1909)	I	245-256		474		
	72	(1914)	I	336-346		520	„annähernd"	
	77	(1919)	I	165-176		590	„rund"	
	86	(1929)	I	266-283		630		
	98/99	(1949)	I	153-163				
	124/125	(1975)		283-306		1547		

Tag der Westfälischen Geschichte

1949	Lippstadt, 1./2. Oktober	WZ	100,209
1950	Brilon, 1./2. Juli		
1951	Höxter-Corvey, 30. 6./1. Juli		101/102,297
1952	Iserlohn, 18./19. Juni		101/102,298
1953	Minden, 4./5. Juli		103/104,217
1954	Münster, 3./4. Juli		105,101
1955	Paderborn, 2./3. Juli		106,250
1956	Hagen, 7./8. Juli		107,238
1957	Soest, 6./7. Juli		108,181
1958	Dortmund, 12./13. Juli		109,215

Ein Jahrzehnt Tag der Westfälischen Geschichte 1949-1958
Von Dr. Alfred Hartlieb von Wallthor. WZ 109,197-210

1959	Herford, 20./21. Juni	110,180
1960	Bocholt, 2./3. Juli	111,136
1961	Bochum, 1./2. Juli	112,194
1962	Siegen, 14./15. Juli	113,255
1963	Bielefeld, 6./7. Juli	114,207
1964	Altena, 4./5. Juli	115,263
1965	Lünen, 3. November	116,149
1966	Hattingen, 2./3. September	117, 69
1967	Detmold, 7./8. Oktober	118,144
1968	Arnsberg, 5./6. Oktober	119,160
1969	Gelsenkirchen, 28./29. Juni	120,247
1970	Hamm, 27./28. Juni	121,251
1971	Lemgo, 26./27. Juni	122, 63
1972	Attendorn, 17./18. Juni	123, 66
1973	Coesfeld, 11./12. August	124/125,248
1974	Paderborn, 20./21. Juni	124/125,248
1975	Münster, 20./21. September	124/125,270

Veröffentlichungen des Gesamtvereins

Westfälisches Urkundenbuch

Band I/II
1 Regesta historiae Westfaliae. Acced. Codex diplomaticus. Bearb. und hrsg. von Heinrich August Erhard.
Band I 1847, XVIII, 233 und 154 Seiten, 6 Tafeln
Band II 1851, 96 und 268 Seiten
Index zu Erhards Regesta historiae Westfaliae. Bearb. von Roger Wilmans. 1861. VII und 110 Seiten

2 Additamenta zum Westfälischen Urkundenbuch (860-1309). Bearb. von Roger Wilmans
Mit Orts- und Personenregister von Eduard Aander-Heyden. 1877. IV und 137 Seiten, 1 Tafel

3 Supplement zum Westfälischen Urkundenbuch. Bearb. von Wilhelm Diekamp. 1885. Lieferung 1 (bis 1019), 120 Seiten, 4 Tafeln

Band III
4 Die Urkunden des Bistums Münster 1201-1300. Bearb. von Roger Wilmans, 1859/1871. X, 953 und 37 Seiten
Personenregister. Bearb. von Eduard Aander-Heyden, 1876. VIII und 95 Seiten
Personenregister. Bearb. von Otto Weerth, 1921. VII und 154 Seiten

Band IV
5 Die Urkunden des Bistums Paderborn 1201-1300. Bearb. von Roger Wilmans (bis 1250) und Heinrich Finke, 1874/1894. IV, VI, VII und 1452 Seiten

Band V
6 Die Papsturkunden Westfalens bis zum Jahre 1378. Teil 1 (bis 1304). Bearb. von Heinrich Finke, 1888. XXXIV und 410 Seiten

Band VI
7 Die Urkunden des Bistums Minden 1201-1300. Bearb. von Hermann Hoogeweg, 1898. VII und 670 Seiten

Band VII
8 Die Urkunden des Kölnischen Westfalens 1200-1300. Bearb. vom Staatsarchiv Münster, 1901/1908. III und 1319 Seiten
Personen- und Ortsregister, 1919.
Seite 1321-1647

Band VIII
9 Die Urkunden des Bistums Münster 1301-1325. Bearb. von Robert Krumbholtz, 1908/1913. XIV und 878 Seiten

Die weiteren Bände sind herausgegeben von der Historischen Kommission Westfalens.
s. auch **2359ff.**

Codex traditionum Westfalicarum

Band I
10 Die Heberegister des Klosters Freckenhorst nebst Stiftungsurkunde, Pfründeordnung und Hofrecht. Hrsg. von Ernst Friedlaender. 1872. XVI und 224 Seiten. Fototechnischer Neudruck 1956

Band II
11 Die ältesten Verzeichnisse der Einkünfte des Münsterschen Domkapitels. Bearbeitet von Franz Darpe. 1886. XI und 308 Seiten. Fototechnischer Neudruck 1960

Band III
12 Die Heberegister des Klosters Überwasser und des Stiftes St. Mauritz. Bearbeitet von Franz Darpe. 1888. VIII und 329 Seiten. Fototechnischer Neudruck 1964

Band IV
13 Einkünfte- und Lehns-Register der Fürstabtei Herford sowie Heberollen des Stifts auf dem Berge bei Herford. Bearbeitet von Franz Darpe. 1892. XII und 476 Seiten. Fototechnischer Neudruck 1960

Band V
14 Verzeichnis der Güter, Einkünfte und Einnahmen des Ägidii-Klosters, der Kapitel an St. Ludgeri und Martini sowie der St.-Georgs-Kommende in Münster, ferner der Klöster Vinnenberg, Marienfeld und Liesborn. Bearbeitet von Franz Darpe. 1900. VIII und 461 Seiten. Fototechnischer Neudruck 1958
Weitergeführt von der Historischen Kommission Westfalens

Die westfälischen Siegel des Mittelalters

Band I
15 Abt. 1: Die Siegel des 11. und 12. Jahrhunderts und die Reitersiegel. Bearbeitet von Friedrich Philippi. 1882. 18 Seiten, Tafeln 1-19
Abt. 2: Die Siegel der Dynasten. Bearb. von Georg Tumbült. 1883. 40 Seiten, Tafeln 20-41

Band II
16 Abt. 1: Die Siegel der Bischöfe. Bearb. von Georg Tumbült. 1885. VIII und 14 Seiten, Tafeln 42-65
Abt. 2: Die Siegel der Städte, Burgmannschaften und Ministerialitäten. Bearb. von Georg Tumbült. 1887. VII und 23 Seiten, Tafeln 66-100

Band III
17 Die Siegel der geistlichen Corporationen und der Stifts-, Kloster- und Pfarrgeistlichkeit. Bearbeitet von Theodor Ilgen. 1889. VII und 36 Seiten, Tafeln 101-141

Band VI
18 Die Siegel von Adeligen, Bürgern und Bauern. Bearbeitet von Theodor Ilgen. 1894/1900. 38 und 75 Seiten, Tafeln 142-264

Westfalen — Sonderhefte

Mitteilungen des Vereins für Geschichte und Altertumskunde Westfalens, des Landesmuseums für Kunst und Kulturgeschichte, des Provinzialkonservators der Kunstdenkmale von Westfalen

Heft

19 1. Meier, J. P.: Werk und Wirkung des Meisters Konrad von Soest (1921)

20 2. Weißgerber, Otto: Die baugeschichtliche Entwicklung des alten Paulinums zu Münster (1921)

21 3. Hüer, Hans: Fürstbischof Christoph Bernhard von Galen und sein Baumeister Peter Pictorius (1923)

22 4. Roth, August: Die Städtewappen der Provinz Westfalen (1924)

23 5. Sommer, Johannes: Johann Koerbekke, der Meister des Marienfelder Altares von 1457 (1937)

24 6. Seiler, Harald: Die Anfänge der Kunstpflege in Westfalen (1937)

25 7. Habenicht, Hanna: Die Baugeschichte der Petrikirche in Soest (1939)

26 8. Bätjer, Friedr. Wilhelm: Das Landschloß Hüffe und Simon Louis Du Ry (1941)

27 9. Boedeker, Anton Adolf: Die Marktkirche St. Marien in Lippstadt (1941)

28 10. Petermeier: Die Stiftskirche zu Herdecke (1942)

29 11. Müller, Wilhelm: Die Nikolauskirche in Lemgo (1949)

30 12. Kluge, Dorothea: Gotische Wandmalereien in Westfalen (1959)

31 13. Landolt-Wegener, Elisabeth: Die Glasmalereien im Hauptchor der Soester Wiesenkirche (1959)

32 14. Schrade, Hubert: Die Vita des hl. Liudger und ihre Bilder (1960)

33 15. Mummenhoff, Karl E.: Die Profanbauten im Oberstift Münster von 1450-1650 (1961)

34 16. Kesting, Anna Maria: Anton Eisenhoit, ein westfälischer Kupferstecher und Goldschmied (1964)

35 17. Korn, Ulf Dietrich: Die romanische Farbverglasung von St. Patrokli in Soest (1967)

36 18. Bussmann, Klaus: Wilhelm Ferdinand Lipper. Ein Beitrag zur Geschichte des Frühklassizismus in Münster (1972)

37 19. Pieper-Lippe, Margarete: Zinn im südlichen Westfalen. Bis zum Anfang des 19. Jahrhunderts (1974)

38 20. Ellger, Claussen: Konservieren — Restaurieren. Zum Gedenken an Max Geisberg (1975)

Studien und Quellen zur Westfälischen Geschichte

Herausgegeben im Auftrage des Vereins für Geschichte und Altertumskunde Westfalens, Abteilung Paderborn, von Professor Dr. Klemens Honselmann

Band
39 1 Michels, Paul: Paderborner Inschriften, Wappen und Hausmarken (1957)

40 2 Nottarp, Hermann: Das katholische Kirchenwesen der Grafschaft Ravensberg im 17. und 18. Jahrhundert (1961)

41 3 Honselmann, Klemens (Hrsg.): Von der Domschule zum Gymnasium Theodorianum in Paderborn. Mit Beiträgen von: Doms, Hemmen, Hohmann, Honselmann, Lahrkamp, Schmitdinger, Schoppe, Segin, Tack (1962)

42 4 Specht, Gerhard: Johann VIII. von Nassau-Siegen und die katholische Restauration in der Grafschaft Siegen (1964)

43 5 Leidinger, Paul: Untersuchungen zur Geschichte der Grafen von Werl. Ein Beitrag zur Geschichte des Hochmittelalters (1968)

44 6 Cohausz, Alfred: Erconrads Translatio S. Liborii (1966)

45 7 Michels, Paul: Ahnentafeln Paderborner Domherren (1966)

46 8 Brockmann, Josef (Hrsg.): Karolus Magnus et Leo Papa. Ein Paderborner Epos vom Jahre 799. Mit Beiträgen von: Beumann, Brunhölzl, Winkelmann (1966)

47 9 Schoppmeier, Heinrich: Der Bischof von Paderborn und seine Städte (1968)

48 10 Schmitz, Karl-Josef: Grundlagen und Anfänge barocker Kirchenbaukunst in Westfalen (1969)

49 11 Kohlschein, Franz: Der Paderborner Liber Ordinarius von 1324 (1971)

50 12 Bannasch, Hermann: Das Bistum Paderborn unter den Bischöfen Rethar und Meinwerk (1972)

51 13 Hüser, Karl: Franz von Löher 1818-1892 (1972)

52 14 Henkel, Gerhard: Die Wüstungen des Sintfeldes (1973)

Dokumente und Darstellungen zur Geschichte des Vereins für Geschichte und Altertumskunde Westfalens

53 Wigand, Paul und August von Haxthausen: Plan der Gesellschaft für Geschichte und Altertumskunde Westfalens (1820). Neudruck WZ 124/125, 29-35

54 1. Gründung des Vereins
2. Auszug aus dem Protokoll vom 10. Juli 1824
3. Sommer: Zum Stiftungsfest (Vortrag)
A I 1,1-10

55 Statuten des Vereins von 1824. WZ 124/125, 40-41
56 Statuten (Münster und Paderborn, 20. November 1826). A II 1,96-100
57 Statuten (Allerhöchst bestätigt durch die Kabinettsorder vom 7. Januar 1827). WZ 13,352-356; WZ 68 II 309-315; WZ 120,261-264

58 Nebensatzungen der Abteilung Münster zu den Statuten (beschlossen in der Generalversammlung am 1. 12. 1927). WZ 85 I 298-301
59 Nebensatzungen der Abteilung Münster zu den Statuten, beschlossen in der Hauptversammlung am 1. Oktober 1946, in der Fassung vom 17. Mai 1969. WZ 120,264-268

60 Nebensatzungen der Abteilung Paderborn vom 5. 12. 1946 zu den Statuten des Vereins vom 20. 11. 1826. WZ 98/99 II 104-106

61 Akten der Regierung zu Minden 1823-1827. Hrsg. von F. G. Hohmann. WZ 124/125,35-40

62 Wigand: Subscriptionsverzeichnis. A I 1,4 V-XII
63 - Wunsch in Beziehung auf das Archiv. A I 2,133f.
64 - Fortsetzung des Archivs. A VI 2/3 322
65 - Meinen Freunden in Westfalen. A VI 4,418f.
66 - Verfasser der anonymen Beiträge. Aufhören des Archivs. A VII 4,363

67 Jahrbücher: Plan. J 1831 1,1
68 Preusker: Auszug aus einem Brief. J 1831 2,61-64
69 - Fernere Vorschläge. J 1831 3,85f.
70 Schlußbemerkung. J 1838 4,128

71 Erhard: Rede bei der feierlichen Versammlung des Vereins für Geschichte und Altertumskunde Westfalens zu Münster am 16. Oktober 1840. WZ 4,11-41

72 Richter: Rückblick auf die fünfundsiebzigjährige Geschichte und Tätigkeit des Vereins in Paderborn. WZ 57,153-171
73 Pieper, Anton: Rede, gehalten bei der Feier des 75. Stiftungsfestes des Altertumsvereins Münster am 13. Dezember 1900. WZ 58 I 246-276

74 Rückblick auf die Geschichte des Vereins für Geschichte und Altertumskunde Westfalens während der ersten hundert Jahre seines Bestehens. WZ 82
Linneborn: Abteilung Paderborn 1824-1924. IX-XXXVIII
Schmitz-Kallenberg: Abteilung Münster 1825-1924. XXXIX-XLVI

75 Einhundertfünfzig Jahre Verein für Geschichte und Altertumskunde Westfalens. WZ 124/125
Honselmann, Kl.: Die Abteilung Paderborn 1824-1974. VI-XX
Hartlieb von Wallthor: Die Abteilung Münster 1825-1975. XX-XXXIV

76 Müller, Eugen: 33 Jahre Portofreiheit für den „Verein für Geschichte und Altertumskunde Westfalens" (1825-1857). WZ 85 I 286-289

77 Honselmann, Kl.: Die Mitglieder der Paderborner Abteilung und die Ehren- und korrespondierenden Mitglieder des Vereins in der Gründungszeit. WZ 124/125, 43-59

78 Ditt: Zur Entwicklung der Sozialstruktur des Vereins für Geschichte und Altertumskunde Westfalens — Abteilung Münster. WZ 124/125, 61-90

79 Hohmann: Die Paderborner Abteilung in den Berichten des Sicherheitsdienstes (SD) 1941/1942. WZ 124/125, 237-243

80 Simon: Franz Jostes (1858-1925). Sein Wirken im Rahmen des Vereins für Geschichte und Altertumskunde Westfalens. WZ 124/125, 219-236

Verzeichnis der mit uns im Schriftenaustausch stehenden Vereine: WZ 58, WZ 69 Anlage, WZ 124/125, 333-336

Von der Abteilung Paderborn herausgegebene Schriften:

81 Brand: Verzeichnis über die Kindlingersche Handschriftensammlung. Für die Mitglieder des Vereins für vaterländische Geschichte Westfalens. Paderborn, Helwingsche Buchdruckerei 1828

82 Verzeichnis der Bücher der Bibliothek des Vereins für Geschichte und Altertumskunde Westfalens, Abt. Paderborn. 69 S. Paderborn, Herle 1856

83 Giefers: Die Anfänge des Bistums Paderborn. Johann Suitbert Seibertz zu seinem 50jährigen Dienstjubiläum. Paderborn 1860. S. 1-33

84 Beiträge zur Geschichte Westfalens. Paderborn 1866. Mit Beiträgen von Kayser, Giefers, Seibertz. Gewidmet Graf Dietrich von Asseburg zu Hinnenburg

85 Beiträge zur Geschichte Westfalens. Mit Beiträgen von Giefers, Pieler. Salzkotten 1874. Graf Clemens von Westfalen zur freundlichen Erinnerung an die am 27. August 1873 in Laer fortgesetzte Versammlung des „Vereins für Geschichte und Altertumskunde Westfalens" gewidmet von dem Senior und Director desselben

86 Schierenberg: (1888 der Generalversammlung in Wiedenbrück gewidmet) Die Rätsel der Varusschlacht oder Wie und Wo gingen die Legionen des Varus zu Grunde? 13 Seiten

87 Stolte: Verzeichnis der Büchersammlung des Vereins für Geschichte und Altertumskunde Westfalens, Abt. Paderborn. Paderborn, Junfermann 1893

88 Dietrich von Engelsheym. Liber dissencionum archiepiscopi Coloniensis et capituli Paderbornensis. Manuscript... hrsg. von Bernhard Stolte. Lief. 1-4 (mehr nicht erschienen) Münster, Regensberg 1893

89 Ausstellung (Katalog) veranstaltet vom Verein für Geschichte und Altertumskunde Westfalens, Abt. Paderborn, zur Feier seines 75jährigen Bestehens. Paderborn, Schöningh 1899. 82 Seiten

90 Hense: Führer durch Paderborn. Mit einem Plane der Stadt. 40 Seiten. Paderborn, Junfermann 1899

91 Stolte: Das Archiv des Vereins für Geschichte und Altertumskunde Westfalens, Abt. Paderborn. I. Codices und Akten, II. Urkunden in Regestenform bearbeitet († Pfarrer C. Mertens gewidmet). Paderborn, Junfermann 1899 und 1905. 626 Seiten

Von der Abteilung Münster herausgegebene Schriften:

92 Verzeichnis der zur Feier der Anwesenheit Seiner Königl. Hoheit des Kronprinzen zu Münster im Friedenssaal 22. 9. 1836 aufgestellten Schrift- und Kunstdenkmale zur Geschichte des Münsterlandes. Münster 1836

93 Verzeichnis ausgewählter Gegenstände aus dem Museum Vaterländischer Altertümer zu Münster für die Feier des höchst erfreulichen Geburtsfestes Seiner Majestät des Königs am 16. 10. 1840 und den folgenden Tagen veranstalteten Ausstellung im Friedenssaal. 14 S. Münster, Regensberg 1840. — (auch Beilage zu WZ 3)

94 Ausstellung von Schrift- und Kunstdenkmalen mit besonderer Rücksicht auf die Geschichte Westfalens. Münster 1842. [Feier zur Anwesenheit des Königs und der Königin im August 1842]

95 Geisberg, H.: Merkwürdigkeiten der Stadt Münster. 36 Seiten mit Stadtplan. 1854

96 Katalog der Bücher und Handschriften — Karten und Pläne — des Vereins für Geschichte und Altertumskunde Westfalens Abt. Münster. Münster 1861

97 Hölzermann: Lokaluntersuchungen, die Kriege der Römer und Franken, sowie die Befestigungsmanieren der Germanen, Sachsen und des späteren Mittelalters betreffend. [Nach des Verfassers Tode, gefallen in der Schlacht bei Wörth, herausgegeben 1878]

98 Katalog zur Ausstellung westfälischer Altertümer und Kunsterzeugnisse. 3. Auflage mit 2 Nachträgen. Münster 1879. Dazu: Photographien westfälischer Altertümer und Kunsterzeugnisse, Bd. 1-6, Münster 1879

99 Verzeichnis der Büchersammlung des Vereins für Geschichte und Altertumskunde Westfalens, Abt. Münster. 1881

100 Aus Westfalens Vergangenheit. Beiträge zur politischen, Kultur- und Kunstgeschichte Westfalens. 128 S. Münster 1893. Als Festschrift für die Generalversammlung des „Gesamtvereins deutscher Geschichtsvereine", die aber wegen Choleragefahr nicht stattfand. Mit Beiträgen von: von Below, Jostes, von Detten, Detmer, Finke, Ilgen, Effmann.

101 Katalog der Bibliothek des Vereins für Geschichte und Altertumskunde, Abt. Münster. Teil 1: Verzeichnis der Druckschriften, bearb. von Bömer. Münster 1898. [Teil 2 nicht zu ermitteln]

102 Geisberg, M.: Kurzer Führer durch die Sammlungen des Vereins für Geschichte und Altertumskunde Westfalens zu Münster. Münster 1898

103 Nordhoff: Alt-Westfalen, Volk, Land, Grenzen. 74 S. Regensberg 1898

Die Geschichtsquellen des Bistums Münster:
104 5. Bd. Detmer: Kerssenbrocks Wiedertäufergeschichte. 1. Hälfte 462 und 380 S. Münster 1900
105 6. Bd. — 2. Hälfte 996 S. Münster 1899
106 7. Bd. Schwarz: Die Akten der Visitation des Bistums Münster aus der Zeit Johannes von Hoya (1571-1573) 300 S. Münster 1913

107 Katalog der Bibliothek im Landesmuseum der Provinz Westfalen. Münster 1912. Darin die Bibliothek des Vereins als Leihgabe

Archive

Das Archiv des Vereins, Abt. Paderborn 91
Nachträge zum I. Teil: Codices und Akten in Linneborn: Inventare der nichtstaatlichen Archive, Kreis Paderborn, S. 109-206
Nachträge zum Teil II: Urkunden, ebenda S. 178-190
108 Linneborn: Neuerwerbungen für das Vereinsarchiv. WZ 83 II 161-167

Bibliotheken

Münster

Bücher und Handschriften. 1861. **96**
Verzeichnis der Büchersammlung, 1881. **99**
Katalog der Bibliothek des Vereins. 1898. **101**
Katalog der Bibliothek des Landesmuseums. 1912. **107**
109 Bömer: Verzeichnis der Karten, Pläne und Ansichten in der Bibliothek des Altertumsvereins zu Münster 1912. WZ 62 I 218-240

Paderborn

Bücher der Bibliothek. 1856. **82**
Verzeichnis der Büchersammlung. 1893. **87**

Museum vaterländischer Altertümer

Münster

110 Museum [Errichtung] für vaterländische Altertümer. [Bekanntmachung des Kgl. Oberpräsidenten von Westfalen] A I 2,134f.
111 Erhard: Kurze Geschichte des westfälischen Museums für vaterländische Altertümer zu Münster. J (1838) 4,112-118
112 Ausstellung vaterländischer Schrift- und Kunstdenkmale zu Münster, bei der Anwesenheit Sr. Königl. Hoheit des Kronprinzen am 22. Sept. 1836. A VII 2/3, 275-280. Verzeichnis **92**
113 Ausstellung am 16. Oct. 1840, von Schrift- und Kunstdenkmalen mit besonderer Rücksicht auf die Geschichte Westfalens [im Jahresbericht Münster]. WZ 5,337-358; Verzeichnis **93**
Ausstellung von Schrift- und Kunstdenkmalen 1842. **94**
114 Die Festversammlung und Ausstellung der Münsterischen Vereinsversammlung am 21. September 1869. WZ 30,323-350
115 Das vaterländische Museum des Vereins für westfälische Geschichte und Altertumskunde. WZ 34 I 171-179
Katalog zur Ausstellung westfälischer Altertümer. 3. Aufl. 1879. **98**
Führer durch die Sammlungen des Vereins. 1898. **102**
116 Eichler: Das Museum vaterländischer Altertümer zu Münster. WZ 124/125, 91-113

Paderborn

117 Schnütgen: Altertümer-Ausstellung in Paderborn. Zur Feier des 75jährigen Bestehens der Abteilung Paderborn. WZ 58 II 222-227 Ausstellungskatalog. Paderborn 1899. **89**
Historische- und Altertumskommission **2355ff.**

2. Teil
Veröffentlichungen zu Personen

Die Namen der Personen, die in den Titeln oder Veröffentlichungen genannt werden, sind alphabetisch geordnet.

118 Abels: (Nekrolog auf) Heinrich **von Achenbach,** 1829-1899, Oberpräsident. WZ 57, 195

Adalhard, Gründerabt von Corvey. **3303**

119 Erhard: Weihe-Gedicht an **Adolf,** Grafen **von der Mark,** bei seinem Regierungsantritt (1359) als Bischof von Münster. Aus einer Handschrift der Amplonianischen Bibliothek zu Erfurt mitgeteilt. WZ 8,252ff.

120 Linneborn: Zur Reformtätigkeit des Erzbischofs von Köln **Adolf III. von Schaumburg** (1547-1556) in Westfalen. WZ 65 II 145-190

Heinrich **von Ahaus** s. Heinrich

Wentzel: Die Lüneburger Ratsstube des (Bildhauers) **Albert von Soest.** *W 27, 159 (Rez. Pieper)*

121 Fritz, R.: Die **Aldegrever**-Inschrift von Conches. W 26,159-166
122 - Heinrich Aldegrever als Maler. WZ 110, 378 f.
123 - Zu „Heinrich Aldegrever als Maler". W 38,11
124 - Heinrich Aldegrevers Kupferstich „Jan van Leiden" als Vanitas-Symbol. W 47,134-143
125 Gehrken: Heinrich Aldegrever als Maler, Kupferstecher, geb. zu Paderborn 1502 und gest. zu Soest. A II 3,331-334
126 - Heinrich Aldegrever, Goldschmied, Maler, Kupferstecher und Prägschneider. WZ 4,145-165
126a Koch, F.: Zur Aldegreverfrage. W 5, 27-30
Altwestfälische Graphik. **3436**

127 Kirchhof: Everhard **Alerdinck,** der Meister des Stadtplanes Münster 1636 und sein gleichnamiger Zeitgenosse. W45, 279-287

128 Cohausz: Die Aufnahme des Bischofs **Alfred** von Hildesheim in den amtlichen Heiligenkalender des Bistums Essen *(Confirmatio cultus).* W 48, 56-78

129 Flume: Das Haus zur Mark (Ursprungsort der **Grafen von Altena**-Mark). WZ 86 II 1-59
130 Aders: Die Grafen von Altena. WZ 115,269f.

Althusius, Johann. **2772**

131 Rensing: Schloß Ahaus und sein Baumeister (**Ambrosius von Oelde**). W 19,317-326.
132 - Ambrosius von Oelde (Kapuzinerbruder, Barockarchitekt). W 24,150; WZ 107, 437f.

von Amelunxen: Das Corveysche Adelsgeschlecht **von Amelunxen.** *W 10,110f. (Rez. Klocke)*

Hans Christian **Andersen** (dänischer Märchendichter). **329**

Graf Johann Jakob **von Anholt. 233**

133 Mooyer: **Anno II.**, der Heilige, Erzschof von Köln, seine Geschlechtsverhältnisse und seine geistlichen Stiftungen. WZ 7,39-67
134 - Anno II., der Heilige, Erzbischof von Köln. WZ 17, 167-170
135 Evelt: War Anno der Heilige kein Zögling der Domschule zu Paderborn? WZ 29 II 93-106

Antonius Abbas 317

136 Steffens: Ernst Moritz **Arndt** und Ludwig Vincke. Ihre Anschauungen über den Bauernstand in den Strömungen ihrer Zeit (mit drei unveröffentlichen Briefen Arndts) [und einer Liste der Abgeordneten des

4. Standes zum 1. und 4. Westfälischen Provinziallandtag]. WZ 91 I 195-279
Arndt: Meine Wanderungen und Wandelungen mit dem Reichsfreiherrn Heinrich Karl Friedrich vom Stein. W 35,177 (Rez. v. Wallthor)

Mooyer: Die Familie **von Arnholte. 1405**

137 Schlegelmilch: Bettina **von Arnim** und Annette von Droste-Hülshoff. W 34,209-216

138 Fleitmann: Drei Berichte **Caspar Arnincks,** des ersten kaiserlichen Postverwalters in Münster aus den Jahren 1646-1647. WZ 116,109-112
139 Müller, Eugen: Caspar Arninck, Thurn- und Taxischer Postmeister zu Münster 1643-1662. WZ 86 I 219-234

140 Schrader, L.: Erzbischof **Arnold von Mainz** für Kloster Liuppoldsberg 1155. A IV 2, 222-224

141 Meyer. J. Th. L.: Diplomatische Beiträge zu einer Geschichte der **Grafen von Arnsberg** und Rietberg. A VI 1,38-107; A VI 2/3 109-258; A VII 2/3 95-204
Urkundenwesen **2396**
Freiungsurkunde für Langscheid **2438**
142 Brors: Aus der Geschichte der Grafen von Arnsberg. H 3,57-59
143 Leidinger: Westfalen und die Grafen von Arnsberg im Investiturstreit. WZ 119,165f.
Graf Heinrich von Arnsberg, Siegel **2473**

Kaiser Arnulf, Urkunde für Kloster Gandersheim **2433**

144 Schulze, R.: Das Grabmal des Münsterer Weihbischofs Nikolaus **Arresdorf** [† 1620] in der Minoritenkirche zu Münster. W 19,407-409

145 Döhmann: Die Edlen **von Ascheberg** und ihre Burg bei Burgsteinfurt. WZ 59,214-226

146 Fig: Wie wurde die Familie **von Asseburg** im Bistum Paderborn ansässig? A I 1,89-91
Trippenbach: Asseburger Familiengeschichte. W 10,110ff (Rez. Klocke)
Graf Dietrich von Asseburg zu Hinnenburg gewidmet. **84**
Bocholtz-Asseburg s. Urkunden

147 Wormstall: Heinrich **Auling** [1806-1882, Gymnasialzeichenlehrer, Lithographische Anstalt in Münster]. W 24,88-95

148 Fuchs: Zur Frage der Bautätigkeit des **Bischofs Badurad** am Paderborner Dom. WZ 97 II 3-34
149 Tenckhoff: Die Beziehungen des Bischofs Badurad von Paderborn zu Kaiser Ludwig dem Frommen und seinen Söhnen. WZ 56 II 89-97

150 von Winterfeld: Zum Vorkommen des Familiennamens **Baegert.** W 22, 254

151 His: Das Weseler Gerichtsbild des **Derick Baegert.** W 22,237-242
152 Kisky: Ein Altarfragment des Derick Baegert aus Bonner Privatbesitz. W 30,201-203
153 - Zur Restaurierung des Tafelgemäldes von Derick Baegert in Issum. W 31,91
154 Mackowsky: Ein unbekanntes Madonnenbild von Derick Baegert. W 22,236
155 Nienholdt: Das Zeitkostüm bei Derick Baegert und seine Bedeutung für die Datierung seiner Gemälde. W 22,231-233
156 Nissen: Nachträge zu dem Katalog „Der Maler Derick Baegert und sein Kreis". W 22,213-217
157 Pieper, P.: Der Lucas-Altar des Derick Baegert. W 22,233-235
158 - Nachtrag zum Baegert-Katalog. W 24,98
159 - Ein Ölbergbild von Derick Baegert. W 33, 144-150
159b - Eine unbekannte Stadtansicht (Dortmund) von Derick Baegert. W 51,125-135
160 Rensing: Neue Funde zur Derick-Baegert-Frage. W 22,242-253

161 - Auf dem Kalvarienberg von Derick Baegert. W 27,61
162 Riewerts: Derick Baegert und die westfälische Bildüberlieferung. W 22,218-230
163 - Zu Derick Baegert. W 23,294
164 Zuhorn: Zum Werk Derick Baegerts. W 27,62

165 van Oyen: Bruchstücke eines Kalvarienberges Jan Baegerts. W 32,104-114
166 Pieper, P.: Jan Baegert und der Liesborner Altar. W 44,55-57
167 Stange: Jan Baegert und der Meister von Kappenberg. W 30,198-200

168 Geisberg, M.: „Des Grünhansen Ding" [Hans Baldung]. W 26,193

Balduin, Bischof von Paderborn. Urkunden. Driburg 2414, Schwaney 100, 2418

Wilbrand Bante 3003

Familie von Bar-Altbarenaue, Deckelbecher 3430

Barbarossa s. Friedrich I.

169 Albert Baum, 1862-1934, Professor, Direktor des Kunst- und Gewerbemuseums Dortmund. Zum Gedächtnis. W 19,353

170 Nottarp: Die Wappen des Fürstbischofs Klemens August von Bayern (1719-1761). W 36,103-109
171 - Von den Wappen des Fürstbischofs Klemens August von Bayern. W 38,112
172 Braubach: Am Hofe des Kurfürsten — Fürstbischof Clemens August von Bayern. Ein Bild rheinisch-westfälischer Kultur des 18. Jahrhunderts, WZ 112,197
173 Sandgathe: Ein Jagdjahr im Arnsberger Wald zur Zeit des Kurfürsten Klemens August. W 45,189-192
Piazetta, Venezianer Maler 757
Köln, Handschreiben Maria Theresias 1483

Schafmeister: Herzog Ferdinand von Bayern, *Erzbischof von Köln, als Fürstbischof von Münster 1612-1650.* W 9,93 *(Rez. W. E. Schwarz)*

Fix: Das Geschlecht op de Becke *aus Altena in Westfalen. W 19,261. (Rez. Hövel)*

174 Rosenkranz: Eine Inquisitionsgeschichte [gegen Domvikar Becker zu Paderborn]. WZ 13,372-383

Castendyk: Das Geschlecht Beckhaus *vom Gute Beckhausen bei Ergste in Westfalen. W 20,206 (Rez. Pfeiffer)*

175 Honselmann, Kl.: [Der Warburger Pfarrer] Otto Beckmann und sein Sammelband von Reformationsschriften, WZ 114, 243-268
176 - Der Todestag Otto Beckmanns [† 4. 5. 1540]. WZ 117, 355f.
Rosenkranz: Otto Beckmann 2039

177 Galland: (Nekrolog auf) Peter Beckmann, 1827-1885, Professor in Münster. WZ 44,187

Beeck, Laurentius 2045

178 Honselmann, W.: Henricus Beginiker, ein westfälischer Musiker des 17. Jahrhunderts. WZ 113, 421-426

Born: Die Beldensnyder. *In: Beiträge zur westfälischen Kunstgeschichte. W 1,63-64 (Rez. Bg.)*
179 Döhmann: Bunickman und Brabender genannt Beldensnyder. Ein kritischer Beitrag zur Geschichte der münsterischen Bildhauer im 16. Jahrhundert. W 7, 33-87
Brabender 204-206
Bunekeman 222-224

180 Pöppel, D.: Die Erhebung Christophs von Bellinghausen zum Fürstabt von Corvey [1678] und ihre Förderung durch [den apostolischen Vikar Bischof] Niels Stensen. WZ 106,439-448
181 Schrader, X.: Aktenstücke zur Wahl Christophs von Bellinghausen zum Abt von Corvey. 1678. WZ 43 II 147-153

182 Decker: Bischof Wilhelm **von Berg** und die Stadt Paderborn. Bisher unveröffentlichte Akten. WZ 122,75-101
183 Meyer, J. Th. L.: Wilhelm Herzog von Berg, gewesener Bischof von Paderborn, einer der Vorfahren des Königl. Preußischen Hauses. WZ 5,369-374
184 Schmale: Aufstieg und Herrschaft der Grafen von Berg. WZ 119, 169f.

185 Scheffer-Boichorst: Herr **Bernhard von der Lippe** [1140-1224] als Ritter, Mönch und Bischof. WZ 29 II 107-235
Vernekohl: Bernhard von der Lippe. Geschichte eines westfälischen Edelmannes. W 31,100 (Rez. Rothert)
Bischof Bernhard V., Urkunde vom 1. Mai 1336. 2417

186 Möhlmann: **Bernhard [VII.]**, edler Herr zur Lippe, Kölnischer Marschall, als Pfandbesitzer von Arnsberg und Eversberg. WZ 17,261-266

187 Fritz, R.: Acht unbekannte Tafeln des Bielefelder Altares, zugleich ein Beitrag zum **Meister des Berswordtaltares.** W 28,193-202
Eckert: Ein Altargemälde der Gotik / in der Neustädter Marienkirche Bielefeld, Meister des Berwordtaltares/. W 38,134 (Rez. Rensing)

188 Seibertz: Johann **von der Berswordt** [† 1640, Gutsbesitzer in Hüsten und der westfälischen Geschichte eifrig Beflissener] und sein Westphälisch-Adelich Stammbuch. WZ 13,360-365

189 von Schroeder: **Meister Bertram** [Maler] von Minden, Herkunft, Familie, Verwandschaft. W 43,191-200

190 Rosenkranz: (Nekrolog auf) Georg Joseph **Bessen,** 1781-1838, Gymnasiallehrer in Paderborn. WZ 4,361-376

191 Voort: Zur Genealogie und Besitzgeschichte des Bergmannsgeschlechtes **de Bever** [mit Stammtafel] zu Nienborg und auf Haus Langen bei Bentheim. W 45, 209-230

Jostes: Johann **von Beveren.** Ein westfälischer Ritter vor 500 Jahren. 100

192 Rensing: Von Johann **Bocholt** [Baumeister des Stadtweinhauses zu Münster]. W 27,154

193 (Nekrologe auf) Graf Johannes **von Bocholtz-Asseburg.** Finke: WZ 56,131; Mertens: WZ 57,192-194

194 Rensing: Paul **Bock,** 1606-1657, [Jesuitenbruder, Maler, Architekt, perspektivische Gitter]. W 47,45-51

Veltmann: Jost Bodeker aus Wartbergh (Warburg), der Erfinder des Pendels, nicht Galilei? W 9,91 (Rez. Konen)

195 Borgmann: Zur ältesten Geschichte der Familie **von Bodelschwingh.** W 21,116-127

196 Schwarz, W. E.: Das Vermächtnis des [münsterischen] Domherrn **Adolph von Bodelschwingh** († 1541) für Kultus- und Wohltätigkeitszwecke. WZ 77 I 150-155

Festgabe Alois **Bömer**, 1868-1944, zum 70. Geburtstag. W 23 Heft 1.
197 Degering: Verzeichnis der Schriften von Alois Bömer. W 23,2-14

198 Hövel: Das Rechenbuch des münsterschen Goldschmiedes Johann **Boemer.** W 18,93-95

199 Honselmann, W.: Zur älteren Geschichte der Familie **von Bönninghausen.** WZ 122, 103-132
200 Lahrkamp: Lothar Dietrich Freiherr von Bönninghausen [1598-1657]. Ein westfälischer Söldnerführer des Dreißigjährigen Krieges. WZ 108,239-366

201 Rensing: Geschlecht **von Böselager** [Hinweis auf Ahnentafel von etwa 1650]. W 24,42

Des Tombe: Het Geslacht van Boetzelaer [Besitz in Westfalen]. W 47,218 (Rez. Kohl)

202 Zurbonsen: Die älteste Postbeamtenfamilie [**Bonse** in Sendenhorst] in Westfalen. WZ 54,200-202

203 Ottenjahn: Das von **Borgelo**'sche Epitaph im Dom zu Münster. W 18,116-118

204 Eickel: Der Philippus- und Jakobusaltar Heinrich **Brabenders** [vermutlich aus dem Paderborner Dom]. W 40,286-299
205 - Die Bildwerke Heinrich Brabenders. WZ 115,265f.
206 Rensing: Ein Beitrag zur Brabenderfrage. W 22,207
Beldensnyder **179**

207 Flaskamp: Die **Brachum**. Ein rheinisch-westfälisches Baumeistergeschlecht aus Renaissance und Barock. W 40,150-168

208 Giefers: Beiträge zur Geschichte der Herren **von Brakel**. WZ 37 II 91-165
209 Thöne: Soziologische Untersuchungen über die einstigen Edelherren von Brakel im Kreise Höxter i. W. [mit Stammtafel, auch der Edelherren von Oesede, Stammtafel der Grafen von Scharzfeld-Lutterberge und Verwandtschaftstafel der Grafen von Everstein]. WZ 93 I 39-78

210 Franz Joseph **Brand,** 1790-1869, Gymnasiallehrer in Paderborn. Kurze Würdigung. WZ 29,196f.

211 Pelka: Eine Herforder Äbtissin [Johanna Charlotte **von Brandenburg-Schwedt,** 1729-1750] als Auftraggeberin der Meißener Porzellanmanufaktur. W 18, 118-121

Kurt **von Brenken,** Pilgerfahrt **3006**

212 Wigand: (Nekrolog auf) Mauriner Dom J. **Brial,** 1743-1828. J (1833) 4,128

213 Bauermann: **Brictius** tom Norde [Soester Superintendent]. W 23,264

von Gebhardt: Geschichte der Familie Brockhaus aus Unna in Westfalen. W 15, 104. (Rez.)

Junker Jakob **von Brockhorst,** Herr zu Batenberg und Anhalt, s. Karl von Geldern

214 Fuchs: Nachrichten über **Bernhard Jodokus Brüll** aus Geseke. W 42,253-260
215 - Der Stifter [Hochfürstlich Passauische Consistorialrat Dr. Bernhard Jodokus Brüll] und die Meister [Heinrich Gröne und Georg Philipp Brüll] des ehemaligen Barock-Hochaltares der Gaukirche in Paderborn. W 27,27-33

216 Schmitz-Kallenberg (Nekrolog auf) **Adolf Brüning,** 1867-1912, Direktor des Landesmuseums in Münster. W 4,32

217 Morsey: Die Heinrich **Brüning**-Memoiren in der historischen Kritik. WZ 122,309f.

Brüninghaus, Ernst: Geschichte des Stahlwerks Brüninghaus. W 5,65 (Rez. Meister)

Bruns, Pantaleon **1123**

218 Prinz: Der Maler Goddert **Bruse** in Münster. W 27,63

Franz Bernhard Ritter **von Buchholtz,** Besuch bei Goethe **411, 412;** Johann Hyazinth Kistemaker **589**

219 Aders: Der [münsterische] Domdechant **Arnold von Büren** († 1614) und seine Nachkommen [Beitrag zur Verfassungsgeschichte der Zünfte]. W 40,123-132

220 Wigand: **Bertold, Edler von Büren,** genehmigt den von seinem Vater geschehenen Verkauf der Güter zu Sirixen und Snevede und übernimmt als dessen Erbe die Pflichten der Gewähr 1284. A I 3,95f.
Büren, Gerichtsverfassung **1170**
Wewelsburg, Sitz der Edelherren **2299**

Sylvester von Büren 1171

221 Stupperich: **Bugenhagen** und Westfalen. W 42,378-393

222 Nordhoff: Die Steinhauer **Bunekemann** zu Münster. WZ 56,125-128
223 Rensing: Meister Bernd Bunekeman. W 26,234
224 Leonhardt: Johannes Bunekemans [Beldensnyder] Altäre für den Dom zu Münster und ihre Stifter. W 6,65-94

225 Hechelmann: **Burchhard** der Rote, Bischof von Münster und kaiserlicher Kanzler (1098-1118). WZ 26,281-332

Arnoldus **Burenius** 2039, Errichtung einer höheren Lehranstalt 3029

226 Honselmann, W.: Peter **Buschmann**, Kanzler in Paderborn und Köln, 1604-1673. WZ 120, 385-398

227 Neumann: (Nekrolog auf) Hermann **Busen**, 1913-1971, Dr. ing. Landeskonservator. W 50,3-5, Bibliographie W 53,815

228 Wigand: Gauerbschaftsvertrag der Familie **von Calenberg**, 1493. A V 1,49-54

229 Rohling: Das Stammbuch der Katharina **von Canstein**. W 19,213-218

229b Claussen: Zwei Altargemälde Carlo **Carlones** (1686-1775) für die Clemenskirche in Münster. W 53, 159-174

230 Rohfleisch: Carl **Carvacchi** [Oberfinanzrat zu Münster, Sammler alten Kulturguts, † 1869]. W 24, 115-118

231 Bücker: Der Nuntius **Fabio Chigi** (Papst Alexander VII.) in Münster 1644-1649. Nach seinen Briefen, Tagebüchern und Gedichten. WZ 108,1-90
232 Perger: Fabius Chigi zu Münster. WZ 22,372f.

233 Tophoff: **Christian von Braunschweig** und Johann Jakob Graf von Anholt. Die Verwüstungen der Stifter Paderborn und Münster in den Jahren 1622-1623. WZ 13,91-189 und WZ 14,307-354
Tilly **975**

234 Schulze: Der Aufenthalt der **Königin Christine** von Schweden in Münster i. W. 31. Juli bis 1. August 1654 auf ihrer Reise nach Rom. W 20,161-172

Citrensis ep., Hermann von Gehrden **499**

235 Knoop: Neues über den Goldschmied Heinrich **Cnoep** aus Münster i. W. und sein Geschlecht. W 25,105-115
236 von Klocke: Über den Goldschmied Heinrich Cnoep aus Münster und sein Geschlecht. W 25,180

Evert **von Cobbenrath**, Pilgerfahrt **3006**

237 Rensing: Lambert Friedrich **von Corfey** [Münsterischer Generalmajor, als Dichter und Historiker bekannt.] W 21,234-245
238 - Über den Tod des [Generalmajor † 1733] Lambert Friedrich von Corfey, W 35,171

Peter **Cornelius** Gutachten **2541**

Antonius **Corvinus** **2039**

239 Böhmer: (Nekrolog auf) Wilhelm Crone, 1873-1938, Lehrer in Voerde. W 24,209

240 Rensing: Der Maler Heinrich **Cronenburg**. W 32,235

241 von Dalwigk: Nachrichten über das Geschlecht der **von Dalwigk**. J (1831) 3,86 (Anzeige)

242 Wigand: Der Corvey'sche Abt **Dietrich [von Dalwigk]** bekennt, daß er geschworener Bürger zu Warburg geworden sei [1351]. A III 4,234

243 Rosenkranz: (Nekrolog auf) Richard **Dammers**, 1762-1844, Bischof von Paderborn. WZ 8,366-372

244 von Danckelmann A.: Der Ursprung der Familie **Danckelmann**. WZ 72, 321-332

245 Rothert, Hugo: Uranfänge des Goethischen Faust und ein westfälischer Dichter [**Daniel** von Soest]. W 9,97-111

Brüning, F.: Entstammung der Grafen **von Dassel** 1071
246 Falckenheiner: Berichtigende Zusätze zu Wenck's Geschichte der Grafen von Dassel. A IV 2,144-156
247 - Weitere berichtigende Zusätze. A IV 3,370-397
248 Mooyer: Kritische Beiträge zur Geschichte und Genealogie der erloschenen Grafen von Dassel. WZ 8,87-124

249 Meininghaus: Vom Adel der Dortmunder **Deggings** [mit Verwandtschaftstafel]. W 20,184-191
Ahnentafel Degging 1274

Glockengießerfamilie **Delapaix** 3384

250 Galland: (Nekrolog auf) Wilhelm **Diekamp**, 1854-1885, Privatdozent in Münster. Schriftenverzeichnis WZ 44,189-196
251 Mütter: Wilhelm Diekamp. Zum Verhältnis von Katholizismus und Historismus im Kulturkampf. WZ 124/125, 179-205

252 Finke: Zur Erinnerung an Kardinal **Melchior von Diepenbrock**, 1798-1898. WZ 55,218-258
253 Heselhaus: Melchior Diepenbrock und der Geist der nazarenischen Literatur. W 31,75-88

254 Spancken, W.: Aus dem Manuskript des Domscholasters [**Dietrich**] **von Engelsheim**. WZ 40 II 138-147
Dietrich von Engelsheim: Liber dissencionum 88

Dietrich Kolde s. **Kolde**

Dietrich II., Eb. von Köln [Inkorporation Paderborn] 1939

Dietrich von Münster, zeitweilig Rektor der Universität Köln 2827 Dietrich von Münster (Vrie) 2780

255 Erler: **Dietrich von Niems** Schrift Contra dampnatos Wiclivitas Pragae. WZ 43 I 178-198
Dietrich von Niem 2780
256 Finke: Neue Schriften Dietrichs von Niem. WZ 55,159-162
257 Fritz, Alfons: Ist Dietrich von Nieheim der Verfasser der drei sogenannten Constanzer Tractate? Quellenkritisch untersucht. WZ 46 I 157-167
258 Rosenkranz: Dietrich von Niem, 1348-1418, in seiner Zeit, in seinem Leben und Berufe. WZ 6,37-88
259 Thöne: Brakel, der Geburtsort Dietrichs von Nieheim. WZ 84 II 150-152
260 Wrede: Dietrich von Niem und das Stift Lemgo [1386/88]. WZ 88 I 186-195

261 Schoof: **Dingelstedt**, Freiligrath und Lippe-Detmold. W 25,88-91
262 - Briefwechsel zwischen [Franz] Dingelstedt und [Ferdinand] Freiligrath [1839-1876]. WZ 96 I 187-226
263 - Dingelstedt und Freiligrath. W 29,77-86
264 - Briefe aus dem Freundeskreis Dingelstedt, Freiligrath, Lewin Schücking. 2. Briefwechsel zwischen Dingelstedt und Schücking [1840/55]. WZ 115,219-254

265 Hardick: Der westfälische Franziskaner Bernhard **Döbbing**, von Nepi-Sutri, und die christliche Gesellschaftsreform. WZ 106,253-255
266 Bischof Bernhard Döbbing (1855-1916). Ein deutscher Bischof in Italien. Seine innerkirchliche Reformtätigkeit und seine Intervention zu Gunsten der christlichen Gewerkschaften. WZ 109, 143-195

267 Dalwigk: Die **von Dorfeld**. Bruchstücke zur Geschichte einer waldeckschen Ministerial-Familie [dazu Bruchstücke einer Stammtafel derer von Dorfeld]. WZ 50 II 115-144
268 - Nachträge und Berichtigungen zu dem

Aufsatze „Die von Dorfeld". WZ 69 II 325-343

269 Fuchs: Das silberne Antependium des Kölner Goldschmiedes Ferdinand **Dorn** in der Jesuitenkirche zu Paderborn. W 26,184-189

270 von Winterfeld: Der Glasmaler **Matthias Dortmund** [zu Köln, 17. Jahrhundert]. W 22,196-198

Meininghaus: Die **Grafen von Dortmund.** *WZ 64,248-251 (Rez. Roese)*

271 Tücking: Nicolaus **Drachter,** Syndikus der Stadt Münster unter Christoph Bernhard von Galen. WZ 24,203-248

272 Seibertz: (Nekrolog auf) Heinrich **Dreckmann,** 1795-1841, Landgerichtsrat in Soest. WZ 10,281

273 Freusberg: (Nekrolog auf) Franz **Drepper,** 1786-1855, Bischof von Paderborn. WZ 18,294-301

Geschichte und Genealogie der Familie **Drerup.** *W 3,122 (Rez. Zurbonsen)*

274 Wichert, H.: Ein Lehnsregister der Familie **von Driburg** aus dem 13. Jahrhundert [nebst Auszug aus einem Driburger Lehnsregister aus der Zeit von 1356/58]. WZ 119,353-376

275 von Wendt: Nachricht über die Familie **von Drolshagen** [Kreis Olpe] von dem Ritter Arndt von Drolshagen 1470. WZ 17,307-314

276 Grauheer: Aus dem Briefwechsel der **Annette von Droste-Hülshoff.** WZ 11,33-43
277 Kayser, Wolfgang: Bild und Symbol bei der Droste. W 30,208-218
278 Kindermann: Die Droste und der Göttinger Hainbund. W 23,121-128
279 Knudsen: Ein ungedruckter Brief von Annette von Droste-Hülshoff [an ihre Mutter 1840]. W 10,77-85

280 Kraß: Ledwina. Ein Beitrag zur Droste-Forschung. W 26,224-230
281 Riewerts: Wie hat Annette von Droste-Hülshoff ausgesehen? W 23,116-120
282 Sudhoff: Die nicht besuchte Ausstellung. Eine Anmerkung zu einem Droste-Brief. W 42,312
283 Schöne: Aus dem Briefwechsel der Annette von Droste-Hülshoff. W 10,86-89
284 Schulte-Kemminghausen: Neue Droste-Funde. W 17,151-173
285 - Haus Rüschhaus. W 21,200-202
286 - Der Weg zur Droste. Eine Rückschau. W 23,129-135
- *Annette von Droste-Hülshoff. W 24,101f.; W 33,245 (Rez. Nissen) Zur Droste-Literatur. W 16,27-29 (Rez. Schulte-Kemminghausen)*
287 Woesler: Religiöses und dichterisches Selbstverständnis im „Geistlichen Jahr" der Annette von Droste-Hülshoff. W 49,165-181
Unveröffentlichte Bilder **2518**
von Laßberg, Schwager **638**
Bettina von Arnim **137**

288 Hansmann: Das ehemalige Reiterrelief **[Heinrich I. von Droste-]Hülshoff** und seine Vorlage. W 47,144-148

289 Schoof: **Jenny von Droste-Hülshoff,** die Jugendfreundin Wilhelm Grimms. W 23,139-153

291 Kaesbach: Das Werk der Maler Viktor und Wilhelm **Duenwege** und des Meisters von Kappenberg. WZ 65,1-43
292 Koch, Ferd.: Zur Duenweg-Frage. W 4,82-87
293 Rensing: Zur Duenweg-Frage [Maler des Dominikaner-Hochaltares in Dortmund]. W 15,59-64

294 Pörnbacher: Joseph Freiherr **von Eichendorff** und Westfalen. Zu einem unbekannten Aktenstück aus Eichendorffs Berliner Beamtentätigkeit. WZ 112,186-190

295 Neumann: **Einhard** und die karolingische Tradition im ottonischen Corvey. W 30,150-174

Anton **Eisenhoit 34**
296 Pieper, P.: Ein gotisches Altarkreuz als Vorbild für Anton Eisenhoit. W 22,89-95
297 Rensing: Zu den Arbeiten von Anton Eisenhoit. W 43,286

298 Thiekötter: (Nekrolog auf) Anton **Eitel,** 1882-1966, Universitätsprofessor. W 116,1-2

299 Schwarz, W. E.: Das Testament des [münsterischen] Kanzlers Eberhard **von Elen** [von 1558]. WZ 77 I 136-143

300 Hanschmidt: Die Berufung [1713] und Entlassung [1746] von Anton Hermann **Ellerts** als Rietberger Rat und Kanzleidirektor. W 47,157-165

301 Bauermann: Neu bearbeitete Ausgabe (von Zschaeck) der Lebensbeschreibung des Erzbischofs Engelbert von Köln. W 23,263
302 Kleist: Der Tod des Erzbischofs Engelbert von Köln. WZ 75,182-249
Dietrich von Isenburg **540**

von Engelsheim s. Dietrich von Engelsheim

303 Keinemann: Die Resignation des Paderborner Domherrn Maximilian Friedrich **von Elverfeld** (1805). WZ 117,356-359

304 Möhring: Die Edlen **von Eppe.** H. 2,28-31

305 Frielinghaus: Bildnisse des **Erasmus** von Rotterdam in Westfalen. W 25,170-175

306 Wille: Westfalen im Werk von Adolf **Erbslöh** (Maler). W 42,415-426

Erconrad, Diakon aus Le Mans, Translatio S. Liborii **44,** Reisebericht **1898**

307 Liese: Westphalus **Eremita** [Justizrat Dr. Josef Sommer, 1793-1856]. WZ 82,184-215

308 Geisberg, C.: (Nekrolog auf) Heinrich August **Erhard,** 1793-1851, Staatsarchivdirektor in Münster. WZ 13,319-343

Bischof **Erich** von Paderborn **1281**

309 Mertens: (Nekrolog auf) Julius **Evelt,** 1823-1879, Professor in Paderborn. WZ 39 II 104

310 Güthling: F. A. A. **Eversmann** und die gewerbliche Wirtschaft in der Grafschaft Mark. WZ 115,268f.

311 Varnhagen: Beitrag zur Geschichte der **Grafen von Everstein** und deren Besitzungen. A II 2,147-153
Verwandtschaft **209**

312 Schütte: Die hl. Brüder **Ewald** und die Örtlichkeit ihres Martyriums. WZ 78 I 65-68

Carl **Fabritius,** Maler **2031f.**

315 Honselmann, Kl.: Des Johannes **Falk** Chronik der Mindener Bischöfe von 1575 [wieder aufgefunden]. WZ 108,395-396
316 Wigand: [Joh. Fried.] **Falkes** [† 1756], literarischer Nachlaß. A I 1,109f.
317 - Briefe vaterländischer Gelehrter. 1. Falke. A IV 2,199-214; A IV 3,332-339
318 - Der Falkesche Nachlaß. A V 4,426

von Falkenhagen, Familie **1416**

318b Lahrkamp: Bildhauer Joseph Ignaz **Feill.** W 52,153
319: Zuhorn: Heinrich **Finke,** 1855-1938. Gedenkrede zu seinem 100. Geburtstag [mit Verzeichnis seiner Arbeiten zur westfälischen Geschichte]. WZ 105,83-96
320 Braubach: Zwei deutsche Historiker aus Westfalen. Briefe Heinrich Finkes an Aloys Schulte. WZ 118,9-113
321 - Ein Nachtrag. WZ 120,239-244

322 Reismann: (Nekrolog auf) Klemens August Bernhard **Fleige,** 1838-1904, Pfarrer in Hellinghausen. WZ 62,238 und WZ 63,208

323 Wigand: Der **Bischof** von Münster **Florentius** gestattet der Stadt Ahlen die Anlage einer Mühle, um sie für den Verlust zu ent-

schädigen, den sie in seinem Dienst erlitten. 1371. A VI 2/3, 299f.
324 Erhard: Nachricht von der Münsterschen Chronik des Bischofs Florenz von Wevelinkhoven. WZ 5,320-323

325 Woesler: Theodor **Fontane** über Annette von Droste-Hülshoff. W 47,206-209

Franco von Meschede **696**

326 Kittel: **Freiligrath** als deutscher Achtundvierziger. WZ 111,139
327 Schoof: Freiligraths erste Gedichtsammlung. W 26,135-138
328 - Freiligraths Beziehungen zu Niederbarkhausen. W 36,113-118
329 - Ferdinand Freiligrath und [Hans Christian] Andersen. Nach unveröffentlichten Briefen. WZ 111,119-129
Dingelstedt **261ff.**, Hoffmann von Fallersleben **518**, Schlickum **871**

330 Philippi: Die Cappenberger Porträtbüste Kaiser **Friedrichs I.** WZ 44 I 150-161
331 Rensing: Der Kappenberger Barbarossakopf. W 32,165-183
Tod Barbarossas, bildl. Darstellung **875**

332 Erhard und von Schorlemer-Herringhausen: Stimmen aus Westfalen am Sarkophage **Friedrich Wilhelm's III.** WZ 4,1-10
333 Schoeps: Friedrich Wilhelm III., die Union und Pfarrer Busch in Gevelsberg. W 49,161-164
Kabinettsorder 1799. **2106**

334 Honselmann, Kl.: (Nekrolog auf) Alois **Fuchs**, 1877-1971. WZ 121,461-465

Fürstenbergische Geschichte
Band 1-3, Bearb.: v. Klocke, Theuerkauf, Lahrkamp, Richtering, Schöne. W 49,187 (Rez. Kohl)
335 v. Klocke: Frühgeschichte des westfälischen Geschlechtes von Fürstenberg [mit 2 Plänen und 2 Stammtafeln]. WZ 91 I 303-407
Fürstenbergsche Fehdewesen **2806**
336 Rensing: Der Fürstenberger Barock. WZ 113,257f.

337 Meininghaus: Von der morganatischen Ehe des niederen westfälischen Adels [das Privileg von 1597 und **Caspar von Fürstenberg**]. WZ 95 I 194-212
338 Ritgen: Der Memorienaltar [von Heinrich Gröninger] des Landdrosten Kaspar von Fürstenberg, † 1618, in Arnsberg. W 21,39-41

339 Lahrkamp: **Dietrich Caspar von Fürstenberg** [Domherr, Maler, Alchemist, 1615-1675]. W 43,227-260

340 Finke: Zur Charakteristik des [Paderborner] Fürstbischofs [1661-1683], **Ferdinand von Fürstenberg** [seit 1678 auch Bischof von Münster]. WZ 52,231f.
341 Richter: Ein Denkmal von Ferdinand von Fürstenberg in Rom. WZ 52 II 140-143
342 - Ferdinands von Fürstenberg Bildungsweg und literarische Tätigkeit. WZ 56 II 33-72
343 - Regierungsantritt des Paderborner Fürstbischofs Ferdinand von Fürstenberg. WZ 56 II 162-164
344 Westhoff: Ferdinand von Fürstenberg, Fürstbischof von Paderborn, und seine Kunstaufträge. WZ 92 II 135-179
345 Lahrkamp: Die Beziehungen Ferdinands von Fürstenberg zu den Gelehrten seiner Zeit. WZ 100,390-393
346 - Fürstbischof Ferdinand von Fürstenberg [1626-1683] in seiner Bedeutung für die zeitgenössische Geschichtsforschung und Literatur [Gelehrtenkorrespondenz, Beziehungen zur französischen Wissenschaft, Förderung der Bollandisten und Mauriner]. WZ 101/102,301-400
347 Tack: Ferdinand von Fürstenberg als Förderer der Kunst im Paderborner Lande. WZ 112,362-364
348 Thomasen: Berichte des dänischen Gesandten in Münster über Ferdinand von Fürstenbergs Krankheit und Tod 1683. WZ 123,181-187
von Galen, Briefe **379**, Grabmal **443**, Gustav Adolf, Tod **458**, Holstenius **2780**, Torck, Briefe **979**, Rot gefärbte Altäre **2575**

Dem Gedächtnis an **Franz von Fürstenberg** [Festschrift] aus Anlaß seines 150. Todestages (16. 9. 1960). W 39. Darin:
349 Trunz: Franz Freiherr von Fürstenberg. 2-44
350 Rensing: Das Geburtshaus von Franz von Fürstenberg [in Herdringen]. 45-49
351 Muller: Le baron métaphysicien. 50-52
352 Hegel: Fürstenberg und die theologische Fakultät Münster. 53-65
353 Zuhorn: Von der zeitgenössischen Kritik an Fürstenbergs Person und Werk. 66-75
354 Hartlieb von Wallthor: Fürstenberg und Stein. 76-84
355 Sudhoff: Fürstenbergs Bildnisse. 85-96
356 - Fürstenbergs Bibliographie. 97-111
357 v. Merveldt: Der „Nachlaß Fürstenberg" im Archiv Darfeld. 112-118

358 Brühl: Die Tätigkeit des Ministers Franz Freiherrn von Fürstenberg auf dem Gebiet der inneren Politik des Fürstentums Münster 1763-1780 [mit Beilagen]. WZ 63,167-248
359 - Franz von Fürstenberg als Mensch. W 3,1-24
360 Hogrebe: Die Reform des Gymnasiums zu Münster durch den Minister Freiherrn Franz von Fürstenberg in ihren geschichtlichen Zusammenhängen (1776). WZ 86 I 1-58
361 - „Nachtgedanken auf der Reise" [von Franz von Fürstenberg]. WZ 86 I 253-256
362 Schulte, E.: Fürstenberg im Familienkreise der Gallitzin. W 15,22
363 Schröder, Aug.: Franz von Fürstenberg, Bernhard Overberg und Amalie von Gallitzin als Bücherfreunde - sowie Nachrichten über den Umfang, Inhalt und Verbleib ihrer Bibliotheken [mit tabellar. Darstellung]. WZ 92 I 193-212
364 v. Klocke: Franz von Fürstenberg in der Politik westfälischer Fürstbischofswahlen des 18. Jahrhunderts. W 15,89-91
365 - Bemühungen über eine zweite Ministerschaft des Freiherrn Franz von Fürstenberg im Fürstbistum Münster 1784. W 25,94
366 Marquardt: Franz von Fürstenberg als Staatsmann. Eine Charakterstudie. W 31,58-74
367 - Fürstenberg und die politischen und militärischen Ereignisse seiner Zeit. Nach seinen Briefen an die Fürstin Gallitzin 1781-1801. W 33,55-73
368 Oehlert: Fürstenbergs Briefe an die Fürstin Gallitzin. W 33,7-14
369 Moritz: [Franz von] Fürstenbergs und Sprickmanns Briefe an Klopstock. W 33,15-23
370 Hanschmidt: Franz von Fürstenbergs Konzeption der auswärtigen Politik des Hochstifts Münster. WZ 119,170f.
- *Franz von Fürstenberg als Staatsmann. Die Politik des münsterischen Ministers 1762-1780. W 48,274 (Rez. Kohl)*
Fürstenberg-Büste **591**, Lektüre auf F.s Schulen **1755**, Grabmal-Entwurf **816**, von Stolberg **951b**

Johann Adolf Freiherr von Fürstenberg 2149

371 Seibertz: **Wilhelm von Fürstenberg**, Herrmeister des Deutschen Ordens in Livland, gest. 1565. WZ 19,221-298
372 Lahrkamp: Brieftagebücher und Korrespondenz des münsterschen Dompropstes und Salzburger Domdechanten Wilhelm von Fürstenberg [1623-1699]. WZ 115,459-487
373 - Zwischen Frankreich und Habsburg [Wilhelm von Fürstenberg an seinen Bruder Johann Adolf, 23. Januar 1676]. W 44,275

374 Zuhorn: Zur westfälischen Herkunft des Hamburger Malers Hinrik **Funhof.** W 42,428

Heinrich **Funk,** 1807-1877, Professor der Landschaftsmalerei in Stuttgart **3340**

375 Rosenkranz: (Nekrolog auf) Ludwig Christoph **Gabert,** 1803-1842, Consistorialrat, Pfarrer in Mengeringhausen. WZ 7,330-336

von Galen [zu Vellinghausen] **1002**

376 v. Schaumburg: Bischof **Bernhard von Galen's** erste Streitigkeiten mit Münster. Belagerung der Stadt im Jahre 1657. WZ 14,197-290

377 Lenfers: Kriegsmannschaft und deren Besoldung unter Bischof Bernhard von Galen im Jahre 1659. WZ 23,356f.
378 v. Bocholtz-Asseburg: Einzug des Bischofs Christoph Bernhard von Galen in das Stift Corvey am 10. October 1662. WZ 49,169-172
379 Ribbeck: Die auswärtige Politik Christoph Bernhards von Galen in den Jahren 1665-1678 vornehmlich nach den Briefen des Johann Rodger Torck an Ferdinand von Fürstenberg, Bischof von Paderborn. WZ 52,36-201
380 Schmidlin: Christoph Bernhard von Galen und die Diözese Münster nach seinen Romberichten. W 2,1-17 und 65-68
381 Bading: Die innere Politik Christoph Bernhards von Galen, Fürstbischofs von Münster. WZ 69,179-304
382 Meister: Christoph Bernhard von Galen in französischer Beleuchtung. W 7,102-104
Bernhard von Galen und Peter Pictorius 21
383 Geisberg, M.: Ein Bildnis Christoph Bernhards von Galen im Schlosse Friedrichsborg. W 18,91f.
384 Pfeiffer: Christoph Bernhard von Galen in seinem Verhältnis zu Kaiser und Reich. WZ 90 I 1-32
385 Kohl: Grundzüge der Politik Christoph Bernhards von Galen 1650-1678. W 34,103-132 und WZ 106,255f.
386 - Christoph Bernhard von Galen und die Stadt Münster 1650-1661. WZ 112,197
- Christoph Bernhard von Galen. Politische Geschichte des Fürstbistums Münster 1650-1678. W 43,295 (Rez. Lahrkamp)
387 Schröer: Fürstbischof Christoph Bernhard von Galen und seine kirchengeschichtliche Bedeutung im Rahmen der katholischen Reform. WZ 124/125,252f.
387b - Der Erwerb der kirchlichen Jurisdiktion im Niederstift Münster durch Christoph Bernhard von Galen. W 51,254-260
Nikolaus Drachter, Syndikus 271, Freckenhorst, Erhebung hl. Thiadhild 1317, Heimbach, Hofmaler 478, v. d. Kette, Verschwörung 582, Landesmuseum 2511, Münster, Belagerung 1844

388 Offenberg: **Dietrich von Galen,** der Vater Christoph Bernhards. WZ 57,60-89

Ferdinand Karl Hubert von Galen, Diplomat 2881

389 Hölscher: Zum Motto des Titelblattes zur Lebensbeschreibung der Fürstin Amalie **von Gallitzin.** WZ 45,190
390 Wormstall: Aus dem Leben der Fürstin Amalie von Gallitzin. WZ 64,79-95
391 Reinhard: Briefe der Fürstin A. v. Gallitzin an Johann Heinrich Schenk, Frau Schenk und Friedrich Jacobi. W 20,4-11
392 Schulte-Kemminghausen: Die Bildnisse der Fürstin Gallitzin. W 33,34-37
393 Kohl: Ein Briefwechsel der Fürstin Gallitzin und Overbergs mit dem Freiherrn Paul Josef von Landsberg-Velen. W 34,195-199
394 Rensing: Über den Kreis der Fürstin Gallitzin. W 27,155
Osterfeuer 3507, Franz von Fürstenberg 362, 363, 368, Goethe 413, Hemsterhuis 491, Hoffmann, Arzt 516, v. Kitzing 590, Klopstock 593, Familie sacra 1810a, von Oer, Gemälde 726, Gallitziana 952

395 Wigand: (Nekrolog auf) Caspar Adolf **Geck,** 1788-1826, Landgerichtsdirektor in Soest. A II 1,115f.

396 Rosenkranz: (Nekrolog auf) Franz Joseph **Gehrken,** 1771-1845, Justizrat in Paderborn. WZ 9,348-379
397 Erhard: Ansprache zur Amtsjubelfeier Dr. Gehrkens. WZ 7,266-271

Emanuel **Geibel,** Briefwechsel Schücking 887

Caspar **Geisberg,** vom Stein, Briefe 932

398 Nordhoff: (Nekrolog auf) **Heinrich Geisberg,** 1817-1895, Assessor in Münster, [Vater von M. Geisberg]. WZ 53,343

399 Pieper-Lippe: (Nekrolog auf) **Max Geisberg,** 1875-1943, Professor, Direktor des Landesmuseums. W 27,144
400 - Verzeichnis der Schriften Max Geisbergs. W 20,153-160

Schmidt, Ferd.: Ritter Heinrich **von Gemen,** *Rat und Freund der Herzöge von Geldern aus dem Hause Jülich-Geldern.* W 4,90 (Rez. Lappe)

401 Seiler: Eine Kalenderklinge des Ambrosius **Gemlich** [1533]. W 24,96-97

402 Völker: (Nekrolog auf) Anton **Gemmeke,** 1859-1938, Pfarrer in Neuenheerse. WZ 94,297-299

403 Flaskamp: Ein westfälischer Geistlicher [Franz **Gerstkamp,** Pfarrer zu Vellern und Kaplan zu Wiedenbrück] im Dreißigjährigen Kriege. WZ 108,91-98

v. Klocke: Ständische Entwicklung des Geschlechtes **Geyr** *von Schweppenburg (westfälischer Herkunft).* W 10,121 (Rez. Schmitz-Kallenberg)

404 Mertens: (Nekrolog auf) Wilhelm Engelbert **Giefers,** 1817-1880, Gymnasialprofessor in Paderborn. WZ 39 II 181-191
405 Honselmann, Kl.: Wilhelm Engelbert Giefers im Kampf gegen eine Mystifikation. WZ 124/125,149-154

406 Hüser: Die Lebenserinnerungen des Johann Matthias **Gierse,** 1807-1881, Anwalt und Notar in Münster. WZ 121,71-95

Kaiserin **Gisela,** Verwandtschaftstafeln **1013, 2278**

407 Rensing: Die Bildhauer Paul **Gladbach** [† 1688] und Heinrich Gröne [† 1709]. W 23,85-90

408 Flaskamp: Christoph **Glandorf,** Amtsrentmeister zum Reckenberg. WZ 123,272-275

Johann **Glasemecker,** Organist **3392**

409 Friedrich **Glunz** † 1930 [Gründer des Heimatmuseums Menden]. In Memoriam. W 15,177

410 Rensing: Briefwechsel zwischen **Gneisenau** und Vincke 1815-1818. W 22,34

Conrad **Glocklenius 2039**

Bruder **Göbel** zu Bödeken **1109**

411 Schmitz-Kallenberg: Ein Besuch [bei **Goethe**] in Weimar 1812. (Nach den Briefen und dem Tagebuch des Franz Bernhard Ritter von Bucholtz.) W 8,49-61
412 - Goethe und Franz Bernhard von Bucholtz. W 8,73-91
413 Wiegmann: Goethe und die Fürstin Gallitzin. W 22,176-187
414 Heinermann: Die erste Ausgabe von Goethes gesammelten Werken 1787 in Münster. W 24,45
415 Rothert, Hermann: Goethe und Westfalen. WZ 97 I 69-94
Uranfänge Faust **245,** von Goué, Jugendgenosse **416**

Familie **von Gogreve 1405**

416 Benkert: Ein vergessener Jugendgenosse Goethes [August Siegfried Wilhelm **von Goué,** 1742-1789]. WZ 69,72-85

417 Seibertz: Geschichte der **Edelherren von Grafschaft** zu Norderna [Nordenau Kreis Meschede] und ihrer Besitzungen in den Vogteien Grafschaft und Brunscapell. WZ 12,163-308
418 Dalwigk: Zusätze, Berichtigungen und Bemerkungen zu Seibertz: Geschichte der Edelherren von Grafschaft. WZ 44 II 171-185

419 Huyskens: Ein Beichtbrief des Idzardus **Gravius,** Ablaßkommissars in Dänemark, Schweden, Norwegen und Friesland für die St.-Peters-Kirche zu Rom, aus dem Jahre 1510. WZ 59,243-247

Brüder Grimm
Stengel: Briefe an Paul Wigand. W 5,33 (Rez. Schmitz-Kallenberg)
420 Lippe: Ludwig Emil Grimm und der von Haxthausensche Kreis. W 23,154-175

421 - Ludwig Grimm und Westfalen (Nachtrag). W 24,80-87
422 Schoof: Westfalens Anteil an der Entstehung der Grimmschen Märchen. W 38,72-75
423 - Ludwig Wilhelm Grimm und Amalie Zuydtwyck. W 42,297-300
424 - Beziehungen Jakob Grimms zu Westfalen. W 44,261-263
425 Schulte-Kemminghausen: Die wissenschaftlichen Beziehungen der Brüder [Jakob und Wilhelm] Grimm zu Westfalen. Ein Beitrag zum Grimm-Jubiläum. WZ 113,179-242 und WZ 114,211
Jenny von Droste-Hülshoff **289,** Familie von Haxthausen **472**

426 Scholte: Westfalen in **Grimmelhausens** „Simplicissimus Teutsch" 1669. WZ 100,195-207
427 Recklinghausen: Zu dem Aufsatz von Scholte: Hinweis betr. Lippstadt. WZ 101/102, 291f.

428 Rensing: Heinrich **Gröne** [Bildhauer † 1709]. W 25,94
429 - Zu den Arbeiten von Heinrich Gröne. W 27,154
Paul Gladbach **407,** Dr. Bernhard und Georg Philipp Brüll **215**

430 Fuchs: Zur Forschung über die **Paderborner Gröninger.** W 27,110-115
431 - Unbekannte Werke der Paderborner Gröninger. W 40,167-179
432 - Die Paderborner Linie der Künstler-Dynastie der Gröninger und bisher unbekannte Werke dieser Künstler. WZ 112,361f.
433 Honselmann, W.: Zur älteren Geschichte der Bildhauerfamilie Gröninger in Paderborn und Münster. WZ 115,437-457
Monumenta memoriae **3310**
Koch, Ferd: Die Gröninger. W 31,63 (Rez. Brüning)

434 Huyskens: Ein Bittschreiben Gerhard Gröningers an den Rat der Stadt Münster vom 7. Januar 1636. WZ 64,256-258

435 Fuchs: Die Paderborner Bildhauerin **Gertrud Gröninger.** W 26,195-205

436 - Unbekannte Werke von Gertrud Gröninger. W 37,241-251
437 - Weitere unbekannte Werke von Gertrud Gröninger. W 40,342-344

438 Rensing: **Gottfried Gröninger.** W 25,73-77

439 Franke:**Heinrich Gröninger** † 1631, der Bildhauer zur Zeit der Gegenreformation in Paderborn. WZ 90 II 1-69. Berichtigung dazu: **1866.** Memorienaltar Caspars von Fürstenberg **338**

440 Donner: Ein Werk des **Johann Mauritz Gröninger** in der Pfarrkirche zu Nottuln. W 22,28f.
441 Frielinghaus: Johann Mauritz Gröningers Arbeiten für Kloster Frenswegen. W 24,122-127
442 Hanschmidt: Ein Auftrag für Johann Mauritz Gröninger auf Schloß Rietberg (1683). W 49,182f.
443 Lahrkamp: Johann Mauritz Gröninger, Schöpfer des Grabmals Ferdinand von Fürstenberg in Paderborn. W 48,265
444 Lehmkuhl: Ein Johann Mauritz Gröninger in Vreden. W 19,324-337
445 Lippe: Unbekannte Arbeiten des Johann Mauritz Gröninger auf der Adolfsburg und Schloß Herdringen. W 21,207-214
446 Rensing: Ein Vertrag mit dem Bildhauer Johann Mauritz Gröninger. W 27,155

447 Lippe: Neues von **Johann Wilhelm Gröninger.** W. 18,99-105
448 Rensing: Johann Wilhelm Gröninger weilte 1697 in Dorstadt. W 23,263
449 Günter: Neue Ergebnisse zum Werk des Johann Wilhelm Gröninger. W 49,124-143
449b Peters: Eine unbekannte Arbeit Johann Wilhelm Gröningers für den Grafen Johann Friedrich von Schaesberg. W 52,152f.

450 Michels: Der Bildhauer **Theodor Gröninger.** W 23,249-253

von Grona, Ludwig, Abt von Grafschaft **1123**

43

451 Lipgens: Beiträge zur Wirksamkeit **Joh. Groppers** [für die katholische Reform] in Westfalen (1523-1559). WZ 100,135-194
452 - Johannes Gropper (1503-1559) und die Anfänge der katholischen Reform in Westdeutschland. WZ 100,214-216
Schmitz-Kallenberg: Zur Lebensgeschichte und aus dem Briefwechsel des Johann Gropper. W 5,66 (Rez. Schwarz)
453 Stupperich: Unbekannte Briefe und Merkblätter Johann Groppers aus den Jahren 1542-1549. WZ 109,97-107

454 Schwarz, W. E.: Der päpstliche Nuntius **Kaspar Gropper** (1519-1594) und die katholische Reform im Bistum Münster. WZ 67,1-96

455 Arens: Ein unbekannter westfälischer Barockmaler [Peter **Grülingh**]. W 19,410f.

456 Krins: Karl Theodor Ferdinand **Grün** [Ernst von der Heide], 1817-1887, in Niederbarkhausen. W 42,311

457 Wigand: Historischer Briefwechsel, aus der ersten Hälfte des 18. Jahrhunderts zwischen **Grupen** und Meinders. A VII 4,350-358 und WZ 3,179-187

458 Hamacher: Der Tod **Gustav Adolfs** 1632. Eine unbeachtete, auf westfälische Kampfteilnehmer zurückgehende Darstellung Ferdinands von Fürstenberg. WZ 109,273-281
Beurteilung historischer Gemälde **976**

459 Flaskamp: Der Wiedenbrücker Stiftsherr Heinrich **Hachmeister.** W 38,44-46

Familie **von Hagen 1405**

460 Carvacchi: Biographische Erinnerungen an Johann Georg **Hamann**, dem Magus im Norden. WZ 16,281-354
461 Smend: Johann Georg Hamann. W 8,13-29
462 Rensing: Biographie Hamanns in der Sammlung Dietrich. W 26,39

463 Gründer: Hamann in Münster. W 33,74-91
464 - Hamann und seine Wirkungsgeschichte. WZ 117,78-80

465 Weddige: Clemens August **von Hamilton** [Ein Stuartenkel in Rheine † 1830]. W 39,225-230

Johann **von Hanxleden,** Pilgerfahrt **3306**

466 Gehrken: Etwas von den kaiserlichen Grafschaften in Engern und von den Besitzungen der Familie **Haolt** an der Lippe und Ems. A III 3,50-52
Grafschaft Hahold **1375, 1376**

467 Köllmann: Gesellschaftsanschauung und sozialpolitisches Wollen Friedrich **Harkorts.** WZ 107,249f.

468 Rensing: Über den Dortmunder Meister Wolter **Hassenburg** [Bildhauer]. W 35,172

469 Honselmann, W.: Theodor **von Havkenscheid** S.J. (1530-1599). WZ 112,343-346

470 v. Klocke: Der älteste bekannte westfälische Fideikommiß [**Haxthausen** 1442]. W 15,96
471 - Ein Wandteppich mit einer Haxthausenschen Ahnenprobe aus der Zeit um 1620. W 26,62-68
472 Schoof: Freundesbriefe der Familie von Haxthausen an die Brüder Grimm [aus den Jahren 1808-1838]. WZ 94 I 57-142
Haxthausenscher Kreis **420**

473 Herberhold: Eine Empfehlung des Freiherrn **August von Haxthausen** 1839. W 32,236-238

474 Koch, Fried.: Der Paderborner Domdechant **Heinrich von Haxthausen.** WZ 18,311-315

475 von Schorlemer: (Nekrolog auf) Graf **Werner von Haxthausen,** 1780-1842. WZ 5,364-368

Arens: *Werner von Haxthausen und sein Verwandtenkreis als Romantiker,* W 13,143 (Rez. Schulte-Kemminghausen)
475a Keinemann: Westfälischer Adel und preußische Staatsverwaltung. Aus unveröffentlichten Briefen Werner von Haxthausens (1834/39). WZ 120,458-465

476 M[olhuisen] - Troß: Alexander **Hegius.** WZ 21,339-362
477 Reichling: Zur Biographie des Alexander Hegius. WZ 69,451-459

478 Fritz, R.: Wolfgang **Heimbach.** Hofmaler Christoph Bernhards von Galen. W 40,315-332
479 Rensing: Der Maler Wolfgang Heimbach in Münster. W 25,174-177

Heinitz, [Friedrich Anton † 1802] **999**

480 Arens: Die Inschrift auf **Kaiser Heinrich II.** im Patroklidom zu Soest. W 4,103f.
Heinrich II. auf dem Borghorster Kreuz **3421**
481 Schröder, Fried.: Zum Heinrichskult in Stadt und Bistum Paderborn. W 12,19f.

Kaiser Heinrich IV., Urkunde für Helmarshausen **2397**

482 Schmitz-Kallenberg: Die Erhebung **Heinrichs von Schwarzenburg** auf den bischöflichen Stuhl zu Münster 1466. WZ 56,86-108
483 Vollmer: Zur Verweserschaft Gelderns durch Bischof Heinrich von Münster 1479-1482. WZ 82,106-111

484 Lübeck: **Abt Heinrich I.** von Korvey (1143-1146). WZ 98/99 II 3-33

485 Löffler: Neues über **Heinrich von Ahaus** [1370-1439, Domvikar in Münster, Fraterherren]. WZ 74,229-240

486 Diekamp: Über die schriftstellerische Tätigkeit des Dominikaners **Heinrich von Herford.** WZ 57,90-103
487 Gehrken: Notiz über eine Handschrift des Henricus Hervordia. A I 2,133

Heinrich von Marsberg **1533**

Heinrich von Werl, OFM, **2327**

488 Rave: Wilhelm **Helleweg** [aus Stromberg, Kreis Beckum, Münzmeister, Hofschlosser und Artilleriechef der Festung Neiße, † 1695]. W 24,44

489 Honselmann, Kl.: Die hl. **Helmtrud** von Neuenheerse. WZ 109,359-363

490 Muller: Mindestens Europa 1785. Ein Brief des Philosophen **Hemsterhuis** an die Fürstin Gallitzin. W 33,37-41
491 Loos: Der Briefwechsel des Philosophen Hemsterhuis mit der Fürstin Gallitzin. W 39,119-127

J. H. K. **Hengstenberg 2603**

492 Flaskamp: Luise **Hensels** Testament. W 48,230-246
Nettesheim: *Luise Hensel und Christoph Bernhard Schlüter. Briefe aus dem deutschen Biedermeier 1831-1876.* W 42,327 (Rez. Zuhorn)
493 Flaskamp: **Wilhelm Hensel.** Ein Beitrag zur Luise Hensel-Forschung. WZ 122,292-302

494 Rensing: Maler **Hercules** in Minden. W 42,310

495 Meier, Wilh.: Die Historia anabaptistica des Clevischen Humanisten und Geh. Rats Conrad **Heresbach.** WZ 62,139-154

Familie von Herforde 1405

P. Johannes **Heringsdorf** SJ [† 1665 Paderborn] **3398**

496 Noehles: Die angebliche Grabplatte Bischof **Hermann I.** (1032-1042) in der Überwasserkirche zu Münster. W 32,184-188

497 Hechelmann: Das Leben und Wir-

45

ken **Bischof Hermanns II.** (1174-1203). WZ 25,1-88
498 Stehkämper: Die reichspolitische Tätigkeit Bischof Hermanns II. von Münster. WZ 106,1-78
Todesjahr **1018**

499 Koch, A.: Der Weihbischof **Hermann [von Gehrden]** ep. Citrensis. WZ 35 II 96-101

Hermann von Münster [Ministeriale 1285]. Rücksiegel **2057**

Hermann von Galigaen 2780

Hermann von Minden 2780

Hermann de Schildis 2780

500 Zak: Zur Biographie des Propstes **Hermann Judas von Scheda.** WZ 78 I 69-76

501 Stammler: Zur [Stadt-] Paderborner Geschichtsschreibung. Einführung des Administrators **Hermann von Wied** 1532. WZ 78 II 65-71
502 Rensing: Neue Briefe zur Geschichte des Reformationsversuchs Erzbischofs Hermann von Wied 1544-1546. W 22,204

503 **Meister Hermann,** ein Glasmaler des 14. Jahrhunderts aus Münster [Akten nach Mitteilungen von Cornelius]. WZ 19,365-368

Hesse, Bürgermeister in Brilon **1164, 1165**

504 Wigand: Lehns-Reversal des Landgraf **Ludwig von Hessen,** über die Belehnung der edlen Vogtei des freien Stifts zu Heerse. 1458. A VI 2/3 301f.

505 Wigand: Landgraf **Philipp zu Hessen,** schenkt seinem treuen Küchenschreiber ein Haus zu Cassel, welches dem Kloster Hardehausen gehörte 1526. A VI 2/3 312
506 Stupperich: Der Landgraf Philipp von Hessen und seine westfälische Kirchenpolitik. WZ 118,151

507 Riewerts: Die Dortmunder Altarflügel des Meisters **Hilgardus.** W 22,305-310
508 - Zu Meister Hilgardus [Maler]. W 23,294

509 Flaskamp: Georg **Hinzpeter** [1827-1907], ein westfälischer Schulmann. WZ 112,335-341

510 Honselmann, Kl.: Eine Schenkung der Äbtissin **Hitda** von Meschede. Großartige Kostbarkeiten für die Kirche. WZ 112,305-307
511 Rensing: Die Äbtissin Hitda von Meschede. W 45,314
Hitda-Codex **3434**

512 Prinz: (Nekrolog auf) Albert K. **Hömberg,** 1905-1963, Professor in Münster. WZ 113,245f.

513 Schrader: Nachrichten über den Osnabrücker Weihbischof **Johannes Adolf von Hörde.** WZ 53 II 109-133

514 Brand, A.: Das Testament des münsterschen Dompropstes **Philipp von Hörde,** Herrn zu Boke und Störmede. Ein westfälisches Sprach- und Kulturdenkmal aus vorreformatorischer Zeit [1505]. WZ 75,250-280

515 Schiffer: Heinrich **von Hövels** Speculum Westfaliae als Beitrag zu westfälischer Geistesgeschichte [um 1600]. WZ 100,389f.

516 Fraatz: Briefe Christoph Ludwig **Hoffmanns** an seine Patientin, die Fürstin Adelheid Amalie von Gallitzin, aus den Jahren 1781-1793. WZ 96 I 153-174

517 Löffler: Die Corveyer Schloßbibliothek vor und unter **Hoffmann von Fallersleben.** WZ 89 II 76-129
518 Schoof: [Aug. Heinr.] Hoffmann von Fallersleben und [Ferdinand] Freiligrath. WZ 120,231-237

519 Rothert, Hermann: Der Osnabrücker Goldschmied Engelbert **Hofsleger** [† 1505]. W 21,76-80

520 Prinz: Die Inschrift des Hofsleger-Kelches im Domschatz zu Osnabrück. W 27,63

521 Flaskamp: Hieronymus **Hogeherte**. Seine Taufstein-Stiftung [1588] für Sendenhorst. W 43,220-222

522 Hackenberg: Elise **von Hohenhausen**. Eine westfälische Dichterin und Übersetzerin [1789-1857]. WZ 73,115-172

523 Riewerts: Die westfälischen Städteansichten [1634] von Wenzel **Hollar** [1607-1677, aus Prag, Zeichner, Radierer]. W 24,99

Gottschalk **Hollen** [† 1481] **3501**

Lahrkamp (Hrsg.): Kriegsabenteuer des Rittmeisters Hieronymus Christian **von Holsten** *1655-1666. W 49,186. (Rez. Engelbert)*

Lukas **Holstenius** [1596-1661] **2780**

524 Jostes: Johannes **Holtmann** von Ahaus [Fraterherr † 1540]. Ein münsterscher Theologe der Wiedertäuferzeit. WZ 70,272-291 und 299-303
525 Löffler: Nochmals Johannes Holtmann. Zur Abwehr gegen Jostes. WZ 70,291-299
Grutkamp: Johannes Holtmann und sein Buch „Van waren geistliken levene eyn korte underwijsinge". W 4,91 (Rez. Schmitz-Kallenberg)
526 Schmitz-Kallenberg: Erklärungen über die Besprechung H. Grutkamp: Johanens Holtmann und sein Buch „Van waren geistliken levene eyn korte underwijsinge", die Professor Jostes hat erscheinen lassen. W 5,35

527 Rensing: Schlaun über den Tod des Malers Johann Evangelist **Holzer**. W 26,25-28

528 Reichling: Die Humanisten Josef **Horlenius** und Jacob Montanus. WZ 36 I 3-32

529 Schwarz, W. E.: Die Anfänge des münsterschen Fürstbischofs Johann **von Hoya** (1566-1568). WZ 69,14-71
530 - Die Reform des bischöflichen Offizialats in Münster durch Johann von Hoya (1573). WZ 74,1-220
531 - Zur Vorgeschichte der Visitation des Bistums Münster unter Johann von Hoya. WZ 79 I 95-135
532 Kohl: Johann von Hoya (1529-1574), Bischof zu Münster, Osnabrück und Paderborn. WZ 118,151

Hermann **Huddaeus** [1517/18 bis um 1575] Mindener Superintendent **829**

533 v. Winterfeld: Wie Johann Caspar **Hueck** in Curacao um 1763 seinem auf dem Hueckhof zu Niedermassen (bei Unna) lebenden Bruder seine Verlobung mitteilte. W 19,223-226

534 Niemeyer: Das Testament des Dekans Johannes **Husemann** [† 1496/97]. WZ 122,133-145

Handschrift der Vita S. **Idae 2447**
535 Hüsing: Genealogie der hl. Ida [von Herzfeld]. W 38 I 1-21

Ido, Kleriker, Bericht **1900**

Bischof **Imad,** 1051-1076, Paderborner Domweihe **1938,** Restaurierung Imad-Madonna **2576**
Fuchs: Imad-Madonna, W 25,44 (Rez. Rensing)

536 Deetjen: Neues von **Immermann**. WZ 62,212-217
537 Fix: Wie Karl Immermann Bilder Konrads von Soest kaufen wollte. W 27,61

538 Schnettler: Auf den Spuren der **Isenberger** in Nordwestfalen. W 16,22-24

539 Tibus: Ergänzungen zu meiner Schrift „Das Grab **Bischofs Dietrich III.** geb. **Grafen von Isenburg** im Dom zu Münster (1886)." WZ 51,181-185
540 Rensing: Die Ermordung Engelberts des Heiligen [1225] und die Ehrenrettung für Dietrich von Isenburg. W 33,125-143

47

541 Kampschulte: Graf **Salentin von Isenburg**, freiresignierter Kurfürst und Erzbischof von Köln, sowie Administrator des Fürstbistums Paderborn [1574-1577]. WZ 32 II 20-32

542 Riewerts: Das Gedenkbild der **Jacoba von Tecklenburg** 1558. W 25,21-32
543 Fuchs: Zum Gedenkbild der Jacoba von Tecklenburg [Nicolai-Kirche, Lippstadt]. W 25,63-65

544 Finke: Zur Geschichte **Jakobs von Soest** und Hermanns von Schildesche. WZ 46 I 188-205
Evelt: Jakob von Soest **2827**
Beckmann: Studien zum Leben und literarischen Nachlaß Jakobs von Soest [Dominikaner, Historiker 1360-1440]. W 16,169 (Rez. Rensing)

Friedrich **Jacobi** 391

545 Pöppel: Meister Augustinus **Jodefeld** [Judefeld aus Münster], ein bisher unbekannter Paderborner Maler um die Wende des 16. Jahrhunderts. WZ 109,357f.
546 Huyskens: Elsebein Judefeld, des Rektors Hermann von Kerssenbrock zweite Gemahlin. WZ 62,246f.

547 Stange: Einige Nachträge zu Jan **Joest** als Bildnismaler. W 37,236-240

Johann VIII. von Nassau-Siegen **42**
548 Delius: Die städtebauliche Bedeutung des Grafen Johann Moritz von Nassau-Siegen (Renaissance-Barock-Epoche). W 29,52-63

Meister Johann von Soest [Meister von Schöppingen] **3315, 3335,** Familie Hermann Zoestius **905**

549 Rensing: Die Herkunft des Dominikanergenerals **Jordan von Sachsen.** W 17,174f.

Franz **Jostes** (1858-1925) **80**

Judefeld s. Jodefeld

550 Nettesheim: Wilhelm **Junkmann**, der vergessene Dichterfreund Schlüters und der Droste. WZ 111,139f.
- *Wilhelm Junkmann und Annette von Droste-Hülshoff. W 43,297 (Rez. Zuhorn)*
- *Wilhelm Junkmann. Dichter, Lehrer, Politiker, Historiker. 1811-1886. W 52,174 (Rez. Kratzsch)*

551 Wigand: Urteilsspruch des Ritters Hermann von dem **Kalenberge** und des Knappen Hermann Marschalk in dem Rechtsstreit der Brüder von Oesede und des Klosters Hardehausen. 1343. A III 2,188f.

552 Franz Wilhelm **Kampschulte** (1831-1872). Ein westfälischer Historiker an der Bonner Universität. WZ 119,172

Jakob **Kannegießer** [Briloner Richter und Gograf, † 1695] **1156, 3448**

553 Geisberg, C.: Das Leben des Grafen **Godfried von Kappenberg** und seine Klosterstiftung. WZ 12,309-374
554 Fritz, R.: Die Ikonographie des hl. Gottfried von Cappenberg. WZ 111,1-20

555 Koch, Ferd.: Eine unbekannte Bilderfolge des sogen. **Meisters von Cappenberg.** W 3,107-110
556 Steinbart: Der Meister von Kappenberg und die holländische Graphik. W 22,255-264
Duenwege **291ff.**

557 Hesse-Frielinghaus: Die **Kappers** als Bildnismaler [18. Jahrh.]. W 27,131-137

Karl der Große, Gauverfassung **3165**
558 Deppe: Karls des Großen fünfter Kriegszug gegen die Sachsen im Jahre 779. WZ 50 II 159-166
559 Rensing: Die Sachsenkriege Karls des Großen. W 22,33
Müller E.: Die Entstehungsgeschichte der sächsischen Bistümer unter Karl dem Großen. W 24,151 (Rez. Prinz)
Wiedemann: Karl der Große, Widukind und die Sachsenbekehrung. W 29,117 (Rez. Kohl)

560 Schramm: Karl der Große: Grundanschauungen und Denkstil – Die von ihm bewirkte *Correctio* („Renaissance"). WZ 14,215f.
561 Kindl: Das Diplom Karls des Großen vom 6. 12. 777 und die Nennung Paderborns. WZ 115,489-506
Die Kaiseridee Karls d. Gr., **46** und WZ 109,381-383
Karolus Magnus et Leo Papa, Paderborner Epos **46**

Schmidt, Ferd.: Herzog **Karl von Geldern-Egmont** *und Junker Jakob von Bronckhorst, Herr zu Batenburg und Anhalt. W 4,91 (Rez. Lappe)*

Kaiser Karl VI., Thönemann, Diplomat **978**

562 Riesenberger: Zur Geschichte des Hausmeisters **Karlmann**. WZ 120,271-285

Katharina, hl., Kult in Westfalen **3015**

563 Eichler: Nachwort zur Ausstellung „Der Meister der **Katharina von Kleve**". W 44,163
Gorissen: Das Stammbuch der Katharina von Kleve. Ausstellung Kleve 1967. W 45,320 (Rez. Rensing)
564 Horstmann: Die Wappen im Stundenbuch der Katharina von Kleve. W 44,158-162
565 Pieper, P.: Das Stundenbuch der **Katharina von Lochorst** und der Meister der Katharina von Kleve [mit Farbtafeln]. W 44,97-157

566 Kohl, R.: Des Barockdichters Johannes **Kaysers** „Clevischer Musenberg" und Westfalen. W 25,78-84
567 v. Recklinghausen: Zu dem Aufsatz über Johannes Kayser. W 26,139

568 Bömer: Der münstersche Domschulrektor Timan **Kemner**. Ein Lebensbild aus der Humanistenzeit. WZ 53,182-244
569 - Zwei unbekannte Veröffentlichungen münsterischer Humanisten [Timan Kemner, Johann Pering]. WZ 58,145-152

570 Huyskens: Das Todesjahr Timan Kemners [vor 1530 Pfarrer an der Lambertikirche]. WZ 57,138f.
571 Schmitz-Kallenberg: Zur Biographie des Domschulrektors Timan Kemener [nach einer Urkunde von 1510]. WZ 76 I 244-247

572 Erler: Die Denkschrift des Reichsfreiherrn Clemens August Maria **von Kerkering** zur Borg über den Zustand des Fürstentums Münster im Jahre 1780. WZ 69,403-450
573 Philippi: Ursprüngliche Standesverhältnisse der münsterischen Erbmänner und insbesondere der Familie Kerkering zu Borg. W 12,1-18

574 Prinz: Die Stifter des gotischen Hochaltares in der Kirche zu Borgholzhausen [mit Wappen und Stammtafel der **von Kerssenbrock** zu Brinke]. W 46,173-180

575 Gehrken: Rückblick auf die Regierungsperiode des Fürstbischofs von Paderborn, **Rembert von Kerssenbrock** [26. März 1547 bis 12. Februar 1568]. Aus Urkunden und gleichzeitigen Nachrichten. WZ 3,353-374
576 Deneke: Magister **Hermann von Kerssenbrock,** Rektor in Hamm, Münster, Paderborn und Werl. Seine Schriften und seine Verfolgung. WZ 15,241-260
Wiedertäufergeschichte **104,105**
577 Huyskens: Der Kauf des „Graels" [Wohnhaus] durch den Rektor Hermann von Kerssenbrock. WZ 59,251f.
578 Widmann: Hermann von Kerssenbrock [Chronist der münsterschen Wiedertäufer]. WZ 90 I 33-88
579 Löffler: Der selbstständige Teil von Hermann von Kerssenbrocks „Catalogus episcoporum Mymingardevordensium nunc Monasteriensium" 1532-1577. WZ 71,290-308
Münsterische Schulgesetze **1753**, Judefeld, Elsebein **547**, Dombeschreibung **100**

580 Rothert: **Ferdinand von Kerssenbrock,** Dompropst und Statthalter im alten Hochstift Osnabrück, † 1754. WZ 77 II 190-196

581 Honselmann, W.: **Heinrich Kerssenbrock**, † 1580. Rektor der Lateinschule in Warendorf. W 43,283

Christoph **von Kesselstadt**, Domdechant in Paderborn 2954

582 Wiens: Beiträge zur Geschichte der Verschwörung des Adam **von der Kette** gegen das Land und Leben des Fürstbischofs von Münster, Christoph Bernard von Galen. WZ 4,289-321

583 Seibertz: **Gotthard Ketteler**, letzter Herrmeister des deutschen Ordens in Livland und erster Herzog von Kurland. WZ 29 II 1-92. Unbekannte Bildnisse 3344, Pilgerfahrten 1519, 3006

584 Erhard: Urkunden zur Geschichte der Resignation des erwählten Bischofs von Münster, **Wilhelm Ketteler** (1557). WZ 2,234-261

585 Höffner: **Wilhelm Emanuel von Ketteler** und die christlich-soziale Bewegung im 19. Jahrhundert. WZ 112,198
586 Iserloh: Das Wirken Bischof Emanuel von Kettelers im Übergang von karitativer Fürsorge zur Sozialpolitik und Sozialreform. WZ 124/125,258

587 Gockeln: Johannes Nikolaus **Kindlinger** (1749-1819), Sammler, Archivar und Historiograph in der Nachfolge Justus Mösers. Ein Beitrag zur westfälischen Geschichtsschreibung des 18. Jahrhunderts. I. WZ 120, 11-201; II. [mit Exkurs zur Geschichte des Gutes Heeßen]. WZ 121,37-70

588 Rosenkranz: Aus dem Leben des Jesuiten Athanasius **Kircher** (1602-1680). WZ 13,11-58

588b Hesse-Frielinghaus: Ernst Ludwig **Kirchner** (Maler; 1880-1938) und das Museum Folkwang Hagen. W 52,1-80

589 Reinhard: Vier Briefe des Johan Hyazinth **Kistemaker**, (1754-1834) an Franz Bernhard Bucholtz [aus den Jahren 1814/15]. WZ 103/104,203-210

590 Sudhof: Der Herausgeber [v. Kitzing] der ersten Edition aus dem „Kreis von Münster". W 47,202-205

591 Trunz: **Klauers** [Gottlieb Martin, 1742-1801, Porträtplastiker] Fürstenberg-Büste in Weimar. W 33,42-47

Orgelbauer **Klausing** 3388

Dietrich **von Klencke**, Domherr in Münster † 1637. 1645

von Klocke: Geschlecht **von Klocke**. *W 10,110ff. (Rez. Schmitz-Kallenberg)*

Martin **Klöckner**, Chronist 2043

592 Jansen: **Klopstock** und der westfälische Hainbunddichter Sprickmann. W 23,27-47
593 Sudhof: Klopstock und der „Kreis von Münster". W 34,190-194
Stolberg 591

594 Bauermann: Die Ahnen des Generalobersten **von Kluck**. W 26,41

Matthias **Knippinck**, Barockmaler 3318

595 Prinz: Bernd **Knipperdollinck** und seine Sippe. W 40,96-116

596 Offenberg: Der münstersche Münzmeister Peter **Köplin**. WZ 54,140-171

Sommer: **Johann Koerbecke** 23
597 Rensing: Ein Beitrag zur Koerbecke-Frage. W 18,261-264
598 - Johann Koerbecke [mehrere Generationen der Malerfamilie] W 22,206
599 - Über den Aufenthalt des Malers Körbecke in Coesfeld. W 25,38
600 - Zur Lebensgeschichte von Johann Koerbecke. W 33,224
601 - Koerbeckes Haus am Wegesende. W 44,274

602 Zuhorn, K.: Eine Familie Koerbecke in Warendorf. W 23,265
603 Riewerts: Zu Johann von Koerbecke. W 23,294
604 Pieper, P.: Johann Koerbecke, der Maler des Marienfelder Altares. WZ 113,258f.
605 Kornfeld: Der Altar der Dorfkirche in Steinhagen. Ein Beitrag zur Koerbecke-Frage. W 17,251-261
606 Prinz: Urkundliches zur Geschichte der Malerfamilie Koerbecke. W 26,99-109

607 Dieckmann: Gedenkwort (auf) Johannes **Körner**, Provinzialkonservator † 1931. W 17,177

608 Rothert, Herm.: Zur Herkunft Dietrich **Koldes** [OFM, auch Dietrich von Münster gen., 1435-1515, Volksprediger, Schriftsteller]. W 27,64
609 Zuhorn: Weitere Untersuchungen der Lebensgeschichte des [Augustiners, späteren Franziskaners] Dietrich Kolde. WZ 112,53-61
610 - Ein neues Datum [1482] zur Lebensgeschichte Dietrich Koldes. WZ 115,255-257
Bockholt: Theodorich von Münster (zu seinem 400. Todestage am 11. 12. 1515). W 8,31 (Rez. Löffler)

611 Keßler: Petrus von **Kolshusen**, ein sauerländer Schnitzer des 16. Jahrhunderts. W 19,354-361

612 Honselmann, Kl.: Der Autor der Vita Meinwerci – vermutlich Abt **Konrad von Abdinghof** [1142/73]. WZ 114,349-352

Konrad von Arnsberg 2827

Meister Konrad von Soest 19
613 Meier, P. J.: Konrad von Soest. Ein Nachtrag. W 16,37-49
Geisberg, M.: Der Dortmunder Marienaltar des Konrad von Soest. W 16,90 (Rez. Uebe); W 24,101 (Rez. Nissen)
Hölker: Meister Conrad von Soest und seine Bedeutung für die norddeutsche Malerei in der ersten Hälfte des 15. Jahrhunderts. W 17,92 (Rez. Zimmermann)
614 Nissen: Ein Beitrag zu Konrad von Soest. W 18,107-114
615 - Die Münze in der Sterbekerze. W 21,69-72
616 Crusius: Eine neue Miniatur aus der Nachfolge des [Malers] Konrad von Soest. W 28,7-13
617 Fritz, R.: Beobachtungen am Dortmunder Marienaltar Conrads von Soest. W 28,107-122
618 - Conrad von Soest als Zeichner. W 31,10-19
619 Galley: Neue Miniaturen aus dem Kreise des Konrad von Soest. W 31,19-27
620 Rensing: Rätsel um Konrad von Soest. W 28,138-181
621 - Zum Aufenthalt des Konrad von Soest in Frankreich. W 32,235
622 Schmidt, J. H.: Die Seidenstoffe in den Gemälden des Konrad von Soest und seiner Schule. W 23,195-206
623 Stange: Konrad von Soest als europäischer Künstler. W 28,101-106
624 - Ein Frühwerk des Konrad von Soest. W 34,67-71
 - *Konrad von Soest. W 45,68 (Rez. Rensing)*
Immermann **537**

625 Bäumer: **Konrad von Soest, Theologe** [† 1437 als Bischof von Regensburg] und seine Konzilsappelation 1409 in Pisa. W 48,26-37
Evelt: Conrad von Soest 2827
Finke: Conrad von Soest 2780
625b Heimpel: Konrad von Soest und Job Vener, Verfasser und Bearbeiter der Heidelberger Postillen (Glossen), zu der Berufung des Konzils von Pisa. W 51,115-124

626 Fuchs, J.: Die Dringenberger Chorlampe des Hans **Krako**. W 2,17-20

627 Honselmann, W.: Die Familie **Krane** zu Unna, Altendorf, Ober-Rödinghausen und Landhausen. WZ 119,377-410
628 Rave: Johann Krane. W 25,120-122

Krusemark, Steuerrat in Unna **2915**

629 Rave: Erhard **Küng** [Bildhauer, Architekt, „niederländischer Westphale"]. W 24,44
630 Rensing: Das Werk des Bildhauers Erhart Küng. W 26,138
Baum: Werke mittelalterlicher Kunst. W 36,129 (Rez. Rensing)

Küpfer, Ahnentafel **1274**

631 Huyskens: Das Todesjahr des Holzschnitzers Johann **Kuper** [1560]. WZ 64,258

632 Schulte, E.: Prälat [Peter] **Lackens** Beziehungen zu Münster. W 7,97-101
633 Zak: Zwei Münsteraner als Prälaten in Österreich [Benedikt Lacken, Abt in Geras 1627-1632, Johann Werthaus, Abt in Geras 1650-1674]. W 7,1-26

634 Erhard: Erinnerungen an Rudolf **von Langen** und seine Zeitgenossen. WZ 1,26-78
635 Löffler: Zur Biographie Rudolf von Langens. WZ 69,1-13

635b Steinbicker: **Langermann** – ein historisches Kaufmannsgeschlecht aus Münster in Westfalen. W 51,166-189

636 Finke: (Nekrolog auf) Graf **Friedrich Ludolf von Landsberg-Velen,** 1815-1898. WZ 56,132

Freiherr **Paul Josef von Landsberg-Velen,** Briefwechsel **393**

637 Begräbnis und Ruhestätte des Kardinals **de Laroche-Foucauld** [23. 9. 1800 zu Münster]. Eine Beschreibung aus dem Anfang dieses Jahrhunderts. WZ 18,341f.

638 Cohausz: Der Schwager der Annette von Droste. 20 unbekannte Briefe des Reichsfreiherrn Joseph **von Laßberg** aus den Jahren 1814-1849 [an Friedrich Carl Freiherr von und zu Brenken]. WZ 95 I 45-87
639 Reinhard: [Familien-]Briefe des Freiherrn Joseph von Laßberg [aus den Jahren 1848-1855]. WZ 96 I 175-186
Bader (Hrsg.): Joseph von Laßberg. Mittler und Sammler. W 35,180 (Rez. Sudhoff)

640 Bänfer: Der Beitrag Melchior **Lechters** zur Buchkunst des Jugendstils. W 36,255-280
641 Riewerts: Melchior Lechters „Orpheus". W 21,157-159

642 Erhard: **Leibnitz** als Geschichtsforscher und als Beförderer wissenschaftlicher Vereine. WZ 10,235-258

Carl **Lentze,** Geheimer Ober Bau Rat **3369**

Papst Leo III. 46, 1904, 1905

643 Jansen:Verfassungs- und Kulturgeschichtliches aus **Leopolds von Northof** Chronik der Grafen von der Mark. WZ 54,20-29
Flebbe: Leopold von Northof, Die Chronik der Grafen von der Mark. (Die Geschichtsschreiber der deutschen Vorzeit. Bd 99). W 34,145 (Rez. Zuhorn)

644 Babinger: Herkunft und Jugend Hans **Lewenklaw's** [† 1594, aus Coesfeld; mit Autograph]. WZ 98/99 I 112-127
645 - Nachtrag. WZ 105,97

646 Tenhagen: Das Denkmal des Erzbischofs **Liemar** von Bremen in der Vredener Stiftskirche. WZ 54,191-199

647 Lewey: Eine Altartafel aus der Werkstatt des **Meisters von Liesborn.** W 40,272-277
648 - Die Mitteltafel des Liesborner Hochaltars im neuen Licht. W 44,20f.
649 Eichler: Vorwort zur Ausstellung „Der Liesborner Altar". W 44,3
650 Rensing: Bemerkungen zum Meister von Liesborn. W 44,22-54
651 Pieper, P.: Der Meister von Liesborn und die Liesborner Tafeln. W 44,4-11
652 - Die Liesborner Tafeln. Katalog und Rekonstruktion. W 44,12-19; (64-96 Farbtafeln des Liesborner Altares).
653 - Die hl. Anna – ein Fragment des Meisters von Liesborn. W 44,58-63
654 Wormstall: Zur Geschichte der Liesborner und Marienfelder Altargemälde. WZ 55,85-102

655 Borgmann: Die Rechte und Besitzungen der **Grafen von Limburg** in der Krummen Grafschaft [westlich der Grafschaft Dortmund] im 14. Jahrhundert. W 20,22-28

656 Aders: Hermann Otto Graf **von Limburg-Styrum** (1646-1704) Feldherr und Diplomat in kaiserlichen Diensten. WZ 112,197
657 - Hermann Otto II. Graf von Limburg-Styrum [1705 in Gemen beigesetzt]. WZ 116,113-136
658 Kubisch: Graf August von Limburg-Styrum, vorletzter Fürstbischof von Speyer, in seinen Beziehungen zur Herrschaft Gemen. W 33,164-197
659 - Beziehungen der gräflichen Familie von Limburg-Styrum in Gemen zum Kaiserhof in Wien [um 1660/90]. WZ 110,97-137
Geschiedenis der Graven van Limburg-Stirum: Gewin: Die Herkunft der Grafen von Limburg-Stirum; Hülshoff: Die Geschichte der Grafen und Herren von Limburg und Limburg-Stirum und ihrer Besitzungen. W 42,318; W 47,87 (Rez. Kohl)

660 Wurm: (Nekrolog auf) Johannes **Linneborn,** 1867-1933, Dompropst, Professor in Paderborn. WZ 89 II 220-224

Meister der **Lippborger** Passion 3315

Bernhard von der Lippe 185

Bernhard VII., edler Herr zur Lippe 186

Kiewning: Fürstin **Pauline zur Lippe,** *1769-1820. W 17,31 (Rez. Klocke)*

Wilhelm Ferdinand **Lipper** [Münsterischer Baudirektor] 36, 3370, 758

661 Wigand: Liber bonorum monasterii s. Ludgeri [Güterregister des St. Liudgeri-Klosters bei Helmstädt von 1160]. A VII 2/3,267-269

662 v. Olfers: Auszug einer Vorlesung über den hl. **Liudger** und seine Verdienste um die Befestigung und Ausbreitung des Christentums in Friesland, von F. H. van Gosk, abgedruckt in der Schrift: De Vrye Vries, Teil VI. WZ 19,355-364
Abels: Die Christianisierung des Emslandes und der hl. Ludger. W 12,93 (Rez. Flaskamp)
663 Diekamp: Die Miniaturen einer um das Jahr 1100 im Kloster Werden geschriebenen Bilderhandschrift zur Vita sancti Ludgeri. WZ 38 I 155-178
664 - Die Reliquien des hl. Liudger. Zugleich ein Beitrag zur Entwicklungsgeschichte der Legenden. WZ 40 I 50-80
665 - Das angebliche Privileg des hl. Liudger für das Kloster Werden. WZ 40 I 148-164
Die Vita des hl. Liudger 32
666 Schmidlin: Ludgerus-Literatur zum Ludgerus-Jubiläum. W 1,94-96
Ludgerus-Literatur zum Ludgerus-Jubiläum. 1. Festgabe zum 1100jährigen Jubiläum. 2. Erinnerungen an die 1100jährige Gedächtnisfeier des Todestages des hl. Ludgerus, Gründer der Benediktinerabtei und der Stadt Werden. W 3,32 (Rez. Schmitz-Kallenberg)
Elbern: St. Liudger und die Abtei Werden. W 42,316 (Rez. Rensing)
Buchschrein der Liudger-Vita 3424, Reliquienkasten 3425

Jostes: Heinrich **Loder.** Ein westfälischer Mönch vor 500 Jahren [Frenswegen] 100

Franz **von Löher** [Kulturhistoriker, Professor in München] 51

Bernhard **Löper** SJ [Exorzist] 1964

667 Arens: Urkundliche Nachrichten über den Geseker Maler Gert **van Loen.** W 17,65-67
668 Nordhoff: Der altdeutsche Maler Gert van Lon zu Geseke. WZ 40 II 120-127

Meyer, Christian: Briefe des westfälischen Stabsoffiziers Friedrich Wilhelm **von Loßberg** *vom russischen Feldzuge des Jahres 1812. W 3,32 (Rez. Schmitz-Kallenberg)*

Ludolf von Sudheim **961, 962**

669 Wigand: (Nekrolog auf) Ferdinand Frei-

herr **von Lüninck,** 1755-1825, Fürstbischof von Münster und Corvey. A I 1,115

670 Ferdinand Freiherr **von Lüninck,** geb. 1888, hingerichtet 14. November 1944 in Berlin-Plötzensee, Oberpräsident der Provinz Westfalen, Direktor der Abt. Paderborn. Widmung zum 50. Geburtstag W 23, Heft 2

671 Zurbonsen: Der ehemalige Freischarenführer [Ludwig Adolf Wilhelm Freiherr] **von Lützow** in Münster und sein Kreis, 1817-1830. WZ 58,186-217

Kaiser Ludwig, der Fromme **149**

672 Keinemann: Zur politischen Tätigkeit **Lutterbecks** [Arzt]. W 47,210

673 Vriesen: Der Maler August **Macke.** W 30,31-52

674 Beyer: Peter **Maier** aus Regensburg [Stadtschultheiß zu Coblenz] und seine Schriften. WZ 1,95-108 und 165-300

675 Rensing: Ergänzung zur Ahnenreihe Dr. **Arnold Mallinckrodts.** W 24,42

676 Meininghaus: Zur Herkunft **Pauline von Mallinckrodts.** [Gründerin der „Genossenschaft der Schwestern der christlichen Liebe"]. W 17,175f.

Anna Gräfin **von Manderscheid,** Äbtissin von Vreden 1580. **3519**

Hemmen: **Manegold,** Domschulmeister **41,** 79-105

Chronik der Grafen **von der Mark 643**
Rechte im Bistum Münster **3118**
Concession für Hamm **1381**
Northof: *Chronika Comitum de Marca.* W 16,31 (Rez. Schnettler)

Hermann **Marschalk 551**
Marschall (Marschalk) Geschlecht, Osdagessen **731**

677 Honselmann, Kl.: Eine Essener Predigt zum Feste des hl. **Marsus** aus dem 9. Jahrhundert. WZ 110,199-221

678 Hohmann: Konrad **Martin,** Wahl zum Bischof von Paderborn. WZ 120,485-487

Stehkämper: Der Nachlaß des Reichskanzlers Wilhelm **Marx,** *W 47,219 (Rez. Kohl)*

679 Honselmann, W.: Theodor **Matthisius** aus Menden, bischöflicher Offizial in Paderborn [1607-1626]. WZ 111,343f.

680 Rensing: Der Kölner Kurfürst **Max Heinrich** aus dem Hause Wittelsbach [1650-1688]. W 43,287

681 Geisberg, M.: Die Heimat (Bocholt) der Familie **Meckenem** [Goldschmiede, Kupferstecher]. W 5,37-44
Israhel van Meckenem **3436**

682 Herding: Heinrich **Meibom** d. Ä. [1555-1625] und Reiner Reineccius [1541-1596]. WZ 110,373-375

683 Rave: Die Bildhauerfamilie **Meiering** [15./16. Jahrhundert im Münsterland]. W 24,119-122

684 Schröter: Ein Epitaph von Heinrich Meiering d. Ä. in Haselünne. W 25,70-73

685 Wigand: Literarischer Nachlaß vom Herrn Ad. **Meinders** (aus einem Schreiben des Herrn Hofrath Consbruch). A III 1,111-113
Historischer Briefwechsel mit Grupen **457**

Meininghaus: Ritter- und Patriziergeschlecht **von Meininghausen.** *W 10,110f. (Rez. Klocke)*

686 Honselmann, Kl.: Zur Vita **Meinulfi.** Hat dem Meinolfbiographen Sigeward eine ältere Vita des Heiligen vorgelegen? WZ 123,81-90

687 - Eine niederdeutsche Lebensbeschreibung des hl. Meinolf, vermutlich ein Werk Gobelin Persons. WZ 123,268-270

Pöppelbaum: Der hl. Meinolphus und seine Stiftung. W 7,31 (Rez. Schmitz-Kallenberg)
688 Pöppelbaum: Audiatur et altera pars [Entgegnung]. W 7,136
689 Stüwer: Die Verehrung des hl. Meinolf. Eine kulturhistorische Skizze. W 19,227-239

690 Tenckhoff: Eine kurze Zusammenfassung des Lebens des **Bischofs Meinwerk** von Paderborn in Hexametern. WZ 78 II 71-73
Vita Meinwerci **612**, Urkunden **2393-2395**, Bistum Paderborn **50**
691 Meyer, J. Th. L.: Fragmente aus der Kanzlei des Bischofs Meinwerk von Paderborn. A V 2,111,131
692 Irsigler: Reiche und Arme zur Zeit Meinwerks. WZ 122,308f.
Humann, Baukunst unter Bischof Meinwerk **1919a** *(Rez. Fuchs: W 10,122)*
Humann: Baukunst Meinwerks **1919b**
Meinwerkbau **1912**, Marstall **1907**

693 Mütter: [Der Münstersche Historiker] Professor Aloys **Meister**, 1866-1925, mit Verzeichnis der Publikationen Meisters. WZ 121, 173-247

694 Stupperich: **Melanchthons** Beziehungen zu Westfalen. W 38,47-61

Goswin **von Menden**, Ahnentafel **830**

Meyer, Joh.: Geschichte des Geschlechts **von Mengersen**. W 24,151 (Rez. Prinz)

695 Kuhlmann: (Nekrolog auf) Konrad **Mertens**, 1836-1905, Pfarrer in Nordborchen. WZ 63,110-117

696 Evelt: Über den Scholastiker **Franco von Meschede**. WZ 23,295-310

697 Wiens: Geschichte der Wahl des Bischofs von Münster Franz Arnold **von Metternich**. WZ 6,127-152

698 Erhard: (Nekrolog auf) Ignaz Theodor Liborius **Meyer**, 1773-1843, Domkapitular in Paderborn. WZ 6,310. Bild WZ 72

699 Rensing: Über den Architekten des Schlosses Raesfeld, **Michael von Gent.** W 38,111

700 Honselmann: (Nekrolog auf) Paul **Michels**, 1882-1970, Stadtbaurat in Paderborn. WZ 120,477f.

Joh. Herm. **Middendorf**, Artländer Liederbuch **3396**

701 v. Schorlemer: (Nekrolog auf) Alexander Bertr. Jos. **Minola**, 1759-1829, Professor in Bonn. J 1831 1,6f.

702 Zuhorn: Die westfälischen Vorfahren des Führers der nationalliberalen Partei und preußischen Finanzministers **von Miquel**. [Zugleich ein Beitrag zur Geschichte des münsterschen Bürgertums]. W 37,29-44

703 Scupin: Justus **Möser** als Westfale und Staatsmann. WZ 107,135-152 und 240
Geschichtsschreibung **587**
Sheldon: The Intellectual Development of Justus Möser: The Growth of a German Patriot. W 49,189 (Rez. Klocke)

704 Löffler: Zwanzig Briefe des Herforder Fraterherrn Jakob **Montanus** an Willibald Pirckheimer. WZ 72,22-46
Horlenius, Humanist **528**

705 Jühdorf: Wilhelm **Morgner**. W 30,53-57
706 Seiler: Wilhelm Morgners Werk. W 30,58-76
707 Wille: Wilhelm Morgners Selbstbildnis. W 38,222-239

708 Tumbült: Zur Geschichte der Herren von **Morrian**. WZ 56,109-112

709 Cohausz: Archiv **von und zur Mühlen**, Merlsheim. W 31,90
710 Koch, Ferd.: Die Gemäldesammlung von zur Mühlen. W 5,117-125; W 6,18-25; W 6,50-59

711 J. B.: Die politische Betätigung des Wittener Glasindustriellen Theodor **Müllensiefen** in der preußischen Nationalversammlung. W 23,263

Johann Patroklus **Müller**, Orgelbauer **3387**

712 Eichner: Gabriele **Münter** [Malerin]. Die Achtzigjährige. W 35,131-145

Brandes: Graf **Ernst von Münster** *[geb. 1766 in Osnabrück] und die Wiedererstehung Hannovers 1809-1815. W 25,103 (Rez. Rothert)*
713 Philippi: Die Standesverhältnisse der Herren von Münster-Meinhövel. W 10,49-56

714 Prinz: Johannes **Münstermann**. Zu einem Bild von Hermann tom Ring. W 40,300-307

715 Baeumker: Beiträge zur Geschichte des Münsterischen Humanisten **Murmellius**. WZ 39 I 113-135
716 – Neue Beiträge zur Bibliographie des Münsterischen Humanisten Murmellius und zur Münsterischen Druckergeschichte. WZ 40 I 164-172
717 Bücker: Das Lobgedicht des Johannes Murmellius auf die Stadt Münster und ihren Gelehrtenkreis. In der ursprünglichen Fassung erstmalig übersezt und erläutert. WZ 111,51-74

von Nassau-Siegen s. Johann VIII.

Bernhard Christoph Ludwig **Natorp 3397**
Neelmann, Glockengießerfamilie **3385**

718 Merker: Ein Brief des Königs Theodors I. von Korsika [aus dem westfälischen Adelsgeschlecht **von Neuhoff**]. WZ 71,490-501
719 Lahrkamp: Zur Geschichte des westfälischen Königs von Korsika. W 39,241

Nicolaus von Cues 1607

Nicolaus ep. Aconensis, s. Arresdorf

Dietrich **von Niem** s. Dietrich

720 Kubisch: Pfarrer Joseph **Niesert** (1766-1841) in Velen. Ein münsterisches Gelehrten- und Sammlerleben der Spätromantik. WZ 117,3-48

721 Widmung an Robert **Nissen**, 1891-1968, zum 75. Geburtstag am 9. Januar 1966, Museumsdirektor i. R. in Münster. W 45,77

722 Schulte, Wilh.: Ein Unvollendeter. Dem Andenken Max **Nohls** [Iserlohner Baumeister, 1830-1863]. W 29,274-285

Emil **Nolde 734**

Knoll: Johann Gottfried Christian **Nonne** *[1773-1796 Pädagoge in Lippstadt]. Ein Beitrag zur niederrheinischen Schulgeschichte am Beginn des 19. Jahrhunderts. W 48,177 (Rez. Kohl)*

Levold **von Northof** s. Levold

723 Flaskamp: (Nekrolog auf) Joseph Bernhard **Nordhoff**, 1838-1906, Professor in Münster. W 42,301-308

724 Müller, Helmut: Bildnisse des westfälischen Historiographen Jodokus Hermann **Nünning**. W 47,166-169

Ambrosius **von Oelde** s. Ambrosius

725 Reinhard: Der Historienmaler Theobald **von Oer** bei dem Entwurf seines Gemäldes „Die Fürstin Gallitzin im Kreise ihrer Freunde". W 26,73-77
726 Schwering: Eine Studie zu Theobald von Oers Gemälde „Fürstin Gallitzin im Kreise ihrer Freunde." W 19,385f.
727 Sudhoff: Theobald von Oer. Eine autobiographische Skizze. W 36,110-112

Edelherren **von Oesede**, Stammtafel **209**, Rechtsstreit mit Hardehausen 1342 **551**

728 Graf von Oeynhausen: Die Kollisionen der Familie **von Oeynhausen** mit der bischöflichen Regierung in Paderborn in Folge

ihres Konfessionswechsels. Ein Beitrag zur Geschichte des Protestantismus in Westfalen. WZ 29 I 53-67

729 Rensing: Grabinschrift des Heinrich **von Olfen** [† 1565] auf dem alten Minoritenkirchhof zu Münster. W 26,138

Lahrkamp: Magister **Oliverus**, Kreuzzugsprediger und Kardinal 41,127-142

730 Feldmann: Johannes **Orseus** aus Dortmund [Pfarrer und Schriftsteller, † 1626]. W 23,245-248

731 Decker: Das Paderborner Ministerialengeschlecht **von Osdagessen**/Marschall. WZ 123,137-179

732 Matthey: Probleme um den sogen. **Meister von Osnabrück** [Bildhauer]. W 15,189-204

733 Ossenberg: Eine Grablegung aus dem Kreise des Meisters von Osnabrück (Relief). W 18,114-116

734 Hesse: Karl-Ernst **Osthaus** und Emil Nolde. W 45,199-208. Osthaus-Museum in Hagen **2525**

735 Rübel, Forster: Briefe eines Steinfurter Studenten aus dem 17. Jahrhundert [Johann Rudolf **Ott** von Zürich, mit Verwandtschaftstafel v. d. Recke]. WZ 105,29-64

736 Flaskamp: König **Otto III.** in Wiedenbrück [985]. Ein Beitrag zur Geschichte der westfälischen Königshöfe. WZ 113,455-458
737 Prinz: Kaiser Otto III., Domherr zu Münster. WZ 115,266

738 Marx: **Otto von Rietberg**, Bischof von Paderborn [1279-1307]. WZ 59 II 3-92

739 Kuntze: Bernhard **Overbergs** Reise nach Wien im Jahre 1807. WZ 86 I 59-81

740 Huyskens: Das Todesjahr des münsterschen Stadtsekretärs **Pagenstecher** [1601]. WZ 62,247f.

740b Schücking: Erinnerungen an Bernhard **Pankok** (1872-1943). WZ 52,96-109

741 Kuhlmann: Die Kunst in Giershagen im 17. und 18. Jahrhundert [Bildhauer **Heinrich und Christoffel Pape**]. WZ 58 II 199-206 und WZ 63 II 206
742 Althaus: Die Kunst in Giershagen im 17. und 18. Jahrhundert [in Ergänzung zu dem Beitrag von Kuhlmann]. WZ 90 II 202-206

743 v. Klocke: Das Geschlecht **von Papen** und das Werler Erbsälzertum. Eine familien- und standesgeschichtliche Skizze. W 18,32-42

744 Meyer: (Nekrolog auf) Felix **Papencordt**, 1813-1841, Professor in Bonn. WZ 4,354-357

von Pasqualini [italienischer Baumeister] **3373**

745 Wigand: Wie der Doctor **Paulini** Historicus wurde und die Corvey'sche Geschichte schrieb. WZ 1,372-377

746 Rensing: Ein Dortmunder Bildhauer des 17. Jahrhunderts [Jörgen **Pehls**]. W 15,127-130

747 Linneborn: Heinrich **von Peine**, Reformator des Klosters Abdinghof in Paderborn 1477-1491. WZ 50,169-213

748 Koch, Fried. Aug.: Johann **Pelcking**, Weihbischof von Paderborn. WZ 20,361-366 Besuch in Corvey 1624 **1218**

749 Kruse: (Nekrolog auf) Heinrich **Pennings**, 1879-1939, Studienrat, Archivdirektor in Recklinghausen. W 24,211

Johann **Pering**, münsterscher Humanist **569**

750 Rosenkranz: Gobelinus **Persona**. WZ 6,1-36
751 Abels: War Gobelin Person Offizial des Bistums Paderborn? WZ 52 II 151

752 - Gobelin Person [1358-1425]. Sein Wesen und Wirken als Paderborner Reformator am Anfang des 15. Jahrhunderts. WZ 57 II 3-34
753 Jansen, M.: Aus Gobelin Personas Cosmidromium. WZ 56,65-74
754 Prinz: Eine neue Handschrift des Cosmidromius Gobelin Personas. W 48,206-217
Offizium Etteln **1303**, Translatio S. Liborii, Teilnehmerberichte **1899**, hl. Meinolf **686,687**

Baumeister Antonio **Petrini 3374**

755 (Nekrolog auf) Friedrich **Philippi**, 1853-1930, Staatsarchivdirektor, Professor in Münster. W 15,69
756 Schmitz-Kallenberg: Friedrich Philippi's Schriften. Zu seinem 75. Geburtstag zusammengestellt. W 14,1-12

757 Goering: Die Tätigkeit der Venezianer Maler **Piazetta** und Pittoni für den Kurfürsten Clemens August von Köln. W 19,364-372

758 Rave: Die Architektenfamilie **Pictorius**-Lipper-Reinking. W 17,1-7
759 - Neue Bildnisse des Ehepaares G[ottfried] L[aurenz] Pictorius [Hofarchitekt]. W 26,177-179

760 Frielinghaus: **Johann Martin Pictorius** [Maler]. W 26,40
761 Rave: Johann Martin Pictorius. W 20,344-348

762 Rave: Die Nachfahren des **Peter Pictorius** [Beilage: Nachfahrentafel des P. Pictorius]. W 18,189-192
763 Rensing: Das Grabmal des Peter Pictorius d. Ä. [Architekt † 1685]. W 24,45
Chr. B. von Galen **21**

764 Finke: (Nekrolog auf) Anton **Pieper**, 1854-1908, Universitätsprofessor in Münster. WZ 66,169

Willibald **Pirckheimer** und Jacob Montanus **704**

Pittoni, Venezianer Maler **757**

765 Finke: (Nekrolog auf) Johann Wilhelm **Plaßmann**, 1818-1898, Direktor des Landesarmenwesens Westfalens in Münster. WZ 56,135-138

Johannes Adrian Freiherr **von Plenken 2264**

766 Falkenheiner: Beitrag zur Geschichte der Familie von **Plettenberg**. WZ 6,349-360
767 Grotefend: Aus den von Plettenbergschen Archiven zu Hovestadt. WZ 59,239-243

768 Braubach: **Ferdinand von Plettenberg**, ein westfälischer Politiker und Diplomat des 18. Jahrhunderts. W 22,165-175
769 Rensing: Vom Wesen und Streben des kölnischen Ministers [Ferdinand] Plettenberg. W 24,148
770 - Ferdinand von Plettenberg hat als „Königsmacher" für die Wittelsbacher in den westdeutschen Bistümern gewirkt. W 42,313

771 Rensing: Fürstbischof **Friedrich Christian von Plettenberg** als Auftraggeber und Mäzen. W 38,174-201
772 Scharlach: Fürstbischof Friedrich Christian von Plettenberg und die münsterische Politik im Koalitionskriege 1688-97. WZ 80 I 1-35 und WZ 93 I 79-127

Johann von Plettenberg, Marschall von Westfalen **84**

773 v. Klocke: Das Elternhaus des Deutschordensmeisters **[Wolter von] Plettenberg**. (Mit einem Schlußwort an O. Schnettler) W 15,168f.
774 - Zu den Bildnissen und zu dem Grabstein Wolter von Plettenbergs. W 26,31-35
Urkunde (1532) **2419**
775 Seibertz: Walther von Plettenberg, Herrmeister des deutschen Ordens in Livland. WZ 14,1-91
Unbekannte Bildnisse **3344**

776 Honselmann, W.: Die Familie **von Plettenberg gen. Herting**. WZ 117,247-295

Erich Philipp **Ploennies** [Baudirektor] **3375**

777 Lohmann: Adam **Poelmann**. H 3,89-91; Männer aus der Familie Poelmann. H 6,5-8
778 Schauerte: Adam Poelmann, ein Hallenberger Dramendichter. H 3, 1,5
Grabplatten **3448**

779 Honselmann, Kl.: Matthäus **Pontanus**, der Begründer des Paderborner Buchdrucks. WZ 118,405f.

Pieter **Post** [Baumeister] **3376**

780 Abels: (Nekrolog auf) August **Potthast**, 1824-1898, Bibliotheksdirektor, Historiker. WZ 56,151-153
781 Honselmann, Kl. (Hrsg.): August Potthast. Eine Skizze seines Lebens und seiner Werke. Ein anonymer Nachruf. WZ 124/125, 155-166

782 Geisberg, M.: Eine Originalarbeit Hermann **Potthofs** [Goldschmied, frühes 17. Jahrh.] im Landesmuseum. W 1,55-59

783 Hanschmidt: Die Neukirchener Familie **de Prato**. WZ 120,455-457

Schmalenbach: Das Geschlecht **Prinz** *aus Altena in Westfalen. W 21,356 (Rez. Dr. R.)*

784 Tack: Unbekannte Entwürfe des Paderborner Hofbildhauers Johann Jakob **Pütt** in einem westfälischen Gutsarchiv. W 37,252-259

Familie von **Quernheim 1405**

785 Erhard: (Nekrolog auf) Christian **Quix**, 1773-1844, Lehrer zu Aachen, Stadtbibliothekar. WZ 7,334

Franz **Rabaliatti** [Kurpfälzischer Hofbaumeister] **3377**

Lucas: Der Buchdrucker **Lambert Raesfeld**. *W 18,76 (Rez. Riepenhausen)*

786 Schwarz, W. E.: Exkurs über die Gründe der Resignation des Fürstbischofs **Bernhard von Raesfeld**. WZ 69,460-464

787 Schwarz, W. E.: Zur Jugendgeschichte [des münsterischen Domdechanten] **Gottfrieds von Raesfeld** [1522-1586]. WZ 78 I 85

788 Eichler: Reiseskizzen aus Münster von Johann Anton **Ramboux** [1790-1866]. W 37,287-294

Rave, W.: Die Geschichte des westfälischen Geschlechts **Rave**. *W 29,303 (Rez. Prinz)*

789 Zuhorn: (Nekrolog auf) Wilhelm **Rave**, 1886-1958, Landeskonservator von Westfalen in Münster. W 36,1f.

790 Rave, W.: Das Stammbuch des **Georg Rave** [1599-1675; mit 2 Porträts und Karte seiner Frankreichreise]. WZ 95 I 1-44

791 Haarland: Diplomatische Geschichte der Burg und des alten Grafenhauses **Ravensberg**. WZ 1,145-240
792 Mooyer: Chronologisches Verzeichnis der Drosten der Grafen von Ravensberg. WZ 9,332-336
793 Vollmer: Eine Hofhaltsrechnung der Gräfin Margarete von Ravensberg aus dem Jahre 1346. WZ 77 I 36-46
794 Hofmeister: Die dänische Verwandtschaft der Grafen von Ravensberg im 13. Jahrhundert. WZ 92 I 213-218
795 Engel: [Die angebliche Gräfin „Beatrix von Ravensberg" in einer Gehrdener Urkunde von 1173. WZ 120,287-296
Grafschaft Ravensberg **2099ff.**

796 Gorges: Das Geschlecht **von der Recke** und die Chamaver. WZ 52 II 124-131
797 Lüdicke: Eine Gesandtschaftsreise nach Konstantinopel 1665-1666. Aufzeichnungen des Freiherrn Johann Theodor von der Reck im Frh.-Landsbergschen Archiv des Hauses (Dren-)Steinfurt. WZ 64,191-247
798 v. Klocke: Aus dem Elternhause des Paderborner Fürstbischofs Dietrich Adolf von der Recke [1650-1661 Aufzeichnung des

Dietrich von der Recke zu Kurl von 1607].
WZ 83 II 142-160
Verwandtschaftstafel **735**, Paderborn, Hochstift 17. Jahrh. **1951**, Vom Teufel Besessene **1964**, Gert von der Recke, Pilgerfahrt **3006**

799 Galland: (Nekrolog auf) Friedrich **Regensberg**, 1800-1885, Drucker und Verleger der Vereinszeitschrift. WZ 44,186f.

800 Rosenkranz: Reinerus Reineccius /aus Steinheim/, 1541-1595, ein Überblick seines Lebens und Wirkens. WZ 9,1-44
Heinrich Meibom **682**

Honselmann, Kl.: **Reinher**, Domschulmeister **41**, 107-126

802 Jostes: **St. Reinhild** von Riesenbeck und **St. Reiner** von Osnabrück. Ein Beitrag zur vergleichenden Sagenforschung. WZ 70,191-249
803 - Bischof Gerhard von Osnabrück und das Reinhildisgrab in Riesenbeck. W 5,35

804 Seiler: Die Pläne [August] **Reinkings** [1776-1819] zum Umbau von Burgsteinfurt aus dem Jahre 1807. W 29,264-273

805 Schröder: (Nekrolog auf) Heinrich **Reismann**, 1850-1921, Realschuldirektor in Paderborn. WZ 80,72 f.

806 Tönsmeyer: Johannes **de Renis**, ein berühmter Humanist aus Rheine. W 44, 225-228

807 Petri: [Gedenkrede auf] Theodor **Rensing**, 1894-1969, Landeskonservator von Westfalen. W 47,101

Bischof **Rethar**, 983-1009 **50**

Schmidt, H. J.: Ein Skizzenbuch des jungen Alfred Rethel [auch westfälische Objekte]. W 26,242 (Rez. Rensing)

808 Müller, E.: Reichsritter Johann **von Reumont**, Stadtkommandant von Münster und Oberkommandant im Stift Münster (1660-1672). WZ 90 I 171-192

809 Schmeddinghoff: Die ältesten Herren **von Rheda** [mit Stammtafel]. WZ 90 I 112.154

810 Stupperich: Urbanus **Rhegius** und die vier Brennpunkte der Reformation in Westfalen. W 45,22-34

811 Finke: Die Abstammung der Familie **v. Rhemen** von den Dynasten von Lon. WZ 56,129f.

812 Linneborn: (Nekrolog auf) Wilhelm **Richter**, 1854-1922, Gymnasialprofessor in Paderborn. WZ 82 XXXI-XXXIII

813 Borchers: Zwei Eckschränke von **Riesener** [gebürtiger Westfale] im Landesmuseum Münster. W 34,234-248

814 Leesch: Die **Grafen von Rietberg** aus den Häusern Arnsberg und Ostfriesland [Besitzungen und Genealogie mit Dienstleuteverzeichnis und Lehnsregister sowie 7 Tafeln, darunter 6 Siegeltafeln]. WZ 113,283-376
Doppelbildnis der Gräfinnen **2574**

815 Hesse-Frielinghaus: Johann Christian **Rincklakes** Ausbildungsweg [Maler].
W 29,257-263
816 Rensing: Ein Entwurf von J. Ch. Rincklake zu einem Grabmal für Franz von Fürstenberg. W 39,179

817 Nissen: Über einige Selbst- und Familienbildnisse der **tom Ring**. W 40,308-314
818 Prinz: Die Herkunft der tom Ringschen Bilder in der von und zur Mühlenschen Sammlung Münster. W 26,40

819 Arndt: Eine unbekannte Zeichnung von **Hermann tom Ring**. W 45,256-264
820 Geisberg, M.: Ein neuer Hermann tom Ring im Landesmuseum. W 15,45-50
821 Pieper, P.: Hermann tom Ring als Bildnismaler. W 34,72-101

822 - Das Rietberg-Bildnis des Hermann tom Ring. W 36,192-212
823 Prinz: Hermann tom Ring als Kartograph. W 31,27-39
824 - Der Jüngling mit der Muschel. Zu einem Bildnis Hermann tom Rings. W 34,174f.
Bildnis Johannes Münstermann 714
825 Rensing: Bilder von Hermann tom Ring auf Schloß Crothof. W 22,33
826 Riewerts: Deutsches und Niederländisches bei Hermann tom Ring. W 23,276-287
827 Westhoff-Krummacher: Ein Brautwerbungsporträt von Hermann tom Ring. W 45,250-255

828 Pieper, P.: Ein Bildnispaar von **Ludger tom Ring** dem Jüngeren. W 36,215-217
Riewerts, Pieper: Die Maler tom Ring,, Ludger der Ältere – Hermann Ludger der Jüngere. W 35,110 (Rez. Nissen)
829 v. Schroeder: Das Bildnis des Mindener Superintendenten Hermann Huddaeus von Ludger tom Ring d. J. W 47,119-130

830 Fellenberg gen. Reinold: Die Herkunft des Geschlechtes **von Rodenberg** [mit Ahnentafel Goswins von Menden 1229-1275]. WZ 105, 183-190

831 Küppermann: Die Beziehungen der saarländischen Familie **Röchling** zu Dortmund-Wickede. W 20,36-39

832 Eickermann: Zu **Roger von Helmarshausen.** WZ 123,265f.
Fuchs: Die Tragaltäre des Rogerus in Paderborn. W 9,31 (Rez. Schmitz-Kallenberg)
833 Meyer, Erich: Neue Beiträge zur Kenntnis der Kunst des Roger von Helmarshausen und seines Kreises. W 25,6-17

834 Bender: Christian **Rohlfs,** ein Mittler zwischen zwei Jahrhunderten. W 30,1-30
835 Hesse-Frielinghaus: Christian Rohlfs Soester Zeichnungen. W 37,295-300
836 Vogt: Zur Entwicklung und Deutung des graphischen Werkes von Christian Rohlfs. W 35,117-130

837 Bücker: Das Erscheinungsjahr des Westfalenbuches von Werner **Rolevinck.** W 38,162-166
838 Casser: Das Westfalenbild des Werner Rolevinck. W 18,26-33
839 Wolffgram: neue Forschungen zu Werner Rolevinck's Leben und Werken. WZ 48 I 85-136 und WZ 50 I 127-161
Bücker: Werner Rolevinck, 1425-1502. De laude antiquae Saxoniae nunc Westphaliae dictae. Text der lateinischen Erstausgabe 1474 mit deutscher Übersetzung. Leben und Persönlichkeit. W 32,245 (Rez. Rothert)

840 Richtering: Giesbert **von Romberg** (1773-1859) Präfekt des Ruhrdepartements und Landesdirektor in Dortmund. WZ 111,140

841 Seibertz: (Nekrolog auf) Georg Joseph **Rosenkranz,** 1803-1855, Justizrat in Paderborn. WZ 17,346-358

842 Zuhorn: (Nekrolog auf) Hermann **Rothert,** 1875-1962, Professor in Münster. WZ 113,243
Zueignung (zum 80. Geburtstag) 20. Juni 1955. WZ 105

843 Marx: Zur Geschichte Bernhard **Rothmanns** und der Wiedertäuferunruhen in Münster. WZ 67,221-226

844 Leidinger: Die Herkunft des **Bischofs Rotho** (1036-1051) von Paderborn. W 48,2-13

845 Kramer: [Der Abdinghofer] Abt Leonhard **Ruben** (1551-1609). Ein Lebensbild aus der Zeit der katholischen Erneuerung in Paderborn. WZ 103/104, 271-333

P. P. **Rubens**-Ausstellung in Siegen **2524**

846 Honselmann, W.: [Der Maler] Johann Georg **Rudolphi** als Student in Paderborn [1646/51]. WZ 115,465f.
847 Lahrkamp: Zur Tätigkeit des Malers Johann Georg Rudolphi [1633-1693] in Mainz. WZ 115,513f.

848 Pieper, P.: Zwei Zeichnungen des Johann Georg Rudolphi [Detmold und Externsteine]. W 27,128-130
849 Tack: Johann Georg Rudolphi, der bedeutendste Barockmaler des Paderborner Landes. W 27,115-128
850 Thöne, Fr.: Eine Zeichnung des Malers Johann Georg Rudolphi. W 26,183f.

851 Josef **Rüther:** Ich und meine Vorfahren. H 6,61-64

852 Müller, G.: Anton **Rulmann,** ein Bückeburger Barockhumorist. Zur Frage des literarischen Volksbarock in Niederdeutschland. W 20,114-134

853 v. Dalwigk: Einige Nachrichten über die Familie **Runst** [zu Kugelenberg, mit Stammtafel]. WZ 60 II 3-18

Rustige, Heinrich Franz Gaudenz (Maler) † 1900, Professor der Kunstschule in Stuttgart **3340**

Simon Louis **du Ry,** Baumeister **26**

Raab: Clemens Wenzeslaus **von Sachsen** *und seine Zeit (1739-1812). W 42,321 (Rez. Sudhoff)*

854 Zelzner: (Nekrolog auf) Alfred Fürst zu **Salm-Salm,** 1846-1923. WZ 82,151-156
Fürstentum Salm-Salm **2773**

855 Schulte-Kemminghausen: (Nekrolog auf) Paul **Sartory,** 1857-1936, Professor in Dortmund. W 21,137

Peter **Sasse,** Bildhauer aus Attendorn **3289**

856 Hillins, Erzbischof von Trier, Lehnsbrief für die Grafen Everad und Heinrich **zu Sayn,** über das von jenem ihm zu Lehen übertragene Schloß Sayn 1152. WZ 2,369-371

857 von Spilcker: Die Familie **von Scardenberg** [Waldeck]. A III 1,92-94

858 Rohrbach: Abt Gabelus **Schaffen** [1582-1650] von [Grafschaft und] Abdinghof und seine Aufzeichnungen in dem von ihm geschriebenen Martyrologium. WZ 110,271-284

Grafen **von Scharzfeld-Lutterberge,** Stammtafel **209**

Nikolaus **Schaten** SJ
Paderborner Geschichtsquellen **1898**
Flaskamp: Nikolaus Schaten SJ / † 1696 in Neuhaus / W 33,243 (Rez. Prinz)

859 Braubach: Paul **Scheffer-Boichorst** und Aloys Schulte, zwei große westfälische Historiker. WZ 108,187

860 Schulte, Ed.: Aus dem Leben eines westfälischen Adeligen: Heinrich Friedrich **von Schele-Hudenbeck** (1697-1758). W 4,1-14

861 Geisberg, M.: Das Stammbuch des Bernhard **Schencking.** W 18,183-185

Heinrich **Schenk 391**

862 Schoof: Max **von Schenkendorf** und Freiherr vom Stein. W 24,39-41

Karl Friedrich **Schinkel** [1781-1841, Baukünstler des Spätklassizismus].
Reisen 1816, 1824, 1833 **2542ff.,** Münster, Apostelkirche **2569**

863 Rensing: Johann Conrad Schlaun [westfälischer Barockbaumeister, 1695-1773]. W 33,243 *(Rez. Tintelnot)*
864 - Drei Briefe über den frühesten Bau von Schlaun [Kapuzinerkirche in Brakel]. W 20,1-3
- *Johann Conrad Schlaun. W 24,101 (Rez. Nissen)*
865 - Nachlese zum Werk von Johann Conrad Schlaun. W 26,206-223
866 - Über Schlauns Tätigkeit in Nievenheim. W 33,224
867 - Das Vorbild zu Schlauns Erbdrostenhof. W 43,272-275

868 Hesse-Frielinghaus: Ein Beitrag zum Lebensbild von Johann Conrad Schlaun. W 42,275-280
869 v. Stralenheim: Nachrichten über Johann Conrad Schlaun und seine Familie. W 19,219-222
Clemenswerth, Jagdschloß **3480b.**, Johann Evangelist Holzer **527**

870 Kohl: Hofrat Heinrich **Schlebrügge,** ein Anhänger der französischen Revolution in Münster. W 38,203-208

Friedrich **Schleiermacher** [1768-1834, protestant. Theologe] **924**

871 Hesse-Frielinghaus: Der Maler Karl **Schlickum** und Ferdinand Freiligrath. W 38,209-221

Nettesheim: Christoph Bernhard Schlüter / 1801-1884, Dichter und Übersetzer. W 39,251 (Rez. Zuhorn)
- Schlüter und die Droste. Dokumente einer Freundschaft. W 35,179 (Rez. Zuhorn)

872 Nottarp: Noch ein Münsteraner als Prälat in Österreich im 17. Jahrhundert [Bernhard **Schmedding,** Propst in Klosterneuburg, 1648-1675]. W 8,12
Münster, Schmeddingsches Haus **1748**

von Schmettow: **Schmettau** *und* **Schmettow** */ Geschichte eines Geschlechtes aus Schlesien. W 39,244 (Rez. Sudhoff)*
Johann Henrich **Schmitmann,** Richter aus Menden **2149**

873 Hesse-Frielinghaus: Elisabeth **Schmitz** [Graphik, Malerei]. W 38,76-89

874 Bauermann: (Nekrolog auf) Ludwig **Schmitz-Kallenberg,** 1867-1937, Staatsarchivdirektor in Münster. W 22,29
Festgabe zum 10. Juni 1927. W 15,101 (Rez. Klocke)

875 Lippe: Der Tod Barbarossas von Julius **Schnorr von Carolsfeld** auf Kappenberg. W 16,130-136

876 Perger: Die **Herren von Schöppingen** in Westfalen und in Kurland. W 20,367-372

Meister von Schöppingen s. Meister Johann von Soest

877 Fleige: Aus dem Archiv des Freiherrn **von Schorlemer** zu Overhagen. WZ 52 II 144-146

878 Niemejer: Zwei münsterische Domansichten [um 1780] von H. P. **Schouten** [Maler]. W 39,234-237

879 Linneborn: (Nekrolog auf) **Franz Schrader,** 1848-1911, Pfarrer in Dringenberg. WZ 69,373
880 Hengst: Franz Xaver Schrader. Ein Paderborner Landpfarrer als Freund und Förderer der Geschichte. WZ 124/125,207-218

881 Landau: (Nekrolog auf) **Ludwig Schrader,** 1805-1834, Leutnant a. D., Kassel. A VII 3,281f.

882 Hartlieb v. Wallthor: (Nekrolog auf) Georg **Schreiber,** 1882-1963, Professor in Münster. WZ 113,247

883 Kraß: Levin **Schücking,** der westfälische Dichter und Schriftsteller (1814-1883). W 24,105-112
884 Casser: Die Bildwerke großer Westfalen am alten Provinzialständehaus. Ein Gutachten Levin Schückings (1861). W 18,51-56
Muschler: Briefe von Levin Schücking an Louise von Gall. W 15,32 (Rez. Schulte-Kemminghausen)
885 Schoof: Levin Schücking in Meersburg. W 33,224-226
886 - Levin Schücking in Meersburg. W 42,394-400
887 - Briefwechsel zwischen Schücking und [Emanuel] Geibel. WZ 116,137-143
888 Steinbicker: Die Ahnenbildersammlung Levin Schückings in Sassenberg. W 42,401-414

Johann Christoph **Schürckmann** (1727-1788) **2942**

Aloys **Schulte,** westf. Historiker, 1857-1941
320, 321, **859**

889 Schulte, E.: Geschlecht und Scholle des Malers Rudolf **Schulte im Hofe** †.
W 14,77-85
890 Spiethoff: Rudolf Schulte im Hofe. Ein westfälischer Maler. W 14,69-76

891 Braubach: Karl **Schurz** und die deutsche Revolution von 1848. WZ 118,151f.

892 Rothert: Das Stammbuch des Johann Moritz **Schwager** [Pastor in Jöllenbeck, † 1804]. W 27,33-48
- *Johann Moritz Schwager. W 17,31 (Rez. Casser)*

893 v. Dalwigk: Die ältere Genealogie des gräflichen Hauses **Schwalenberg-Waldeck** [12. Jahrh.]. WZ 73 II 142-214
894 Schmitz-Kallenberg: (Nekrolog auf) Wilhelm Eberhard **Schwarz,** 1855-1923, Domkapitular Msgr. in Münster. WZ 81,60

Walter Anton **Schwick,** 1753-1815, Jurist **921**

895 Honselmann, Kl.: [Der Paderborner] Domvikar Philipp **Sechtlen** [† 1630], Pfarrer von Delbrück und Rietberg, als Schriftsteller. WZ 121,452-459

896 Pieler: (Nekrolog auf) Johann Suitbert **Seibertz,** 1788-1872, Kreisgerichtsrat zu Arnsberg. WZ 32, Anhang 1-16. — Bericht über sein 50jähriges Dienstjubiläum (Anhang 39 Seiten, Beschreibung der Festlichkeiten) WZ 21,397-404. — Hinweis „Zum Gedenken". W 24,149.
Lohmann, F. X.: Johann Suitbert Seibertz. Ein Denkmal. H 1 Nr. 4.

897 Feldmann: Die Dortmunder Goldschmiedefamilie **Seiner.** W 24,43

898 Vüllers: Dr. Friedrich Wilhelm Adam **Sertürner,** der Entdecker des Morphiums, ein Sohn des Paderborner Landes. WZ 57 II 223-225

899 Rensing: Von Sertürner [dem Vater des Morphium-Entdeckers über seine Herkunft]. W 26,40

900 Laumanns: Das Epitaph eines Paderborner Kanzlers in Lippstadt [Laurenz **Siebel,** † 1590]. WZ 85 II 211-216

Porträtdarstellungen **Bischof Sigebert** von Minden **1567**

901 v. Schroeder: Eine Nachfahrentafel **Sobbe** mit Porträtdarstellungen aus dem Jahre 1610 [in der Kirche St. Martini, Minden]. W 47,131-133

902 Tophoff: (Nekrolog auf) Bernhard **Sökeland,** 1797-1845, Gymnasialdirektor in Coesfeld. WZ 8,373-379 (Erhard: WZ 8,353-356)
903 Kirchhoff: Bernhard Sökeland, Lebensbild eines westfälischen Historikers. WZ 124/125, 120-148

904 Tönsmeyer: Hermann **Soestius** von Marienfeld, ein Vertreter der konziliaren Theorie am Konzil zu Basel. [Zugleich ein weiterer Beitrag zur Geschichte des münsterischen Honoratiorentums im Mittelalter.] WZ 87 I 114-191
905 Zuhorn: Die Familie Hermann Soestius und des Malers Johann von Soest. W 27,20-27

Meister **Johann von Soest 3315**

*Uhlhorn: Geschichte der **Grafen von Solms** im Mittelalter. W 17,100 (Rez. Pfeiffer)*

Dr. Josef **Sommer** s. Eremita

906 Richter: (Nekrolog auf) **Karl Spancken,** 1852-1901, Bankier in Paderborn. WZ 59,196

907 Richter: (Nekrolog auf) **Wilhelm Spancken,** 1803-1886, Kreisgerichtsrat in Büren und Paderborn. WZ 57,172
Nachlaß Wilhelm Spancken **1171**

908 Honselmann, Kl.: Nachrichten über den

Aufenthalt P. Friedrichs **von Spee** in Paderborn [1623/26, 1629/31]. WZ 109,363-368
909 - Friedrich von Spee und sein Aufenthalt in Paderborn. WZ 111,353
910 - Friedrich von Spee [1591-1635] und die Drucklegung seiner Mahnschrift gegen die Hexenprozesse. WZ 113,427-454
911 Micus: Friedrich von Spee. WZ 13,59-76

Die **Spiegel**-Westphalen'sche Fehde 2805

Freiherr vom Stein und die **Brüder Spiegel** 929

Lipgens: **Ferdinand August Graf Spiegel** *[zum Desenberg, 1764-1835] und das Verhältnis von Kirche und Staat 1780-1835. [Die Wende vom Staatskirchentum zur Kirchenfreiheit]. W 45,58 (Rez. Kohl)*
912 Lipgens: Erzbischof Spiegel von Köln und die politische Restauration Preußens. WZ 107,246f.
von Vincke und Spiegel 995

913 Braubach: **Franz Wilhelm von Spiegels** Romreise im Jahre 1776/77 [Kurkölnischer Kammerpräsident]. W 32,217-239
Braubach: Die Lebenschronik des Freiherrn Franz Wilhelm von Spiegel [1752-1815]. W 33,107 (Rez. Oehlert-Knoop)
v. Spiegel in Göttingen 930

914 Aders: Aus den Jugenderinnerungen des Freiherrn **Spies von Büllesheim** (1785-1860). W 34,200-208

915 Gehrken: (Nekrolog auf) Burchard Christian **von Spilcker,** 1770-1838, Geheimer Rat, Kammerpräsident in Arolsen. WZ 2,348-350

916 Lahrkamp: Graf Johann **von Sporck** [geb. Sporckhof in Westerloh im Delbrücker Land]. W 38,62-71
917 Rosenkranz: Johann Graf von Sporck. Ein Abriß seines Lebens. WZ 7,83-171
918 - Nachlese zu der Biographie des Grafen Johann von Sporck. WZ 11,291-310

919 Lehnemann: Georg **Spormecker** und seine Lünener Chronik [1536]. WZ 119,107-120

920 Goldschmidt: Der juristische und historische Nachlaß von Anton Matthias **Sprickmann.** W 42,281-296
921 Hasenkamp: Sprickmann, Schwick und die Anfänge des münsterischen Theaters. Mit einem unveröffentlichten Brief Schwicks an Sprickmann aus dem Jahre 1775. W 33,47-55
922 - Anton Matthias Sprickmanns [1749-1833] geistige Welt. Ein Beitrag zur Geistesgeschichte Westfalens um die Wende des 18. Jahrhunderts. WZ 108,99-175
923 Hosäus: Aus den Briefen Anton Matthias Sprickmann's an Jenny von Voigts, geb. Möser. WZ 40 I 3-49
924 Jansen: Sprickmann und Schleiermacher. W 25,85-88
Hainbunddichter 592

925 Rensing: Hinrik **Stavoer** [Bildhauer]. W 22,209

926 Hartlieb von Wallthor: (Nekrolog auf) Wilhelm **Steffens,** 1883-1970, Oberstudiendirektor in Münster. WZ 120,9f.

927 von Schorlemer: (Nekrolog auf) Heinrich Friedrich Carl Freiherr **vom und zum Stein,** 1757-1831, Staatsminister, Landtagsmarschall, Staatsrat. J (1833) 2/3, 33-49
928 Botzenhart: Stein und Westfalen. W 15,1-12 und 70-80
929 Braubach: Der Freiherr vom Stein und die Brüder Spiegel. W 35,72-80
930 - Der Freiherr vom Stein und Franz von Spiegel in Göttingen. W 37,45-50
931 Eitel: Der Freiherr vom Stein. Gedächtnisrede. W 16,93-100
932 Hartlieb von Wallthor: Unbekannte Briefe des Freiherrn vom Stein an Caspar Geisberg aus den Jahren 1826-1831. WZ 107,153-168
933 - Das Lebensende des Freiherrn vom Stein. Nach drei Briefen des Paters Alexander Hochgesang an den Kölner Erzbischof Spiegel. W 35,81-88

934 - Die Bedeutung des Freiherrn vom Stein für die Entwicklung des rheinisch-westfälischen Industriegebiets. WZ 112,202
935 - Die Aufschwörung des Freiherrn vom Stein im Domkapitel zu Merseburg. W 40,204-218
935b - Der Freiherr vom Stein als Domherr zu Brandenburg. W 51,309-317
936 - Westfalen und das Rheinland im Leben und Werk des Freiherrn vom Stein. WZ 118,404
937 Hildebrand: Eine Tonbüste des Reichsfreiherrn vom Stein. W 16,129-130
938 Hüffer: Der Reichsfreiherr vom Stein. Beiträge zu seiner Persönlichkeit und seinem Wirken in Westdeutschland. W 20,173-183
939 Lappe: Gutsherr und Bauer. W 16,100-110
v. Raumer: Freiherr vom Stein. Reden und Aufsätze. W 42,437 (Rez. Kohl)
940 Schaefer, A.: Henriette Caroline Freifrau vom Stein geb. Langwerth von Simmern, die Mutter des Freiherrn vom Stein. WZ 117,78
941 Schulte, E.: Steins Stellung zur oldenburgischen Ausdehnungspolitik auf dem Wiener Kongreß. W 16,137f.
942 Steffens: Der Plan eines Stein-Denkmals in Westfalen und die Entstehung der Stein-Büste im Landeshaus. W 29,64-76
Verwaltungsreform 1806-1808 **3169**
943 Zuhorn: Der Freiherr vom Stein als Freund der westfälischen Geschichte [und Ehrenmitglied des Alterstumsvereins und vorausgestellter Widmung zum 200. Geburtstag]. WZ 107 XIII-XXXVI [IX-XII]
944 - Zur Ehrenmitgliedschaft des Freiherrn vom Stein im Verein für Geschichte und Altertumskunde Westfalens. WZ 113,175-177
Ernst Moritz Arndt **136**, Franz von Fürstenberg **354**, von Schenkendorf **862**, Denkschriften 1802-13 **3172**

Pfarrer Heinrich **Steinhoff**, Plettenberg, 15. Jh. **2092**

945 Schröter, Adam **Stenelt** [Bildhauer, Osnabrück] W 30,222

945b Flaskamp: Die Moseskanzel zu Wiedenbrück. Ein nun erwiesenes Werk Adam Stenelts. W 51,261-270

946 Vriesen: Der Maler Hermann **Stenner** [geb. 1891 in Bielefeld]. W 35,146-169

947 Lahrkamp: Weihbischof Niels **Stensen** [† 1686] und das Kloster Ringe in Münster. W 48,38-44
von Bellinghausen **180**

948 v. Ledebur: Die Grafen **von Sternberg** in Westfalen. WZ 7,68-82
949 Mooyer: Beiträge zur Genealogie und Geschichte der erloschenen Grafen von Sternberg in Westfalen. WZ 9,45-138

950 Schmidt, Heinrich, J.: Ein Selbstbildnis Johann **Stevens** von Kalkar [um 1540]. W 45,165-169

Jakob **Stöve** aus Münster **1793**

951 Markus-Grimm: **Stolbergs** Beziehungen zu Klopstock nach seiner Konversion. W 33,92-99
951b Bratvogel: Ein unveröffentlichter Brief von Friedrich Leopold von Stolberg an Franz von Fürstenberg. W 52,155f.
952 Schumann: Aus einem französischen Familienarchiv Stollbergiana und Gallitziniana. W 39,128-142
Jansen (Hrsg.): Briefe aus dem Stolberg- und Novalis-Kreis. W 18,69 (Rez. Rensing)
953 Kubisch: Der Geburtsort der Hendrikje **Stoffels** [Ramsdorf]. W 17,69-73

954 Wurm: (Nekrolog auf) Bernhard **Stolte**, 1848-1927, Oberpostsekretär, Vereinsarchivar in Paderborn. WZ 85,202-207

955 Hesse: Anton Josef und Anton Ferdinand **Stratmann** als Porträtmaler. W 44,250-270
956 Michels: Die westfälische Malerfamilie Stratmann [Paderborn]. WZ 113,405-419

957 Neuhaus, C.: Über die Burggrafen **von Stromberg** und ihre Stellung zu den Bischöfen von Münster. WZ 22,79-146

958 Kayser: Der hl. **Sturmi,** der erste Glaubensbote des Paderborner Landes. WZ 25,89-120

959 Rüther: Die Herkunft der Soester Familien **Suderland** und England im WUB Band VII/2. W 44,273
960 Krins: Süderland-Sauerland. Eine Anmerkung zu: Die Herkunft . . . W 45,53

961 Evelt: Ludolf von **Suthem,** Pfarrer im Hochstift Paderborn, und dessen Reise nach dem Hl. Lande. WZ 20,1-22
962 Bauermann: Niederdeutsche Fassung (Ivar von Stapelmohr): Pfarrer Ludolf von Sudheims Reise ins Heilige Land. W 23,263

de Suer, Kirchenbaumeister 3378

963 Geisberg, H.: Der alte Dom zu Münster und Bischof **Suitger,** 993-1011. WZ 38 I 22-42
964 Rensing: Über die Abstammung des münsterischen Bischofs Suidger. W 47,82

Abraham **Sutro,** Landesrabbiner 2822

965 Schulte, W.: Mathilde Franziska von **Tabouillot-Anneke** geb. Giesler (1817-1884), die sogen. „Kommunistenmutter von Münster". WZ 109,220

966 Honselmann, Kl.: Wilhelm **Tack,** 1897-1962, Propst in Paderborn. WZ 112,357-359

von Tecklenburg s. Jakoba

967 Langewiesche: Was ist's mit **Teudts** „Germanischen Heiligtümern?" W 16,226-230
968 - Um die Germanischen Heiligtümer. Eine Entgegnung! W 19,182

Schmitdinger: Der Domherr **Theoderich** und sein frühscholastischer Vaterunser-Kommentar. **41,** 65-77

969 Siggemeier: Kerkher **Theodoricus** Gerden zu Böddeken 1482. WZ 110,359-362

Thönemann s. Tönnemann

970 Quincke: (Nekrolog auf) Fritz **Thomée,** 1901-1944, Landrat in Altena. W 27,146

971 Petri: J. R. **Thorbecke,** die deutsche Philosophie und die Historische Rechtsschule. Im Lichte seines Briefwechsels und seines Reisetagebuches. W 40,197-203

972 Mummenhoff: (Nekrolog auf) Hans **Thümmler,** 1910-1972, Professor, Landesverwaltungsdirektor in Münster. W 50,6-8

973 Becker, C.: Leonhart **Thurneisser** zum Thurn. Mit besonderer Rücksicht auf seinen Aufenthalt in Münster und Berlin. WZ 1,241-264

974 Finke: (Nekrolog auf) Adolf **Tibus,** 1817-1894, Domkapitular in Münster, Bibliographie. WZ 53,327-342

Stammtafel der Familie Tilmann/Arnsberg. W 21,48 (Rez. Fix)

975 v. Landsberg-Gemen: Wahrhafftiger und eygentlicher Bericht, Des gewaltigen Treffens, So im Bistumb Münster in Westphalen, zwischen General Graff **Tilly** und Hertzog Christian Bischoff zu Halberstadt gehalten worden. WZ 23,339-355
976 v. Brockhusen: Um Tillys Flucht und Gustav Adolfs Tod. Zur Beurteilung historischer Gemälde. WZ 112,225-231

977 Steinbicker: Vom Geschlechterkreis der münsterischen Rats- und Bürgermeisterfamilie **Timmerscheidt.** [Ein Beitrag zur Geschichte des münsterischen Honoratiorentums des 17. Jahrhunderts.] WZ 111,95-117

Vitus **Tönnemann** [SJ] 2264
978 Thöne: Vitus Georg Thönemann, 1659-1740. Ein Paderborner Diplomat am Hofe Kaiser Karls VI. WZ 91 II 47-60.

979 Ribbeck: Briefe Rotger **Torcks** [münsterischer Domherr, später Domdechant, † 1686] an Ferdinand von Fürstenberg, Bischof von Paderborn (seit 1678 auch Bischof von Münster). WZ 52,12-35
980 Tibus: Johann Rodger Torck, Domdechant zu Münster, Dompropst zu Minden und Domkapitular zu Paderborn. WZ 52,202-226

981 Wigand: (Nekrolog auf) Fr. L. Arn. **de la Tour,** 1755-1829, Consistorialrat und Kanonikus in Hildesheim. A IV 2,243-245

982 Steinbicker: Friedrich **Tüshaus,** 1831-1885, ein vergessener münsterischer Maler. W 45,35-52

983 Lahrkamp: Die Annalen des Jesuiten [Heinrich] **Turck** [1607-1669]. Ein Beitrag zur Geschichtsforschung der Barockzeit. WZ 105,105-148

984 Rave: Ein Denkstein für Matthäus **Tympe,** [1566-1616, Schriftsteller, Münster]. W 23,83-84

Dietrich Tzwyfel 3436

985 Huyskens: Der Buchdrucker Konrad **Tzwyfel** [Münster]. WZ 61,215f.

986 Brockhoff: Die Liedkompositionen von **Adolph von Vagedes** [1777-1842, vielseitig gebildeter musischer Mensch: Baumeister, Städtebauer, Dichter, Maler, Komponist. Bruder von Clemens August von Vagedes]. W 44,371-373
Kordt, Rensing: Adolf von Vagedes **3379**

Clemens August von Vagedes, Baumeister [1760-1795] **3380**
987 Rensing: Clemens August von Vagedes zu seinem 200. Geburtstag. WZ 111,138

Christian **Vaters,** Orgelbauer **3390**

988 Honselmann, W.: Jürgen **Velthaus** [† um 1640] der Chronist des Reichshofes Westhofen an der Ruhr und seine Familie. WZ 113,460-465

989 Fischer: Hermann **Veltmann,** ein Barockmaler aus Coesfeld. W 36,120

990 Mooyer: Grundzüge zur ältesten Geschichte und Genealogie des Geschlechtes **von Vincke.** WZ 9,233-332

Freiherr **Georg von Vincke 2887a**

991 Erhard: (Nekrolog auf) **Ludwig Freiherr von Vincke,** 1774-1844, Regierungsvizepräsident, Münster 1836. WZ 8,344-353
992 Kochendörffer: Vincke über die Schlacht bei Jena und Auerstädt. W 15,19-21
993 - Vincke bei dem Ersten Konsul Napoleon Bonaparte. W 16,24-26
994 - Die Denkschrift Vinckes über die Bildung einer Volksvertretung vom Jahre 1808. W 16,111-117
995 - Vincke und Spiegel zur Frage der Westfälischen Universität im Jahre 1805. W 16,152-163
996 Rensing: Stammbuchblätter des Freiherrn Ludwig Vincke. W 22,34
997 Schoeps: Briefe an Ludwig von Vincke. W 44, 264-272
998 Schulze-Marmeling: Englische Einflüsse auf die Ansichten Ludwig von Vinckes über Wirtschaft und Politik. WZ 103/104, 164-193
999 Steffens: Vincke und Heinitz 1799. W 20,12-15
999b Leesch: Der Nachlaß des Oberpräsidenten Vincke im Staatsarchiv Münster. W 51,318-321
Judenfrage **2820,** Bauernstand **136,** Briefwechsel **410**

1000 Peus: Der westfälische Münzmeister Lambert **Vlemynck** [hingerichtet zu Osnabrück 1531]. WZ 88 I 113-130

1001 Honselmann: (Nekrolog auf) Christoph **Völker,** 1890-1945, Domkapitular in Paderborn. WZ 98/99 II 85f.

von Voigts, Jenny geb. Möser **923**

1002 Honselmann, W.: Die spätmittelalterliche Ritterfamilie **Vollenspit** und ihre Erben, die von Galen [zu Vellinghausen] und von Westhoven [zu Hennen] mit Stammtafel. WZ 118,189-228

1003 v. Klocke: Zur Frage nach Ursprung und Stellung der Edelherren **von Volmarstein.** W 10,71-77

1004 - Zur Geschichte des westfälischen Hochadels. I. Die Frage des edelfreien Ursprungs der Herren von Volmarstein. II. Die Volmarsteiner und die Edlen von Herdecke und Ruhr. W 11,87-92

Caspar **Vopelius** [Kölner Globen] **2598**

1005 Meier, B.: Judokus **Vredis** [Prior von 1531-1540, Karthause Wedderen] und die Utrechter Bilderbäcker. W 7,105-134

1006 Rensing: Über das Leben des Jodokus Vredis [Schreiber, Illuminator, Tonbildner]. W 25,35

Gustav Friedrich **Waagen**, Kunstschriftsteller **2544**

Weinrich: **Wala**, *Graf, Mönch und Rebell [Abt von Corbie]. Die Biographie eines Karolingers.* W 47,213 (Rez. Rensing)

1007 Tenhagen: Über [Graf] **Walbert**, den Enkel Widukinds, als Gründer des Stiftes Vreden. WZ 74,241-257

Joh. von **Wallingford,** Klimatenkarte **2601b**

Organistenfamilie **Warneking 3391**

1008 Schröter: Inventar der Residenz des Bischofs Franz Wilhelm **von Wartenberg** in Münster. W 33,198-209

1009 Röttinger: [Hans] **Wechtlin** [Zeichner] und die Anfänge des Hans Weiditz. W 20,109-114

1010 Otto **Weddigen** [1915 gefallen, U-Boot-Kommandant]. W 7,92

1011 Richtering: Die Familienchronik des Johann **Wedemhove** [in Münster] von 1610 [Wandschneidergeschlecht]. W 40,133-149

1012 Kittel: Zur Gedichtsammlung Georg **Weerths.** W 48,247-257

Hans **Weiditz** 1009

1013 v. Klocke: **Die Grafen von Werl** [mit Stammtafel] und die Kaiserin Gisela [mit Verwandtschaftstafel]. Untersuchungen zur Geschichte des 10. und 11. Jahrhunderts mit einem Exkurs über Mittelalter-Genealogie. WZ 98/99 I 67-111
Leidinger: Grafen von Werl **43**

Johann **Werthaus** aus Münster, Abt in Gera, **633**

1014 Schröter: Die Lehr- und Wanderjahre des Bildhauers Gerhart Georg **Wessell.** W 31,54-57

1015 Schrader, F. X.: Zwei Urkunden zur Geschichte des adeligen Geschlechtes **von Westheim.** WZ 59 II 200-203

1016 Nordhoff: (Nekrolog auf) Friedrich **Westhoff**, 1856-1896, Privatdozent der Zoologie in Münster. WZ 54,186-190

von **Westhoven** [zu Hennen], Stammtafel **1002**

1017 Keinemann: Die Affäre **Westphalen.** Der Protest des Grafen von Westphalen zu Fürstenberg und Laer gegen die preußische Kirchenpolitik auf dem Westfälischen Provinziallandtag 1841 und seine Folgen. WZ 123,189-213
Westphalensche Fehde **2805**
von **Westphalen,** Graf Clemens gewidmet: **85**

1018 Döhmann: Über das Todesjahr des Dechanten Franko **von Wettringen** und des Bischofs Hermann II. zu Münster. WZ 58,238-245

Hemmen: Der Brief des Magisters Manegold an **Abt Wibald** von Corvey (1149). **41**, 79-105
1019 Hemmen: Vom geistigen Leben in Corvey unter Abt Wibald (1147-1158). WZ 115,529f.
1020 Stapper: Kirchweihe und griechisches Alphabet im Corveyer Codex Wibaldi. WZ 93 I 143-150
Urkunde Abt Wibalds von 1152. **2413**

Pohl: Augustin **Wibbelt** *als niederdeutscher Lyriker. W 42, 328 (Rez. Schepper)*

1021 Honselmann, Kl.: Borius **Wichard**, die Stadt und der Fürstbischof. Neue Einblicke in die Rechtsverhältnisse und die Rechtslage gegen Ende des 16. Jahrhunderts. WZ 119,434f.

Geschlecht **von Wickede**, lat. Gedicht, Privilegien **3087**

1022 Bauermann: Die politische Haltung **Widukinds von Korvey.** W 24,148
1023 Beumann: Widukind von Corvey als Geschichtsschreiber und seine politische Gedankenwelt. W 27,161-176
1024 – Widukind von Corvey als Geschichtsschreiber. WZ 100,212
1025 Hauck: Das Wissen Widukinds von Corvey von der Neubildung des sächsischen Stammes im 6. Jahrhundert. WZ 118,150

1026 Bauermann: Der Mythos des **Herzogs Widukind.** W 22,203
1027 Rose: Wittekinds Grabmal zu Enger. WZ 10,190-206
Graf Walbert **1007** , Wittekindskapelle, D: W 19,274

von Wied s. Hermann

von der Wieck s. Wyck

1028 Richter: Paul **Wigand**, 1786-1866. Ein Juristen-, Publizisten-, Poeten- und Historikerleben. WZ 72 II 90-146
1029 Steffens: Paul Wigand und die Anfänge planmäßiger landesgeschichtlicher Forschung in Westfalen. [Anfänge der Archivorganisation, Gründung des Altertumsvereins und sein „Archiv"]. WZ 94 I 143-238
1030 Brüning, H. J.: Paul Wigands Tätigkeit in Bibliothek und Archiv zu Corvey. WZ 124/125, 9-28
s. Brüder Grimm

von Below: Vermählung **Wilhelm von Jülich-Cleve 100**

Kruse: **Wilhelm von Oranien** *und Anna von Sachsen. Eine fürstliche Ehetragödie des 16. Jahrhunderts. W 21,355 (Rez. Fix)*

Albert **Wilkens**, Urkunde Nottuln 834 **2399**

Willeram, Deutsche Übersetzung und Auslegung des hohen Liedes. A I 119f. (Rez. Hoffmann v. Fallersleben)

1031 Diekamp: (Nekrolog auf) Roger **Wilmans**, 1812-1881, Geheimer Archivrat in Münster. WZ 39,186-197

1032 Flaskamp: Das westfälische Patriziergeschlecht **Wippermann** [aus Wiedenbrück]. WZ 110,249-270

1033 Becker, Kl.: Der Liesborner Chronist Bernhard **Witte.** WZ 67,232-235

1034 Rensing: Hans von **Witten.** W 22,209
Hentschel: Hans Witten, der Meister H. W. *[Bildhauer der Spätgotik]. W 24,48 (Rez. Rensing)*

v. Spilcker: Beiträge zur älteren deutschen Geschichte, Bd I. Geschichte der **Grafen von Wölpe,** *aus Urkunden und anderen gleichzeitigen Quellen zusammengestellt. A II 4,425-428 (Rez. Wigand)*

1035 Wigand: (Nekrolog auf) Johannes **Wolf,** 1743-1826, Kanonikus zu Nörten. A I 3,116f. und 4,118

1036 Keinemann: Zur Beurteilung des [Paderborner und Münsterer] Fürstbischofs Franz Arnold **von Wolff-Metternich** [1704-1718]. WZ 118,382-386

1037 Heldmann: Über den Stammsitz des Geschlechtes **von Wolmeringhausen.** WZ 46 I 96-106

Glockengießer Gerhard **de Wou 3386**

1038 **Zurbonsen:** General **von Wrangel** [Friedrich Heinrich Ernst] und die Münsterschen Dezember-Unruhen 1837. WZ 63,257-268

1039 Lüdicke. Der Straßenauflauf in Münster am 11. Dezember 1837 und Generalmajor von Wrangel. W 13,27-47

1040 Fuchs: (Nekrolog auf) Hermann Joseph **Wurm,** 1862-1941, Pfarrer in Neuhaus, Domkapitular. WZ 98/99, 83f.

1041 Sauer: Aus der Korrespondenz des Münsterischen Stadtsyndikus Johann **von der Wieck** mit dem Herzog Ernst von Braunschweig-Lüneburg. WZ 34,134-148

1042 Stupperich: Dr. Johann von der Wyck. Ein münsterscher Staatsmann der Reformationszeit. WZ 123,9-50

Moorees: [Münstersche] Geslacht van der Wyck. W 10,110ff. (Rez. Klocke)

1043 Kohl: Nikolaus **von Zitzwitz,** 1634-1704. W 40,180-185

Zoestius s. Soestius

1044 Fritz,R.: Christian **Zucchi,** Maler in Kamen um 1850. W 40,219-225

1045 Honselmann, Kl.: Graf Otto **von Zütphen** († 1113) und die Abtei Abdinghof in Paderborn. WZ 117,345-349

1046 Prinz: (Nekrolog auf) Karl **Zuhorn,** 1887-1967, Professor, Oberstadtdirektor in Münster. WZ 117,1-2

1047 Thiekötter: Karl Zuhorn, Bibliographie, W 40,235-240

1048 Schulze, Rud.: Der niederländische Rechtsgelehrte Viglius **van Zuichem** (1507-1577) als Bischöflich-Münsterischer Offizial und Dechant von Liebfrauen (Überwasser) zu Münster [mit Bulle Papst Julius' II. für Überwasser vom 21. 8. 1508 und Bericht des Bischofs Franz von Waldeck an Papst Paul III. über Wiedertäufer vom Ende 1534]. WZ 101/102,183-230

1049 Krauthausen: Ein Scherenschnitt der Familie **Zurmühlen.** WZ 39,231-233

Esterhues, El.: Die Seidenhändlerfamilie Zurmühlen in Münster i. W. W 42,327 (Rez. Kohl)

Amalie **Zuydtwyck 423**

3. Teil
Orte und Landschaften
Für die Lage der Orte ist die Kreiszugehörigkeit der Zeit vor 1975 angegeben.

Schloß Adolfsburg
Johann Mauritz Gröniger **445**
D: W 21,173; 46,182; 53,279

Adorf, Kirchspiel WZ 42 II 103

Affeln, Krs. Arnsberg
Bauforschung W 50,11
D: W 25,135; 31,110; 53,279

Ahaus, Krs. Ahaus
Sonderabteilung Ahaus: 1903 eigene Zeitschrift „Aus alter Zeit". WZ 61,229
1050 Tücking: Geschichte der Herrschaft und der Stadt Ahaus. WZ 28,1-79; 30 I 1-83
1051 Tenhagen: Die Landwehr der Herrschaft Ahaus. WZ 55,45-84
Ambrosius von Oelde **131,** Goldschmiedearbeiten **3409**
D: W 17,180; 19,272; 21,173; 41,4; 46,182; 53,282

Ahlen, Krs. Beckum
Anlage einer Mühle **323**
1052 Schwieters: Auszug aus einer Rechnung der Stadt Ahlen vom Jahre 1527/28. WZ 51,175-180
D: W 19,272; 41,4; 46,184; 53,284; Orgel 41,182

Haus **Ahlhausen,** Ennepetal-Voerde, Ennepe-Ruhr-Kreis
D: W 20,300; 53,284

Ahsen, Krs. Recklinghausen
D: W 46,184; 53,284

Albachten, Krs. Münster
D: W 53,285

Albaxen, Krs. Höxter
Kirchspiel WZ 39 II 125
D: W 17,180; 19,272; 41,4; 46,184; 53,285

Albersloh, Krs. Münster
1053 Boedeker: Die ursprüngliche Kirche in Albersloh. W 23,363-365

1054 Lobbedey: Die Geschichte der Pfarrkirche zu Albersloh nach den Ausgrabungen 1965. Mit Beiträgen von Berghaus, Eickel, Korn. W 50,25-57
D: W 17,180; 31,110; 46,184; 53,285

Albringhausen (Albrinkhausen), Krs. Olpe
D: W 20,300; 21,173; 53,286

Alden (Ahlden), Krs. Fallingbostel
Archidiakonat *Bannus* WZ 34 II 110 **1556**

Aldenvels, Burgruine, Gemeinde Rösenbeck, Krs. Brilon
1055 Seibertz: Aldenvels. Eine historische Untersuchung. WZ 2,106-112
Bauforschung: W 50,20

Alfen, Krs. Paderborn
D: W 18,179; 41,4; 46,185; 53,286

Alhausen, Krs. Höxter
D: W 41,5

Aliso, Kastell **2718ff.**

Allenbach, Krs. Siegen
D: W 41,5; 46,185

Allendorf, Krs. Arnsberg
Freigrafschaft **3144**

Alme (Almen), Krs. Brilon
Freigrafschaft **3144**
1056 Denkwürdige Begebenheiten der Pfarrei Alme. Auf Grund der im Lagerbuch zu Alme niedergelegten Studien des Pfarrers Kampschulte daselbst. H 2,9-11; 18-20
Pfarrbibliothek **2471**
D: W 31,111; 46,185

Almegau
1057 Kampschulte: Der Almegau. Ein Beitrag zur Beschreibung und Geschichte desselben. WZ 23,192-294

Haus **Alst,** Krs. Steinfurt
D: W 46,186; 53,286

Alstätte, Krs. Ahaus
D: W 21,173; 31,111; 41,5; 53,286

Alswede, Krs. Lübbecke
D: W 18,197; 41,5; 46,186; 53,287

Alt-und Neu-Assen
1058 Gehrken: Beitrag zu der Monographie des adeligen Gutes Alt- und Neu-Assen im Fürstentum Münster. WZ 4,166-177

Altastenberg, Krs. Brilon
1059 Allebrodt: Zur Geschichte der Gemeinde Altastenberg von der Gründung bis zur Abpfarrung von Winterberg im Jahre 1875. H 6,45-48

Alt-Blankenrode s. Blankenrode

Altena, Krs. Lüdenscheid
Grafen von Altena **129f.**, Reformation **2964**, Schäferdarstellungen **3537**
s.: *op der Becke (Geschlecht)*
s.: *Prinz (Geschlecht)*
Museum: W 15,36; 17,33; 23,217; 26,87; 28,83
D: W 21,173; 22,268; 46,186; 53,287

Altenaffeln, Krs. Arnsberg
D: W 31,111; 41,5

Altenautal
1060 Voss: Die Grundherrschaft im Altenautale. Ein Beitrag zur Geschichte des Bauernstandes im Paderborner Lande. WZ 91 I 61-129

Altenbeken, Krs. Paderborn
Bergbau **2086**
D: W 31,111

Altenberg, Wüstung, Krs. Siegen
Bauforschung **2582**; D: W 53,288

Altenberge, Krs. Steinfurt
Bauforschung **2582**
D: W 17,180; 41,5; 46,186; 53,288

Altenbergen, Krs. Höxter
Kirchspiel W 37 II 50
D: W 41,6; 53,289

Altenbögge-Bönen, Krs. Unna
D: W 17,180; 17,184; 41,36; 46,186; 53,289

Altenbüren, Krs. Brilon
1061 Jelkmann: Protokoll über die Anstellung eines Lehrers und Küsters zu Altenbüren aus dem Jahre 1721. H 7,6-7
Münzsorten 1807 **2487**
D: W 31,111; 41,7; 53,290

Altendorf (Oldendorp villa) in St. Pauli eingemeindet, Krs. Holzminden
Kirchspiel WZ 39 II 136

Altendorf (jetzt Essen-Burg Altendorf), Ennepe-Ruhr-Kreis
1062 Neumann: Burg Altendorf/Ruhr. Grabungen, Bauuntersuchungen und vorläufiges Ergebnis. W 50,58-69
D: W 17,180; 41,8; 46,188; 53,291

Haus **Altendorf,** Krs. Unna
D: W 41,8

Altenfils s. Aldenvels

Altengeseke, Krs. Lippstadt
Freigrafschaft **3144**
D: W 41,8

Altenheerse, Krs. Warburg
Kirchspiel WZ 40 II 65
D: W 53,291

Altenhellefeld, Krs. Arnsberg
D: W 48,188; 53,291

Altenhundem, Krs. Olpe
D: W 46,188

Altenmellrich, Krs. Lippstadt
D: W 53,292

Altenrüthen s. Rüthen

Alverdissen, Krs. Lemgo
D: W 41,8; 53,292

Alverskirchen, Krs. Münster
D: W 31,111; 41,8; 53,292

Haus **Amecke,** Krs. Arnsberg
D: W 41,9; 53,293

Amelsbüren, Krs. Münster
D: W 41,9

Amelunxen, Krs. Höxter
Kirchspiel WZ 39 II 131
D: W 41,163; 46,189; 53,293

Ammeloe (Vreden), Krs. Ahaus
D: W 53,293

Ampen s. Nieder-Andepen

Angelmodde, Wasserburg, Krs. Münster
Bauforschung **2582**
D: W 41,9; Orgel 41,383

Anholt, Krs. Borken
1063 Schmitz-Kallenberg: Das älteste Stadtrecht von Anholt. WZ 59,227-234
Sechshundert Jahre Stadt Anholt 1347-1947.
W 29,122 (Rez. Kohl)
Verwüstungen **233**
Bodenforschung **2582**
D: W 21,174; 31,111; 41,40; 46,190; 53,293

Annaberg, Krs. Recklinghausen
D: W 41,11

Anreppen, Krs. Lippstadt
Römerlager **2722f.**

Anröchte, Krs. Lippstadt
Vesperbild **3299**
D: W 41,11; 46,192; 53,296

Apelern (Appeldorn), Krs. Grafschaft Schaumburg
Bannus WZ 33 II 171 **1556**

Appelhülsen, Krs. Münster
D: W 41,11; 46,194

Arfeld, Krs. Wittgenstein
D: W 41,12; 53,297

Arnsberg
Freigrafschaften WZ 28,77f.
Oberfreistuhl **3158**
1064 Rosenkranz: Belagerung und Zerstörung des Schlosses Arnsberg 1762. WZ 11,334-338
1065 Seibertz: Übersicht der Geschichte des Regierungsbezirks Arnsberg. WZ 16,175-280
1066 Seiler: Der Ausbau Arnsbergs zur preußischen Regierungsstadt. W 24,49-55
Grafen von Arnsberg **141ff.**, Jagdjahr **174**, Memorienaltar **338**, Wedinghausen **3464b**, Buchdruck WZ 42 II 160-163
Sauerländer Heimatmuseum: W 16,34; 17,76; 20,10; 21,167; 26,87; 28,83
D: W 17,180; 18,197; 19,272; 20,301; 21,174; 24,229; 31,112; 41,13; 46,194; 53,297

Arolsen
Kirchspiel WZ 41 II 189

Asbeck, Krs. Ahaus
Bauforschung **2582**
D: W 41,15; 46,196; 53,302

Ascheberg, Krs. Lüdinghausen
1067 [Uhrwerker]: Alte Ordnung der Aschebergischen Procession, wie selbigen von unmerklichen Jahren biß hiehin gehalten [Mitteilungen aus der Pfarrchronik Ascheberg, niedergeschrieben von Wennemar Uhrwerker, der gegen Ende des 30jährigen Krieges, Pastor zu Ascheberg wurde]. WZ 37 I 146-151
1068 - Malevolentia rusticorum contra pastorem (Aschebergensem) attentata sed irritata. WZ 37 I 151-156
Bodenforschung **2582**
D: W 41,15; 46,196; 53,305

Asseln, Krs. Büren
Kirchspiel WZ 43 II 51

Haus **Assen,** Krs. Soest
D: W 53,306

Assinghausen, Krs. Brilon
Freigrafschaft **3144**
Veme-Kollektivurteil **3160**
1069 Rüther, Th.: Einige Akten aus Assinghausen (1608, 1706-1780). WZ 68 II 282-286
1070 - Steuereintreibungen im Grunde Assinghausen (nach den Akten des Staatsarchivs Münster). H 3,28-36
D: W 20,302; 31,112; 41,16; 46,197; 53,306

Astenberg
1071 Brüning, Fr.: Historische Fernblicke vom Astenberge. A. Wilzenberg und Grafschaft vor 1072. B. Schloß Nordenau. C. Sagen in geschichtlicher Begleitung. D. Entstammung der Grafen von Dassel. E. Welcher Iklen verkaufte sein Allod an Abt Wichbert von Grafschaft? WZ 45 II 3-89

Atteln, Krs. Büren
Kirchspiel WZ 44 II 84
1072 Voss: Geschichtliches über die Pfarrei Atteln. WZ 85 II 193-201
D: W 31,113; 41,16; 53,307

Attendorn, Krs. Olpe
1073 Hoeynck: Zur Geschichte der Dekanie Attendorn. WZ 43 II 62-85; WZ 44 II 1-44
Visitationsberichte **2945**, Peter Sasse, Bildhauer **3289**
Bodenforschung **2582**
D: W 17,181; 19,273; 21,174; 23,305; 24,229; 31,113; 41,17; 46,197; 53,308

Haus **Außel,** Krs. Wiedenbrück
D: W 53,309

Babbenhausen, Krs. Minden, Geweihfunde **2659**

Babilonie, Krs. Lübbeke, Wallburg **2674**

Bad Lippspringe s. Lippspringe
Bad Meinberg s. Meinberg
Bad Salzuflen s. Salzuflen
Bad Sassendorf s. Sassendorf
Bad Waldliesborn s. Waldliesborn
Bad Westernkotten s. Westernkotten

Balve, Krs. Arnsberg
Freigrafschaft **3144**
Steinzeit, Balver Höhle **2608, 2609, 2612**
D: W 17,181; 21,174; 31,114; 41,22; 46,200; 53,314

Barkhausen bei Oerlinghausen
1073a Wigand: Gerichtliche Freilassung eines Meiers des freien Amtes St. Libori zu Barkhausen 1497. A IV 3,293

Barkhausen, Krs. Minden
D: W 17,181; 18,197; 19,274; 41,23; 46,201

Barlo, Krs. Borken
D: W 46,201; 53,316

Barntrup, Krs. Lemgo
Kirchspiel WZ 37 II 68
D: W 41,23; 46,201; 53,317

Bausenhagen, Krs. Unna
D: W 31,114; 41,24; 53,318

Haus **Beck,** Krs. Recklinghausen
D: W 31,114; 41,24; 46,201; 53,319

Beckum
1074 Kersten: Zur Geschichte der Stadt Beckum („Bochum" ist Druckfehler). A VI 2/3, 263-269
1074a Wigand: Auszug aus den Beckumer Polizeipunkten von 1535. A VI 2/3, 270-273
1075 Miszelle (Eine Belehnung in Beckum 1690). W 1,54
1076 Symann: Ordnung der Schuhmacherbruderschaft in Beckum 1568. WZ 73,137-140
Helmert: St. Stephanus, Beckum. Stift und Kirche. Festschrift. W 47,94 (Rez. Rensing)
Grabungen **2627ff.**, sächsisches Fürstengrab **2654**, Prudentiaschrein **3415**, Wiedertäuferinnen **2973**
D: W 17,181; 22,268; 41,24; 46,201; 53,319

Beddelhausen, Krs. Wittgenstein
D: W 41,24

77

Beelen, Krs. Warendorf
Schatzfund **2660**
D: W 53,320

Bega
Kirchspiel WZ 37 II 69
Dorf **2208**

Belecke, Krs. Arnsberg
1077 Bökler: Der Belecker Sturmtag im Jahre 1448. WZ 16,355ff.
1078 Dalhoff: Die [Grafschafter] Pfarrpropstei Belecke. WZ 92 II 74-134
1079 Hilsmann: Geschichte der Stadt Belekke. WZ 57 II 105-152
D: W 41,24; 46,204; 53,320

Belke-Steinbeck, Krs. Herford
D: W 53,321

Belle, Krs. Detmold
D: W 46,206; 53,321

Bellersen, Krs. Höxter
Kirchspiel WZ 37 II 53
D: W 41,25; 53,322

Benninghausen, Krs. Lippstadt
Kruzifixus 11. Jh., **3293ff.**
D: W 31,114; 41,25; 46,206

Bentheim
1080 Mooyer: Chronologisches Verzeichnis der Drosten der Edlen von Bentheim. WZ 9,346f.
Altgermanische Grabstätten **2623**

Bentorf, Krs. Lemgo
D: W 41,25; 53,322

Berchum, Krs. Iserlohn
D: W 41,25; 53,322

Grafschaft **Berg**
Geschichte **1200a**
1081 Rensing: Landwehren in den Randgebieten des Herzogtums Berg. W 23,268

Berge, Krs. Brilon
D: W 17,181; 21,174; 46,206

Berge, Krs. Lippstadt
D: W 53,322

Haus **Berge** s. Gelsenkirchen

Berghausen, Krs. Meschede
1082 Rodenkirchen: Die Kirche in Berghausen und ihre Wandmalereien. W 22,96-102
D: W 21,174; 31,114; 41,25; 46,206; 53,322

Berghausen, Krs. Wittgenstein
D: W 25,135; 41,26; 46,207

Bergkirchen, Krs. Minden
1083 Lobbedey: Die romanische Pfarrkirche zu Bergkirchen. W 50,70ff.
D: W 21,176; 53,323; Orgel 41,384

Beringhausen, Krs. Brilon
Kirchspiel WZ 42 II 101

Berlar, Krs. Meschede
Grabfund **2634**

Berleburg, Krs. Wittgenstein
Buchdruck WZ 42 II 156-159
D: W 21,176; 31,114; 41,26; 46,207; 53,324

Bermershausen, Krs. Wittgenstein
D: W 53,325

Berndorf
Kirchspiel WZ 42 II 116

Bersenbrück
Heckscher: Bersenbrücker Volkskunde. W 48,283 (Rez. Ulbricht)
Kreismuseum W 15,36; 28,84

Bettinghausen, Krs. Soest
Freigrafschaft **3144**

Bevern, Krs. Holzminden
Kirchspiel WZ 39 II 140
1084 Honselmann, W.: Kirchen- und familiengeschichtliche Notizen aus einem Missale der Pfarrei Bevern. WZ 111,287-300

Bevergern, Krs. Tecklenburg
Freude, Hilckmann: Bevergern in Vergangenheit und Gegenwart. 1952. W 33,235 (Rez. Prinz)
D: W 17,181; 21,176; 41,26; 46,207; 53,325

Beverungen, Krs. Höxter
Kirchspiel WZ 39 II 154
1085 Giefers: Beiträge zur Geschichte der Stadt Beverungen. WZ 29 I 1-52
Burg Beverungen **3350**
Bauforschung **2582**
D: W 17,181; 18,197; 19,274; 20,302; 24,229; 41,28; 46,211; 53,326

Bielefeld
Kirchspiel WZ 38 II 80
Vollmer: Urkundenbuch der Stadt und des Stiftes Bielefeld. W. 25,100 (Rez. v. Winterfeld)
Engel: Die Stadtgründung in Bielefeld und das münstersche Stadtrecht. W 32,124 (Rez. Hömberg)
1086 Engel: Die räumliche und wirtschaftliche Entwicklung der Stadt Bielefeld. WZ 114,212-214
Altargemälde Marienkirche **187f.,** *Bildwerke* W 43,279; *Schnitzaltar Nikolaikirche* W 23,301
Buchdruck WZ 42 II 155-156
Bauforschung **2577**
D: W 17,181; 20,302; 23,306; 24,229; 31,114; 41,28; 46,212; 53,328
Familiengeschichtliche Ausstellung **3484e**
Städtisches Museum: W 15,137; 17,76; 17,109; 20,103; 26,88; 28,84
Städtisches Kunsthaus: W 28,85

Bielefeld-Heepen
Kirchspiel WZ 38 II 79
Bauforschung **2580**
D: W 41,107; 46,307; 53,475

Bielefeld-Schildesche
Kirchspiel WZ 38 II 75
D: W 17,201; 18,210; 19,287; 41,29; 46,213; 53,332

Bierde, Krs. Minden
D: W 53,332

Bigge, Krs. Brilon
Hausinschriften **3542f.**
D: W 31,115; 41,31; 46,213; 53,334; Orgel 41,385

Biggetalsperre
Denkmalpflegerische Maßnahmen **2558**

Billerbeck, Krs. Coesfeld
1087 Einweihung der St. Johanniskirche zu Billerbeck im Jahre 1074. WZ 21,380f.
1088 Lippe: Die Johanneskirche in Billerbeck und ihre Wiederherstellung. W 17,206-218
Bauforschung **2582**, Münzfunde **2494**
D: W 17,182; 41,32; 46,213; 53,334

Billinghausen, Wüstung zwischen Westheim und Rhoden/Waldeck
Kirchspiel WZ 41 II 191

Bilme, Krs. Soest
D: W 31,116; 46,217

Bilstein (Lennestadt), Krs. Olpe
Die Freigrafschaften im Lande Bilstein-Fredeburg **3144,**
1089 Hüser: Geschichtliche Nachrichten über die Ämter Bilstein, Waldenburg und Fredeburg [S. 124: Stammtafel der Edelherren von Bilstein]. WZ 17,65-124
1090 Heller: Schloß Bilstein. WZ 55 II 158-176
Paderborn, Comitate **1949**
D: W 17,182; 18,197; 20,302; 23,305; 31,116; 46,217; 53,335

Birkelbach, Krs. Wittgenstein
D: W 53,335

Schloß **Bladenhorst** s. Castrop-Rauxel

Blankenau, Krs. Höxter
D: W 41,32; 46,217; 53,336

Blankenrode, Wüstung, Krs. Büren
1091 Gehrken: Andeutungen über die ehemalige Stadt Blankenrode im Fürstentum Paderborn, ihre vorzüglichen Burgmänner und

den in den Gemarkungen betriebenen Bergbau. A III 2,165-185
1092 Engemann: Alt-Blankenrode – Topographie, Quellen, Grabungsuntersuchungen. W 48,188-201

Blankenstein, Ennepe-Ruhr-Kreis
Reformation **2964**
D: W 31,116; 41,32; 46,217; 53,336

Blasheim, Krs. Lübbecke
D: W 18,198; 46,218; 53,336

Blomberg, Krs. Detmold
Kirchspiel WZ 37 II 65
Sakramentswallfahrt **3010**
D: W 31,116; 41,33; 46,218; 53,337

Bocholt
1093 Wigand: Alte Privilegien und Statuten der Stadt Bocholt (mit Urkunden von 1206 an). A II 4,339-360; A III 1,1-53
1094 Reigers: Einige Beiträge zur Geschichte der Stadt Bocholt und des vormaligen Amtes Bocholt. WZ 42 I 95-152; WZ 43 I 103-117
1095 – Der Bocholt-Werther Parochialstreit und der „schmale Zoll" in Bocholt nebst einigen Vorbemerkungen über die Herrschaft Werth. WZ 45 I 1-59
1096 Schmeddinghoff: Wiederherstellung des Rathauses in Bocholt. W 19,348-352
Festbuch des Georgius Schützenvereins zu Bocholt (1861-1911). W 3,119 (Rez. Lappe)
Meckenem, Goldschmied **681**
Bauforschung **2577**
D: W 17,183; 18,198; 19,274; 21,176; 23,306; 24,229; 25,135; 31,116; 41,33; 46,219; 53,338
Bauerschaft Hemden, Urnenfunde **2638**

Bochum, Stadt
1097 Fehdebrief an die Stadt Bochum. WZ 11,361f.
1098 Borgmann: Die Türkensteuerliste des märkischen Amtes Bochum vom Jahre 1542. W 21,13-32
1099 Darpe: Bochum im 16. Jahrhundert. WZ 48 II 79-139. Reformation **2964**
Erlemeier, Fernkorn, Frielinghaus: Die Bochumer Propsteikirche und ihre Kunstschätze. W 52,157 (Rez. Appuhn)

Schwarz: Festschrift zur 50jährigen Jubelfeier des Königlichen Gymnasiums zu Bochum. W 3,120 (Rez. Zurbonsen)
Buchdruck WZ 42 II 164
Bergbau-Museum W 29,100
Städtische Gemälde-Galerie W 28,85
Städtisches Heimat-Museum im Hause Rechen W 15,65; 28,86
D: W 17,184; 21,176; 31,118; 41,34; 46,220; 53,344

Bochum, Haus Kemnade
D: W 17,184; 21,176; 25,135; 41,130; 46,331; 53,533

Bochum-Langendreer
D: W 41,35; 53,344

Bochum-Stiepel
1100 Esterhues: Zur älteren Baugeschichte der evangelischen Pfarrkirche in Bochum-Stiepel. W 43,57-69
Bauforschung **2577**
D: W 17,184; 24,230; 41,35; 46,220; 53,344

Bochum-Weitmar
D: W 19,274; 41,35

Bochum-Wiemelhausen
D: W 53,344

Bockholt, Krs. Warendorf
D: W 46,220

Bockhorst, Krs. Halle
D: W 41,35; 46,220; 53,345

Bockum-Hövel, Krs. Lüdinghausen
D: W 53,345

Bodelschwingh s. Dortmund-Bodelschwingh

Bodenfelde, Krs. Uslar
Kirchspiel WZ 39 II 158
1101 Schrader, L.: Abt Heinrich von Corvey verkauft Bodenfelde an Kloster Lippoldsberg. 1278. A IV 2,225f.

Böckenförde, Krs. Lippstadt
D: W 41,36; 53,345

Kloster **Böddeken,** Krs. Büren
1102 Meyer, J. Th. L.: Historische Fragmente aus dem Kloster Böddeken. A IV 3,270-286
1103 Oberschelp: Beiträge zur Geschichte des Kanonissenstiftes Böddeken (837-1408). WZ 118,157-187
1104 Bauermann: Anteil Westfalens an der Reformbewegung der Windesheimer. Kloster Kirschgarten in Worms (1443) von Böddeken reformiert und Birklingen. W 23,263
1105 Rensing: Das älteste Liboripatrozinium. W 21,132f.
1106 Segin: Der Böddeker Hof in Geseke. WZ 120,377-384
1107 — Zum Kirchenpatronat und zur Reliquienverehrung im Kloster Böddeken. WZ 122,283-285
1108 — Budicensia. WZ 123,91-114
Schmitz-Kallenberg: Monumenta Budicensia. Quellen zur Geschichte des Augustinerchorherrenstiftes Böddeken. W 8,29 *(Rez. Dersch)*
1109 Spancken, W.: Aus der Chronik des [Laien]bruders Göbel von Cöln /1522-1532/, Vogt des Klosters. WZ 19,187-212
1110 — Ein Prozeß über Sendhafer aus dem Jahre 1439. WZ 31 II 174-188
1111 v. Spilcker: Zur Geschichte der Hörigen (1426). A II 4,417-424
1112 — Lehnmännern wird erlaubt, gegen ihre Lehnherren ein Zeugnis abzulegen (1263). A II 3,336
1113 — Würfelspiel (1437). A II 3,336f.
1114 — Zur Geschichte der Hörigen (1123). A III 1,91
1115 Wigand: Solemnis demonstratio der Tuexer (statt Turper = Tudorfer) marcke (aus Hds. des Klosters Böddeken). A IV 2,165-174
1116 — Modus loquendi et ordinandi iudicium des Leenrechtes (aus Hds. des Klosters Böddeken). A IV 2,174-179
1117 — Arbitrium inter abbatissam Bodecensem et quosdam fratres de Graffen 1337. A IV 2,179-182
1118 — Sententia arbitralis super iure officii Graffen 1425 (aus Hds. des Klosters Böddeken). A IV 2,182-184
Kirchspiel, jetzt Wewelsburg WZ 44 II 77
Frater Arnold, Maler **3341**, Meinolphus **686ff**, Preis der Bücher **1211**, Theodoricus, Kerkher **969**, Mühlenhof in Husen **2436**
D: W 41,36; 46,220; 53,345

Böddexen, Krs. Höxter
1119 Robitzsch: Ein denkwürdiger Stein (in Form eines Grabsteines, Förster Pollart 1742 am Fuße des Köterberges bei Böddexen). WZ 53 II 138f.
D: W 46,222

Bödefeld, Krs. Meschede
Freigrafschaft **3144**
Urkunden Pfarrarchiv 1503-1736, Gemeindearchiv 1342-1792. **2420**
D: W 31,119; 41,36

Bökendorf, Krs. Höxter
D: W 41,36; 46,222

Haus **Bökerhof**
D: W 41,36

Boele s. Hagen-Boele

Bölhorst, Krs. Minden
D: W 53,345

Bönen s. Altenbögge

Börninghausen, Krs. Lübbecke
D: W 31,119; 41,36; 53,345; Orgel 41,386

Bösensell, Krs. Münster
D: W 46,222; 53,346

Bösingfeld, Krs. Lemgo
D: W 46,222; 53,347

Boffzen, Krs. Holzminden
Kirchspiel WZ 39 II 127

Boke, Krs. Büren
Kirchspiel WZ 44 II 72
D: W 21,176; 41,37; 46,222; 53,347

Bokel, Krs. Wiedenbrück
D: W 31,119; 53,348

Bontkirchen (Buntkirchen, Bonnkirchen), Krs. Brilon
Kirchspiel WZ 42 II 141
D: W 46,222

Haus **Borg,** Krs. Münster
D: W 31,119; 41,37; 53,348

Borgeln, Krs. Soest
D: W 17,184; 18,198; 31,119; 41,37; 46,223

Borgentreich, Krs. Warburg
Kirchspiel WZ 40 II 75
1120 Giefers: Die Anfänge der Städte Borgentreich, Borgholz, Peckelsheim. WZ 39,164-180
1121 Schrader, F. X.: Kleine Beiträge zur Geschichte der Stadt Borgentreich. WZ 50 II 145-152
1122 Bürgereidsätze der Stadt Borgentreich. WZ 66 II 193f.
Brilon: *Geschichtliche Nachrichten über Stadt und Pfarrei Borgentreich in Westfalen.* W 11,57 (Rez. Schröder); H 3,64 (Rez. Leineweber)
D: W 17,184; 19,274; 21,176; 31,119; 41,38; 46,223; 53,348; Orgel 41,386

Borgholz, Krs. Warburg
Kirchspiel WZ 40 II 76
1123 Grüe: Geschichtliche Nachrichten über Stadt und Pfarre Borgholz. WZ 43 II 86-105; WZ 44 II 119-170; WZ 45 II 90-128 (darin zwei Prälaten: Pantaleon Bruns, Weihbischof von Paderborn, Ludwig von Grona, Abt von Grafschaft); WZ 46 II 3-32 (auswärtige Pfarrbezirke von Borgholz: Eddessen und Nieder-Natzungen, Natingen, Hainholz, Messenhausen, Drankhausen).
Anfänge der Stadt **1120**
D: W 41,38; 46,224

Borgholzhausen, Krs. Halle
Wappen am Hochaltar **574**
D: W 31,119; 41,38; 46,224; 53,349

Borghorst, Krs. Steinfurt
Frauenstift, Standesverhältnisse **2984**
Borghorster Kreuz **3421**
D: W 41,38; 46,224; 53,350

Bork, Krs. Lüdinghausen
D: W 41,38; 53,350

Borken
1124 Rensing: Kollegiatstift Borken. W 24,149
Gabelkreuz **2573**
Bauforschung Remigiuskirche **2577**
D: W 17,184; 31,119; 41,38; 46,225; 53,350; Orgel 41,388
Heimatmuseum W 17,33
Kreisheimatmuseum W 28,87

Borlinghausen, Krs. Warburg
D: W 41,40; 46,226

Bornholte, Krs. Wiedenbrück
D: W 46,226; 53,352

Bosseborn, Krs. Höxter
D: W 41,40; 46,226; 53,352

Bossendorf s. Hamm-Bossendorf

Bottrop, Stadt
Heimatmuseum W 28,87
D: W 31,120; 53,353

Haus **Botzlar,** Krs. Lüdinghausen
D: W 53,354

Braam, Krs. Unna
D: W 53,354

Haus **Brabeck,** Krs. Recklinghausen
D: W 46,226; 53,354

Brabecke, Krs. Meschede
D: W 31,120; 41,40

Brachthausen, Krs. Olpe
D: W 41,40; 53,354; Orgel 41,389

Brachelen, Krs. Geilenkirchen
1125 Quix: Weisthum des Dorfes Brachelen. WZ 4,136-139

Brackel s. Dortmund-Brackel

Brackwede, Krs. Bielefeld
800 Jahre Brackwede. Festschrift. W 31,99 (Rez. Kohl)
Kirchspiel WZ 38 II 84
D: W 41,41

Brake, Krs. Lemgo
Kirchspiel WZ 38 II 27
D: W 41,41; 46,226; 53,354

Brakel, Krs. Höxter
Archidiakonat [früher Iburg]
Kirchspiel WZ 40 II 55
Urkunden **2421f., 2424**
Urkundliche Geschichte **2423**
1126 Wigand: Gewährleistung 1479. A IV 2,215
1127 — Heberolle für den Wachtdienst der Stadt Brakel im 14. Jahrhundert. A V 1,95-98
1128 Koch, Fr. Aug.: Blätter aus der Vergangenheit der Kirche Brakel. WZ 24,249-296
1129 Giefers: Geschichte der Stadt Brakel. WZ 28,197-308
1130 Ahlemeyer: Wie Bürgermeister und Rat zu Brakel für die Wehrhaftigkeit ihrer Stadt sorgten. WZ 40 II 147-150
1131 Mertens: Die Rolandssäule zu Brakel. WZ 41 II 205f.
1132 Elbracht-Hülseweh: Die Kalandsbruderschaft zu Brakel. W 19,240-251
Herren von Brakel **208, 209,** Dietrich von Niem **259,** Kapuzinerkirche **864, 2255**
D: W 19,274; 20,303; 31,120; 41,41; 46,227; 53,355

Brakelsiek, Krs. Detmold
D: W 53,357

Brechten s. Dortmund-Brechten

Breckerfeld, Ennepe-Ruhr-Kreis
Heimatmuseum W 16,174
D: W 17,184; 31,120; 41,42; 46,228; 53,357

Bredelar, Krs. Brilon
Cistercienser-Kloster **2985**
1133 Gallus: Das Kloster Bredelar. H 3,68,98; H 4,13,30,60; H 5,14,41
1134 Hagemann: Die Schlacht bei Bredelar im August 1761. H 2,1

Bredenborn, Krs. Höxter
Kirchspiel WZ 37 II 50
D: W 41,42; 46,228; 53,357

Breischen, Krs. Tecklenburg
D: W 41,43

Breitenbach, Krs. Siegen
D: W 41,43

Bremen, Krs. Soest
Reformation, Treffen 1586, **2969**
D: W 41,43; 46,229

Bremerberg, Krs. Höxter
D: W 46,231

Bremke, Krs. Meschede
D: W 53,358

Brenken, Krs. Büren
Kirchspiel WZ 44 II 81
1135 v. Brenken: Der Hölting (Brenken-Büren). WZ 6,348f. Vorgeschichtliche Funde **2619**
D: W 41,44; 53,358

Brenkhausen, Krs. Höxter
Kirchspiel WZ 39 II 128
1136 Koch, F. A.: Kloster Brenkhausen. WZ 36 II 113-128
1137 Linneborn: Das Kloster Brenkhausen im 16. Jahrhundert. WZ 65 II 191-209
1138 Wigand: Verleihung eines Gefangenen an Kloster Brenkhausen. A IV 1,49
Totenroteln 1442, **2988**
D: W 41,44; 46,231; 53,359

Brenschede, Krs. Arnsberg
D: W 41,44

Brenscheid, Krs. Altena
D: W 23,306

Brilon

Sonderabteilung Brilon. WZ 71,263f.
Urkunden **2366**
1139 Akten aus dem Staatsarchiv Münster, die den Kreis Brilon betreffen. H 6,9-10
1140 Akten des Staatsarchivs zu Marburg, Darmstadt und des Stadtarchivs zu Cöln, die den Kreis Brilon betreffen. H 6,22-23
1141 Ein sogen. Zuversichtsbrief (1582) [Original im Briloner Stadtarchiv]. H 5,45-46
750 Jahre Stadt Brilon 1220-1970. W 52,157 (Rez. Buchholz)
1142 Seibertz, Dr. Joh.: [aus seinem neugedruckten Nachlaß] Zur Münzgeschichte Brilons. H 5,38-39
1143 Giefers: Die Kirche zu Brilon. WZ 23,315-322
1144 Degenhardt: Die Pfarrer von Brilon. Aus der handschriftlichen Chronik des Herrn Xaver Lohmann (Schluß). H 1 Nr. 2
1145 Leineweber: Kurze Übersicht über die Kirchengeschichte Brilons. H 7,33-39
1146 Lohmann, X.: Ein Stück Briloner Pfarrchronik [Rückblick auf 100 Jahre seit Vereinigung Brilons mit der Diözese Paderborn]. H 4,44-46
1147 Leineweber: Sendbestimmungen des ersten für das Dekanat Brilon 1802 erlassenen erzbischöflichen Visitationsrezesses. H 4,1-4
Romanisches Holzkreuz [Kümmernisdarstellung] **3291**, Pankratiuskreuz W 25,94, gußeiserne Grabplatten **3448**
Minoriten- (Franziskaner-) Kloster **2985**
1148 Seibertz, J. S.: Die Kalandbruderschaft in Brilon. A V 1,77-94
1149 Leineweber: Statuten der Schützenkompagnie zu Brilon vom Jahre 1825. H 6, 12-16
Niemann: Das Schulwesen der Stadt Brilon. W 1,32 (Rez. Schmitz-Kallenberg)
Volksschulwesen **3024**
1150 Lohmann, X.: Das Progymnasium in Brilon. Ein Denkmal, 100 Jahre. H 4,61-64
1151 – Kreuz- und Querzüge durch die Briloner Flur. H 2,13-15; H 3,20-22
1152 Hüser: Eine Denkschrift aus dem Jahre 1845 über den Galmei-Bergbau bei Brilon. H 4,41-44; 49-52

1153 Brilon, Cl.: Krieg zwischen Brilon und Corbach im Jahre 1514. H 2, 17-18
1154 Deimann: Rekrutenfang in Brilon im Januar 1761. H 4,4-5
1155 – Eine Schuldurkunde der Stadt Brilon aus der Zeit des Siebenjährigen Krieges. H 4,15-16
1156 Leineweber: Ein Bericht des Briloner Richters Jakob Kannegießer vom 15. Mai 1652 über die Verwüstungen des 30jährigen Krieges bezüglich der offenen Dörfer und einzelnen Höfe des Gogerichts Brilon. H 1 Nr. 7
1157 Lohmann, X.: Zum 18. October 1913 [Eine Briloner Erinnerung an die Schlacht bei Leipzig]. H 1 Nr. 7
1158 Deimann: Einiges über Briloner Osterfeuer. H 2,25-26
1159 – Wie Till Eulenspiegel den Brilonern aus der Verlegenheit half. H 2,55-56
1160 – Eine Briloner Zimmermanns Predigt (1846). H 5,29-32
1161 Lohmann, F. X.: Einiges zur Geschichte der [Gewitter-]Unfälle der Stadt Brilon. H 3,30-31
1162 Rüther, Th.: Ein Schnadegang im 15. Jahrhundert. H 1 Nr. 3
1163 Symann: Der Brand in Brilon im Jahre 1791. H 2,34-36
Statistische Erhebungen 1807 im Amte **3173**
1164 Lohmann, F. X.: Der Briloner Bürgermeister Hesse (1841-1865) und dessen Chronik der Stadt Brilon. H 1 Nr. 8
1165 Leineweber: Städtische Verwaltung (1853). H 6,29-32; 33-37
1166 Brilon, Cl.: Namen-Ähnlichkeiten, eingegangener und noch bestehender Orte in den Kreisen Brilon, Warburg und Hofgeismar, sowie Mitteilungen über die, schon seit Jahrhunderten in den letzten beiden Kreisen vorkommende Familie Brilon, auch Briel, Briele und Brielen genannt. H 2,49-52
1167 Rüther, Jos.: Ausflug nach Marsberg, Briloner Altertumsverein. H 1 Nr. 4
Rüther, Jos.: Geschichtliche Heimatkunde des Kreises Brilon. H 3,96; W 11,63 (Rez. Schmitz-Kallenberg)
– Heimatgeschichte des Landkreises Brilon. W 34,252 (Rez. Herberhold)

D: W 20,303; 23,306; 31,121; 41,44; 46,231; 53,360

Haus **Brinke,** Krs. Halle
D: W 41,45; 53,364

Brochterbeck, Krs. Tecklenburg
D: W 46,233; 53,364

Haus **Brock,** Krs. Münster
D: W 41,45

Brockhagen, Krs. Halle
D: W 17,184; 46,234

Haus **Brockhausen,** Krs. Soest
D: W 41,46; 53,364

Bruchhausen, Krs. Brilon
Hausinschriften H 2,24; 2,56
Haus Bruchhausen D: W 41,46

Bruchhausen, Krs. Höxter
Kirchspiel WZ 39 II 129
D: W 41,46; 46,234; 53,366

Haus **Brückhausen,** Krs. Münster
D: W 41,46

Haus **Brüggen,** Krs. Unna
D: W 41,46; 53,366

Haus **Brüninghausen.** Krs. Altena
D: W 21,176; 41,47

Brünninghausen s. Dortmund-Brünninghausen

Brunskappel, Krs. Brilon
1168 Rüther, Jos.: Zur Geschichte der Pfarrei Brunskappel-Assinghausen. H 3,25-26
D: W 20,303; 31,121; 41,47; 46,234; 53,366; Orgel 41,390

Bruchholz, Krs. Minden
Bronzeglocke (12. Jahrhundert) **3381**
D: W 41,47

Büderich, Krs. Soest
D: W 53,366

Bühne (Bune minor), Krs. Warburg
Kirchspiel WZ 41 II 184
D: W 41,48; 53,366

Bünde, Krs. Herford
Bauerntum W 19,262
Kreisheimatmuseum und Städtisches Tabak- und Zigarrenmuseum W 28,87
D: W 17,185; 22,267; 41,48; 46,235

Bürberg, Krs. Olpe
Haus Rinscheid D: W 25,136

Büren
Kirchspiel WZ 44 II 75
1169 Privilegien und Statuten der Stadt Büren (Mttlg. W. Spancken) A III 3,29-48
1170 Spancken, W.: Zur Geschichte der Gerichtsverfassung in der Herrschaft Büren und zur Geschichte der Edelherren von Büren. WZ 43 II 1-46
1171 Bruns: Zum Nachlaß Wilhelm Spanckken (1886). Anlage 1: Bürener Urkunden, Akten und andere Quellen, die bislang im Stadtarchiv nicht vorhanden waren. Anlage 2: Zum Epitaph des Sylvester von Büren (1550-1575). WZ 124/125, 167-177
Urkunde von 1532 **2425**
1172 Giefers: Die Pfarrkirche zu Büren. WZ 23,323-329
1173 Spanke, Joh.: Nachrichten über die Sakramentskapelle in Büren und ihre Stiftungen. WZ 48 II 192-210
1174 Rosenkranz: Die ehemalige Herrschaft Büren und deren Übergang in den Besitz der Jesuiten. WZ 8,125-251
1175 Richter: Die Kalandsbruderschaft in Büren. WZ 56 II 164f.
1176 Peters: Die Urkunden der St. Katharinenbruderschaftsgilde der Schmiede und Zimmerleute in Büren (1385-1801). WZ 74 II 206-220
Berthold von Büren **220**, Wewelsburg **2299**, Sakramentswallfahrt **3010**, Seminardirektoren **3026**, Münzfunde **2496**
Kreisheimatmuseum W 15,137; 28,88
Bauforschung **2582**
D: W 17,184; 21,176; 31,121; 41,48; 46,235; 53,366; Orgel 41,391

Buke, Krs. Paderborn
Kirchspiel WZ 44 II 86

Buldern, Krs. Coesfeld
D: W 53,370

Burbach, Krs. Siegen
D: W 17,185; 31,121; 41,49; 46,235; 53,370

Burbecke-Oberelspe, Krs. Olpe
D: W 53,370

1177 Böger: **Burghagen** [wüster Kirchort zwischen Schwalenberg und Rischenau]. WZ 65 II 218-220

Burgsteinfurt, Krs. Steinfurt
Castelle: Eine Jahrtausend-Chronik zur 600-Jahr-Feier der Stadt Burgsteinfurt 1347-1947. W 27,247 (Rez. Rothert)
1178 Mooyer: Chronologisches Verzeichnis der Drosten der Edlen von Steinfurt. WZ 9,347
1179 Döhmann: Ein angeblich verheirateter Steinfurter Burgkaplan. WZ 57,137f.
1180 Regelmeier: Die Johanniterkommende zu Steinfurt. WZ 60,305-402
Edelherren von Ascheberg **145,** Reinkings Umbau-Pläne **804,** Geusenschüssel **3431**
Bauforschung **2577, 2582**
1181 Lobbedey: Zur Baugeschichte der Großen evangelischen Kirche in Burgsteinfurt [mit Beiträgen von Hilgemann: Geschichtliche Nachrichten; Korn: Einzelfunde]. W 50,74-94
Buchdruck WZ 43 I 125-129
D: W 17,185; 20,305; 21,177; 22,269; 24,231; 25,136; 31,121; 41,49; 46,236; 53,371

Burlo, Krs. Borken
D: W 53,378

Bursfelde
Benediktinerkongregation **2995 — 2998**

Bustedt, Krs. Herford
D: W 53,379

Byink, Haus, Krs. Lüdinghausen
D: W 53,379

Calle, Krs. Meschede
Freigrafschaft **3144**
D: W 18,198; 21,177; 31,122; 53,379

Camen s. Kamen

Canstein, Krs. Brilon
Freigrafschaft **3144**
Schulverhältnisse 1820, **3025**
D: W 41,50; 53,532

Cappel, Krs. Detmold
D: W 41,50; 53,379

Cappel, Krs. Lippstadt
Kirchspiel WZ 37 II 72
1182 Schelhasse: Stift Cappel und Propstei Eikeloh (nach einem Vortrag des † Pfarrers Fleige). WZ 63 II 63-81
D: W 31,122; 41,51; 46,241

Capelle, Krs. Lüdinghausen
D: W 31,122; 53,379

Cappenberg, Krs. Lüdinghausen
1183 Ilgen: Zur ältesten geschichtlichen Überlieferung des Klosters Cappenberg. WZ 46 I 168-187
1184 Schöne: Beiträge zur Geschichte des Prämonstratenserklosters Cappenberg [1: die kirchliche Stellung; 2: Die Stellung als Großgrundherrschaft]. WZ 71,105-208
1185 Pfeiffer: Das Prämonstratenserstift Kappenberg vor der Aufhebung. WZ 88 I 208-237
1186 Schnettler: Eine unbekannte Nachricht über das Prämonstratenserkloster Kappenberg. W 30,221
1187 Bauermann: Herkunft der Wetterauischen Güter der Grafen von Kappenberg. W 22,203
1188 Busen: Kappenberg und die Baukunst der Prämonstratenser im 12. Jahrhundert. WZ 110,184-187; WZ 114,371-373; *W 31,297 (Rez. Thümmler)*
1189 Fritz, R.: Die Grabplatte des hl. Gottfried von Cappenberg. W 27,221-223
1190 — Der Kruzifixus von Cappenberg, ein

Meisterwerk französischer Bildhauerkunst. W 31,204-218
1191 Hamann-Mac Lean: Zur Zeitstellung und Herkunft des Cappenberger Kruzifixus. W 33,113-124
Gewölbemalereien **3272**, Bildwerke **3284**, Barbarossakopf **330, 331** Goldschmiedearbeiten **3406**, Reliquienbehälter W 53,196f., Chorstuhlschnitzereien **3526, 3536**, Schnadjagden **3480**, Münzfunde **2495**
D: W 17,191; 18,198; 20,303; 21,177; 31,122; 41,51; 46,241; 53,379; Orgel 41,392

Castrop-Rauxel
Städtisches Heimatmuseum W 22,162
Heimatmuseum 28,89
D: W 31,122; 46,241; 53,384
Schloß Bladenhorst D: W 46,217; 53,335

Clarenberg bei Hörde
Merx: Urkundenbuch des Clarissenklosters, späteren Damenstiftes Clarenberg bei Hörde. W 1,32 (Rez. Schmitz-Kallenberg)
Totenroteln 1477, **2988**
Kirchenschatz 1543, **3400**

Clarholz, Krs. Wiedenbrück
1192 Schneider: Propst Friedrich von Klarholz. Ein Beitrag zur Geschichte Westfalens im 13. Jahrhundert. WZ 46 I 107-128
1193 Schulze, R.: Beiträge zur Geschichte des Prämonstratenserklosters Klarholz 1133-1803. WZ 78 I 25-64
1194 — Die Schicksale des Prämonstratenserklosters Klarholz im Zeitalter der Reformation und Gegenreformation (1517-1648). WZ 81 I 41-59
1195 — Beiträge zur Geschichte des Prämonstrantenserklosters Klarholz (1665-1803). WZ 87 I 192-214
1196 Flaskamp: Westfälische Adelsgräber zu Clarholz (16. bis 18. Jahrhundert). WZ 109,283-294
1197 Clausen: Die ehemalige Prämonstratenserkirche in Clarholz und ihre neuentdeckten Gewölbemalereien. W 37,174-199, vgl. **3262**
1198 Meier, J.: Die bischöfliche Visitation des Klosters Clarholz am 19. September 1788. WZ 118,363-373
1199 — Clarholz in der Ordensgeschichte der Prämonstratenser. W 48,45-47
1200 — Knechtstedener und Steinfelder Prämonstratenser als Seelsorger der Pfarrei Clarholz im 17. und 18. Jahrhundert. WZ 122,163-189
D: W 41,51; 46,242; 53,384

Clemenswerth, Jagdschloß **3480a**

Cleve
1200a Driesen: Fünf Bücher niederrheinischer Geschichte. Nach Urkunden. 1. Geschichte der Grafschaft Cleve von den ältesten Zeiten bis 1300. 2. Geschichte der Grafschaft Jülich. 3. Geschichte der Grafschaft Berg. 4. Die Beziehungen des Herzogtums Jülich zum Herzogtum Geldern von 1371 bis 1423. 5. Die Beziehungen des Herzogtums Cleve zu Geldern im 14. und 15. Jahrhundert. WZ 15,37-225

Cloppenburg
Heimatmuseum für das Oldenburger Münsterland W 15,66
Museumsdorf W 28,89

Cobbenrode, Krs. Meschede
D: W 17,191; 46,243

Coesfeld
1201 Sökeland: Der Stadt Coesfeld Präsidenz über die Freiheit des Stifts Meteln. WZ 1,142f.
1202 Rave: Der Bischofsturm in Coesfeld. W 25,154-162
Wiedertäufer **2971**
1203 Kirchhoff: Coesfeld im 16. Jahrhundert. Sozialstruktur und Raumbeziehungen. WZ 124/125,251f.
1204 Hüer: Das Alter der Stadtschule in Coesfeld. W 32,233
— *Geschichte der Stadt Coesfeld. W 30,233 (Rez. Kohl)*
1205 Rensing: Mittelalterliche Künstler in Coesfeld. W 27,153

1206 Pieper, P.: Der Coesfelder [gotische Reliquien-] Altar. W 40,241-271
1207 Peters, W.: Die [barocke] Inneneinrichtung der Jesuitenkirche in Coesfeld. W 21,214-218
Koerbecke, Maler **599**, de Suer, Kirchenbaumeister **3378**, Veltmann, Barockmaler **989**, Münzfund 1950 **2500**
Buchdruck WZ 43 I 131-137
Museum des Heimatvereins W 15,65
Heimatmuseum W 28,90
D: W 17,85; 19,279; 23,307; 24,231; 31,123; 41,52; 46,244

Collerbeck, Corbach, Courl unter **K**

Corbie
1208 Héliot: Die Abtei Corbie vor den normannischen Einfällen. W 34,133-141
Wala, Abt (Rez.) W 47,213

Corvey
Kirchspiel WZ 39 II 117
Vaterländische Archive **2463**
Schicksale der Handschriften **2445**
Urkunden **2389, 2390**
Urkunde Liudberts von 888 **2412**
Privileg Papst Eugen III. **2405**
1209 Honselmann: Zu zwei Corveyer Papstprivilegien. WZ 115,519-520
1210 Wigand: Fragmente aus einem Corveyschen Codex. A III 3,1-13
1211 – Preis der Bücher im Mittelalter. A IV 2,217f.
1212 – Fasti Corbeienses (mit Facsimile). A V 1,1-26
Wigands Tätigkeit **1030**, Buchdeckel aus Corvey **3426**

Adalhard, Gründerabt von Corvey **3303**
Abt Christoph von Bellinghausen **180, 181**
Abt Dietrich von Dalwigk **242**
Abt Heinrich I. (1143-1146) **484**
Abt Heinrich III. verkauft Bodenfelde **1101**
Abt Wibald **1019, 1020**
Widukind von Corvey, Geschichtsschreiber **1022-1025**

Geschichte
Register Saracho's **2391**
1213 Wiesemeyer: Die Gründung der Abtei Corvey im Lichte der Translatio Sancti Viti. Interpretation einer mittelalterlichen Quelle aus dem 9. Jahrhundert. WZ 112,245-274
1214 - Corbie und die Entwicklung der Corveyer Klosterschule vom 9. bis 12. Jahrhundert. WZ 113,271-282
1215 Enck: Ein Mönchsverzeichnis des 9. Jahrhunderts. WZ 37 II 212-219
1216 Huisking: Beiträge zur Geschichte der Corveyer Wahlkapitulationen.
WZ 98/99 I 9-66
1217 Kampschulte: Die Feier des Vitus-Festes in alter Corvey'scher Zeit. WZ 30,155-174
1218 Böser: Ein schlimmer Tag im alten Corvey /Besuch Weihbischof Pelking 1624, Gefangennahme des Abtes Christoph von Brambach/. W 4,47-59
1219 Wigand: Ablehnung eines fürstlichen Besuchs nach Styl und Sitte des Jahres 1565. A I 3,111f.
1220 - Sühne eines Totschlags 1501. A I 4,101-112
Einhard **295**, Totenroteln 1442, 1466, 1495, **2988**, Notstand 30jähr. Krieg **2845**, Bernhard von Galen, Einzug 1662 **378**, Dr. Paulini, Historicus **745**, Schulwesen im Fürstentum **3022**

1221 Esterhues: Zur früheren Geschichte der Corveyer **Abteikirche** (Bericht der Ausgrabungsergebnisse). W 31, 320-335
1222 Rensing: Pfarrsystem und Westwerk in Corvey. W 25,51-58
1223 - Johannes der Täufer. Patron des Westwerks von Corvey und Patron des Königtums. W 42,337-362
1224 Fuchs: Das Westwerk in Corvey – keine Kaiserkirche? W 43,153-160
1225 Rensing: Über den unlängst in Corvey gefundenen Grundstein von 1667. W 35,171
1226 Rave: Der Architekt der neuen Corveyer Abteikirche. W 36,122
1227 Esterhues: Zur Rekonstruktion der ersten Corveyer Klosterkirche [durch Wilhelm Rave 1958]. WZ 108, 387-394

1228 Lehmann: Zum Buch von Wilhelm Rave über Corvey. W 38,12-35
Karolingische Wandmalereien **3263f.**
D: W 17,185; 23,307; 24,231; 31,123; 41,54; 46,244; 53,386; Orgel 41,293

Wirtschaftliche Grundlagen

1229 Wigand: Zur Kritik der Quellen, insbesondere der Corvey'schen Traditions- und Güterregister. A III 1,54-61
1230 - Corveysche Güterregister und Heberollen. 1. Die von Falke kommentierten Traditionen. 2. Die älteste Corveysche Heberolle. A I 2,1-24; Fortsetzung A I 3,49,58 – Dazu Pertz: A II 1,111
1231 - Das älteste Corveysche Lehnsregister. A VI 4; A VII 2/3 246-260, 385-405; 4,293-308
1232 - Verzeichnisse Corveyscher Güter und Einkünfte (aus dem 12. und 13. Jahrhundert). A I 4,48-55; A II 1,1-6; A II 2,143-156
1233 - Die Corveyschen Besitzungen zu Litzig. A I 1,94-96
1234 - Schiedsrichterliche Entscheidung über eine von Litonen zu Kestenich zu leistende Weinabgabe. 1255/63. A IV 1,125f.
1235 - Kestenich. A III 1,96-97
1236 - Entstehung der Meiergüter im Stift Corvey und ihre Erblichkeit. A I 4,56-75. Dazu Jäncke: A II 1,112
1237 - Corveyscher Güterbesitz. Einige Nachträge zu dem Werk: Der Corveysche Güterbesitz, aus den Quellen dargestellt. Lemgo 1831. A VII 2/3 234-241
Zur Geschichte der Dienste **3092**, Hörigkeit 1295 **3093**
1238 Schily: Beiträge zur Geschichte des Corveyer Grundbesitzes. WZ 79 I 3-84
1239 Dürre: Über die angebliche Ordnungslosigkeit und Lückenhaftigkeit der Traditiones Corbeienses. WZ 36 II 164-185
1240 - Die Ortsnamen der Traditiones Corbeienses. WZ 41 II 3-128; WZ 42 II 1-84
1241 v. Bocholtz-Asseburg: Beiträge zur Geschichte der Ortschaften und Sitze des Corveyer Landes. WZ 54 II 1-436
1242 Lübeck: Korveys Kampf um das Stift Kemnade (1146/52). WZ 101/102, 401-428

1243 Salis-Soglio: Der Salis-Stockhausensche Prozeß um die Herrschaft Lütmarsen. Nach den Corveyer Lehnsakten im kgl. Staatsarchiv zu Münster dargestellt. WZ 64,1-22
1244 Brand, Al.: Die altsächsische Edelherrschaft Lippe-Störmede-Boke und das Corveyer Vitsamt Mönninghausen von ihren Anfängen bis zur preußischen Besitzergreifung. WZ 74 II 1-132
Agrarverfassung **1947**

Abhängige Kirchen

1245 Wigand: Nova ecclesia (Niggenkerken) bei Corvey. A II 2,224f.
1246 Robitzsch: Die alte Marktkirche bei Corvey. WZ 49,173-176
1247 Rensing: Marktsiedlung Corvey. W 22,33
Höxter und Corvey **1436ff.**

Hanemann: **Schloß Corvey.** *W 3,121 (Rez. Lappe)*
Bibliothek **517**
Bauforschung W 50,13
D: W 46,245

Schloß **Crassenstein,** Krs. Beckum
D: W 18,198; 25,136; 41,56

Haus **Crollage,** Krs. Lübecke
D: W 41,56

Crombach s. Krombach
Cülte s. Külte

Dahl (Breckerfeld), Ennepe-Ruhr-Kreis
D: W 31,124; 46,248; 53,387

Dahl, Krs. Paderborn
Kirchspiel WZ 44 II 88
D: W 46,248

Dahle, Krs. Altena
D: W 46,248

Dahlhausen, Krs. Lemgo
D: W 41,57

Dahlhausen, Krs. Höxter
Kirchspiel WZ 40 II 77
D: W 31,124

Dahlheim, Krs. Erkelenz
1248 Quix: Liber Commendationis fidelium animarum monasterii Dahleim.
WZ 7,340-358

Dalheim, Krs. Büren
1249 Beste: Beiträge zur Geschichte der Grundherrschaft des Klosters Dalheim, insbesondere zur Enstehungs- und Verfassungsgeschichte der grundherrlichen Dörfer Meerhof und Oesdorf. WZ 67 II 70-114
1250 Segin: Kloster Dalheim im Sintfelde bei Paderborn (mit einer siedlungsgeschichtlichen Einleitung: 8 Skizzen, einer Karte und einer Liste der Prioren und Konventualen). WZ 91 II 130-205
1251 — Die alte Dalheimer Pfarrkirche und ihr Nachfolgebau, die sog. Bartholomäuskapelle. W 48,14-25
1252 — Eine Dalheimer Inschrift von 1460. WZ 121,451-452
1253 Segin: Das Nonnenkloster und das spätere Augustinerchorherrenstift Dalheim. WZ 121,472-474
1253a Eickermann: Die Inschriften der restaurierten Dalheimer Klosterkirche.
W 53,142-150
1253b Wildemann: Zur Rettung der ehemaligen Augustinerchorherrenkirche in Dalheim und ihre neue Nutzung zur Dokumentation westfälischer Plastik. W 53,130-141
Frater Nikolaus, Maler **3341**
D: W 17,185; 41,57; 46,248; 53,388

Damme, Krs. Vechta
Neuere Münzfunde **2495**

Dankersen, Krs. Minden
D: W 53,388

Darfeld, Krs. Coesfeld
1254 Gruna: Aquarellzeichnung des Trappistenklosters Rosendal bei Darfeld. W 51,305-308
1254b Schmitz-Kallenberg: Darfelder Stolgebühren im 17. Jahrhundert. WZ 57,139-143
D: W 46,248; 53,388

Darup, Krs. Coesfeld
D: W 31,124; 41,57; 46,148; 53,389

Daseburg, Krs. Warburg
Kirchspiel WZ 41 II 184
Fränkische Grabanlage **2643**
D: W 46,250; 53,390

Datteln, Krs. Recklinghausen
1255 Jansen, A.: Die Gemeinde Datteln. Ein Beitrag zur Geschichte des Vestes Recklinghausen. WZ 39 I 1-112; WZ 43 I 1-81
Grochtmann: Geschichte des Kirchspiels Datteln von den Anfängen bis zur Gegenwart. Datteln, Ahsen, Horneberg. W 32, 128 (Rez. Hömberg)
Heimatmuseum W 15,137; 28,90
D: W 17,185; 31,125; 41,57; 46,250

Burg **Davensberg,** Krs Lüdinghausen
D: W 31,125; 41,57; 53,390

Dedehosen, (Dehausen) südöstl. Rhoden, Krs. Waldeck
1256 Wigand: Urkundliche Notiz über die Villa Dedehosen. A II 2,221

Dedenleve (Dedeleben), Krs. Halberstedt
1257 Hecht: Festsetzung des Zinses und der Dienste der Litonen zu Dedenleve. 1165. A V 1,43f.

Dehausen s. Dedehosen

Deifeld, Krs. Brilon
1258 Börger: Deifeld im Jahre 1802.
H 2,42-45
D: W 31,125

Deilinghofen, Krs. Iserlohn
D: W 31,125; 46,251

Deisel, Krs. Hofgeismar
Kirchspiel WZ 39 II 159

Delbrück, Krs. Paderborn
Kirchspiel WZ 44 II 70

1259 Hallermann: Die Verfassung des Landes Delbrück bis zur Säkularisation des Fürstentums Paderborn. WZ 77 II 76-127; WZ 80 II 3-63
1260 Schmidt, W.: Das Land Delbrück und seine Bewohner. WZ 18,1-64
1261 Wigand: Das Land Delbrück. Zur Geschichte seiner Verfassung und Rechte. A IV 4,430-464
1262 – Das Delbrücker Landrecht. A V 3,221-261
D: W 20,203; 21,179; 41,58; 46,251; 53,390

Dellwig, Krs. Unna
D: W 41,59

Delstern s. Hagen-Delstern

Denz, Krs. Siegen
D: W 53,392

Deringhausen, Krs. Waldeck
Kirchspiel WZ 42,115

Desenberg
1263 Meyer, J. Th. L.: Der Desenberg bei Warburg. (Mit einer Abbildung in Steindruck). A I 2,25-48; Nachtrag mit Urkunde von 1192. A I 2,110-112. – Dazu Pertz: A II 1,112
D: W 20,303; 41,59; 46,251

Detmold
Kirchspiel WZ 38 II 37
Geschichte der Stadt Detmold. W 34,152 (Rez. Kohl)
Prinz zur Lippe: Schloß Detmold, Nachträge und Ergänzungen zum 18. Bd der BKW Teil I, Stadt Detmold. W 53,174-182
Lippisches Landesmuseum W 15,108; 28,91
Hermannsdenkmal **2731**
D: W 41,59; 46,252; 53,393; Orgel 41,394

Haus Dieck, Krs. Warendorf
Waffen und Jagdgeräte **3481**
D: W 46,254; 53,400

Diedenshausen, Krs. Wittgenstein
D: W 31,125; 46,255; 53,402

Dielingen, Krs. Lübbecke
D: W 17,185; 31,125; 41,61; 46,255; Orgel 41,395

Haus Diepenbrock, Krs. Borken
D: W 41,62; 46,255; 53,403

Dingden, Krs. Borken
D: W 19,275; 25,136; 31,125; 41,62; 46,255; 53,403

Dinker, Krs. Soest
D: W 41,62; 46,255

Haus Dölberg, Krs. Unna
D: W 41,62

Haus Döring, Krs. Borken
D: W 41,63

Dörenhagen, Krs. Paderborn
Kirchspiel WZ 44 II 70
1264 Die Kapelle „tor hilligen sele" bei Dörenhagen. WZ 32 II 147-160
D: W 17,185; 25,137; 46,256

Dössel, Krs. Warburg
Kirchspiel WZ 41 II 184

Dolberg, Krs. Beckum
D: W 53,403

Donop, Krs. Detmold
Kirchspiel WZ 37 II 71
D: W 46,256; 53,406

Haus Dorbrügging, Krs. Borken
D: W 53,406

Dorlar, Krs. Meschede
D: W 41,63

Dormecke, Krs. Meschede
D: W 46,257; 53,407

Dornberg, s. Kirchdornberg und Niederdornberg

Dorsten, Krs. Recklinghausen
1265 Erhard: Willküren der Stadt Dorsten. Aus dem im 15. Jahrhundert angelegten libro statutorum opidi Dursten mitgeteilt. WZ 7,172-231
1266 Evelt: Beiträge zur Geschichte der Stadt Dorsten und ihrer Nachbarschaft. WZ 23,1-94; WZ 24,87-196; WZ 26,63-176
1267 Jansen: Die Internierung Vestischer Geistlicher in Dorsten im Jahre 1635. WZ 37 I 113-128
1268 Ein Urteil aus dem 17. Jahrhundert [Todesurteil wegen grausamer Morde und Kannibalismus]. WZ 37 I 156f.
Kreisheimatmuseum W 37,34
Heimatmuseum im alten Rathaus W 20,104; 23,217; 28,92
D: W 17,185; 18,199; 19,275; 31,125; 41,63; 46,258; 53,407

Dortmund, Stadt
Meininghaus: Die Dortmunder Freistühle und ihre Freigrafen. W 3,60 (Rez. His)
— Die Teilung des Dortmunder Grafschaftsgerichts in Stadt- und Freigericht im 13. Jahrhundert. W 3,121 (Rez. Lappe)
1269 Thiersch: Willküren der Stadt Dortmund. Aus Handschriften mitgeteilt. WZ 3,289-347
1270 — Beiträge zur Geschichte der Hanse. Aus dem Copialbuche der Stadt Dortmund. WZ 9,383-386
Urkunden 1285-1289 Rechtsstreit wegen Patronate der Kirchen **2469**
Meininghaus: Wappen und Siegel der freien Reichsstadt Dortmund. W 18,77 (Rez. Hövel)
1271 Meininghaus: Zur Frage des Dortmunder Stadtwappens. W 19,264. Eine Entgegnung
1272 Swientek: Die freie Reichsstadt Dortmund. WZ 109,220f.
Swientek: Gesamtinventar des Stadtarchivs Dortmund. W 45,57 (Rez. Kohl)
1273 v. Winterfeld: Das Dortmunder Stadtarchiv. W 15,98f.
Meininghaus: Lehnsgüter der Grafen von Dortmund. W 6,61 (Rez. His)
1274 Meininghaus: Ahnenverlust in Dortmunder Ahnentafeln (mit einer Beilage: Ahnentafel Küpfer, Ahnentafel Degging). W 18,186-189
1275 v. Klocke: Zur Geschichte des Statuten- und Schäfferbuches der Dortmunder Junkergesellschaft [Stadtadel]. W 25,97
1276 Sauerland: Dortmunder im *Liber benefactorum* des Karthäuserklosters St. Alban bei Trier. WZ 47,223f.
Rensing: Das Dortmunder Dominikanerkloster 1309-1816. W 21,134 (Rez. Borgmann)
1277 Rensing: Der Rosenkranzaltar in der Dortmunder Propsteikirche. Eine archivalische Untersuchung. W 17,128f.
1277b Hilger: Der Marienleuchter und weitere spätgotische Bildwerke in der Propsteikirche zu Dortmund. W 53,100-129
Marienaltar Conrads von Soest **617**
1278 Fritz, R.: Dortmunder Goldschmiede des 17. und 18. Jahrhunderts. W 22,139-147; W 45,172-184
Goldschmiedefamilie Seiner **897**
Fritz: Meisterwerke alter Kunst aus Dortmund. W 47,97 (Rez. Rensing)
Appuhn: Dortmund / als mittelalterliche und frühneuzeitliche Kunststadt. W 49,199 (Rez. Müller)
v. d. Berken: Dortmunder Häuserbuch von 1700 bis 1850. W 15,103 (Rez. Klocke)
Städtebund 1253 **2288,** Wirtschaft W 28,96, Deggings **249,** Orseus, Pfarrer, Schriftsteller **730,** unbekannte Stadtansicht **159b**
Buchdruck WZ 41 II 140-145
Westfälisches Schulmuseum W 16,34
Städtisches Kunst- und Gewerbemuseum W 21,167
Museum für Kunst- und Kulturgeschichte W 21,168; 26,191; 28,92
Bauforschung: Urnenfund **2630,** Marienkirche W 31,277; Reinoldikirche W 31,278
D: W 17,186; 19,276; 21,179; 22,269; 23,308; 25,137; 31,125; 41,63; 46,258; 53,407

Dortmund, Aplerbeck Bauforschung **2580** D: W 41,67; 46,261; 53,409 — **Barop** W 41,68; 53,412 — **Bodelschwingh** D: W 24,232; 31,128; 41,68; 46,262; 53,410 — **Bövinghausen** D: W 53,410 — **Brackel** D: W 20,308; 31,128; 41,68; 46,262; 53,410 — **Brechten** D: W 21,179; 41,69; 46,262; 53,411

– **Brünninghausen** D: W 41,701; 46,262; 53,411
Dorstfeld D: W 53,411 – **Eichlinghofen** D: W 41,70; 53,311; Orgel 41,396 – **Hörde** s. Clarenberg, D: W 41,70; 46,262 – **Huckarde** D: W 17,187; 31,128; 41,71; 46,262; 53,412 – **Kirchderne** D: W 17, 187; 19,276; 31,128; 41,72; 46,263; 53,412 – **Kirchhörde** D: W 20,204; 46,263; 53,412 – **Kirchlinde** Bauforschung 2577, D: W 21,179; 41,72; 46,263; 53,412 – **Kurl** Beisenherz: Courl, ein deutscher Ort mit deutschem Namen in welscher Form. W 7,32 (Rez. Schmitz-Kallenberg). – Das ehemalige Kirchspiel Kurl und seine Randgebiete. W 20,43 (Rez. Bauermann) D: W 53,412 – **Lanstrop** D: W 46,263; 53,413 – **Lindenhorst** D: W 41,72; 53,413 – **Lütgendortmund** D: W 46,264; 53,413 – **Mengede** Urkundenbuch W 2,130; D: W 23,308; 25,137; 31,128; 41,72; 46,264; 53,414 – **Nette** Wasserburg D: W 53,414 – **Sölde** D: W 21,179 – **Syburg** Bauforschung 2577; Kaiserdenkmal W 19,281; 20,306 D: W 31,128; 41,73; 46,264; 53,414 – **Wellinghofen** D: W 31,128; 41,74; 46,265; 53,414; Orgel 41,396 – **Wickede** Röchling, Familie 831; D: W 17,187; 41,73; 53,414 – **Wischlingen** D: W 46,265; 53,415

Dreierwalde, Krs. Tecklenburg
Kirchspiel **1892**

Dreis-Tiefenbach, Krs. Siegen
D: W 46,265; 53,415

Drendelburg s. Trendelburg

Drensteinfurt, Krs. Lüdinghausen
von der Reck, Gesandtschaftsreise 1665 nach Konstantinopel **797**
D: W 17,187; 19,277; 41,74; 46,265; 53,415

Drewer, Krs. Lippstadt
D: W 21,180

Drewergau 85

Bad **Driburg**
Kirchspiel WZ 40 II 64

1279 Giefers: Der Badeort Driburg. WZ 36 II 3-28
Bestätigunsurkunde 1345, **2414**
Münzfund **2501**
D: W 17,187; 19,277; 53,309

Dringenberg, Krs. Warburg
Kirchspiel WZ 40 II 71
1280 Giefers: Die Anfänge der Burg und Stadt Dringenberg. WZ 32 II 61-116
1281 Wigand: Der Bischof Erich von Paderborn vergleicht sich mit den Klöstern Hardehausen, Willebadessen und Gehrden wegen des Wagendienstes für das Schloß Dringenberg. 1530. A VI 2/3, 295. Chorlampe des Hans Krako **626**, Ofenplatte (im Schloß) **3447**
D: W 17,187; 41,75; 46,266; 53,417

Drolshagen, Krs. Olpe
Glocken-Inschriften [des Cisterzienserinnenklosters] **3382**
D: W 41,66; 46,266; 53,417

Drüggelte, Krs. Soest
1282 Benkert: Ein vermeintlicher Heidentempel Westfalens [Drüggelte]. WZ 54,103-139
1283 Nordhoff: Nachtrag zu dem Aufsatz „Ein vermeintlicher Heidentempel Westfalens". WZ 55,264
1284 Humpert: Instandsetzungen in der Drüggelter Kapelle. W 20,356-359
1285 Hülsmann: Die Kapelle in Drüggelte. Beitrag zum Versuch einer Deutung. WZ 115,395-421
1286 Hollstein: Jahresringchronologie der Baumlade von Drüggelte (mit einer baugeschichtlichen Bemerkung von Uwe Lobbedey). W 50,95-101
D: W 20,304; 53,418

Düdinghausen, Krs. Brilon
1287 Gotthardt: Die ehemaligen kirchlichen Verhältnisse der Pfarrei Düdinghausen und deren endgültige Regelung im Jahre 1663. H 1 Nr. 7
1288 Völlmecke: Geographie und Geschichte der Freigrafschaft Düdinghausen. H 3,52-56; 59-63
Hoheitsstreit Köln-Waldeck 1728 **2977**

Dülmen, Krs. Coesfeld
1288a Weskamp: Geschichte der Stadt Dülmen (zum 600jährigen Stadtjubiläum) W 3,65-67 – *W 3,122 (Rez. Dersch)*
Haus Empte **1292**
Dülmener Stühle **3449**
Dülmener Zinn, mit Anhang der Statuten der Lukasgilde von 1575 **3446**
Städtisches Heimatmuseum W 15,105f.
D: W 18,199; 21,180; 23,308; 31,128; 41,76; 46,168; 53,420

Haus **Dülmen,** Krs. Coesfeld
D: Pfarrkirche St. Mauritius W 41,106; Ortskern 53,420

Dünschede, Krs. Olpe
D: W 31,129

Dune, Krs. Holzminden
Kirchspiel WZ 39 II 134; (unter der Burg Everstein) wüst.

Eberschütz, Krs. Hofgeismar
Kirchspiel WZ 39 II 158

Haus **Echthausen,** Krs. Arnsberg
D: W 46,268

Haus **Eckendorf,** Krs. Lemgo
D: W 41,76: 46,268; 53,420

Eddessen, Krs. Warburg
Untergegangene Kirchspiel WZ 40 II 78; **1123**

Effeln, Krs. Lippstadt
D: W 41,76; 53,420

Haus **Egelborg,** Krs. Ahaus
D: W 53,420

Haus **Eggeringhausen,** Krs. Lippstadt
D: W 41,76; 46,269; 53,420

Eggenrode, Krs. Ahaus
D: W 41,77; 53,421

Eichhagen, Krs. Olpe
D: W 46,269

Eichlinghofen s. Dortmund-Eichlinghofen

Eidinghausen, Krs. Minden
D: W 31,129

Eikelborn, Krs. Soest
D: W 41,77

Eikeloh, Krs. Lippstadt
Propstei von Cappel **1182**
D: W 21,180

Eilhausen, Krs. Lübbecke
D: W 41,77; 46,269; 53,421

Eilpe s. Hagen-Eilpe

Eimelrode, Krs. Waldeck
Kirchspiel WZ 42 II 102

Einen, Krs. Warendorf
Bauerndorf W 20,204
D: W 13,129; 21,180; 24,232; 31,129; 46,269

Eisbergen, Krs. Minden
D: W 17,188; 31,129

Eisborn, Krs. Arnsberg
D: W 41,77; 46,269

Eiserfeld, Krs. Siegen
D: W 53,421

Eisern, Krs. Siegen
D: W 41,77; 46,269

Eissen, Krs. Warburg
Kirchspiel WZ 40 II 75
D: W 21,180

Elbrinxen, Krs. Detmold
Kirchspiel WZ 37 II 56
D: W 31,129; 41,77; 53,421

Elleringhausen, Krs. Brilon
1289 Rüther: Urkundliches aus Elleringhausen (Gemeinde- und Wirtschaftsverhältnisse 1818). H 6,11
Hausinschriften H 2.24
D: W 41,77

Ellewick, Krs. Ahaus
D: W 46,269

Elkeringhausen, Krs. Brilon
D: W 41,77

Elsen, Krs. Paderborn
Kirchspiel WZ 44 II 71
Aliso-Kastell **2717f.**
D: W 53,422

Elsoff, Krs. Wittgenstein
D: W 41,77

Elspe, Krs. Olpe
D: W 21,180; 31,129; 41,77; 46,269; 53,422

Elte, Krs. Steinfurt
D: W 31,130; 41,78; 53,422

Elverdissen, Krs. Herford
D: W 21,181

Emden
Jüdische Gemeinde **2822b**

Emsbüren, Krs. Lingen
1290 Deitering: Über die in dem ehemaligen Gogerichtsbezirk von Emsbüren befindlichen Hünensteine, Grabhügel, samt den in und um denselben gefundenen altdeutschen Gerätschaften. A II 3,321-330

Emscherland [Zwischen Bochum und Recklinghausen]
1291 Kirchhoff: Geschichtliche Strukturen im Emscherland. WZ 120,254f.

Empte
1292 Brüning: Das Haus Empte bei Dülmen. W 3,111f.

Emsdetten, Krs. Steinfurt
Heimatmuseum W 28,94
D: W 21,81; 53,422

Emsland
1293 v. Ledebur: Das Drostenamt im Emslande. A III 1,104-107;
Niesert: Bemerkungen dazu. A IV 2,239f.
Erwiderung A IV 2,240-242
1294 Bauermann: Das Erfurter Bruchstück einer Amtsrechnung des Emslandes für das Jahr 1318. WZ 90 I 155-170
1295 Kothe: Dollart und Unterems in ihrer geschichtlichen Bedeutung für Westfalen. WZ 108,190-192
v. Bruch: Die Rittersitze des Emslandes. W 42,447 (Rez. Rensing)
Fluß- und Ortsnamenskunde **3057f.**
Christianisierung W 12,93

Enenhus, Wüstung
1296 Gehrken: Die besondere Grafschaft Enenhus entsteht im Padergau, und bei dem Haupthofe gleichen Namens verbleibt die alte öffentliche Dingstätte. A III 3, 53-63

Enger, Krs. Herford
1297 Mooyer: Verzeichnis von Einkünften der Kirche zu Enger vom Jahre 1342. Nebst dem Fragmente eines Totenbuches derselben WZ 6,153-167
Grabmal Wittekind **1027**
Bauforschung **2582**
D: W 19,277; 31,130; 41,78; 46,270; 53,424

Engern, Herzogtum
Grenzen **2595, 2792**
1298 Böger: Die ostwestfälische Herkunft engernscher Geschlechter.
WZ 66 II 185-193
Dukat des Erzbischofs von Köln **1474**
Familie Haolt **466**

Ennepetal, Ennepe-Ruhr-Kreis
D: W 46,270; 53,425

Ennepetal-Milspe, Ennepe-Ruhr-Kreis
D: W 46,270

Ennepetal-Voerde, Ennepe-Ruhr-Kreis
Heimatmuseum W 15,137
D: W 31,188; 41,78

Enniger, Krs. Beckum
D: W 41,78

Ennigerloh, Krs. Beckum
D: W 41,78; 48,270

Entrup, Krs. Höxter
Schützen **1485**

Epe, Krs. Ahaus
Münzfund 1951, **2500**
D: W 53,425

Eremitage, Krs. Siegen
1299 Meyhöfener: Der neue Kreuzweg auf der Eremitage bei Siegen. W 19,326-329
D: W 17,201; 19,288; 31,178; 46,270

Eresburg s. Marsberg

Ergste, Krs. Iserlohn
D: W 31,130; 46,270; 53,425

Schloß **Eringerfeld,** Krs. Lippstadt
D: W 41,79; 46,271; 53,425

Erkeln, Krs. Höxter
Kirchspiel WZ 39 II 130

Erle, Krs. Recklinghausen
D: W 26,271; 53,428

Haus **Ermelinghof,** Krs. Lüdinghausen
D: W 17,188; 41,79

Erndtebrück, Krs. Wittgenstein
D: W 53,428

Schloß **Erpernburg,** Krs. Büren
D: W 46,271; 53,428

Erwitte, Krs. Lippstadt
1300 Tochtrop: Der Königshof Erwitte bis zum Ende des 17. Jahrhunderts. WZ 68 II 209-267
1301 Thümmler: Pfarrkirche Erwitte. W 43,46-56
1100 Jahre Erwitte. W 23,267 (Rez. Pfeiffer)
D: W 19,277; 20,304; 21,181; 41,79; 41,397; 46,271; 53,430

Erwitzen, Krs. Höxter
untergegangenes Kirchspiel WZ 37 II 51

Eschenbach, Krs. Siegen
D: W 46,271

Eschweiler, Krs. Aachen
1302 Quix: Eschweiler Vrögh. WZ 4,140-141

Eslohe, Krs. Meschede
D: W 46,271; 53,430

Essentho, Krs. Büren
D: W 53,432

Etteln, Krs. Büren
Kirchspiel WZ 43 II 61
1303 v. Brenken: Das Offizium in Etteln. Historische Nachricht von Gobelin Person, nach einem Autographum. A III 2, 186-192
1304 — Holting to Etteln. A VI 2,157-165
D: W 53,432

Eversberg, Krs. Meschede
Freigrafschaft **3144**
D: W 19,277; 24,232; 31,130; 41,80; 53,432

Everschütz s. Eberschütz

Everswinkel, Krs. Warendorf
Buntenkötter: Everswinkel. Aus seiner Vergangenheit und Gegenwart. W 30,236 (Rez. Kohl)
D: W 41,82

Ewig, Krs. Olpe
D: W 53,432

Exter, Krs. Herford
D: W 31,130; 41,82

Externsteine, Krs. Detmold
1305 Meyer, J. Th. L.: Die Eggestersteine. A I 1, 103-108; A I 2,118-121
1306 Giefers: Die Externsteine im Fürstentum Lippe. WZ 27,1-104

1307 Preuß: Das Lehen am Externsteine. WZ 30,141-154
Focke: Beiträge zur Geschichte der Externsteine. W 27,70 (Rez. Fuchs)
1308 Gaul: Neue Forschungen zum Problem der Externsteine. W 32,141-164
1309 Flaskamp: Der geplante Verkauf „des Externsteins" /1659/. WZ 101/102, 429-442
Benefizium Urkunden 1367-1388 **2440**
Holzhausen **1450**
D: W 41,124; 46,324; 53,432

Burg **Falkenburg,** Krs. Detmold
D: W 41,83

Falkenhagen, Krs. Detmold
Kirchspiel WZ 37 II 57
1310 Preuß: Zur Geschichte der Anfänge des Klosters Falkenhagen. WZ 40 II 88-97
Kalendar und Nekrolog **2444**
D: W 31,130; 41,83; 46,273; 53,433

Feldhausen, Krs. Recklinghausen
D: W 31,130; 46,273; 53,434

Ferndorf, Krs. Siegen
D: W 31,130; 41,83; 46,274

Feudingen, Krs. Wittgenstein
D: W 17,188; 31,130; 41,83; 46,274; 53,435

Fischbeck
Krumwiede: Das Stift Fischbeck an der Weser. W 36,124 (Rez. Rensing)
Gründungsurkunde **2429**

Fischelbach, Krs. Wittgenstein
D: W 41,83

Flaesheim, Krs. Recklinghausen
1311 Thümmler: Flaesheim, ehem. Klosterkirche, W 43,39-46
D: W 41,84; 46,274; 53,436

Flechtdorf, Krs. Waldeck
Kirchspiel WZ 42 II 97
1312 Mooyer: Das Kloster Flechtdorf und seine Äbte nebst einigen Urkunden. WZ 8,1-86

Fleckenberg, Krs. Meschede
D: W 41,84; Orgel 41,400

Flierich, Krs. Unna
D: W 41,84; 46,274

Fölsen, Krs. Warburg
Kirchspiel WZ 40 II 73
D: W 41,84; 46,274; 53,436

Freckenhorst, Krs. Warendorf
Stiftsurkunde **2430**
Heberegister, Stiftungsurkunde, Pfründenordnung, Hofrecht **10**
1313 Wigand: Einige Sprachbemerkungen zum Freckenhorster Register. A I 1,99-102
1314 Troß: Kleiner Beitrag zur Erklärung eines dunklen Wortes in der Freckenhorster Heberolle (Mezaskapa). A III 4,236
1315 Platte: Einige sprachliche Bemerkungen zu der Freckenhorster Heberolle. WZ 55 II 128-142
1316 Geisberg, H.: Alte Grabschrift zu Freckenhorst. WZ 22,371f.
1317 Diekamp: Fürstbischof Christoph Bernhard [von Galen] und die Erhebung der hl. Thiahild [Äbtissin] zu Freckenhorst. WZ 43 I 82-102
1318 Leonhard: Der Ring der Äbtissin von Freckenhorst. W 7,26-27
Kloster, Standesverhältnisse **2984**
1319 Rensing: Am Freckenhorster Taufstein. W 26,232
1320 Ueffing: Das Grabmal der Geva zu Freckenhorst. W 49,101-123
1321 Thümmler: Der Fund eines romanischen Königshauptes in Freckenhorst. WZ 110,380-383
1322 - Der Westbau der Stiftskirche in Freckenhorst. W 18,232-238
1323 - Ehemalige Stiftskirche Freckenhorst. W 43,3-30
1324 Gensen: Archäologische Untersuchungen auf dem Kirchplatz zu Freckenhorst. W 32,132-140
1325 Lobbedey: Vorbericht über die Grabungen südlich der ehemaligen Stiftskirche zu Freckenhorst. W 50,102-106

Bauforschung Petrikapelle **2577**
D: W 31,130; 41,84; 46,275; 53,436

Fredeburg
Freigrafschaft **3144**
Bilstein **1089**
Koberg: *Die Verfassung des Landes Fredeburg-Bilstein bis zur Auflösung des Kurfürstentums Köln.* W 12,100 (Rez. Bauermann)
Symann: *Die Stadtrechte von Fredeburg.* W 12,101 (Rez. Bauermann)
D: W 17,188

Freienhagen, Krs. Waldeck
Kirchspiel WZ 42 II 112

Freienohl, Krs. Arnsberg
D: W 17,189; 20,304; 41,88; 46,275

Gut **Frenkhausen**, Krs. Arnsberg
D: W 46,275

Frenswegen, Krs. Bentheim
1326 Löffler: Ein in Vergessenheit geratenes Frauenkloster unseres Bistums [Süsterhus in Frenswegen Grafschaft Bentheim] WZ 73,236f.
Gröninger, Johann Mauritz **441**, Loder, Heinrich **100**

Freudenberg, Krs. Siegen
D: W 17,189; 41,88; 46,275; 53,439

Friedewalde, Krs. Minden
D: W 17,189; 46,276

Friesenhagen, Krs. Altenkirchen
Altar **3289**

Friesland
Werdener Besitzgeschichte **2274**, Visitation 1554 und 1567 **1600**, Mission Liudger **662**, Angelsächsische **2933**, Offizialat, Archidiakonat **1601**, Smalagonia **1602**
1327 Möhlmann: Die historischen Beziehungen Ostfrieslands zu Westfalen. WZ 109,219
1328 Schöningh: Die Einwanderung von Westfalen nach Ostfriesland vom 15. bis zum 18. Jahrhundert und ihre Ursachen. WZ 110,187-189
Jüdische Gemeinde **2822b**
1329 Albertz-Jappe: Zur friesischen Geschichte. WZ 115,275-279
1329b - Sacralisierung en desacralisierung in de Middeleeuwse stad in Nederland. W 51,83-91
1330 Schmidt, Hch.: Die „friesische Freiheit" im Mittelalter. WZ 117,80f.

Fritzlar
Urkunde 1295 **2431**, Urkunde 1601 **2432**

Frömern, Krs. Unna
D: W 31,130, 41,88

Fröndenberg, Krs. Unna
1331 Fuchs: Ein hochgotischer metallener Flügelalter aus Fröndenberg. W 20,327-332
1332 Nissen: Der Meister des Fröndenberger Altars. W 16,58-65
1333 Fritz, R.: Das Mittelbild des Fröndenberger Altares. W 28,134-137
Dienstvertrag des Organisten von 1564 **3392**
v. Roden: *Wirtschaftliche Entwicklung und bäuerliches Recht des Stiftes Fröndenberg a. d. Ruhr.* W 22,47 (Rez. Borgmann)
D: W 17,189; 18,200; 20,304; 31,131; 41,88; 46,277; 53,440; Orgel 41,401

Frohnhausen, Krs. Warburg
Kirchspiel WZ 40 II 79

Fronhausen bei Scheda
1334 Hallermann: Das Fronhauser (Hofes-) Recht. WZ 84 II 102-111

Frotheim, Krs. Lübbecke
D: W 46,277; 53,440

Haus **Füchten**, Krs. Soest
D: W 53,441

Füchtorf, Krs. Warendorf
D: W 41,89; 46,278; 53,442

Fürstenau, Krs. Höxter
D: W 41,89; 46,278

Fürstenberg, Krs. Büren
Kirchspiel WZ 42 II 110
1335 Gehrken: Der Ursprung des Hauses und Dorfes Fürstenberg am Sindfelde im Paderbornschen. A III 108-110
1336 v. Brenken: Nachtrag [zum Aufsatze: Der Ursprung des Hauses und Dorfes Fürstenberg]. A III 3,105-113
1337 Meyer, J. Th. L.: Die Errichtung der Burg Fürstenberg (am Sendfeld) und Übersicht ihrer nachherigen Geschichte. A III 4,208-217
1338 - Rechte und Verbindlichkeiten für die Ansiedler zu Fürstenberg. 1449. A IV 2,184-187
D: W 41,89; 46,278

Galiäa, Kloster s. Meschede

Gandersheim, Kloster
Urkunde 888 **2433**

Gehlenbeck, Krs. Lübbecke
D: W 41,89; 46,278

Gehrden, Krs. Warburg
Kirchspiel WZ 40 II 73
1339 v. Spilcker: Nachrichten vom ehemaligen Kloster Gehrden. A II 4,356-371
1340 Meyer, J. Th. L.: Kloster und Stadt Gehrden. A IV 1,67-101
1341 Giefers: Copiarium Gerdense. WZ 39 I 3-45
1342 Honselmann: Studien zu Urkunden des Klosters Gehrden aus dem 12. Jahrhundert. WZ 120,297-312
Totenroteln 1477, 1495 **2988**
Bauforschung (Thümmler) W 43,94
Nachgründung, Wiederherstellung der Kirche **2557**
D: W 41,89; 46,278; 53,442

Haus **Geist,** Krs. Beckum
D: W 46,280; 53,442

Geldern, Grafschaft **1200a**

Gellinghausen, Krs. Meschede
D: W 41,90

Gelsenkirchen
1343 Schulte, E.: Das Stadtarchiv Gelsenkirchen. W 18,64-65
Kulturmuseum „Heimaterde" W 15,65; 28,94
Rheinisch-Westfälisches Feuerwehrmuseum W 15,177f.
Industriemuseum „Heimaterde" W 28,94
Städtische Kunstsammlung W 28,95
D: W 17,191; 31,131; 41,90; 46,282; 53,443
Horster Museum **2522**
Schloß Horst, D: W 17,191; 41,90; 46,282; 53,443

Gelsenkirchen-Bismarck
D: W 46,282; 53,443

Gembeck, Krs. Waldeck
Kirchspiel WZ 42 II 117

Gemen, Krs. Ahaus
D: W 46,282

Gemen, Krs. Borken
1344 v. Landsberg-Velen: Geschichte der Herrschaft Gemen, ihrer Herren und deren Geschlechter. Ein Beitrag zur Geschichte der westfälischen Dynasten- und Rittergüter. WZ 20,319-342; WZ 22, 1-78; WZ 25,269-336; WZ 28,139-196; WZ 41 I 1-96; WZ 42 I 1-94
1345 Kubisch: Versuch einer Geschichte der lutherischen Gemeinde zu Gemen. Ein Beitrag zur Geschichte des Protestantismus im Münsterlande. WZ 64,23-78
1346 Peter: Der Streit um die Landeshoheit über die Herrschaft Gemen. WZ 73,1-114
von Limburg-Styrum, Graf August **658**, Familie **659**, Hermann Otto **657**
D: W 24,232; 25,137; 31,131; 41,91; 46,282; 53,444

Germete, Krs. Warburg
1347 Lobbedey: Die romanische Kirche in Germete, Kreis Warburg. W 50,107-109
D: W 46,283; 53,445

Gescher, Krs. Coesfeld
1348 Hüsing: Zwei Westfalen [Brüder Peter

Hermann und Caspar Gerhard Söcker aus Gescher] im Collegium Germanicum. WZ 53,357-358
D: W 20,404; 46,283; 53,445

Geseke
1349 Arens: Ungedrucktes zur Lokalgeschichte der Stadt Geseke [im 17. Jahrhundert]. WZ 84 II 140-159
1350 - Aufzeichnungen zur Geschichte der Stadtkirche in Geseke. WZ 88 II 140-159
1351 Henke, F.: Der Name Geseke. WZ 71 II 248-251
1352 Melchers: Über den Ursprung und die Bedeutung des Ortsnamens Geseke. Beitrag zur westfälischen Ortsnamensforschung. WZ 83 II 168-171
1353 Hillenkamp: Die Bürgermeister, Stadtkämmerer und Richter der Stadt Geseke unter der Herrschaft von Kurköln in der Zeit vom Ende des 16. bis zum Anfang des 19. Jahrhunderts. WZ 86 II 199-212
1354 Kaiser: Wirtschaftliche Verfassung und Verwaltung des Stiftes Geseke im Mittelalter [mit 2 Karten]. WZ 89 II 140-219
1355 Spancken, W.: Zur Geschichte der Vögte des Stiftes Geseke. WZ 31 II 162-173.
Freigerichtsprotokolle **3150**
1356 Lappe: Die Herren Erben[Genossenschaft] zu Geseke. WZ 66 II 159-184
1357 - Die Geschichte der Schützengesellschaft zu Geseke. WZ 67 II 201-237 und WZ 69 II 344-346
1358 - Willküren [Gemeindeordnung] der Stadt Geseke. WZ 75 II 105-139
1359 Enders: Instrumentum notariale über die von der Stadt Geseke anno 1737 den 6. und 8. May vorgenommene Schnadjagd. H 4, 8, 57-60
Falke: Kloster und Gymnasium Antonianum der Franziskaner zu Geseke. W 8,70 (Rez. Dersch)
Wiederaufrichtung des (Barock-)Hochaltares **2571**
Brüll, Bernhard Jodokus **214**, Gert van Lon (Maler) **667f.**
Museum des Vereins für Heimatkunde W 15,205f.
Heimatmuseum W 28,95

D: W 17,189; 18,201; 31,131; 41,92; 46,287; 53,446

Gevelsberg, Ennepe-Ruhr-Kreis
Pfarrer Busch **333**

Giershagen, Krs. Brilon
1360 Stute: Das Gericht Giershagen. WZ 122,147-162
Pfarrbibliothek **2471**
Pape, Bildhauer Heinrich und Christoffel **741f.**
D: W 19,278; 41,93; 46,287

Gimbte, Krs. Münster
Bauforschung **2582**
D: W 41,93; 53,450

Burg **Ginsberg,** Krs Siegen
Bauforschung **2582**
D: W 46,287; 53,450

Girkhausen, Krs. Wittgenstein
D: W 21,181; 31,131; 41,94; 46,287; 53,450

Gladbeck
Städtisches Heimatmuseum W 15,205; 23,218; 29,100

Gleidorf, Krs. Meschede
D: W 46,287

Glindfeld, Krs. Brilon
1361 Gotthardt: Ein bisher unbekanntes Verzeichnis der ersten Augustiner-Kreuzherren, die in Glindfeld bei Medebach ihre Profeß ablegten, beginnend mit dem Jahre 1500. H 1 Nr. 8
1362 Lohmann: Berichtigungen zum Glindfelder Mönchskatalog. H 3,26-28
D: W 46,288

Goddelsheim, Krs. Waldeck
Kirchspiel WZ 42 II 110

Godelheim, Krs. Höxter
Kirchspiel WZ 39 II 131
Bauforschung (Doms) **2580**
D: W 19,272; 46,288; 53,451

Göttingen, Krs. Beckum
D: W 17,189

Gohfeld, Krs. Herford
D: W 41,94; 53,452

Goslar
1363 Mooyer: Die Rathmänner der Stadt Goslar erteilen ihrem Mitbürger Albrecht van dem Widenla eine Bescheinigung über dessen freie Geburt und gute Aufführung, 1421, A VI 2/3 300f.
1364 Rensing: Die Gedenkzeichen (tituli) für die im Jahre 1073 gefallenen Goslarer. W 43,276
Pfalz Werla **2761**

Gottsbüren, Sakramentswallfahrt **3010**

Grafschaft, Krs. Meschede
1365 Bökler: Geschichtliche Mitteilungen über die im Herzogtum Westfalen gelegene ehemalige Benediktiner-Abtei Grafschaft. WZ 17,214-235
Wilzenberg und Grafschaft. — Welcher Iklen verkaufte sein Allod an Abt Wichbert? **1071**
1366 Friedhoff: Die Stellung des Benediktinerklosters Grafschaft zur Pfarrseelsorge. WZ 71 II 60-128
1367 Mooyer: Die Äbte des Klosters Grafschaft. WZ 19,213-220
Abt Ludwig von Grona **1123**
Westfälische Plastik des 17. und 18. Jahrhunderts **3311**
1369 Rensing: Altar in Wissen [aus Grafschaft]. W 22,34
Grafschaft. Beiträge zur Geschichte von Kloster und Dorf [Zum 900jährigen Bestehen]. W 52,159f. (Rez. Buchholz)
Bauforschung, ehem. Klosterkirche **2577**
D: W 31,131; 41,94; 46,289; 53,452

Gravenhorst, Krs. Tecklenburg
D: W 21,182; 31,132; 46,289; 53,452

Greffen, Krs. Warendorf
D: W 41,95; 46,290

Greven, Krs. Münster
Prinz: Greven an der Ems. W 29,119 (Rez. Hömberg)
D: W 31,132; 41,95; 46,291

Grevenbrück (Lennestadt), Krs. Olpe
D: W 31,132; 46,292; 53,454

Haus **Grevenburg,** Krs. Höxter
D: W 20,305; 25,137; 31,132

Grevenstein, Krs. Arnsberg
D: W 21,182; 46,292

Haus **Grimberg** bei Gelsenkirchen
D: W 25,137

Gronau, Krs. Ahaus
Städtisches Heimatmuseum W 29,103
D: W 21,182; 46,293

Groß-Burlo, Krs. Borken
D: W 41,95; 46,293

Groß-Eikel s. Haus Dieck

Großenbreden, Krs. Höxter
D: W 41,95; 46,293

Großeneder, Krs. Warburg
Kirchspiel WZ 40 II 76
D: W 41,95; 46,294; 53,454

Groß-Reken, Krs. Borken
D: W 18,201; 21,182; 41,94; 46,294; 53,454

Grundsteinheim, Krs. Büren
1370 Pagedarm: Die Gesetze der Schützenbrüder zu Grundsteinheim vom Jahre 1790. WZ 83 II 171-176

Gütersloh
1371 Eickhoff: Die „Alte Kirche" zu Gütersloh [eine Pankratiuskirche]. WZ 47 II 83-104
Fliedner: Fünfundsiebzig Jahre Gütersloher Gymnasium. W 15,30 (Rez. Flaskamp)
1372 Bauermann: Entstehung des Entwurfs des Wappens der Stadt Gütersloh (1843). W 23,264

D: W 17,189; 21,182; 31,131; 41,96; 46,294; 53,456

Gutsacker, ehem. Wasserburg, Krs. Recklinghausen
D: W 20, 305

Haarbrück, Krs. Höxter
D: W 41,97; 53,457

Haaren, Krs. Büren
Wüstung „Swafern" **2681**
D: W 41,97; 46,294

Schloß **Haddenhausen,** Krs. Minden
D: W 41,98; 46,294; 53,457

Häver, Krs. Herford
D: W 41,98

Hagen, Stadt
Holz: Ein Jahrtausend Raum Hagen. W 31,95 (Rez. Rothert)
1373 Schöller: Hagen, Brücke zwischen Ruhrgebiet und Südwestfalen. WZ 107,247f.
Urkunde 1276 **2415,** Pfarrwahlen **1933**
Karl-Ernst-Osthaus Museum W 29,105; 40,345-349; **2525**
Buchdruck WZ 42 II 164
Bauforschung: Johanniskirche **2577**
D: W 19,279; 31,132; 46,295; 53,458

Hagen-Boele
1374 Schnettler: Ein Lagerbuch der Boeler Pastorat aus dem 15. Jahrhundert. WZ 68 II 268-281
Pfarrwahlen **1933**
D: W 41,98; 46,295; 53,458

Hagen-Delstern D: W 41,98; 46,296; 53,458
– **Eilpe** D: W 41,98; 53,458 – **Emst** D: W 53,458 – **Haspe** D: W 21,182; 31,133; 41,99; 46,296; 53,458 – **Haßley** D: W 53,459 – **Helfe** D: W 53,459 – **Vorhalle** D: W 31,133; 41,99; 46,290

Hagen, Krs. Arnsberg
D: W 41,58; 46,295; 53,458

Grafschaft **Haholds**
1375 Borgmann: Die Grafschaft des Hahold eine Freigrafschaft? W 22,188-193
1376 Kiewning: Nochmals zur Frage der Haholdschen Grafschaft. W 24,26-33
Haolt, Familie **466**

Burg **Hainchen,** Krs. Siegen
D: W 41,99; 46,296; 53,460

Rittergut **Hainhausen,** Krs. Höxter
D: W 23,309

Haldem, Krs. Lübbecke
Ausbau des Schlosses **2564**
D: W 46,296; 53,461

Haldern, Krs. Rees
altwestfälische Malerei **3315;** Altar-Außenflügel **3331**

Haldinghausen (Hallinghausen)
Kirchspiel, Archidiakonat **1927**
1377 Kampschulte: Hallinghausen, weiland Pfarrort. Archidiakonatsitz, Freistuhl und Edelsitz Herzogtum Westfalen, Bistum Paderborn. WZ 20,195-258

Halingen, Krs. Iserlohn
D: W 53,461

Halle
D: W 31,133; 41,99; 46,296; 53,461

Hallenberg, Krs. Brilon
1378 Lohmann: Beiträge zur Geschichte Hallenbergs. H 3,41-43
1379 - Hallenberger Wüstungen. H 3,85-87
1380 Hartmann: Die Kapelle zu Merklinghausen (ältestes Gebäude der Stadt Hallenberg). H 6,23-24
Poelmann, Adam **777, 778,** Poelmann, Familie **777**
D: W 21,182; 22,269; 41,100; 46,297; 53,461; Orgel 41,401

Haltern, Krs. Recklinghausen
Schäfer: Geschichte der Stadt Haltern. W 26,47 (Rez. Utsch)

Ausgrabungen **2724ff.**, Goldmünzenfund **2501**, Urnenfriedhöfe **2637**
Römisch-germanisches Museum W 17,35; 17,110
D: W 18,201; 31,133; 41,100; 46,298; 53,461

Halver, Krs. Altena
D: W 31,133; 41,100; 53,462

Halverde, Krs. Tecklenburg
D: W 41,100; 46,299; 53,462

Haus **Hameren**, Krs. Coesfeld
D: W 53,462

Hamm, Stadt (Westfalen)
1381 Gehrken: Des Grafen Engelbert von der Mark Concession für die Stadt Hamm, wie die Gartendiebe bestraft werden sollen. 1363. (Aus dem Original im Stadtarchiv zu Hamm auf Pergament). A III 4,223-231
Reformation **2964**, Goldschmiedekunst **3407**
Grabungsfunde: Amphora **2662**, Bronzefigur **2663**, Meistervasen **2664**, Polyphemlampe **2665** – Buchdruck WZ 42 II 153-155
Heimatmuseum, Münzsammlung **2532**
Städtisches Gustav-Lübke-Museum W 15,65; 16,35; 17,110; 23,299; 26,92; 29,104
D: W 17,189; 20,305; 25,137; 31,133; 41,100; 46,299; 53,462

Hamm-Mark
D: W 31,134; 41,101; 53,463
s. Kentrup

Hamm, Krs. Recklinghausen
D: W 41,100

Hamm-Bossendorf, Krs. Recklinghausen
D: W 31,134; 41,40; 46,300

Handorf, Krs. Münster
D: W 31,134

Hansell, Krs. Münster
D: W 17,189

Harbecke, Krs. Meschede
D: W 41,102

Hardehausen, Krs. Warburg
Günther: Die Klosterkirche zu Hardehausen, ein Beitrag zur Zisterziensischen Ordensbaukunst während des 12. Jahrhunderts. W 31,297 (Rez. Thümmler)
1382 Wigand: Wen soll nach dem Recht des Mittelalters ein dritter angreifen, der Anspruch auf ein übertragenes Grundstück macht? (Hardehausen 1272). A I 3,91
1383 - Das Kloster Hardehausen vertauscht die von Corvey erworbene Besitzung Loningen dem Stift Osnabrück 1274. A I 3,94f.
1384 - Kloster Hardehausen, Holzding, 1297. A I 4,106
1385 - Aufnahme zu Wachszinsigen-Recht, 1315. A II 1,102f.
1386 Mooyer: Verzeichnis der Äbte des Klosters Hardehausen. WZ 17,340-343
1387 Brand, A.: Die ehemalige Zisterzienster-Abtei Hardehausen. W 13,121-133
Hardehäuser Handschrift **1901**, Urkunde 1295, Erbpacht einer Mühle **2431**, Totenroteln 1477 **2988**, Schenkung 1526 **505**, Rechtsstreit 1343 **551**
D: W 17,189; 41,102; 46,301; 53,464

Haus **Hardenstein**, Ennepe-Ruhr-Kreis
D: W 41,102

Schloß **Harkotten**, Krs. Warendorf
D: W 41,101; 46,302; 53,464

Harsewinkel, Krs. Warendorf
D: W 41,102; 53,465

Haselünne. Krs. Meppen
Meiering, Epitaph **684**

Haskenau an der Ems, Wallburg **2669**

Hasungen, Krs. Wolfhagen
(untergegangenes Kloster bei Burghasungen)
1388 Landau: Verzeichnis der Güter, welche das Kloster Hasungen in Thüringen besaß (vor 1130). A VI 2/3, 278-281

Hattingen, Ennepe-Ruhr-Kreis
1389 Eversberg: Stadt und Land Hattingen in siedlungsgeschichtlicher Sicht. WZ 117,74f.

Reformation **2964**
Heimatmuseum W 21,169; 29,105
Bauforschung **2582**
D: W 17,190; 18,202; 19,280; 21,182; 23,309; 25,137; 31,134; 41,103; 46,302; 53,466; Orgel 41,402

Hauenhorst, Krs. Steinfurt
D: W 41,106

Havixbeck, Krs. Münster
Kopfreliquiar eines Bischofs im Schloß Havixbeck **3413**
Bauforschung **2582**
D: W 21,182; 41,106; 46,304; 53,471

Heddinghausen, Krs. Brilon
Kirchspiel WZ 42 II 112
D: W 53,474

Heedfeld, Krs. Altena
D: W 46,306

Heek, Krs. Ahaus
D: W 41,107; 46,306; 53,474

Heepen s. Bielefeld-Heepen

Haus **Heeren**, Krs. Unna
D: W 41,107; 46,307; 53,475

Heessen, Krs. Beckum
Steinkühler: Heessen, die Geschichte der Gemeinde. W 34,253 (Rez. Prinz)
Zur Geschichte des Gutes Heeßen **587**
D: W 20,305; 21,183; 41,107; 46,307; 53,476

Hegensdorf, Krs. Büren
Kirchspiel WZ 44 II 83
D: W 20,305; 46,308

Heggen, Krs. Olpe
D: W 53,476

Haus **Heide**, Krs. Unna
D: W 46,308

Heidelbeck, Krs. Lemgo
D: W 41,109; 46,309; 53,477

Heiden, Krs. Detmold
Kirchspiel WZ 38 II 37
Bauforschung **2582**
D: W 41,109; 46,309; 53,477

Heidenoldendorf, Krs. Detmold
D: W 41,110

Heiligenberg bei Ovenhausen, Krs. Höxter
untergegangenes Kirchspiel WZ 39 II 132

Heiligenkirchen, Krs. Detmold
Kirchspiel WZ 38 II 43
Bauforschung **2582**
D: W 41,110; 53,477

Heiminghausen, Krs. Meschede
D: W 46,309

Heimsen, Krs. Minden
D: W 31,134; 41,110; 53,480

Heinsen, Krs. Hameln-Pyrmont
Kirchspiel WZ 39 II 126

Heinsberg, Krs. Olpe
1391 Mertens: Zwei denkwürdige Bäume zu Heinsberg (Gerichtseiche, Heidenbäumchen). WZ 41 II 209f.
Pfarrwahlen **1933**
D: W 31, 135; 53,481

Heinsberg, Selfkantkreis
1392 Quix: Fragmenta necrologii monasterii Heinsbergensis. WZ 5,134-163

Helden, Krs. Olpe
1393 Rodenkirchen: Die Krypta in der Kirche zu Helden. W 20,253-256
D: W 31,145; 46,309

Hellefeld, Krs. Arnsberg
1394 Grueber: Die Kirche zu Hellefeld in Westfalen. WZ 26,273-280
D: W 53,482

Hellinghausen, Krs. Lippstadt
1395 Fleige: Funde von Altertümern bei Hellinghausen. WZ 52 II 146f.

Hoederath: Das Hellinghauser Land- und Stoppelrecht. W 15,102 (Rez. His)
Pfarrkirche **2555**
D: W 41,111; 46,309; Orgel 41,403

Helmarshausen, Krs. Hofgeismar
Archidiakonat des Abtes, Kirchspiel WZ 39 II 154-161
Privileg Coelestins III. von 1192 **2405**
1396 Meyer, J. Th. L.: Gewaltsame Gelderpressung vom Abte des Klosters Helmarshausen (1377). A III 4,193-201
1397 Schrader, Wigand: Die Stadt Helmarshausen. A IV 1,17-26
1398 v. Lassaulx: Über die Reste einer Kirche auf der Burgruine Krukenberg bei Helmarshausen, unweit Herstelle an der Weser. (Nebst einem lithogr. Blatt, enthaltend den Grundriß und Querschnitt der Kirche). A VII 1,87-89
Pfaff: Die Abtei Helmarshausen. W 4,118 (Rez. Virnich)
Urkunde 1097 **2397**, Totenroteln 1442, 1477, 1495 **2988**

Helmeringhausen, Krs. Brilon
Hausinschriften **3542**

Helpup, Krs. Lemgo
D: W 41,111; 46,309; 53,482

Hembergen, Krs. Steinfurt
D: W 46,309; 53,482

Hemer, Krs. Iserlohn
Bauforschung (Esterhues) **2580**
D: W 41,111; 46,309; 53,483; Orgel 41,403

Hemmerde, Krs. Unna
D: W 31,135; 41,111; 46,310; 53,483

Henglarn, Krs. Büren
D: W 53,483

Hengsbeck, Krs. Meschede
D: W 46,310; 53,483

Hennen, Krs. Iserlohn
D: W 41,112; 46,310; 53,484

Henrichenburg, Krs. Recklinghausen
D: W 41,112; 46,310; 53,484

Heperne bei Weiberg, Krs. Büren
untergegangenes Kirchspiel WZ 44 II 84

Herbede, Ennepe-Ruhr-Kreis
D: W 46,310

Herbern, Krs. Lüdinghausen
1399 Tenhagen: Die Landwehr des Kirchspiels Herbern. WZ 79 I 25-41
D: W 31,135; 41,112; 46,311; 53,484

Herdecke, Ennepe-Ruhr-Kreis
Die Stiftungskirche zu Herdecke **28**
D: W 18,202; 21,183; 24,232; 41,112; 53,484

Herdringen, Krs. Arnsberg
1400 Fuchs: Der ursprüngliche Bestand des Herdringer Silberschatzes. W 2,119-121
Franz von Fürstenberg, Geburtshaus **350**, Gröninger, Johann Mauritz **445**
D: W 31,135; 46,311; 53,485

Herford
Kirchspiel WZ 38 II 53
Einkünfte, Lehnsregister der Fürstabtei, Heberollen des Stifts auf dem Berge **13**
1401 Cohausz: Ein Jahrtausend geistliches Damenstift Herford. WZ 110,190f.
1402 Hoffbauer: Studien zur Geschichte der älteren Abtei Herford. WZ 20,23-93
Herford und Rheine **1608**
1403 Ilgen: Zur Herforder Stadt- und Gerichtsverfassung. WZ 49 I 1-58
1404 Kretzschmar: Zur Geschichte Herfords im 30jährigen Kriege [mit einem Plane der Stadt von 1638]. WZ 58,1-29
1405 Mooyer: Miszellen zur Geschichte Herfords: 1. Mühlen in Herford, 2. Die Familie von Quernheim, 3. Oldenhervorde, 4. Familie von Herforde, 5. Reihenfolge der Äbtissinnen von Herford, WZ 4,42-94; 6. Madewig, 7. die Familie von Hagen, 8. die Familie von Arnholte, 9. die Familie von Gogreve, 10. Lübber. WZ 5,41-84
1406 Pape: Überblick über die Geschichte der Stadt Herford. WZ 110, 191f.

1407 Wigand: Rechtsbuch der Stadt Herford (aus dem 14. Jahrhundert). A II 1,7-53
Schierholz: Herford. Ein Heimatbuch. W 30,236 (Rez. Kohl)
von Brandenburg-Schwedt, Äbtissin **211**, Frauenklöster, Standesverhältnisse **2984**, Klausing, Orgelbauer **3388**
Buchdruck WZ 42 II 147-152
Denkmalspflege Münsterkirche **2561**
1408 Doms: Zur Ausgrabung in der ehmaligen Marktkirche St. Nikolai in Herford. W 50,119-126
1409 Lobbedey: Die Ausgrabungen im Münster zu Herford 1965 und 1966. Vorbericht. W 50,110-118
1410 Telger: Ausgrabungen in der Münsterkirche zu Herford. W 20,348-352
1411 - Die Münsterkirche zu Herford. [Ihre Baugeschichte und entwicklungsgeschichtliche Stellung]. WZ 92 I 89-192
1412 Lobbedey: Zur Baugeschichte der Herforder Nikolaikirche. Mit einem Beitrag von Korn [Glas] und Rekonstruktionszeichnungen von Preis. W 50,127-148
Bauforschung: Münsterkirche, Marien-(Stift Berg-)Kirche **2577**; St. Nikolai (Thümmler) **2580**
Städtisches Heimatmuseum W 15,205f.; 17,111; 29,106
D: W 17,190; 19,280; 20,305; 21,183; 23,309; 24,233; 25,157; 31,135; 41,112; 41,406; 46,311; 53,489

Heringhausen, Krs. Meschede
D: W 31,138; 46,315

Herlinghausen, Krs. Warburg
D: W 21,184; 46,315; 53,494

Herne
Koechling: 400 Jahre evangelische Kirchengemeinde Herne. W 42,326 (Rez. Kohl)
Städtisches Emschertal-Museum W 29,106

Herne, Schloß Strünkede
D: W 20,306; 23,311; 31,138; 41,115; 53,494
Ringburg bei Strünkede **2668**

Herringen, Krs. Unna
1413 Essellen: Die Hohenburg bei Herringen an der Lippe und die Grabstätte auf derselben. W 22,261-286
D: W 17,190; 19,280; 21,184; 31,138; 46,315; 53,495

Herringhausen, Krs. Herford
Vahle: 800 Jahre Herringhausen. Festschrift. W 31,97 (Rez. Rothert)

Herringhausen, Krs. Lippstadt
untergegangenes Kirchspiel WZ 42 II 100
D: W 17,190; 41,115; 46,315; 53,495

Herscheid, Krs. Altena
Bauforschung: Kirche W 50,17
D: W 31,38; 41,116; 46,315; 53,496

Herste, Krs. Höxter
D: W 46,315

Herstelle, Krs. Höxter
Kirchspiel WZ 39 II 160
1414 Gehrken: Das Amt und die Burg Herstelle an der Weser. A VI 1,1-31
1415 Jänke: Urbarmachung eines Waldes bei Herstelle im Jahre 1163. A II 2,144-146
1416 Wigand: Einige Bemerkungen über Herstelle und die Familie von Falkenberg. A V 1,98-104
Römerspuren **2729**
D: W 41,117; 53,498

Herten, Krs. Recklinghausen
D: W 46,315; 53,498

Hervest, Krs. Recklinghausen
Reliquienfund in einem Kruzifix mit Fragment einer Handschrift der Margaretenlegende, 9. Jahrhundert. (Eickermann) W 53,191-193
D: W 46,315; 53,501

Herzebrock: Krs. Wiedenbrück
Totenroteln 1477, 1495 **2988**
Reformationsversuch **2966**
Wandmalerei **3262**
D: W 17,190; 41,117; 46,315; 53,501

Herzfeld, Krs. Beckum
hl. Ida **535**
D: W 53,502

Herzkamp-Gennebreck, Ennepe-Ruhr-Kreis
D: W 41,117

Hesborn, Krs. Brilon
1417 Möhring: Über die Geistlichen, die im 17. und 18. Jahrhundert aus Hesborn hervorgegangen sind. H 4,5-7
1418 - Über die früheren Bewohner des Stolzenberges bei Hesborn. H 5,3-5
Hausinschriften **3542**
D: W 53,502

Hesperinghausen, Krs. Waldeck
Kirchspiel WZ 42 II 118

Hesselbach, Krs. Wittgenstein
D: W 46,316; 53,504

Hesseln, Krs. Halle
Neuere Münzfunde **2496**

Hiddenhausen, Krs. Herford
Brandgrubenfriedhof **2651**
D: W 21,184; 25,137; 41,117; 46,319; 53,504

Hiddesen, Krs. Detmold
Kirchspiel WZ 37 II 72

Hiddingsel, Krs. Coesfeld
1419 Werland: Die alten Skulpturen in der Kirche zu Hiddingsel. W 9,114-120

Hiddingsen, Krs. Soest
Steinkistengrab **2646**

Hilbeck, Krs. Unna
D: W 41,117; 46,316; 53,504

Hilchenbach, Krs. Siegen
D: W 21,184; 46,316; 53,504

Hildesheim
1420 Zeppenfeld: Alte historische Nachrichten von dem Rechte der Stadt Hildesheim, Bündnisse zu schließen. A III 2,214-228
1420a Schrade: Zu dem Noli me tangere der Hildesheimer Bronzetür. W 39,211-214
Anzeige der Beiträge zur Hildesheimer Geschichte. A IV 2,238f.; J (1833) 4,25
Koken-Lüntzel: Zeitschrift für das Fürstentum Hildesheim und die Stadt Goslar. J (1832) 1,27-30 (Rez. Wigand)
Lüntzel: Die bäuerlichen Lasten im Fürstentum Hildesheim. H. 1838. A IV 3,346-354 (Rez. Wigand)
Benedikt-Werkstatt **3281**, Urkunde 1092 **2416**

Hille, Krs. Minden
D: W 20,306; 41,117; 46,316; 53,504

Hillentrup, Krs. Lemgo
Kirchspiel WZ 38 II 28
Sakramentswallfahrt **3010**

Hillmicke, Krs. Olpe
D: W 46,316; 53,505

Hiltrup, Krs. Münster
Bauforschung (Thümmler) **2580**
D: W 20,306; 46,316

Himmelpforten, Krs. Soest
1421: Leidinger: Die letzte Äbtissinnenwahl im Kloster Himmelpforten. WZ 115,514-519
1422 - Die Abtei Himmelpforten zwischen Reformation und Säkularisation. Zur Verfassungsgeschichte eines westfälischen Zisterzienserinnenklosters [mit Äbtissinnenliste]. WZ 121,283-349
D: W 21,184; 31,138

Himmighausen, Krs. Höxter
D: W 23,313; 31,138; 41,118; 46,319; 53,505

Hinnenburg, Krs. Höxter
1423 Giefers: Kurze Geschichte der Hinnenburg. WZ 14,355-365
D: W 19,280; 20,306; 41,118; 53,506

Haus **Hinter-Eichholz,** Krs. Höxter
D: W 41,118; 46,319

Hirschberg, Krs. Arnsberg
D: W 31,138; 41,118; 53,506

Höllinghofen, Freigrafschaft **3144**

Haus Höllinghofen, Krs. Arnsberg
D: W 41,118

Höpingen, Krs. Coesfeld
D: W 41,119; 46,319; 53,506

Hörde s. Dortmund-Hörde

Höringhausen, Krs. Waldeck
Kirchspiel WZ 42 II 114

Hörste, Krs. Büren
Kirchspiel WZ 44 II 73
D: W 41,119; 53,507

Hoetmar, Krs. Warendorf
D: W 21,184; 53,508

Hövelhof, Krs. Paderborn
D: W 20,307; 46,319

Hövelriege, Krs. Paderborn
D: W 53,508

Hoenbusch s. **Hohenbusch**

Höxter
Archidiakonat, Kirchspiel **1927**
1424 Honselmann: Verzeichnis der Handschriften der Dechaneibibliothek zu Höxter. WZ 84 II 161-162
1425 Dürre: Consules civitatis Huxariensis. WZ 35 II 171-185 — Kampschulte: Bemerkungen dazu WZ 35 II 185-187
1426 - Ein Gedenkbuch der Stadt Höxter. WZ 35 II 187-190
1427 Wigand: Stadtrechte und Statuten der Stadt Höxter. A I 3, 35-48; A III 3,14-128
1428 - Die fünf Kreuze bei Höxter. A I 3,87-90
1429 - Disposition eines Vaters unter seinen Kindern vom Jahre 1340. A I 3,92-94
Siechenhof **3470**
1430 - Die alte Brücke bei Höxter. A III 1,66-75

1431 - Ein Schulmeister-Siegel von 1356. A V 2,219
1432 Lacomblet, Wigand: Zur Geschichte des ehemaligen Petri-Capitels zu Höxter. A IV 2,218-222
Urkunde über Vergleich **2434**
1433 Robitzsch: Die Befestigung auf dem Brunsberge bei Höxter. WZ 40 II 98-119
1434 - Die Landwehrbefestigungen von Höxter und Corvey. Mit drei Tafeln. WZ 43 II 106-123
1435 Krüger: Die Landwehrbefestigung der Stadt Höxter. WZ 86 II 60-94
1436 - Zur ältesten Geschichte Höxters und Corveys. [mit 1 Karte]. WZ 86 II 213-235
1437 - Höxter und Corvey. Ein Beitrag zur Stadtgeographie [6 Karten, 11 Abb.]. WZ 87 II 1-108
1438 - Höxter und Corvey. Ein Beitrag zur Stadtgeographie [27 Abb., 7 Karten und Tabellen]. WZ 88 II 1-93
1439 Dirichs: Was bedeutet der Name Höxter? WZ 98/99 II 77-82
1440 Löffler: Zur Reformationsgeschichte der Stadt Höxter. WZ 70,250-271
Heiliggeist-Hospital **3475**
1441 Hömberg: Höxter und Corvey. W 25, 41-51
Schumacher: Die Stadt Höxter unter oranischer Herrschaft 1803-1807. W 3,64 (Rez. Schmitz-Kallenberg)
1442 Rensing: Künstler in Kirchenrechnungen von St. Kiliani in Höxter. W 42,309
Buchdruck WZ 42 II 163
1443 Stephan: Hausrat aus einem Abfallschacht der Frührenaissance in Höxter [Keramik, Glas, Holz, Leder, Textilien]. W 50,149-178
1444 Wackernagel: Ein Profan-Relief des 13. Jahrhunderts [am Rathaus]. W 29,189-191

Heimatmuseum Höxter-Corvey-Corveyer Land W 29,107
Bauforschung: St. Kiliani **2580**, Stadtkern **2582**
D: W 17,190; 18,201; 19,282; 21,184; 22,270; 23,314; 31,139; 41,120; 46,319; 53,508; Orgel 41,407

Hoheleye, Krs. Wittgenstein
D: W 25,139

Hohenburg s. Herringen

Hohenbusch, Krs. Erkelenz
1445 Quix: Das ehemalige Kreuzbrüder-Kloster Hohenbusch (Hoensbusch). WZ 4,377-382

Hohenhausen, Krs. Lemgo
D: W 31,138; 46,320

Hohenholte, Krs. Münster
D: W 17,191; 41,121; 46,320; 53,515

Hohenlimburg, Krs. Iserlohn
1446 Rensing: Die alte Lennebrücke bei Hohenlimburg. W 39,241
Thiemann: Hohenlimburg vor 150 Jahren. W 48,280 (Rez. Dösseler)
Heimatmuseum W 15,105
D: W 31,138; 41,122; 46,321

Hohensyburg s. Dortmund-Syburg

Hohenwepel, Krs. Warburg
Kirchspiel WZ 41 II 183

Hohl, Krs. Olpe
D: W 46,321

Hoinkhausen, Krs. Lippstadt
D: W 19,281; 41,122; 46,321; Orgel 41,408

Hollen, Krs. Bielefeld
D: W 41,122

Hollich, Krs. Steinfurt
D: W 41,122; 46,322

Holsterhausen, Krs. Recklinghausen
Römerlager **2730**
D: W 41,122; 53,516

Haus **Holtfeld,** Krs. Halle
Ausbau des Schlosses **2565**
Wasserburg **3349**
D: W 20,306; 31,138; 46,322; 53,516

Holthausen, Krs. Büren
1447 Spancken, Karl (Aus dem Nachlaß des Wilhelm Spancken). Das Kloster der Cistercienser-Nonnen zu Holthausen. WZ 56 II 3-16
1448 Oberschelp: Zur mittelalterlichen Geschichte des Klosters Holthausen bei Büren. WZ 114,219-234
D: W 21,184; 53,518

Holthausen, Krs. Steinfurt
D: W 41,22

Holtheim, Krs. Büren
1449 Mertens: Die Kirchplätze bei Holtheim. WZ 41 II 206f.

Holtrup, Krs. Minden
D: W 23,313; 41,122; 46,322; 53,518

Holtum, Krs. Soest
Freigrafschaft **3144**

Holtwick, Krs. Coesfeld
D: W 53,518

Holtwick, Krs. Recklinghausen
Chronik **1897**
D: W 46,322

Holzhausen, Krs. Detmold,
1450 Kittel: Holthausen sive Egesterenstein. WZ 120,466-472
Externsteine **1305ff.**

Holzhausen, Krs. Höxter
Kirchspiel WZ 37 II 57
D: W 41,122; 46,322

Holzhausen, Krs. Lübbecke
D: W 31,139

Holzhausen, Porta, Krs. Minden
Bauforschung **2582**
D: W 18,203; 18,209; 41,123

Holzhausen II, Krs. Minden
D: W 25,139; 41,123; 46,322

Holzhausen, Krs. Siegen
D: W 46,122

Holzminden, Kirchspiel St. Pauli s. Altendorf
Ausgrabung **2625**

Holzwickede, Krs. Unna
Sattler: Aus der Geschichte und Vorgeschichte der evangelischen Kirchengemeinde Holzwickede. W 17,30 (Rez. Koechling)
D: W 41,123; 53,521

Homburg, Krs. Holzminden
Kirchspiel WZ 39 II 139

Hommersen, Krs. Detmold
untergegangenes Kirchspiel WZ 39 II 133

Hopke oder **Hoppeke,** Krs. Brilon
untergegangenes Kirchspiel WZ 42 II 141

Hopsten, Krs. Tecklenburg
D: W 31,139; 41,123; 46,323; 53,521; Orgel 41,409

Horhusen (Marsberg)
Archidiakonat, Kirchspiel **1927**
Freigrafschaft **3144**
Einkünfte-Register **1497**

Horn, Krs. Detmold
Kirchspiel WZ 38 II 44
D: W 41,123; 46,323; 53,521

Horn, Krs. Lippstadt
D: W 46,325

Horneburg, Krs. Recklinghausen
D: W 17,191; 46,325; 53,522

Schloß **Horst** s. Gelsenkirchen

Horstmar, Krs. Steinfurt
1451 Ficker: Herr Bernhard von Horstmar. WZ 14,291-306; 15,401f.
1452 Darpe: Geschichte Horstmars, seiner Edelherren und Burgmannen. WZ 40 I 81-154; 97-136; 42 I 186-203
1453 Dahlmann: Die Kirchenvisitation in Horstmar am 10. September 1721. WZ 50 I 109-114
1454 Döhmann: Die Guten von Horstmar [Puten = Druckfehler für Guten]. WZ 58,225-228
1455 Benkert: Die Oldenborgh bei Horstmar-Laer mit 2 Plänen. WZ 66,39-90
Bauforschung **2582**
D: W 17,191; 41,124; 46,325; 53,523

Haus **Hovestadt,** Krs. Soest
D: W 41,125; 46,325; 53,526

Hücker-Aschen, Krs. Herford
Hücker-Aschen [nordwestlich von Enger] Festschrift zur 800-Jahrfeier. W 31,97 (Rez. Rothert)

Hüffe, Krs. Lübecke
Bätjer: Das Landschloß Hüffe und Simon Louis Du Ry. **26**
D: W 24,234; 31,139; 41,126; 46,126; 53,526

Hüllhorst, Krs. Lübbecke
Heimatmuseum W 17,35
D: W 41,126; 46,326; 53,527

Hülscheid, Krs. Altena
D: W 46,326

Haus **Hülshoff,** Krs. Münster
D: W 31,139; 41,126; 46,326; 53,527

Hülsten, Krs Borken
Gräberfeld **2652**

Hünsborn, Krs. Olpe
D: W 20,307; 46,326

Hüsten, Krs. Arnsberg
Freigrafschaft **3144**
D: W 31,139

Hüttental-Weidenau, Krs. Siegen
D: W 53,527

Huckarde s. Dortmund-Huckarde

Hullern, Krs. Coesfeld
D: W 17, 191

Hultrop, Krs. Soest
Pfarrwahlen **1933**
D: W 46,327

Huninghove, Hof im Kreis Lüdinghausen
Urkunden des 12. Jahrhunderts **2435**

Husen, Krs. Büren
Urkunde über einen Mühlenhof **2436**
D: W 41,127; 46,327; 53,527

Haus **Husen** s. Dortmund-Syburg
D: W 46,264

Ibbenbüren, Krs. Tecklenburg
röm. Steinfragment **2747**
Bauforschung W 50,18
D: W 31,140; 41,127; 53,527

Iburg, Krs. Höxter
Archidiakonat [später Brakel], Kirchspiel **1927**
D: W 41,127; 46,327

Iburg, Krs. Osnabrück, Kloster
1456 Perger: Annalium Iburgensium fragmenta. Bruchstück von Annalen des Klosters Iburg, WZ 18,277-293
1457 Jänecke: Die Klosterkirche in Iburg. Ein Beitrag zur westfälisch-niedersächsischen Baugeschichte. WZ 77 I 106-119
1458 Fritz, R.: Der Grabstein des Ritters von Varendorf in der Klosterkirche zu Iburg. W 17,58-65
Vorchristl. Altertümer **2633**

Iggenhausen, Krs. Büren
Kirchspiel WZ 43 II 50

Haus **Iggenhausen**, Krs. Detmold
D: W 41,127; 46,327; 53,528

Imckessen (Imminghusen bei Landau), Krs. Waldeck
Untergegangens Kirchspiel WZ 41 II 190

Immighausen, Amt Corbach, Krs. Waldeck
Kirchspiel WZ 42 II 109

Irmgarteichen, Krs. Siegen
D: W 17,191; 46,327

Burg **Isenberg** bei Hattingen
Bauforschung **2582**
D: W 53,528

Iserlohn
1459 Schulte, W.: Aus der vorreformatorischen Geschichte der Kirchen Iserlohns [mit Verzeichnis der Wachszinspflichtigen der Pankratiuskirche von 1448 mit Mitgliederverzeichnissen der Pankratiusbruderschaft]. WZ 82,112-129
Reformation **2964**, Nohls, Baumeister **722**, Buchdruck WZ 42 II 159
Tabakdosen **3443**, Heimatmuseum W 16,174; Haus der Heimat W 23,218; 29,107
D: W 17,191; 31,140; 41,128; 46,328; 53,528

Isselhorst (Gütersloh), Krs. Wiedenbrück
D: W 19,282; 53,530

Issum, Krs. Geldern
Baegert, Tafelgemälde **153**

Istrup, Krs. Höxter
Kirchspiel WZ 40 II 77
D: W 41,129; 46,328; 53,530; Orgel 41,410

Haus **Itlingen**, Krs. Lüdinghausen
D: W 41,129; 46,239; 53,530

Jacobsberg, Krs. Höxter
1460 Bieling: Jacobsberg. WZ 29 I 121-129
D: W 53,531

Jansburg bei Maria Veen
Wallburg **2670**

Jöllenbeck, Krs. Bielefeld
Kirchspiel WZ 38 II 75
Schwager, Pastor **892**
D: W 53,532

Jülich
1461 Quix: Beiträge zu einer historisch-topographischen Beschreibung des ehemaligen Herzogtums Jülich. 1. Der Weiherhof 2. Der Hof Kirchholz 3. Niederzier 4. Lövenich 5. Arnoldsweiler 6. Kirchberg 7. Spiel 8. Frauweiler 9. die ehemaligen Kartause bei Jülich. WZ 3,134-178
1462 Erhard: Geschichte des Jülich-Clevischen Erbfolge-Streites. WZ 9,139-232
v. Below: Verhandlungen über die Vermählung des Herzogs Wilhelm von Jülich-Cleve mit einer Tochter König Ferdinands. 100 S. 1-16 Grafschaft Jülich **1200a**

Haus **Junkernhees**, Krs. Siegen
D: W 31,141; 41,129; 46,330; 53,532

Haus **Kakesbeck**, Krs. Lüdinghausen
D: W 31,141; 41,129; 53,532

Kallenhardt, Krs. Lippstadt
Die Burg zu Kallenhardt **2322**
Ernst: Geschichte der vormaligen Stadt und späteren Landgemeinde Kallenhardt. W 42,326 (Rez. Kohl)
D: W 41,129; 41,410; 46,330; 53,532

Kamen, Krs. Unna
Veme-Kollektivurteil **3160**
1463 Buschmann: Geschichte der Stadt Camen. 1. Allgemeine Geschichte der Stadt Camen. 2. Spezielle Geschichte der Kirchen, Schulen und Armenanstalten der Stadt Camen. 3. Geschichtliche Nachrichten über das Kirchspiel der Stadt Camen. WZ 4,178-288
Reformation **2964**
Buchdruck WZ 42 II 165
D: W 20,307; 31,142; 41,129; 46,331; 53,532

Kamen-Vaersthausen, Krs. Unna
D: W 46,331

Haus **Kappeln**, Krs. Tecklenburg
D: W 41,129

Kappenberg s. Cappenberg

Kaunitz, Krs. Wiedenbrück
D: W 46,331

Haus **Kemnade** s. Bochum

Kemnade, Krs. Holzminden
Urkunden des Klosters **2437**
Corveys Kampf um das Stift **1242**

Kentrup, Zisterzienserinnenkloster bei Hamm
Totenroteln **2988**

Stift **Keppel**, Krs. Siegen
D: W 20,307; 31,142; 41,130; 46,333

Haus **Keppelhorst**, Krs. Ahaus
D: W 46,334; 53,535

Haus **Kickenbach**, Krs. Olpe
D: W 53,537

Kierspe, Krs. Altena
D: W 31,142; 41,130; 46,334; 53,537

Haus **Kilver**, Krs. Herford
D: W 41,130

Kirchborchen oder Südborchen, Krs. Paderborn
Kirchspiel WZ 44 II 85
1464 Wigand: Weistümer der Erbgenossen zu Kirchborchen von 1370. A V 3,262-273
Befestigter Kirchhof **1935**
D: W 46,334; 53,536

Kirchderne s. Dortmund-Kirchderne

Kirchdornberg, Krs. Bielefeld
Kirchspiel WZ 38 II 85
D: W 17,85; 41,130; 53,536

Kirchende, Ennepe-Ruhr-Kreis
D: W 46,334

Kirchhellen, Krs. Recklinghausen
D: W 17,191; 25,139; 53,537

Kirchhundem, Krs. Olpe
D: W 41,131; 46,334; Orgel 31,142; 41,411

Kirchlengern, Krs. Herford
D: W 46,335

Kirchlinde s. Dortmund-Kirchlinde

Kirchlinde (Holzen), Krs. Arnsberg
D: W 53,538

Kirchrahrbach, Krs. Meschede
D: W 53,539

Kirchveischede, Krs. Olpe
D: W 22,270; 41,132; 46,335; 53,540; Orgel 41, 411

Klarholz s. Clarholz

Kleinenberg, Krs. Büren
Kirchspiel WZ 43 II 50
D: W 41,132; 53,540

Kleinenbreden, Krs. Höxter
D: W 46,335

Haus **Klein-Schonebeck**, Krs. Lüdinghausen
D: W 46,335; Orgel 41,412

Kloster Brunnen, Krs. Arnsberg
D: W 41,132; 46,335; Orgel 41,412

Koblenz
1465 Erhard: Coblenzer Zollrolle [Handschrift aus dem 12. Jahrhundert]. WZ 5,375-376
Peter Maier, Stadtschultheiß zu Koblenz 674

Köln
1466 Gehrken: Bruchstück über das Entstehen des Grundrisses und der ersten Mittel zum Kölner Dombau. WZ 5,123-128
1467 Quix: Zur Geschichte des Marienstiftes zu Köln. WZ 7,335
1468 - Beitrag zur Geschichte des Marien-Stifts zu Köln. WZ 7,337-339
1469 Erhard: Urkunden in Beziehung auf den Rechtsstreit des Dechanten der Kirche S. Mariae ad gradus zu Köln gegen die Stadt Dortmund wegen des Patronats der dortigen Kirchen und Altäre., 1285-1289. WZ 7,232,251
Oediger: Die Regesten der Erzbischöfe von Köln im Mittelalter. Bd 1 (313-1099). W 42,433 (Rez. Kohl)

Braubach: Die vier letzten Kurfürsten von Köln. W 20,47 (Rez. Klocke)
1470 Höynck: Die Wahl des letzten Kurfürsten und Erzbischofs von Köln. WZ 58 II 210-222
Torsey: Die Weihehandlungen der Kölner Weihbischöfe 1661-1840 nach den weihbischöflichen Protokollen. W 48,276 (Rez. Kohl)
Generalvikariatsprotokolle **3484b**
1471 Wigand: Gerichtsstyl (Cöln 1725). A V II 216
1472 Stehkämper: Die Stadt Köln und Westfalen. WZ 120, 484f.; W 51,346-377
Stehkämper: Nachlässe und Sammlungen, Verbands- und Vereins-, Familien- und Firmenarchive im Stadtarchiv Köln. W 42,446 (Rez. Kohl). Von den Brincken: Die Sammlung Lückger und Fahne im Stadtarchiv Köln. W 44,278 (Rez. Kohl)
Zimmermann: Kölner Untersuchungen. W 30,230 (Rez. Meyer-Barkhausen)
Adolf III. von Schaumburg **120**, Anno II. **133**, Engelbert **301f.**, Hermann von Wied **501f.**, Max Heinrich **680**, von Plettenberg, Ferdinand **768f.**, von Spiegel, Ferdinand August **912**, Franz Wilhelm **913**, Handel-Hanse **3190**, Dietrich II. Inkorporation Paderborn **1939**

Kölnisches Westfalen
Urkunden 1200-1300 **8**
1473 Bender: Das Kölnische Westfalen, topographisch, kirchenstatistisch, ethnographisch. WZ 19,1-32
Kohl: Bistümer der Kirchenprovinz Köln (in Germania sacra). W 49,184 (Rez. Lahrkamp)
1474 Kampschulte: Der Dukat des Erzbischofs von Köln in Westfalen und Engern. WZ 28,107-132
1475 Hömberg: Das mittelalterliche Pfarrsystem des kölnischen Westfalen. W 29,27-47
1476 Wrede: Herzogsgewalt und kölnische Territorialpolitik in Westfalen. W 16,139-151
1477 Seibertz: Übersicht der Territorialgeschichte der Herzogtümer Engern und Westfalen und ihren statutarischen Rechte. A II 3,229-291
1478 - Die Straßen des Herzogtums Westfalen. Sonst und jetzt. WZ 5,92-122

1479 Wigand: Zur Geschichte der Marschälle im Herzogtum Westfalen. A III 2,190
1480 Heldmann: Die hessischen Pfandschaften im cölnischen Westfalen im 15. und 16. Jahrhundert. WZ 48 II 3-78; WZ 49 II 1.96
Braubach: Kurkölnische Miniaturen. W 32,246 (Rez. Rensing) – Kurköln. W 31,101 (Rez. Rensing)
1481 Bauermann: Die westdeutschen Höfe um die Mitte des 18. Jahrhunderts im Blick der Kölner Nuntiatur. W 24,148
1482 Rensing: Kurkölnische Politik im 18. Jahrhundert, Aufsätze von Max Braubach. W 24,148
1483 - Handschreiben Maria Theresias an den Kurfürsten Clemens August von Köln. W 24,148
Gauverfassung **3165**; Saline Neuwerk **2279**, Landwehren **1081**

Haus **Koeningen,** Krs. Soest
D: W 46,336; 53,541

Körbecke, Krs. Soest
Freigrafschaft WZ 28,101-103
Hollen, Gottschalk, **3501**
D: W 41,132; 46,336; 53,541; Orgel 41,412

Körbecke, Krs. Warburg
Kirchspiel WZ 41 II 182

Körtlinghausen, Krs. Lippstadt
D: W 53,541

Kohlhagen, Krs. Olpe
D: W 41,132; 53,542

Kohlstädt, Krs. Detmold
D: W 41,132

Kollerbeck, Krs. Höxter
Kirchspiel WZ 37 II 34
1484 Mönks: Nieder Niese-Langenkamp [Wüstung Niese]. WZ 85 II 216-219
1485 - Die Statuten der „Alten Schützen" zu Collerbeck und Entrup. WZ 84 II 132-149

Haus **Kolvenburg,** Krs. Coesfeld
D: W 41,132; 46,336; 53,542

Korbach
Kirchspiel WZ 42 II 104
Krieg mit Brilon 1514 **1153**

Haus **Krechting,** Krs. Borken
D: W 46,337

Krombach, Krs. Siegen
D: W 19,275; 23,314; 31,142; 41,133

Krommert, Krs. Borken
D: W 53,542

Haus **Küchen,** Krs. Beckum
D: W 46,337

Küchshausen, Krs. Iserlohn
D: W 46,338

Haus **Kückelinck,** Krs. Münster
D: W 31,142; 41,133; 53,542

Kühlsen, Krs. Warburg
D: W 41,133; 53,543

Külte, Krs. Waldeck
Kirchspiel WZ 41 II 187

Küstelberg, Krs. Brilon
D: W 46,339; 53,543

Kurl –, s. Dortmund-Kurl

Laasphe, Krs. Wittgenstein
D: W 17,192; 22,272; 41,133; 46,340; 53,543

Ladbergen, Krs. Tecklenburg
D: W 41,133; 53,544

Haus **Laer,** Krs. Meschede
Fund eines Reliquiars (Claussen) W 53,94
D: W 46,340; 53,544

Laer, Krs. Steinfurt
Oldenburg (Wallburg) **2672f.**
D: W 24,234; 41,134; 46,340; 53,544

Laerbrock, Krs. Münster
D: W 53,545

Lage, Krs. Detmold
Peter: Pflug im Wappen. Lage in Lippe.
W 42,326 (Rez. Kohl)
Ritterhaus **3358**
Orts- und Ziegler-Museum W 29,108
D: W 31,142; 41,139; 46,340; 53,545

Haus **Lahr,** Krs. Iserlohn
D: W 41,134

Lamerden, Krs. Hofgeismar
Kirchspiel WZ 41 II 190

Langenberg, Krs. Wiedenbrück
D: W 46,340; 53,546

Langendreer s. Bochum-Langendreer

Langenholzhausen, Krs. Lemgo
D: W 41,134; Orgel 41,413

Langehorst, Krs. Steinfurt
1486 Wormstall: Eine westfälische Briefsammlung des ausgehenden Mittelalters [meist an die Äbtissin des Augustinerinnenklosters zu Langenhorst Maria Huchtebrock 1470-1495]. WZ 53,149-181
D: W 41,134; 46,341; 53,548

Langern, Krs. Lüdinghausen
D: W 25,139; 41,135; 46,345; 53,550

Langschede, Krs. Unna
D: W 31,142; 41,135; 46,345; 53,550

Langscheid, Krs. Arnsberg
Freiungsurkunde 1307 **2438**
D: W 41,135; 53,550

Lavesum, Krs. Recklinghausen
1487 Rodenkirchen: Die Kapelle in Lavesum − Wandmalerei-Reste. W 22,310-312
D: W 17,192; 53,551

Ledde, Krs. Tecklenburg
D: W 18,203; 19,282; 31,142; 46,345; 53,551

Leeden, Krs. Tecklenburg
D: W 17,192; 31,142; 41,135; 46,345; 53,551

Leer, Krs. Steinhorst
D: W 46,345

Legden, Krs. Ahaus
Fenster von Legden **3276**
D: W 31,142; 41,135; 46,345; 53,551

Lembeck, Krs. Recklinghausen
D: W 17,192; 21,185; 41,136; 53,554
Schloß, D: W 31,143; 41,135; 46,346

Lemgo
Archidiakonat, Kirchspiel **1927**
Gerlach: Das Archidiakonat Lemgo in der mittelalterlichen Diözese Paderborn. W 18,79 (Rez. Rensing)
Nikolauskirche **29**, Dietrich von Niem **260**
Buchdruck WZ 41 II 146-149
Museum Lemgo W 15,177f.
Wildemann: St. Marien, Nachgründung W 46,77
D: W 31,143; 41,137; 46,346; 53,554; Orgel 41,415

Lendringsen, Krs. Iserlohn
D: W 53,564

Lengerich, Krs. Tecklenburg
Lengerich Werden und Walten 1147-1947. W 27,247 (Rez. Rothert)
Bauforschung (Thümmler) **2580**
D: W 31,143; 41,140; 46,352; 53,564; Orgel 41,416

Lenhausen, Krs. Meschede
D: W 31,143; 46,352

Lenne, Krs. Olpe
D: W 41,140; 46,353

Letmathe, Krs. Iserlohn
Letmathe, eine aufstrebende Stadt im Sauerland. W 42,442 (Rez. Dösseler)
Pfarrkirche, Kruzifixus **3292**
D: W 21,185

Lette, Krs. Beckum
D: W 53,564

Lette, Krs. Coesfeld
Holzfigur aus dem 13. Jahrhundert **3304**
D: W 46,354; 53,564

Levern, Krs. Lübbecke
Olpp: Kirche, Kloster und Stift Levern. W 30,236 (Rez. Kohl)
D: W 17,192; 41,140; 46,354; 53,566

Lichtenau, Krs. Büren
Kirchspiel WZ 43 II 48
D: W 17,193; 19,282; 31,143; 53,566

Liebenau, Krs. Hofgeismar
1488 Schrader, F. X.: Zwei Urkunden zur Geschichte von Liebenau an der Diemel in der Provinz Hessen-Nassau. WZ 57 II 209-211

Lienen, Krs. Tecklenburg
D: W 41,141; 53,267

Liesborn, Krs. Beckum
Einkünfte **14**
1489 Mooyer: Verzeichnis der Äbte des münsterischen Benediktiner-Mönchsklosters Liesborn. WZ 15,323-328
1490 Nordhoff: Die Chronisten des Klosters Liesborn. WZ 26,177-272
Totenroteln 1477,1495 **2988**
1490b Niemeyer: Die Entstehung und Zerstörung der Liesborner Altartafeln. W 52,126-134
Meister von Liesborn **647f.**
Papsturkunde 1317 **2398,** Chronist Witte **1033,** Liesborner Missale **3427**
D: W 20,308; 31,143; 41,141; 46,354; 53,567
Urnenfund an der Glenne **2640**

Liesen, Krs. Brilon
D: W 41,141; 46,358; 53,568; Orgel: 41,417

Linderhausen, Ennepe-Ruhr-Kreis
D: W 46,358

Lindenhorst s. Dortmund-Lindenhorst

Lippborg, Krs. Beckum
Meister der Lippborger Passion **3315**

Lippe
Freigrafschaft der Edelherren zur Lippe. Die große Freigrafschaft an der Lippe. **3144**
Lippische Regesten. WZ 21,381-383 (Rez. Seibertz)
Anzeige der Lippischen Regesten. WZ 26,378 (Giefers)
1491 Preuß: Die Gaue des Lippischen Landes. WZ 32 II 3-19
1492 Hohenschwert: Die frühgeschichtlichen Höhenbefestigungen des Lippischen Landes. WZ 118,148-150
Edelherrschaft Lippe-Störmede-Boke **1244**
Kittel: Geschichte des Landes Lippe. W 35,177 (Rez. Kohl)
– Lippe vor 1800. W 45,49. Berichtigung S 324 (Rez. Rensing)
Freisen: Staats- und kirchenrechtliche Stellung der Katholiken im Fürstenbistum Lippe. WZ 61 II 213-215 (Rez. Steinhauer)
Gemmeke: Geschichte der katholischen Pfarreien in Lippe. WZ 63 II 203-204 (Rez. Kuhlmann)
Anemüller: Verfassungsstreit und Obstruktion in Lippe 1868-1876. W 17,32 (Rez. Klocke)
1493 Engelbert: Das Jahr 1866 in der deutschen Geschichte, unter besonderer Berücksichtigung Lippes und der übrigen norddeutschen Kleinstaaten. WZ 117,371-373
1494 – Lippe und die norddeutschen Kleinstaaten im Bruderkrieg von 1866 und bei der Gründung des norddeutschen Bundes im Jahre 1867. WZ 118,147f.
Lippische Bibliographie. W 35,176 (Rez. Kohl)
Bernhard von der Lippe **185,** Bernhard VII. 186, Externsteine **1305ff.**
D: Grenzstöcke W 20,308

Lipperode, Krs. Lippstadt
D: W 41,141; 46,359; 53,568

Lippoldsberg, Krs. Hofgeismar
Arnold von Mainz **140,** Kauf von Bodenfelde 1278 **1101**

Lippramsdorf, Krs. Recklinghausen
D: W 19,282

Bad **Lippspringe,** Krs. Paderborn
Kirchspiel WZ 42 II 87
Die Reichsversammlung zu Lippspringe 804, mit Exkurs: Die Quellen der Lippe **2759**
1495 Gehrken: Die Quellen der Lippe [Taufe türkischer Kinder 1689, 1690]. WZ 8,379f.
1496 Mertens: Der Heidenkirchhof in Neuwalde bei Lippspringe. WZ 41 II 201
Fürstenberg: Geschichte der Burg und Stadt Lippspringe. W 2,96 (Rez. Lappe)
D: W 20,308; 41,18; 53,309

Lippstadt
1497 Bauermann: Westfälische Archidiakonatsstudien. 1. Die Anfänge des Archidiakonates Lippstadt. 2. Ein Einkünfte-Register des Archidiakonates Horhusen / nebst einem Sendeprotokoll von 1514/. Mit einer Karte und einer Tafel. WZ 83 I 265-296
1498 Laumanns: Die Anfänge des Archidiakonates Lippstadt. Eine Entgegnung. WZ 84 II 112-113
1499 Bauermann: Zur Frage des Archidiakonates Lippstadt. Eine Erwiderung. WZ 85 II 219-220
1500 Laumanns: Die Entstehung des Archidiakonats Lippstadt. WZ 86 II 246-248
1501 Overmann: Wortzins und Morgenkorn in der Stadt Lippstadt. WZ 58,88-144
1502 Laumanns: Das Kloster St. Annen Rosengarten in Lippstadt und die Lippstädter Katholiken nach der Reformation. I. Teil WZ 81 II 3-38; II. Teil WZ 83 II 3-76
1503 - Alte Lippstädter Bürgernamen aus dem Anfang des 16. Jahrhunderts. WZ 82 II 130-143
Reformation **2964**
Buchdruck WZ 41 II 135-137
1504 Hömberg: Die Entstehung der Städte im Kreise Lippstadt. WZ 100,211 f.
Grimmelshausen **427**
1505 Rothert: Der Stadtplan von Lippstadt [mit 6 Plänen] WZ 105,1-28
1506 Boedeker: Die Nikolaikirche in Lippstadt als Bauwerk des 12. Jahrhunderts. W 22,198-202
Marktkirche St. Marien 27
1507 Lobbedey: Bodenbeobachtungen in der Marienkirche zu Lippstadt. W 50,179-181

Bodenforschung Stiftskirchen-Ruine **2582**
Kaland Gründungsurkunde 1349 **3003**, Werner Städtebund 1253 **2288**
Kreisheimatmuseum W 15,177f.; 17,35
D: W 17,193; 20,308; 21,185; 22,272; 23,314; 24,234; 31,143; 41,141; 46,359; 53,568

Listernohl, Krs. Olpe
D: W 46,362; 53,632; Orgel 41,417

Haus **Listringhausen,** Krs. Altena
D: W 46,362

Littfeld, Krs. Siegen
D: W 53,575

Haus **Loburg,** Krs. Coesfeld
D: W 21,185; 31,144; 46,362; 53,575

Loccum
1508 Hölscher, U.: Kloster Loccum. W 5,126 (Rez. Meier, B.) – Zur Erwiderung W 6,122 – Meier, B.: Entgegnung W 6,123

Löhne, Krs. Herford
Kolbus: Löhner Chronik. 800 Jahre Löhne, Westfalen. W 31,97 (Rez. Rothert)
D: W 53,575

Haus **Löringhof,** Krs. Recklinghausen
D: W 24,234; 46,364

Löwen, Krs. Warburg
Kirchspiel WZ 41 II 182

Löwendorf, Krs. Höxter
Kirchspiel WZ 37 II 56
1509 Mönks: Das Gericht Löwendorf und sein Archiv [mit Abdruck des Repertoriums]. WZ 87 II 173-208
D: W 46,364; 53,575

Lohne, Krs. Soest
D: W 21,185; 31,144; 41,144; 46,364

Loo (Marklo?)
Bannus WZ 34 II 139 **1556**

Lotte, Krs. Tecklenburg
D: W 46,364; 53,575

Lübeck
1509b Dösseler: Westfälische geistliche Sachen und Kunstdenkmäler in der Lübecker Überlieferung. W 51,136-165
1509c v. Schroeder: Die Lübecker Stadt-Tafel vom 23. April 1501. W 51,190-196
Ahlers: Civilitates. Lübecker Neubürgerlisten 1317-1356 (westfälische Wanderungsforschung). W 47,88 (Rez. Kohl)
v. Brandt: Regesten der Lübecker Bürgertestamente (für Westfalen von besonderer Bedeutung). Bd I 1278-1350. W 44,280; Bd II 1351-1363. W 52,173 (Rez. Kohl)

Lübbecke
Bannus WZ 35 II 33 **1556**
Kreisheimatmuseum W 15,177f.
D: W 19,282; 41,144; 46,364; 53,575; Orgel 41,418

Lüchtringen, Krs. Höxter
Kirchspiel WZ 39 II 126
D: W 41,145; 46,366; 53,576

Lüdenhausen, Krs. Lemgo
D: W 41,145; 46,366; 53,576

Lüdenscheid
1511 Erhard: Gerechtigkeit und alte Gewohnheit der Stadt Lüdenscheid. WZ 9,380-382
1512 Zur Geschichte von Lüdenscheid. W 15,97
Heimatchronik des Kreises Lüdenscheid. W 51,385 (Rez. Buchholz)
D: W 18,203; 31,144; 46,366; 53,576

Lüdinghausen
Hömberg: Lüdinghausen, seine Vergangenheit und Gegenwart. W 1,31 (Rez. Pieper)
1510 Lappe: Familiengeschichte und Stadtgeschichte (am Beispiel von Lüdinghausen). WZ 82,165-183
D: W 24,235; 31,144; 41,145; 46,366; 53,578

Lügde, Krs. Höxter
Kirchspiel WZ 37 II 60
1513 Giefers: Zur Geschichte der Stadt Lügde. WZ 29 I 130-202

D: W 17,194; 18,203; 20,308; 21,185; 22, 274; 24,235; 41,146; 46,366; 53,580

Lünen
1514 Wigand: Nachrichten zur Geschichte der Stadt Lünen (1336-1598). A VII 2/3 261-267
Lappe: Die Wehrverfassung der Stadt Lünen. W 3,123 (Rez. Wrede)
Reformation **2964,** alte Gilden W 4,119, Spoermecker Chronik (1536) **919**
D: W 17,193; 22,275; 31,144; 41,146; 53,583

Lünern, Krs. Unna
D: 31,144; 41,147; 46,367

Lünten, Krs. Ahaus
D: W 46,367; 53,584

Lütgeneder, Krs. Warburg
Kirchspiel WZ 40 II 76; WZ 41 II 183
D: W 53,584

Haus **Lütkenbeck** s. Münster-Land

Lütmarsen
Corveyer Lehen **1243**

Haus **Lüttinghof** s. Gelsenkirchen

Madfeld, Krs. Brilon
Kirchspiel WZ 42 II 149
1515 Leineweber: Der Küsterdienst in Madfeld bis zum Jahre 1897. H 5,54-56
Hausinschriften **3542**
D: W 41,147; 53,584

Mainz
Denkwürdige Urkunden **2439**
1516 Erhard: Erzbischöflich-Mainzische Hebe-Rolle aus dem 13. Jahrhundert. Nach dem Original mitgeteilt. WZ 3,1-57
1517 - Constitutionen einer Mainzer Synode aus der Zeit des Erzbischofs Wernher von Eppenstein (1259-1284) [aus einer alten Handschrift des Stiftes Busdorf-Paderborn]. WZ 10,284-299
Arnold, Erzbischof von Mainz **140**

Haus **Malenburg,** Krs. Recklinghausen
D: W 53,584

Mandesloh, Krs. Neustadt
Bannus WZ 34 II 92 **1556**

Marbeck, Krs. Borken
D: W 53,585

Marienfeld, Krs. Warendorf
1518 Diekamp: Ein Marienfelder Bibliotheks-Verzeichnis aus dem XIII. Jahrhundert. WZ 43 I 161-177
Totenroteln 1477 **2988**
Vahrenhold: Kloster Marienfeld. Besitz- und Wirtschaftsgeschichte des Zisterzienserklosters Marienfeld in Westfalen (1158-1465) W 47,92 (Rez. Kracht)
Einkünfte **14**
1519 Zuhorn: Der Gemäldebestand der Abtei Marienfeld bei ihrer Aufhebung. W 23,105-114
1520 - Die Behandlung des Marienfelder Gemäldebestandes nach der Aufhebung der Abtei. WZ 103/104,194-202
1521 Arntzen: Erneuerung des Innenraumes der ehemaligen Zisterzienser-Klosterkirche Marienfeld. W 20,322-324
1521b Mühlen: Die ehemalige Zisterzienser-Klosterkirche Marienfeld. Restaurierungen in fünf Jahrzehnten und ihre Ergebnisse. W 53,31-42
1521c Eickermann: Zwei Inschriften aus Marienfeld. W 53,190f.
Münzkunde, aus Marienfelder Register (1512) **2482,** Koerbecke, Johann **23,** Maler des Altares **604,** Madonna **2513,** Soestius, Hermann **904**
D: W 17,194; 18,204; 19,283; 20,309; 41,147; 46,367; 53,585; Orgel 41,420

Haus **Marienloh,** Krs. Paderborn
D: W 46,368

Marienmünster, Abtei, Krs. Höxter
Kirchspiel WZ 37 II 49
1522 Gehrken: Die Errichtung und erste Dotation der Benediktiner-Abtei Marienmünster in der Paderbornischen Diözese. Mit drei ungedruckten Urkunden. A I 4,90-98
1523 Mooyer: Verzeichnis der Äbte des Klosters Marienmünster. WZ 15,314-322
1524 Schrader, Fr. X.: Regesten und Urkunden zur Geschichte der ehemaligen Benediktiner-Abtei Marienmünster unter Berücksichtigung der früher incorporierten Pfarreien (1128-1518). WZ 45 II 129-168: Vorbemerkungen, Ältester Güterbesitz, Verzeichnis der Äbte bis 1518. WZ 46 II 132-200: Reg. 1-88 (1128-1300). WZ 47 II 125-186: Reg. 89-172 (1301-1370). WZ 48 II 140-191: Reg. 173-260 (1371-1481). WZ 49 II 97-148: Reg. 261-349 (1481-1518), Reg. 350-352 (Nachträge 1269-1298).
Totenroteln 1477, 1495 **2988**
Oldemeier: Die älteste Baugeschichte der Klosterkirche zu Marienmünster. W 31,297 (Rez. Thümmler)
Bauforschung (Thümmler) **2580**
D: W 41,148; 46,368; 53,587

Mark, Grafschaft
Levold von Northof **643**
1525 von der Marck: Über eine alte Kulturstelle an der Nordgrenze der Grafschaft Mark. WZ 43 I 118-123
1526 Böhmer: Über die Bedeutung des „b" im Schatzbuch der Grafschaft Mark vom Jahre 1486. W 22,12-16
1527 Rothert: Der Wappenspruch der Grafschaft Mark. W 27,152
1528 Rodenkirchen: Die Kirche in Mark und ihre Wandmalereien. W 23,374-382
D: W 23,315
Wittmann: Zur Geschichte der evangelischen Kirchengemeinde Mark. W 31,99 (Rez. Kohl)
Seidenbau **2925**

Haus **Mark,** Krs. Tecklenburg
Das Haus zur Mark **129**
D: W 19,282; 41,149; 46,371

Marklo s. auch Loo **1595**

Marl, Krs. Recklinghausen
1529 Lobbedey, Stephan: Ausgrabung des Hauses Loe in Marl. W 50,182-187
D: W 53,589

Marsberg, Krs. Brilon
Mons Martis [Marsberg, ursprünglich Eresberg], Stadtberge Kirchspiel WZ 42,92
Vaterländische Archive **2463**
1530 Rensing: Ist Omersburg und Obermarsberg dasselbe? W 25,92
Die früheren Klöster des Kreises Brilon **2985**
Hagemann: Aus Marsbergs alten und neuen Tagen. H 1 Nr. 7 (Rez. Rüther)
1531 Hagemann: Die Volksmission in Niedermarsberg vom 21. Februar bis 2. März 1858. H 3,73-75
1532 - Der Pranger oder Schandpfahl in Obermarsberg. H 4,22-23
1533 - Der selige Heinrich von Marsberg. H 4,53f.
1534 Petrasch: Erklärung einiger alter Marsberger Familiennamen. H 2,23f.
1535 - Die Geschichte der Burg Harhausen zu Niedermarsberg seit dem 30jährigen Kriege. H 2,26-28
1536 Deimann: Die Plünderung des englischen Magazins zu Marsberg am 18. April 1763. H 4,20-22
Hausinschriften in Marsberg und Umgebung. H 1 Nr. 7; H 2,8 und 15
D: W 17,198; 18,207; 19,286; 21,187; 22,277; 24,237; 31,164; 41,184; 46,404; 53,633 und 644
s. auch Horhusen

Haus **Martfeld,** Ennepe-Ruhr-Kreis
D: W 31,144; 41,149; 46,371

Mastholte, Krs. Wiedenbrück
D: W 46,371

Medebach, Krs. Brilon
Freigrafschaft **3144**
1537 Die sogen. Burg zu Medebach. WZ 47 II 191
1538 Höynck: Die Dekanie Medebach. WZ 58 II 208f.
1539 Lohmann: Die ungedruckte Chronik der Stadt Medebach. H 2,2-5
Stadtschreiberamt (1275) **2818**
Caspar Vopelius **2598**
1540 Grosche: Die Martinsbruderschaft zu Medebach [Bestattung der Toten]. H 2,31f. und 33f.

1541 - Die Wappen der Stadt Medebach. H 3,39f.
1542 - Die St.-Sebastian-Schützenbruderschaft zu Medebach. H 3,43ff.
1543 Ludolph: Die aus Medebach gebürtigen Geistlichen des 18. und 19. Jahrhunderts. H 3,7f. und 12-14
1544 Althaus: Die Medebacher Schuhmacherzunft. H 5,39f.
D: W 17.195; 25,139; 46,371; 53,590

Mederke bei Volkmarsen
untergegangenes Kirchspiel WZ 41 II 188

Bad **Meinberg,** Krs. Detmold
Kirchspiel WZ 38 II 48
D: W 41,18

Meinbrexen, Krs. Holzminden
Kirchspiel WZ 39 II 127

Meinerzhagen, Krs. Altena
1545 Petermeier: Instandsetzung der evangelischen Kirche in Meinerzhagen. W 21,231-234

Meineringhausen, Krs. Waldeck
Kirchspiel WZ 42 II 113

Meiningen, Krs. Soest
D: W 31,145

Mellrich, Krs. Lippstadt
D: W 46,372; 53,591

Schloß **Melschede,** Krs. Arnsberg
D: W 41,149; 46,372; 53,591

Menden, Krs. Iserlohn
Freigrafschaft **3144**
1546 Schmidt, Ferd.: Der Kaland zu Menden [mit Mitgliederliste]. WZ 85 II 40-125
1547 Nissen: Notizen zur Mendener Muttergottes. W 13,134-137
Heimatmuseum W 15,177; 29,109
Bauforschung **2582**
D: W 31,145; 41,149; 46,372; 53,592

Mengede s. Dortmund-Mengede

Mengeringhausen, Krs. Waldeck
Kirchspiel WZ 42 II 111

Menkhausen, Krs. Meschede
D: W 46,373

Meppen
1548 Bödiker: Altertümer im Kreise Meppen. A II 2,166-204
Festschrift zur 600-Jahr-Feier der Stadt Meppen. W 42,447 (Rez. Kohl)

Haus **Merlsheim,** Krs. Höxter
D: W 41,150

Meschede
1549 Pieler: Geschichtliche Nachrichten über das Stift Meschede. A VII 1,1-41
1550 Seibertz: Wer hat das Frauenkloster zu Meschede gestiftet? WZ 23,330-338; Nachtrag WZ 24,197-203
1551 Evelt: Woher hatte das vormalige Dominikanerinnen-Kloster „Galilaea" seinen Namen? Zur Erinnerung an die Vereinsversammlung in Meschede. WZ 36 II 129-133
1552 Köster: Zur Vermögensverwaltung des Stifts Meschede im Mittelalter. WZ 67,49-167
1553 Heeßen: Lage von Meschede. WZ 47 II 187
Pieler: Die Klause bei Meschede, nachmals Kloster Galiäa und Rittersitz Laer. **85**
1554 v. Weichs: Die Mitglieder der Kalandsbruderschaft Meschede [mit eigenem Register]. WZ 117,155-246
Hitda, Äbtissin **510f.,** Münzfund **2498**
Bauforschung Pfarrkirche **2577**
D: W 17,195; 20.309; 23,315; 31,145; 41,150; 46,373;53,593

Messinghausen, Krs. Brilon
Kirchspiel WZ 42 II 149

Mesum, Krs. Steinfurt
D: W 41,150

Metelen, Krs. Steinfurt
Damenstift, Standesverhältnisse **2984**
D: W 17,195; 20,309; 23,315; 24,236; 31,145; 41,150; 46,375; 53,594

Methler, Krs. Unna
D: W 17,195; 20,309; 23,315; 31,145; 41,151; 46,375

Mettingen, Krs. Tecklenburg
1555 Mühlen: Die beiden romanischen Vorgängerbauten der evangelischen Kirche zu Mettingen. W 50,188-189
D: W 41,151; 46,375; 53,594

Milspe, Ennepetal
D: W 53,595

Milte, Krs. Warendorf
D: W 19,283; 41,151; 46,376

Minden, Hochstift
Die Urkunden des Bistums Minden, Bd. VI, 1201-1300. **7**
1556 Holscher: Beschreibung des vormaligen Bistums Minden. A und B Grenzpfarrern, I Bannus Osen, II Bannus Appeldorn. WZ 33 II 41-184 – III Bannus Obernkirchen, IV Bannus Pattersen, V Bannus Wunstorp, VI Bannus Mandesloh, VII Bannus Alden, VIII Bannus Loo. WZ 34 II 1-160 – IX Bannus Sulingen, X Propstei S. Martini, XI Bannus Lubbeke, XII Bannus Rheme. WZ 35 II 1-95
1557 Hoogeweg: Beitrag zur Bestimmung der Archidiakonate des vormaligen Bistums Minden. WZ 52 II 117-123
1558 Rensing: Die Grenzen, Gaue, Gerichte und Archidiakonate der älteren Diözese Minden. W 22,204
Urkunden (1339 und 1372) **2408**
Urkundenwesen der Bischöfe **2407**
1559 Wigand: Das Mindensche Archiv, A IV 2,230-232
1560 - Aus einer Mindenschen Chronik (1526-1583). A VI 2/3 311
1561 - Die eheliche Gütergemeinschaft in dem Fürstentum Minden und der Grafschaft Ravensberg. A V 3,274-305
Koechling: Die Kirchenbücher und die kirchenbuchähnlichen Aufzeichnungen des ehemaligen Fürstentums Minden sowie der übrigen Kirchspiele der heutigen Kreise Minden und Lübbecke. W 48,273 (Rez. Müller)

1562 Krieg: Das Mindener Stadtarchiv. W 17,98f.
1563 - Handschrift der Mindener Chronistik im 16. und 17. Jahrhundert [mit Liste der vernichteten Mindener Handschriften des Staatsarchivs Hannover]. WZ 107,107-134
1564 Lasch: Das Mindener Stadtbuch von 1318. WZ 83 II 176-178

Krieg: Die Einführung der Reformation in Minden. W 31,99 (Rez. Rothert)
Huddaeus, Superintenden (1517-1575) **829**
1565 Spannagel: Zur Geschichte des Bistums Minden im Zeitalter der Gegenreformation. WZ 55,194-217
1566 Krieg: Die Mindener Bischöfe zur Zeit der Dombauten [9. bis 13. Jahrhundert]. WZ 110,1-27
1567 Graeven: Porträtdarstellungen Bischof Sigeberts von Minden (1022-1036) [in liturgischer Kleidung mit Rationale]. WZ 61,1-22
Chronik der Bischöfe **315**
Dammeier: Der Grundbesitz des Mindener Domkapitels. W 38,116 (Rez. Kohl)
1568 Nottarp: [Das Mindener Domkapitel seit dem Westfälischen Frieden und Hugo Franz Karl v. Eltz 1701-1779]. Ein Mindener Dompropst des 18. Jahrhunderts. WZ 103/104, 93-163
1569 Schrader, F. X.: Die Weihbischöfe, Offiziale und Generalvikare von Minden vom 14. bis 16. Jahrhundert. WZ 55,3-92
Torck, Dompropst **980**
1570 Gelderblom: Der Kreuzgang am Dom zu Minden. W 44,189-211
1571 Rave: Das kurze Joch im Dom zu Minden. W 14,58-62
1572 Schürenberg: Die spätromantischen Bauteile des Mindener Domes. W 14,49-57
Figurenportal **3254**
Bauforschung **2577**
D: W 17,195; 19,284;22.275; 23,316; 24,236; 25,139; 31,145; 41,15; 46,376; 53,595
1573 Meyhöfener: Ein romanisches Chorpult im Mindener Dom. W 22,293-305
1574 Quast: Die alte und die neue Orgel im Dom zu Minden. W 17,221-225
1575 Rave: Der neue Kreuzaltar im Mindener Dom. W 19,292-296

1576 Kleßmann: Zur Datierung des Bronzekruzifixus von Minden. W 31,1-9
1577 Wesenberg: Der Bronzekruzifixus des Mindener Domes. W 37,57-69
1578 Geisberg, M.: Das Mindener Missale [1513] W 16,85-89
1579 Leo: Der Mindener Domschatz und seine Stellung in der Kunst des Mittelalters. WZ 107,245f.
1580 Matz: Der römische Kameo des Mindener Domschatzes. W 25,1-6
1581 v. Ledebur: Denkmäler im Mindeschen und Ravensbergischen (Kreuzesstein in Rhaden, 3 Steine bei Eidinghausen, Gedächtnisstein bei der Bölhorst, steinerer Sessel [Freigerichtsstuhl?], Bauerschaft Solterwische) A I 2,129-132
Buchdruck WZ 41 II 137-140
Uhlenburg **2219**
Die Juden in Minden **2823**
1582 Flaskamp: Die Geistlichen Regierungs-Schulräte zu Minden [1818-1900]. WZ 111,341-343
Schulprogramm 1827 **3030**
Tümpel: Minden-Ravensberg unter der Herrschaft der Hohenzollern. Festschrift. W 1,33 (Rez. Nottarp)
Heimatmuseum W 15,205f.
D: Kirchen W 17,195; 19,284; 20,312; 21,185; 31,148; 41,154; 46,377; 53.596 – Häuser: W 18,205; 19,284; 20,310; 31,149; 41,154; 46,378; 53.600

Möllenbeck, Krs. Schaumburg
1583 Gehrken: Notiz wegen der Urkunden des ehemaligen Klosters Möllenbeck, im Hessisch-Schaumburgischen belegen. A III 1,114f.
1584 Schrader, L.: Das Nekrologium des Klosters Möllenbeck. A V 4,342-384
1585 Mooyer: Versuch eines Nachweises der in dem Totenbuch des Klosters Möllenbeck vorkommenden Personen und Ortschaften. WZ 2,1-105
1586 Mooyer und Falkenheiner: Fernere Mitteilungen über das Nekrologium des Klosters Möllenbeck. WZ 3,89-119
Kleßmann: Die Baugeschichte der Stiftskirche zu Möllenbeck an der Weser und die Entwick-

lung der westlichen Dreiturmgruppe. W 31, 298 (Rez. Thümmler); W 32,115 (Rez. Feldkeller)

Mönninghausen, Krs. Lippstadt
Corveyer Vitsamt **1244**
D: W 21,186; 31,149; 46,378; 53,602

Müdehorst s. Niederdornberg-Deppendorf

Mühlhausen, Krs. Waldeck
Kirchspiel WZ 42 II 114

Mülheim, Krs. Arnsberg
Deutschordenskommende **2555**
D: W 18,207; 41,156; 46,379; 53,604; Orgel 41,423

Müllen, Krs. Meschede
D: W 46,379

Münster, Bistum
Geschichtsquellen: Anfänge des Bistums
Bistumsverwaltung: Weltliche Verwaltung
Bischöfe Domkapitel
Dom: Kirchen, Klöster
Stadt Münster: Profanbauten
Schulen, Universität
Bibliotheken, Archive, Museen, Buchdruck
Bruderschaften, Gilden, Volkskunde
Kunst, Gesellschaft, Musik
Wiedertäufer
Fehden, Kriege
Personen
Münsterland

Geschichtsquellen
Urkunden des Bistums:
1201-1300 **4,** 1301-1325 **9**

Kerssenbrock, Wiedertäufer **104, 105;** Schwarz, Visitation 1571-1573 **106**
1587 Erhielt die Stadt Münster ihre gegenwärtige Benennung von der Domkirche oder vom Kloster Überwasser? WZ 2,351-368
1588 Cramer: Mimigerneforde - Mimigardeford, die ältesten Namen Münsters. WZ 71,309-323

Münster und Dom **3041**
Erhard (Anzeige): Geschichte Münsters. A VI 4,420
1589 Erhard: Versuch einer Spezialdiplomatik des Bistums Münster; oder die urkundlichen Geschichtsquellen für den Zeitraum der Geschichte Münster's von Hermann I. bis auf Hermann II. WZ 3,193-288
Hobbeling: Beschreibung des Stifts Münster. **2782**
1590 Finke: Die angebliche Fälschung der ältesten Münsterschen Synodalstatuten [mit Anhang: Das „unechte" Statut des Bischofs Ludwig von Hessen 1317]. WZ 49 I 161-184
Urkundenwesen der Bischöfe **2409**
Urkundendatierung **2410**
1591 Erler: Zwei Quellen zur Geschichte Münsters im 18. Jahrhundert. [I. Das Diarium eines Minoriten über die Belagerung Münsters im Juli 1759; Die Aufzeichnungen des Christopher Vorloh]. WZ 62,155-192
1592 Nottarp: Das Wappen des Bistums Münster. W 2,100-104
1593 Geisberg, H.: Die Farben im Stiftswappen von Münster. WZ 24,384-392

Anfänge des Bistums
1594 Schütte: In welchem Jahr ist das Bistum Mimigerneford entstanden? W 21,92-98
1595 Löffler: Die Anfänge des Christentums im späteren Bistum Münster. Nebst einer Beilage über die sächsische Stammesversammlung in Markloh. W 9,70-85
1596 Philippi: Zur ältesten Entwicklung des Pfarrsystems in dem münsterischen Sprengel. W 10,68-70
1597 Poth: Die Ministerialität der Bischöfe von Münster. WZ 70,1-108
1598 Tophoff: Die Zehnten des Bistums Münster. A VII 1,66-86
Die Münstersche Kirche vor Liudger **1888**

Bistumsverwaltung
1599 Hilling: Die Entstehungsgeschichte der Münsterschen Archidiakonate. WZ 60,13-88
1600 Schwarz, W. E.: Zur Visitation des Archidiakonats Friesland in den Jahren 1554-1567. WZ 74,305-312
Visitation **106**

1601 Schmitz-Kallenberg: Zur Geschichte des friesischen Offizialats und Archidiakonats der münsterischen Diözese im 16. Jahrhunderts. WZ 75,281-296
1602 Halbertsma: Smalagonia. Ein Beitrag zur Geschichte des friesischen Oldamts in der Diözese Münster. W 32,189-200
1603 Tibus: Der Gregorianische Zehnte. WZ 48,235
Finke: Bericht des Bischofs [Ernst von Bayern 1585-1612] über den Stand der Diözese. **2780**
1604 Kohl: Nassauische Absichten auf das Bistum Münster. Die Bewerbung Johann Ludwigs Grafen von Nassau-Hadamar um den Bischofstuhl, 1650. W 36,91-102
1605 Hölscher: Errichtung eines Monumentes zur Erwählung des Max Franz (österr. Herzog) zum Bischof von Münster. WZ 45,190
1606 Keinemann: Kriegsgefahr wegen der Fürstbischofswahl in Münster (1780). W 47,85

Weltliche Verwaltung
1607 Sauer: Die ersten Jahre der münsterischen Stiftsfehde 1450-1452 und die Stellung des Kardinals Nicolaus von Cues zu derselben während seiner gleichzeitigen Legation nach Deutschland. WZ 31 I 84-176
1608 Darpe: Herford und Rheine; Politik der Bischöfe von Münster zur Begründung und Befestigung ihrer Herrschaft über Rheine. WZ 48 I 181-208
1609 Perger: Über die münsterischen Erbämter. WZ 19,299-354
Die Burggrafen von Stromberg **957**
1610 Kortmann: Die Paulsfreien des Stifts Münster. WZ 81 I 1-40
1611 Schmitz-Kallenberg: Die Landstände des Fürstentums Münster bis zum 16. Jahrhunderts. [Einleitung zur geplanten Ausgabe der münsterischen Landtagsakten]. WZ 92 I 1-88
1612 Schulte, E.: Zur Rechtsgeschichte des Niederstifts Münster. W 18,43-51
1613 Verkauf des Stiftes Münster 1532. WZ 21,363-376
1614 Metzen: Die ordentlichen direkten Staatssteuern des Mittelalters im Fürstbistum Münster. WZ 53,1-95
1615 Lüdicke: Die landesherrlichen Zentralbehörden im Bistum Münster. Ihre Entstehung und Entwicklung bis 1650 [mit urkundlichen Beilagen]. WZ 59,1-168
1616 Knemeyer: Das Notariat im Fürstbistum Münster [mit eigenem Register]; 1 Tafel und Zeichnungen von 20 Signeten. WZ 114.1-142
1617 Jacob geb. Lehmann: Die Hofkammer des Fürstbistums Münster von ihrer Gründung bis zu ihrer Auflösung (1573-1803). WZ 115,1-100
1618 Schmitz-Eckert: Die hochstift-münsterische Regierung von 1574-1803 (Zuständigkeit und Organisation). WZ 116,27-100
1619 Symann: Teuerung im Hochstift Münster am Ende des 17. Jahrhunderts. WZ 77 I 143-144
1620 Dehio: Zur Verfassungs- und Verwaltungsgeschichte des Fürstentums Münster im 17. und 18. Jahrhundert. WZ 79 I 1-24
1621 Braubach: Politisch-militärische Verträge zwischen den Fürstbischöfen von Münster und den Generalstaaten der Vereinigten Niederlande im 18. Jahrhundert. WZ 91 I 150-194

1622 v. Bönninghausen: Erste Posteinrichtung im Bistum Münster. WZ 4,144f.
1623 Müller, Eugen: Fürstbischöflich Münsterische und Fürstlich Taxische Postbeamte im Hochstift Münster (1534-1803). WZ 77 I 120-135
Medizinalgesetzgebung im 17. und 18. Jahrhundert **3462**
Medizinalwesen von 1750-1818 **3463**
1624 Diekamp: Beiträge zur Geschichte der katholischen Reformation im Bistum Münster. WZ 42 I 158-175
1625 Pieper, A.: Neue Forschungen zur Geschichte der geistlichen Emigranten im Fürstbistum Münster. WZ 62,193-211
1626 Scholand: Verhandlungen über die Säkularisation und Aufteilung des Fürstbistums Münster (1795-1806). WZ 79 I 42-94
Verwüstungen des Stiftes **233**, Katholische Reform **454**, Verschwörung von der Kette

582, Bergrecht **3122**, Hundelagerrecht und Hudegerechtigkeiit **3118**

Bischöfe
Suidger 993-1011 **1648**
Hermann I. 1032-1042 **496**
Burchard 1098-1118 **225**
Hermann II. 1173-1203 **497f.**
Dietrich III. von Isenburg 1218-1226 **539f.**
Gerhard von der Mark 1261-1272 **1647**
Adolf von der Mark 1357-1363 **119**
Florentius von Wevelinkhoven 1364-1379 **323**
Heinrich von Schwarzenburg 1466-1496 **482f.**
Bernhard von Raesfeld 1557-1566 **786**
Johann von Hoya 1566-1568 **529ff.**
Ferdinand von Bayern 1612-1650 **W 9,93**
Christoph Bernhard von Galen 1650-1678 **376f.**
Ferdinand von Fürstenberg 1678-1683 **340ff.**
Friedrich Christian von Plettenberg 1688-1702 **771f.**
Franz Arnold von Metternich 1707-1718 **1036**
Clemens August von Bayern 1719-1761 **170ff.**
Erwählter Bischof: Wilhelm Ketteler (res. 1557) **584**

1627 Löffler: Der selbständige Teil von Kerssenbrochs „Catalogus episcoporum Mymingardevordensium nunc Monasteriensium" 1532-1577. WZ 71,290-308
1623 Sauer: Die bischöfliche Burg auf dem Bispinghofe zu Münster. WZ 32 I 160-195
1629 Wieschebrink: Der Palast des Bischofs von Münster im Mittelalter. W 38,137-143
1630 Jeiler: Die Siegelkammer der Bischöfe von Münster. WZ 64,137-190

1631 Tibus: Nachträge zu der Schrift „Geschichtliche Nachrichten über die Weihbischöfe von Münster". WZ 40 I 173-189
1632 Huyskens: Zu Tibus: Geschichtliche Nachrichten über die Weihbischöfe von Münster (1862) und den Nachträgen (1882). WZ 60,185-190
Arresdorf, Nikolaus, Weihbischof **144**

Domkapitel
Kaiser Otto III. Domherr **737**
von Bodelschwingh, Adolph, Domherr **196**
von Büren, Arnold, Domdechant **219**
von Fürstenberg, Franz, Minister, Generalvikar **358**
von Fürstenberg, Wilhelm, Dompropst **372**
von Hörde, Philipp, Dompropst **514**
von Raesfeld, Gottfried, Domdechant **787**
Torck, Rotger, Domdechant **979f.**
von Wettringen, Franko, Domdechant **1018**
1633 Zuhorn: Untersuchungen zur münsterischen Domherrenliste des Mittelalters [in Ergänzung zu Thiekötter, Die ständische Zusammensetzung des münsterschen Domkapitels im Mittelalter. Münster 1933]. WZ 90 I 304-354
1634 Nottarp: Die Vermögensverwaltung des münsterischen Domkapitels im Mittelalter. WZ 67,1-48
1635 Schulze, Rud.: Die älteste Fassung des domkapitularischen Gödungsartikel [Landrecht] vom Jahre 1578. WZ 76 I 212-222
Einkünfte des Domkapitels **11**
1636 Schnettler: Ministeriales utriusque dignitatis. W 31,88
1637 Lippe: Der Herrenfriedhof in Münster und die Domherrenepitaphien der ersten Hälfte des 15. Jahrhunderts. W 20,124-131
1638 Catalogus Reverendissimorum Dominorum Canonicorum Cathedralis Monasteriensis [1664-1749]. WZ 50 I 162-194
1639 v. Olfers: Bemerkungen über das Recht des Domkapitels zu Münster, sowohl sede plena, als sede vacante Münzen zu schlagen. WZ 15,1-36
Keinemann: Das Domkapitel zu Münster im 18. Jahrhundert (Veröffentlichungen der Historischen Kommission Westfalens XXII, Bd. II). W 45,317 (Rez. Lahrkamp)
1640 Geisberg: M.: Die Wappenkalender des Münsterschen Domkapitels. WZ 75,297-317
1641 Müller, Jos.: Das Domkapitel zu Münster zur Zeit der Säkularisation. WZ 71,1-104
1642 Krabbe: Das Kapitelhaus am Dom zu Münster. WZ 24,361-383
1643 Wormstall: Die Höllenburg bei Münster (ein domkapitularisches Gefängnis). WZ 54,206-207

1644 Messing: Das domkapitularische Gefängnis Hellenburg bei Münster. WZ 82,157-164
1645 Lahrkamp: Ein münsterischer „Kriminalfall" des Jahres 1637 [auf dem Hofe Bernhard von Mallinckrodts. In der Immunität des Domes wurde Dietrich von Klencke erstochen]. W 42,240-252
1646 Keinemann: Der Beleidigunsstreit zwischen Domherren und preußischen Offizieren in Münster (1803/04). W 45,307-315

Dom
1647 Tibus: Wann ist der Dom zu Münster durch Bischof Gerhard von der Mark konsekriert worden? WZ 24,337-360
1648 Geisberg, H.: Der alte Dom zu Münster und Bischof Suitger 993-1011. WZ 38 I 22-42
1649 Schröer: Ist der „Dodo-Dom" zu Münster geschichtlich erwiesen? WZ 96 I 38-47
1650 - Der Erpho-Dom zu Münster, seine Geschichte und sein angeblicher Vorgänger. W 36,3-24
1651 Prinz: Das Westwerk des Domes zu Münster. Eine geschichtliche Untersuchung. W 34,1-51
1652 Wieschebrink: Der Dom des hl. Ludgerus zu Münster. W 21,195-199
Domansichten [um 1780] **878**
1653 Geisberg, M.: Ein Bild des alten Domes in Münster. W 17,38-41
1654 Fritz, R.: L. Ritter, Das Innere des Domes zu Münster 1856. W 35,172
1655 Mühlen: Der Dom zu Münster und seine Stellung in der Architektur. WZ 117,368-371
Detmer: Kerssenbroicks Beschreibung des Domes 100,47-64
Monasterium. Festschrift zum 700jährigen Weihegedächtnis des Paulus-Domes zu Münster. W 47,214 (Rez. Lahrkamp)
1656 Rohling: Veränderungen im Paradies des Domes zu Münster. W 18,238-244
1657 Grundmann: Der hl. Theodor oder Gottfried von Cappenberg im Domparadies zu Münster. W 37,160-173
Figurenportal **3254**
1658 Wieschebrink: Das Johannisportal am Dom zu Münster. W 37,154-159
1659 Perger: Ein altes Wandgemälde im Dom zu Münster. WZ 20,373f.
Effmann: Der ehmalige Lettner (Apostelgang) im Dome zu Münster. 100,110-128
1660 Rave: Um den Apostelgang [im Dom zu Münster]. W 21,246-258
1661 Noehles: Die Statuen der Evangelisten in der Ostvierung des Domes zu Münster. W 34,52-66
1662 Geisberg, M.: Die Sybillen im Dom zu Münster. W 13,64-80
1663 Steinberg: Die Bildnisse des 13. Jahrhunderts im Dom zu Münster. W 17,113-117
1664 Wieschebrink: Die Renovierung der Steinplastiken im Dom zu Münster. W 31,201-204
1665 Geisberg, M.: Das Silberschiff im Dome zu Münster. WZ 82,268-275
Wieschebrink: Die astronomische Uhr im Dom zu Münster. W 47,222 (Rez. Rensing)
Domorgel von 1752/55, **3389f.**
1666 Geisberg, M.: Die Domschatzkammer in Münster. W 17,225-229
Wegführung des Domschatzes 1806 **3405**

Stiftung der Dom-Eleemosyne. **3473**
Streit um die Domelemosyne 1810-1834. **3474**
1667 Stapper: Der Große Kaland im Dom zu Münster. WZ 86 I 82-96
Agende **2955**
Feier des Kirchenjahres **2956**
Liturgische Osterbräuche **2957**
1668 Helmert: Die Kleriker der Domkammer – älteste Singegemeinschaft Münsters. W 44,302-324
de Laroche-Foucald, Ruhestätte **637**

Wiederherstellung der Domkirche nach Wiedertäufer-Unruhen **1829**
Bauforschung **2577**
D: W 17,195; 18,206; 20,310; 21,186; 23,316; 24,237; 31,149; 41,156; 46,379; 53,604; Orgel 41,424

Kirchen, Klöster
St. Aegidii (ehemalige Klosterkirche)

Zisterzienserinnenkloster, Standesverhältnisse **2984**
Güter, Einkünfte **14**
Totenroteln 1477, 1495 **2988**
D: W 17,196; 18,206; 31,152; 41,164; 46,380; 53,606

1669 Schulze, R.: Die ehemalige Minoriten- (jetzt ev. **Apostelkirche**) zu Münster i. W. W 20,136-153
Gefährdung und Sicherung **2568**
Neueinrichtung 1818-1824 **2569**
Arresdorf, Weihbischof **144**, von Olfen † 1565 **729**
D: W 31,152; 41,167; 46,380; 53,607

1670 Huyskens: **Beginenhäuser** zu St. Lamberti und St. Servatii in Münster. WZ 61,209f.
1671 Zuhorn: Die Beginen in Münster. Anfänge, Frühzeit und Ausgang des münsterischen Beginentums [Beginenhäuser ter A, Reine, Ringe, Rosendal und Hofringe]. WZ 91 I 1-149

Clemenskirche
ehemalige Hospitalkirche der Barmherzigen Brüder **2566**
Carlone, Altargemälde **229b**
D: W 31,132; 41,168; 46,382; 53,608

1672 Vahle: Das Ende des Klosters der Barmherzigen Brüder und die Einführung der Elisabethinerinnen in das **Klemenshospital** zu Münster [1806-1820]. WZ 73,173-212
1673 Rensing: Vom Inventar der **Dominikanerkirche** (kath. Universitätskirche). W 27,157-159
D: W 31,152; 41,168; 46,382; 53,608

1674 Erhard: Gedächtnisbuch des **Frater-Hauses** zu Münster. Nach der Urschrift im Königl. Provinzialarchive zu Münster. WZ 6,89-126
1675 Schmitz-Kallenberg: Eine Chronik des Fraterherrenhauses in Münster über die Jahre 1650-1672. WZ 68,338-362
1676 - Aus dem Archiv des Fraterherrenhauses in Münster. WZ 68,363-365

1677 Löffler: Notizen über westfälische Fraterherren aus dem Kölner Gedächtnisbuche. WZ 73,213-221
1678 Oeser: Fraterherrenhandschrift aus Münster in der Stadt- und Landesbibliothek Dortmund? W 43,277
1679 Kirchhoff: Die Anfänge des Fraterhauses zu Münster 1400-1409. Analyse und Korrektur der Gründungszeit [mit Plan und Exkursen über Johann von Steveren † 1429 und den Lebensdaten Heinrichs von Ahaus † 1439]. WZ 121,9-36
1679b - Die Entstehung des Fraterhauses „Zum Springborn" in Münster [zur mittelalterl. Stadttopographie]. W 51,92-114
Heinrich von Ahaus **485**, Holtmann, Fraterherr **524ff.**

Georgskommende
Einkünfte **14**
D: W 31,153

1680 Tibus: Zusätze „Die **Jakobipfarre** in Münster von 1508-1523". WZ 45 I 182-189

1681 Nordhoff: Die Johanniterkapelle (jetzt ev. **Johanniskirche**) zu Münster. W 38 I 142-148
D: W 31,153; 41,169; 46,384

1682 Rensing: Zur Kunstgeschichte der **Kapuzinerkirche** in Münster. W 20,200-203
D: W 53,611

1683 Geisberg, H.: Der **Lamberti**-Turm zu Münster, WZ 20,343-360
1684 Huyskens: Die Inschrift in der Lambertikirche zu Münster zum Gedächtnisse der Reparatur des Turmes im Jahre 1568. WZ 62,245f.
1685 - Die Reparatur am Turme der Lambertikirche zu Münster „zur Zeit des Westfälischen Friedens". WZ 62,250f.
1686 - Das Schicksal der Akten und der Ausstattung der Lamberti Elende in der Wiedertäuferzeit. W 60,199f.
1687 - Vom Schweinetürmchen an der südlichen Seite des Lamberti-Kirchhofes. WZ 62,253-256

1688 Plassmann: Lambertusfeier, Lambertuspyramide und Lambertuslied. W 23,74-82
Bauforschung **2577**
D: 19,284; 20,311; 21,186; 22,276; 23,316; 31,153; 41,164; 46,384; 53,611

Liebfrauen Überwasser-Kloster
Heberegister **12**
Klosterhaushalt **2982**
Benediktinerinnen, Standesverhältnisse **2984**

Liebfrauen-Überwasserkirche
Bulle Papst Julius II. 1508 **1048**
Totenroteln 1477 **2988**
1689 Schulze, R.: Verschollene und vernichtete Kunstwerke der Stifts- und Pfarrkirche Liebfrauen zu Münster/Westf. W 28,16-25
1690 Noehles: Die angebliche Grabplatte Bischof Hermanns I. [1032-1042] an der Überwasserkirche zu Münster. W 32,184-188
1690b Bauermann: Salische Inschriften an der Überwasserkirche in Münster? W 53,16-28
1690c Kluge: Reste einer gemalten Wanddekoration am Südwestportal der Überwasserkirche in Münster. W 53,29-30
Appfelstaedt: Die Skulpturen der (Liebfrauen-) Überwasserkirche zu Münster in Westfalen. W 21,160 (Rez. Pieper)
Bauforschung **2577, 2582**
D: W 17,197; 19,284; 20,312; 21,186; 23,316; 31,153; 41,165; 46,385; 53,612

Ehem. **Lotharingerkirche** und Kloster
D: W 31,153; 53,613

Ludgerikirche
Einkünfte **14**
1691 Huyskens: Aus dem Verzeichnisse der Ausgaben für Arbeiten am Chore der Ludgerikirche und für die Anschaffung von Utensilien nach der Wiedertäuferzeit. WZ 64,269-271
Bauforschung **2577**, (Thümmler) **2580**
D: W 18,206; 23,316; 25,140; 31,153; 41,165; 46,385; 53,615

Magdalenenhospital **3469**
1692 Hechelmann: Grabschrift in der ehem. **Magdalenenkirche.** WZ 27,371f.

1693 Hohgraefe: Die **Margaretenkapelle** in Münster. WZ 46,206-209

Kloster Marienthal
1694 Schwarz, W. E.: Studien zur Geschichte des Klosters der Augustinerinnen Marienthal gnt. Niesing zu Münster [1444-1811]. WZ 72,47-51

Pfarrkirche St. Martini
1695 Huyskens: Zwei alte Gebräuche der Kollegiatskirche zum hl. Martinus in Münster [1. grüner Donnerstag, 2. Advent]. WZ 64,266-268
Einkünfte **14**
D: W 31,155; 41,166; 46,386; 53,616

St. Mauritz (ehemalige Stiftskirche)
Heberegister **12**
1696 Darpe: Die älteren Pröpste von St. Mauritz. WZ 43 I 142-160
1697 Huyskens: Die Erneuerung des Epitaphiums über dem Grabe des Bischofs Friedrich in der St.-Mauritz-Kirche 1576. WZ 61,213-215
1698 Meier, B.: Die Reliefs von der Mauritzkirche in Münster. W 6,25-29
Reliquienfiguren aus Silber **3412**
Bauforschung **2582**
D: W 31,156; 41,166; 46,386; 53,616; Orgel 41,425; Dechanei 31,161; 46,392

1699 Kersten: Historische Merkwürdigkeit der vormaligen Kapelle **St. Michaelis** in der Stadt Münster. WZ 22,368-370

Kloster Ringe
Stensen, Weihbischof † 1686 **947**

Ehem. Pfarrkirche **St. Servatius** (jetzt Anbetungskirche)
D: W 17,197; 18,206; 20,312; 31,157; 41,166; 53,618

Ev. Universitätskirche (ehem. Franziskaner-Observanten)
1700 Rensing: Zur Kunstgeschichte der Observantenkirche in Münster. W 20,131-135
D: W 31,156; 41,169

Kath. Gymnasial- und **Universitätskirche St. Petrus** (ehem. Jesuitenkirche)
D: W 31,156; 41,169; 53,618

Münster, Stadt
1701 Geisberg, H.: Die Anfänge der Stadt Münster [I. Die Vorzeit. II. Die Kirche St. Ludgers in Mimigerneford. III. Die Landschaft und die ersten Ansiedler]. WZ 47 I 1-40; [IV. Die alten Höfe]. WZ 48 I 1-54
Merkwürdigkeiten der Stadt **95**
Beschreibung der Stadt 1645 **2860**
1702 Tibus: Ergänzungen zu meiner Schrift „Die Stadt Münster". WZ 51,185-189
Mittelalterl. Stadttopographie **1679b**
1703 Ketteler: Genealogische Quellen des Stadtarchivs Münster. W 18,163f.
1704 Hövel: Genealogische Quellen des Stadtarchivs Münster. Eine Nachlese. W 19,202-212
1705 - Bürgerliche Wappensiegel im Stadtarchiv Münster. W 18,172-183
Hövel: Das Bürgerbuch der Stadt Münster 1538 bis 1660. W 21,47 (Rez. Rensing)
1706 Huyskens: Der Eid des Rates und der Bürger von Münster, dem Bischof geschworen. WZ 61,210f.
1707 - Die Ordnung des städtischen Archives um die Mitte des 17. Jahrhunderts. WZ 60,195-197
1708 - Aus der „Rekenschop van Hinrik Bispinck van den winkelder" [zur münsterischen Stadtrechnung]. WZ 60,197-199
1709 Münzordnung der goltgülden, vom Jahre 1350 und so vordan. WZ 21,377f.
Älteste Münzen **2485**; Münzfunde **2500**
1710 Bahlmann: Die Münsterische Korntaxe von 1559-1760. WZ 49 I 75-96
1711 Tumbült: Cerocensualität und Bürgerschaft. WZ 45 I 73-81
1712 Sauer: Die Bestrebungen Münsters nach Reichsfreiheit. WZ 30,103-140
1713 Huyskens: Aus dem Grutherrenregister des Jahres 1533. WZ 58,229-231
1714 Aders: Das verschollene älteste Bürgerbuch der Stadt Münster (1350-1351) [nach den im Zusammenhang mit dem sog. Erbmännerstreit erhaltenen Auszügen: mit einem Register]. WZ 110,29-96

1715 Kirchhoff: Eine münsterische Bürgerliste des Jahres 1535 [mit eigenem Register]. WZ 111,75-94
1716 Zuhorn, K.: Vom Münsterschen Bürgertum um die Mitte des XV. Jahrhunderts [die einzelnen honoratiorischen Familien, ihre ständische Bestimmung und Abgrenzung gegen das Erbmännertum]. WZ 95 I 88-193
Honoratiorentum im Mittelalter **904**
von Miquel, Vorfahren **702**
1717 Schmitz-Kallenberg: Die Münsterische Kanzleiordnung vom Jahre 1574. WZ 63,250-256.
1718 Heinrich Hagedorns, Bürgers zu Münster, Urphede wegen seiner an dem Schulmeister zu Werl begangenen Ungebührnisse und deshalb erlittenen Gefängnisses 1511. WZ 2,375f.
1719 Huyskens: Der Brand am Ludgeritor, 16. August 1616. WZ 62,248ff.
1720 - Die 1710 beabsichtigte Beseitigung des Drubbels zu Münster. WZ 62,251-253
1721 Wiemers: Zahlen über Münsters Wirtschaftsniedergang im 17. Jahrhundert. WZ 85 I 289-292
1722 Rothert, Herm.: Münster im Zeichen der Aufklärung. W 28,38-47
1723 Hülsmann: Geschichte der Verfassung der Stadt Münster von den letzten Zeiten der fürstbischöflichen Regierung bis zum Ende der französischen Herrschaft 1802-1813. WZ 63,1-90
1724 Filbry: Die Einführung der revidierten preußischen Städteordnung von 1831 in der Stadt Münster [mit Liste der münsterischen Gemeinderäte und Stadtverordneten 1809/35]. WZ 107,169-234
1725 Rave, W.: Die Sorge um Münster. W 17,229-233
1726 - Der Schloßgarten zu Münster. W 19,338-343
1727 Meyer, K. H.: Eine russische Dichtung über Münster. W 15,91-96
1727 Prinz: Der „Heidenkirchhof" von Münster. W 31,50-53
Rechtsaltertümer **3154**, verschollene Seeflaggen **3123**, Christine von Schweden **234**, Pagenstecher, Stadtsekretär **740**, Reiseskizzen

788, Provinzialständehaus 883, Dezember-Unruhen 1837 1038f.

Profanbauten
1729 Geisberg, H.: Über die in dem neuen **Rathaus**saal zu Münster aufzunehmenden Gemälde und Wappen. WZ 22,359-367
1730 - Das Rathaus zu Münster. Ein Baudenkmal gotischer Kunst. WZ 30 I 3-110
Erbdrostenhof 867
1731 Tibus: Einige der noch nicht ermittelten **Erbmänner-Höfe** in der Stadt Münster (Nachtrag zur Schrift „Die Stadt Münster") [1. von Schenkinck's-Hof, 2. von Buck's-Hof, 3. von Kleyhorst's-Hof, 4. Clevorn's-Hof, 5. Steveninck's-Hof, 6. Bishopinck zum Daerll's-Hof]. WZ 41 I 165-185
1732 Kirchhoff: Die Erbmänner und ihre Höfe in Münster. Untersuchungen zur Sozial-Topographie einer Stadt im Mittelalter. WZ 116,3-26; WZ 116,150
1733 Tibus: Der Davensberger, jetzt Beverförder Hof auf der Königstraße zu Münster und seine Besitzer. WZ 50 I 69-168
1734 Geisberg, M.: Der Hof auf der Engelenschanze in Münster. W 11,45-49
1735 - Der Hof an der Engelenschanze. W 25,131f.
1736 Rensing: Zur Baugeschichte des Heeßener Hofes und das Collegium Critianum. W 25,36
1737 - Der Landsberger Hof in Münster. W 23,339-341
1738 - Zur Baugeschichte des Steinfurter Hofes in Münster. W 23,265
1739 Huyskens: In welcher Zeit kam in Münster der Name „**Prinzipalmarkt**" in Gebrauch? WZ 59,249f.
1740 Mummenhoff: Die Bogengänge des Prinzipalmarktes. W 35,170
1741 - Die Adels- und Bürgerhäuser im Hochstift Münster zur Zeit der Spätgotik und Renaissance. WZ 107,240-242
1742 Huyskens: Der Stadtkeller in Überwasser. WZ 59,252f.
1743 - Der „Broder Marthenhus" [Martini-Haus] zu Münster. WZ 59,247f.
1744 - Das große Gasthaus auf der Hörster Straße zu Münster. WZ 60,191-194

1745 Müller, Eugen: Der stolze Nachbar des münsterischen Rathauses – ein ehemaliges Wiedertäuferhaus. W 11,14-23
1746 Rothert: War das Langermannsche Haus in Münster jemals ein Wiedertäuferhaus? W 11,43f.
1747 Philippi: Das alte Herdingsche Haus in Münster. W 12,77-81
1748 v. Recklinghausen: Zur Geschichte des Schmeddingschen Hauses in Münster. W 17,68
1749 Kraß: Das Stroetmannsche Haus auf der Rotheburg in Münster. W 23,136-138
1750 Geisberg, M.: Einige der ältesten Wohnbauten Westfalens [in Münster]. W 15,109-124
1751 Sarrazin: Die Gademen, ein aus dem Stadtbild Münsters verschwundener Wohnhaustyp. W 49,144-154
1752 Mummenhoff: Die Bautätigkeit der Stadt Münster im 19. Jahrhundert. WZ 124/125,276f.

Bocholt, Baumeister der Stadtweinhauses 192
D: W 17,197; 18,206; 19,284; 20,310; 21,186; 22,277; 23,316; 24,237; 25,140; 31,157-162; 41,170-174; 46,388ff.; 53,618ff.

Schulen, Universität
1753 Bömer: Die ältesten münsterischen Schulgesetze aus der Rektoratszeit Kerssenbrocks (1574). WZ 55,103-114
1754 Löffler: Glandorp gegen Bruchter. Ein kleiner Beitrag zur münsterischen Schulgeschichte [um 1530]. WZ 69,86-95
1755 Foitzik: Die Lektüre der Dichtung auf Fürstenbergs Schulen. W 33,29-33
Overberg: Anweisung zum zweckmäßigen Schulunterricht im Fürstbistum Münster. W 38,253 (Rez. Sudhoff)
1756 Schwarz, W. E.: Zur Geschichte der Münsterschen Domschule im 16. Jahrhundert. WZ 76 I 227-244

Die baugeschichtliche Entwicklung des alten **Paulinums** 20
1757 Reinhard: Am Münsterischen Paulinum vor 131 Jahren. W 27,156

Schulze, R.: Das Gymnasium Paulinum in Münster. W 29,123 (Rez. Kohl)
Festschrift des Gymnasiums Paulinum in Münster zur Einweihung seines neuen Hauses. W 38,255 (Rez. Stehkämper)
Schülertumulte 1837/38 **3035**
Gymnasialkirche Paulinum D: W 19,284

1758 Krabbe: Einige Mitteilungen über das **Priesterseminar** und die Kridtsche Stiftung in Münster. WZ 20,141-150

1759 Hartlieb von Wallthor: Der Münstersche Studienfonds. Zur Geschichte des alten **Universitäts**vermögens. WZ 116,151f.
1760 Erler: Zehn Jahre münsterischer Universitätsgeschichte. W 4,93-102
1761 Mütter: Die Geschichtswissenschaft an der Münsterischen Hochschule zwischen Aufklärung und Historismus. WZ 124/125,273-275
1762 Hegel: Die Theologische Fakultät der Universität Münster zwischen Aufklärung und Romantik (1773-1840). WZ 108,184-187
Hegel: Geschichte der Katholisch-Theologischen Fakultät Münster, 1773-1965. I. Teil. W 45,61 (Rez. Zuhorn)
1763 Reinhard: Zur Frequenz der Fürstbischöflichen Universität Münster i. W. W 27,155
1764 Erler: Zur Geschichte der münsterischen Studentenschaft im Jahre 1848. W 2,105-119
1765 Münsterische Studenten auf fremden Hochschulen [Bolonga]. WZ 49 I 59-74
1766 Kindervater: Die Raumfrage in der **Universitätsbibliothek** Münster. W 23,48-52
1762 Menn: Die Herkunft der Lutherdrucke in der Universitätsbibliothek Münster, W 23,53-59
1768 Goldschmidt: Die Autographensammlung in der Universitätsbibliothek Münster. W 35,89-104
1769 Hoecken: Zur Erneuerung der **Paulinischen Bibliothek** zu Münster. W 19,343-348

Staatsarchiv Münster **2466**
1770 Schulte, E.: Das Staatsarchiv Münster. W 15,25f.

Urnenfunde (Bronzen) **2653, 2655f.**
Museum Vaterländischer Altertümer **93, 110ff.**
Landesmuseum **2505ff.**
Feuerschutzmuseum W 15,205; 17,111
Diözesanmuseum **3461**, röm. Steininschrift **2746**

Buchdruck
1771 Nordhoff: Altmünsterische Drucke. WZ 34 I 149-170
1772 Aus einem alten (münsterischen) Gebet- und Betrachtungsbuche (Veghe: Wyngarden der selen). WZ 37 I 159f.
1773 v. d. Brincken: Zum Mscr. 301 [illuminiertes Osterbrevier] = niederdeutsches Gebetbuch aus der 2. H. des 14. Jahrhunderts des Altertumsvereins Münster. W 43,277
1774 Bauermann: Das „Reklameplakat" eines münsterischen Schreibmeisters [Hermann Strepel] 1447. W 22,34
1775 Crous: Der Buchdruck Münsters im 15. Jahrhundert. W 11,6-14
1776 Bömer, A.: Der münsterische Buchdruck im ersten Viertel des 16. Jahrhunderts. Nachwort von M. Geisberg. W 10,1-48
1777 - Der münsterische Buchdruck vom zweiten Viertel bis zum Ende des 16. Jahrhunderts. Mit einem Überblick über die weitere Entwicklung. W 12,25-76
1778 Zaretzky: Unbeschriebene münsterische Drucke aus dem ersten Viertel des 16. Jahrhunderts. W 14,62-65
1779 Huyskens: Der Ankauf des Verlages der Reformatio consistorii ecclesiasticae jurisdictionis Monasteriensis (1571) durch die Geistlichkeit. WZ 64,258-260
Hasenkamp: 250 Jahre Abschendorff 1720-1970. W 48,278 (Rez. Kohl)
Leonhart Thurneisser **973**
Murmellius, Druckergeschichte **716**, Regensberg, Friedrich **799**, Tzwyvel, Dietrich **3436**, Tzwyvel, Konrad **985**

Volkskunde
1780 Hüsing: Die alten **Bruderschaften** der Stadt Münster. WZ 61,95-138
1781 Huyskens: Die Entstehung der Großen

Schützen-Bruderschaft zu Münster. WZ 62,241-245
1782 Hechelmann: Die Elenden (Elendae) der Stadt Münster. WZ 27,360-366
Lamberti-Elende **1686**

1783 Tophoff: Die **Gilden** binnen Münster i. W. Ein Beitrag zum Gildewesen in Deutschland. WZ 35 I 3-152
1784 Huyskens: Die Stellung des Rates der Stadt Münster zum Schobuche [Gildenbuch]. WZ 61,217
Goldschmiedegilde, Meisterzeichen **3408ff.**

1785 Schmidt, M.: Buchtitel in münsterischen Testamtenten des 17. Jahrhunderts [Beitrag zur geistigen **Volkskunde** der Stadt Münster]. W 43,223-226
1786 Huyskens: Der „helsame Dag" in Münster [vermutlich der Weihnachtsabend]. WZ 58,237f.
1787 - Was hat man unter den „camerales", die Koit „up den cameren vertappen" zu verstehen? WZ 60,194-199
1788 - Der „gute Montag" der Bäckerknechte zu Münster [Montag nach Pfingsten]. WZ 61,217-219
1789 - Arbeitslohn in Münster im 16. Jahrhundert. WZ 58,231-235
1790 Rensing: Die Schuhmacher in Münster als biologische Gruppe. W 24,43

Medizinalwesen 1750-1818 **3463**
Heilkundige 17./18. Jahrhundert W 10,96
Badestuben **3466f.**
Armenwesen im Zeitalter der Aufklärung **3472**
1791 F. J.: Zur Geschichte des Turnens in Münster. WZ 56,121-125

1792 Schmitz-Kallenberg: Zur Geschichte des münsterischen Leinwandhandels um 1600 [10. Abb. Hausmarken]. WZ 84 I 221-229
Wedemhove, Wandschneidergeschlecht **1011**
Zurmühlen, Seidenhändlerfamilie 1049

1793 Danziger Kontorbuch des Jakob Stöve aus Münster. W 23,262
1794 Ludat: Ein Zeugnis westfälisch-englischer Beziehungen im Mittelalter. Die Grabplatte eines hansischen Kaufmanns aus Münster in England. W 29,47-51
1795 Mooyer: Grabstein eines münsterischen Kaufmanns zu Boston 1312. WZ 17,173
1796 Symann: Ein Diebstahl in der [münsterischen] Landschaftspfennigkammer im Jahre 1715. WZ 77 I 145
1797 Wigand: Volksgesang (Münster-Corvey 1690). A V 2,220
1798 Oehlert: Platons „Symposion" und die münsterländischen Osterfeuer. Zwei Briefe der Fürstin Gallitzin. W 33,24-28
Lambertusfeier **1688**
1799 Geisberg, M.: Das Sendbild von 1857. W 26,78-83

1800 Schmitz-Kallenberg: Kleinere Mitteilungen zur **münsterischen Kunstgeschichte** des 16. und 17. Jahrhunderts. WZ 73,222-235 und WZ 74,199-304
1801 Lippe: Münsterische Bildhauer der Spätrenaissance. Ein Beitrag zur Geschichte münsterischer Plastik von 1570-1610. WZ 83 II 182-264
1802 - Zwei Steinreliefs münsterischer Renaissance. W 15,125-127
1803 Geisberg, M.: Studien zur Geschichte der Maler in Münster 1530-1800 (mit Zusätzen von Lippe). W 26,147-182
1804 Prinz: Beiträge zur Geschichte der Malerei in Münster. W 37,206-213
1805 Pieper-Lippe: Altes münsterisches Zinn. W 36,243-254
1806 Krins: Hinweise zum alten münsterischen Zinn. W 43,282

Gesellschaftsleben
1807 Wormstall: Das Schauspiel in Münster im 16. und 17. Jahrhundert. WZ 56,75-85
1808 Müller, Helmut: Münsterischer Karneval im 16. Jahrhundert. W 45,315
Anfänge des münsterischen Theaters **921**
1809 Huyskens: Franzosenfeste in Münster vor 100 Jahren. WZ 65,281-287
1810 Müller, E.: Altmünsterisches Gesellschaftsleben [um 1800]. W 9,33-69

Brachin: Le cercle de Münster (1779-1806). W 33,99 (Rez. Heselhaus)
1810b Reinhard: Die münsterische Familie Sacra und ihre Schweizer Freunde. [Briefe von Joh. Kaspar Lavater, Joh. Konrad Pfenninger und Eberhard Gaupp an Franz Kaspar Bucholtz aus den Jahren 1780-1800]. WZ 98/99 I 128-148; dazu:*Rez. Sudhof W 33,103 Sudhof: Von der Aufklärung zur Romantik. Die Geschichte des „Kreises von Münster". W 52,173 (Rez. Nettesheim)*

1811 Reuter: **Musikgeschichte** der Stadt Münster im Überblick. W 44,289-301
Dom, älteste Singegemeinschaft **1668**
1812 Bußmann: Stätten münsterischen Musiklebens. W 44,346-354
1813 Brockpähler: Opernaufführungen im münsterischen Komödienhaus (1775-1890). W 44,355-370
1814 Vetter: Münsters Musikdirektoren. W 44,382-396
1815 Kaschner: Das Musikleben in der Stadt Münster seit dem ersten Weltkrieg. W 44,398-402
1816 Reuter: Versuch einer Bibliographie zur Musikgeschichte der Stadt Münster. W 44,403-413
1817 Kohl, W.: Zur münsterischen Hofkapelle. W 44,414
1818 Reuter: Das Instrumentarium der Fürstlich-Bentheim-Tecklenburgischen Hofmusik im Erbdrostenhof zu Münster. W 46,129-145

1819 Spannagel: 100 Jahre **Historischer Verein** in Münster i. W. W 17,141-150
Verein für die gesamte Geschichtskunde (Historischer Verein) **2342**

Wiedertäufer
1820 Soldan: Zur Geschichte der wiedertäuferischen Unruhen in Münster. WZ 7,359-378
1821 Nachlese zur Geschichte der Wiedertäufer in Münster: 1. Historia der belagerung und eroberung der Statt Münster Anno 1535. 2. Die Ordnung der Wiederteuffer zu Münster. Item was sich daselbs nebenzu verloffen hat, von der Zeytt an, als die Statt belegert ist worden. M. D. XXXV. WZ 17,236-249
1822 Hölscher: Nachlese zur Geschichte der Wiedertäufer in Münster. WZ 20,151-194
1823 Nachlese zur Geschichte der Wiedertäufer in Münster [Abdruck von 2 Flugschriften nach Copie von Oscar Berlage, Berlin]. WZ 27,255-274
1824 Bahlmann: Die Wiedertäufer zu Münster. Eine bibliographische Zusammenstellung. WZ 51,119-174
1825 Detmer: Ungedruckte Quellen zur Geschichte der Wiedertäufer in Münster. WZ 51,90-118
Kerssenbrocks Wiedertäufergeschichte **104f.**

1826 Des Monster'schen Konieck Johannss von Leyden Hoffordenunghe int Jair 1534 und 1535 [Nach einer Handschrift im Besitze des Vereins für Geschichte und Alterstumskunde Westfalens und dem Tagebuche der Stadt Dorsten]. WZ 16,358-363
1827 Friedänder: Die Eroberung der Stadt Münster im Jahre 1535. WZ 33 I 3-18
1828 Huyskens: Ein 1545 gedrucktes Blatt der Erinnerung an die Befreiung Münsters aus den Händen der Wiedertäufer. WZ 60,190f.

1829 Krabbe: Über die zur Wiederherstellung der Domkirche zu Münster nach den Wiedertäuferzeiten gegebenen Geschenke. WZ 17,332-339
1830 Kellerhoff: Specificatio Deren Kosten, welche durch Bezwingung und Vertilgung der Widertäuferen auffgewendet, und von dem damahligen Hochstiffts Münsterischen Pfennig-Meistern Joan Hageböcke berechnet worden. Nach des H. Rudolph von Tinnen zu Kaldenhof Manuscript Ao. 1636 abgeschrieben. WZ 26,297-336

1831 Bahlmann: Mönstersche Inquisitio. ein 1583 nächtlicher Weile in Münster verbreitetes Buch. WZ 47 I 98-120
1832 Bitter: Der monstersche ketter bichtbok. Eine Satire aus der Wiedertäuferzeit. WZ 66,1-38
1833 Bahlmann: Newe Zeitung von den erschröcklichen Wunderzeichen, so erschinen

sindt über der Statt Münster in Westphalen des 2. Februarij 1595. WZ 52,227-229

1834 Brüll: Die Wiedertäuferunruhen zu Münster in einem englischen Roman aus dem Jahre 1594. W 9,1-7
1835 Geisberg, M.: Einige Bilder aus der Wiedertäuferzeit. W 7,88-91
Ströver: Die Wiedertäufer in Münster. Das Aufflammen eines mittelalterlichen Bolschewismus und sein Niederbruch. W 24,101 (Rez. Nissen)
Hermann von Kerssenbrock, Chronist **576-579**
Knipperdollinck **595**
Rothmann, Wiedertäuferunruhen **843**
van der Wyck **1041f.**
van Zuichem, Offizial **1048**

Fehden, Kriege
Werner Städtebund 1253 **2288**
Schmidt, Ferd.: Die Bredevorter Fehde zwischen Münster und Geldern (1319-1326). W 3,120 (Rez. Lappe)
Meckstroth: Das Verhältnis der Stadt Münster zu ihrem Landesherrn bis zum Ende der Stiftsfehde (1457). W 42,438 (Rez. Joester)
1836 v. Schaumburg: Zur Geschichte der Befestigung der Stadt Münster. WZ 16,142-174
1837 Kirchhoff: Zwei Quellen zur Geschichte der Stadtbefestigungen Münsters 1531/36. W 44,218-224
1838 Geisberg, M.: Zwei zeitgenössische Darstellungen der Belagerung Münsters 1534/35. W 5,74-89
1839 Kirchhoff: Die Belagerung und Eroberung Münsters 1534/35. Militärische Maßnahmen und politische Verhandlungen des Fürstbischofs Franz von Waldeck [mit Lageskizze]. WZ 112,77-170

1840 Borgmann: Münsterländer in „ausländischen" Kriegsdiensten in den Jahren 1622/23. W 22,209
1841 Beckmann: Münsterländische Chronik oder Begebenheiten im Siebenjährigen Kriege in Münster. WZ 36,182-198; WZ 37 I 3-112
1842 Erler: Tagebuch der Belagerung von Münster vom 8. August bis zum 30. Oktober 1657. WZ 69,96-174
1843 - Bruchstücke eines Tagebuches der Belagerung von Münster vom 19. bis zum 23. August 1657. WZ 69,175-178
Huppertz: Münster im siebenjährigen Kriege. W 1,31 (Rez. Schmitz-Kallenberg)
1844 Wiens: Die Belagerung der Stadt Münster im Jahre 1661 durch Christoph Bernhard von Galen. WZ 10,170-189
von Reumont, Stadtkommandant, 1660-1672 **808**
Politik im Koalitionskriege 1688-97 **772**
1845 Philippi: Gleichzeitige Aufzeichnungen über die Belagerung Münsters durch die Alliierten 1759. Mit einem Plane. WZ 61,23-51
1846 Schulte, Ed.: Begebenheiten in Stadt und Stifte Münster 1553-1815. WZ 88 I 131-185

1847 Merx: Zur Geschichte des bischöflich-münsterschen Militärs in der ersten Hälfte des 18. Jahrhunderts. WZ 67,168-211
1848 Haas-Tenckhoff: Das Fürstbischöflich-Münsterische Militär im 18. Jahrhundert. W 15,141-156
1849 Möhlmann: Beitrag zur Geschichte des Gardewesens, zunächst im Hochstift Münster. WZ 17,250-260
1850 Schulte, Ed.: Die letzte Rangliste des Münsterschen Militärs. W 15,157-162

1851 Schulte, Ed.: Die Kriegssammlung des Stadtarchivs Münster. W 7,29f.
Schulte, Ed.: Kriegschronik der Stadt Münster 1914-1918. W 18,70 (Rez. Casser)
Westfälischer Friede **2852ff.**

Münster, Personen
Bischöfe, Domkapitulare a.a.O.
Alerdinck, Meister des Stadtplanes **127**
Arninck, Postmeister **138f.**
Auling, Gymnasialzeichenlehrer **147**
Boemer, Goldschmied **198**
von Borgeloh **203**
Bunekemann, Bernd, Steinhauer **222f.**
Bunekemann, Johann (Beldensnyder) **224**
Cnoep, Goldschmied **235f.**

von Corfey, Generalmajor **237f.**
Drachter, Syndikus **271**
von Elen, Kanzler **299**
Gierse, liberaler Führer 1848 **406**
Gröninger, Bildhauerfamilie **430f.**
Gröninger, Gerhard **434**
Gröninger, Gottfried **438**
Gröninger, Johann Mauritz **440ff.**
Gröninger, Johann Wilhelm **447ff.**
Heimbach, Maler **478f.**
Judefeld, Elsebein **546**
Kemner, Domschulrektor **568ff.**
von Kerkering zur Borg **572**
von Kerssenbrock, Rektor **576; 104f.**
Knipperdollinck, Bernd **595**
Köplin, Münzmeister **596**
Lacken, Prälat, Abt in Gera **632**
Langermann, Kaufmannsgeschlecht **635b, 1745f.**
Lipper, Baudirektor **36, 3370**
von Lützow, Freiherr **671**
Lutterbeck, Arzt **672**
Murmellius, Humanist **715ff.**
von Olfen, Heinrich **729**
Pagenstecher, Stadtsekretär **740**
Pering, Humanist **569**
Rothmann, Bernhard **843**
von Reumont, Stadtkommandant **808**
Schlebrügge, Hofrat **870**
Schmedding, Propst in Klosterneuburg **872**
Schouten, Maler **878**
Sprickmann, Anton Matthias **920ff.**
Stensen, Weihbischof **947**
Sutro, Landesrabbiner **2822**
Theoderich von Münster **608f.**
Timmerscheid, Bürgermeisterfamilie **977**
Tzwyvel, Dietrich, Buchdrucker **3436**
Tzwyvel, Konrad, Buchdrucker **985**
Wedemhove, Familienchronik **1011**
Werthaus, Abt in Geras **633**
von der Wyck, münsterscher Staatsmann **1041f.**
von Wrangel, General **1038f.**
Zurmühlen, Seidenhändlerfamilie **1049f.**

Juden in Münster **2824**, mittelalterlicher Judenfriedhof **2821**

Münsterland
Paläontologische Erforschung **2614**
1852 Niemeier: Ortsnamenkunde und Siedlungsgeschichte des Münsterlandes. WZ 100,219-222
Wald- und Siedlungsgeschichte **2585**, Fluß- und Ortsnamen **3060**, Rufnamen **W 45,323**
1853 Hömberg: Münsterländer Bauerntum im Mittelalter. WZ 111,138f.
Täufer **2972**, Profanbaukunst im Oberstift Münster **33**, Kunstpflege 19. Jh. **2547**
1854 v. Merveldt: Haus Lütkenbeck. Ein Landsitz vor dem früheren Servatii-Tor zu Münster. W 51,284-304
D: W 31,161; 41,174; 46,394; 53,624

1854b Schücking: Die Franzosen im Münsterlande 1806-1813. WZ 58,153-185
Reumont, Oberkommandant **808**, Richter und Staatsanwälte **2896**

Münster-Mecklenbeck, D: W 53,625

Nammen, Krs. Minden
D: W 41,175; 53,625

Natzungen, Krs. Warburg
Kirchspiel WZ 40 II 79, **1123**
1855 Lobbedey: Die romanische Kirche in Natzungen. W 50,190-193
D: W 18,207; 41,176; 53,625

Neger, Krs. Olpe
D: W 41,176; 46,394

Neheim-Hüsten, Krs. Arnsberg
D: W 17,198; 41,176; 46,394; 53,625

Haus **Nehlen,** Krs. Soest
D: W 41,176; 46,394; 53,626

Nenkersdorf, Krs. Siegen
D: W 31,162; 41,176

Nerdar, Krs. Waldeck
Kirchspiel WZ 42 II 102

Nethegau
1856 Giefers: Der Nethegau. WZ 5,1-40

Neuastenberg, Krs. Wittgenstein
D: W 31,163; 46,394

Neuenbeken, Krs. Paderborn
Kirchspiel WZ 44 II 87
Münzfund **2497**
D: W 18,207; 19,285; 21,180; 41,176; 46,394

Neuengeseke, Krs. Soest
D: W 17,198; 20.313; 53,626

Neuenheerse, Krs. Warburg
Kirchspiel WZ 40 II 66
1857 Wigand: Das Frauenstift Heerse. A V 3,326-329
1858 Evelt: Necrologium Herisiense mit einigen Vorbemerkungen und Erläuterungen. WZ 36 II 29-61
1859 Spancken, K.: Über das Stift Heerse. Vortrag gehalten zu Brakel am 18. Mai 1880 in der Vereinsversammlung. WZ 39 II 36-53
1860 Gemmeke: Eine Äbtissinnenwahl im adeligen Damenstift zu Neuenheerse (1713). W 3,78-93
Gemmeke: Geschichte des adeligen Damenstiftes zu Neuenheerse. W 18,76 (Rez. Rensing)
Hl. Helmtrud **489**
1861 Schrader, L.: Nachricht über die Vögte des Stiftes Heerse. A IV 2,137-143
1862 Wigand: Aus den Haushaltsregistern des Stiftes Heerse. A IV 4,465-468
1863 Das adeligen freiweltliche Damenstift zu Neuenheerse (Einnahmen- und Ausgaben-Jahres-Voranschlag von c. 1800). WZ 43 II 124-146
1864 Gemmeke: Die Säkularisation des adeligen Damenstiftes zu Neuenheerse. WZ 69 II 207-324
1865 Jänecke: Zur älteren Baugeschichte der Stiftskirche Neuenheerse. Ein Nachtrag [zum Beitrag des Verfasser in Jg 72 (1922) der Zeitschrift für Bauwesen]. WZ 82,52-61
1861 Gemmeke: Der Taufstein in der Stiftskirche von Neuheerse. Eine Berichtigung. [Zu Bd 90 S 64 Franke: Heinrich Gröninger]. WZ 93 II 197-202
1867 - Die Kalandsbruderschaft zu Neuenheerse. WZ 84 II 1-80

Bulle von 891 **2403,**
Landgraf von Hessen, Belehnung **504**
Bauforschung **2582**
D: W 41,176; 46,395; 53,627

Schloß **Neuenhof,** Krs. Altena
D: W 23,316; 25,141

Neuenkirchen, Krs. Siegen
D: W 53,631

Neuenkirchen, Krs. Steinfurt
1868 Schmitz-Kallenberg: Der ältere Name für Neuenkirchen bei Rheine [Snedwinkel]. WZ 67,235f.
D: W 46,397; 53,630

Neuenkirchen, Krs. Wiedenbrück
Familie de Prato **783**
D: W 41,178; 53,630

Neuenkleusheim, Krs. Olpe
Pfarrwahlen **1933**
D: W 31,163; 41,178; 46,397; 53,632

Neuenknick, Krs. Minden
D: W 46,398

Neuenrade, Krs. Altena
Reformation **2964**
Schlick: Gemeinde- und Gedenkbuch zur 400-Jahr-Feier der Reformation und der Neuenrader Kirchenordnung. W 42,446 (Rez. Kohl)
D: W 53,632

Neuhaus s. Schloß Neuhaus

Neu-Listernohl s. Listernohl

Niederaden. Krs. Unna
D: W 46,398

Nieder-Alme, Krs. Brilon
Kirchspiel WZ 42 II 140
D: W 41,178

Nieder-Andepen, Wüstung, Krs. Büren
1869 Weerth: Die Burg in Nieder-Andepen. W 8,46-48

Niederberndorf, Krs. Meschede
D: W 46,398; 53,632

Niederdornberg-Deppendorf, Krs. Bielefeld
Bauforschung (ehemalige Kirche in Müdehorst) **2577**

Niederdresseldorf, Krs. Siegen
D: W 31,163; 41,178; 46,398; 53,632; Orgel 41,426

Nieder-Eimer, Krs. Arnsberg
1870 Mertens: Die Eiche zu Nieder-Eimer. WZ 41 II 211

Nieder-Ense, Krs. Soest
Kirchspiel WZ 42 II 104

Niederhelden, Krs. Olpe
D: W 31,163

Niedermarpe, Krs. Meschede
D: W 46,398

Niedermarsberg s. Marsberg

Niedernetphen, Krs. Siegen
D: W 31,163; 41,178

Nieder-Niese-Langenkamp s. Kollerbeck

Niedersalvey, Krs. Meschede
D: W 24,237; 46,399; 53,634

Niedersprockhövel, Ennepe-Ruhr-Kreis
D: W 46,399

Niedern-Tudorf, Krs. Büren
Kirchspiel WZ 44 II 75
1871 Wigand: Protokoll über ein zu Nieder-Tudorf gehegtes Holtding 1482. A IV 3,287-292

Niederwenigern, Ennepe-Ruhr-Kreis
D: W 46,399

Nieheim, Krs. Höxter
Kirchspiel WZ 37 II 46
1872 Krömecke: Geschichtliche Nachrichten über die Stadt Nieheim. WZ 31 II 1-93
D: W 18,207; 31,163; 41,179; 46,399; 53,634

Nienberg(e), Krs. Münster
1873 Darpe: Der Nienberger Kaland. WZ 49 I 147-160
D: W 20,313; 46,400; 53,635

Nienburg, Krs. Ahaus
1874 Erhard: Rechte der Burg und des Wiboldes Nienburg. Aus den Urkunden des Kommunalarchives zu Nienburg. WZ 3,348-352

Nienburg Krs. Warendorf
D: W 23,317; 31,163; 41,179; 46,400; 53,636

1875 Kohl: Der Untergang der Nienburg bei Ostenfelde. [Ein Rechtsfall des 17. Jahrhunderts]. W 48,218-225

Niennover, Krs. Uslar
Kirchspiel WZ 39 II 127

Haus **Niesen,** Krs. Warburg
D: W 41,181; 46,400

Nörde, Krs. Warburg
D: W 17,198; 41,181; 46,400; 53,638

Nordborchen, Krs. Paderborn
D: W 46,400

Norddinker, Krs. Unna
D: W 53,638

Nordenau, Krs. Meschede
Brüning, F.: Schloß Nordenau und seine ersten Besitzer **1071**
Bauforschung: Burgruine Rappelstein, **2582**
D: W 53,638

Nordhemmern, Krs. Minden
D: W 46,401; 53,638

Nordherringen, Krs. Unna
D: W 31,163; 46,401

Nordhorn, Grafschaft Bentheim, Krs. Wiedenbrück

Specht: Nordhorn, Geschichte einer Grenzstadt. W 24,242 (Rez. Kohl)

Nordkirchen, Krs. Lüdinghausen
Erler, Aistermann: Nordkirchen. Festschrift zur Prinz Heinrich Fahrt 1911. I. Teil: Geschichte der Herrschaft und des Schlosses Nordkirchen. II. Teil: Beschreibung des Schlosses und Parkes von Nordkirchen. W 3,123 (Rez. Lappe)
1876 Erler: Beiträge zur Geschichte der Nordkirchener Gemäldegalerie. W 4,22-29 und 59-65
Schloß **3350**
D: W 31,163; 41,181; 46,401; 53,639

Nordwalde, Krs. Steinfurt
D: W 41,183; 53,641

Nothberg, Kreis Düren
1877 Quix: Das Schloß Nothberg. WZ 6,168-178

Nottuln, Krs. Münster
Urkunde 834 **2399**
1878 Wilmans: Die deutsche Gottheit Thegathon und die ältesten Dokumente zur Geschichte des Stiftes Nottuln. WZ 18,131-169
Standesverhältnisse **2984**, Hymnenübertragung **3045**, Gröninger, Johann Mauritz **440**
D: W 17,198; 23,317; 31,163; 46,402; 53,641; Orgel 41,426

Nuttlar, Krs. Meschede
Alte Grabstätten **2632**
D: W 53,642

Oberalbaum, Krs. Olpe
D: W 24,237

Oberbauer, Krs. Tecklenburg
Goldmünzenfund **2501**

Oberbauerschaft, Krs. Lübbecke
D: W 41,183

Oberbehme, Krs. Herford
D: W 41,184; 46,402

Obereimer, Krs. Arnsberg
D: W 31,163

Oberense, Krs. Soest
D: W 53,642

Oberfischbach, Krs. Siegen
D: W 31,164; 53,642

Oberfleckenberg, Krs. Meschede
D: W 41,184; 46,402

Oberholzklau, Krs. Siegen
D: W 17,198; 20,313; 31,164; 46,403

Oberhundem, Krs. Olpe
D: W 41,184; 46,403; 53,643; Orgel 41,427

Oberkirchen, Krs. Meschede
D: W 20,313; 31,164; 41,184; 53,643; Orgel 41,428

Oberklütingen, Ennepe-Ruhr-Kreis
D: W 53,624

Oberlandenbeck, Krs. Meschede
D: W 46,404

Obernau, ehemals Krs. Siegen
D: W 53,646

Obernburg, Krs. Frankenberg (Hessen-N.)
Kirchspiel WZ 42 II 110

Obernetphen, Krs. Siegen
D: W 41,186; 46,405; 53,646

Obernkirchen, Krs. Rinteln
Bannus WZ 34 II 1 **1556**

Oberntudorf, Krs. Büren
Kirchspiel WZ 44 II 75
D: W 21,187; 41,186

Obersteinbeck, Krs. Tecklenburg
D: W 41,186

Oberveischede, Krs. Olpe
D: W 31,161

Oberwerries, Krs. Beckum
D: W 31,164; 41,186; 46,505; 53,646

Ochtrup, Krs. Steinfurt
D: W 21,187; 53,646

Odenkirchen, Krs. Gladbeck
1879 Quix: Beiträge zu einer Geschichte der vormaligen Herrschaft Odenkirchen. WZ 7,311-329

Oeding, Krs. Ahaus
D: W 20,313; 46,405; 53,647

Oedingerberg, Krs. Meschede
Freistuhl 3157
D: W 41,186

Oelde, Krs. Beckum,
D: W 46,406

Oelinghausen, Krs. Arnsberg
1880 Dünnebacke: Geschichtliche Nachrichten über Pfarre und Kloster Oelinghausen. WZ 64 II 66-110
1881 Richtering: Kloster Oelinghausen. Zur 800jährigen Wiederkehr seines Gründungsjahres. WZ 123,115-136
1881b Schwedhelm: Eine Sakristei des 13. Jahrhunderts in der Kirche des ehemaligen Prämonstratenserinnenklosters zu Oelighausen. W 53,43-52
D: W 18,207; 31,164; 41,186; 46,406; 53,648

Oer-Erkenschwick, Krs. Recklinghausen
D: W 17,198; 53,648

Oerlinghausen, Krs. Lemgo
Kirchspiel WZ 38 II 48
D: W 31,164; 41,188; 46,408; 53,648

Oesede, Krs. Iburg
1882 Schewe: Das Wallfahrtsbild im Kloster Oesede. W 39,215-219

Oesdorf, Krs. Büren
Kirchspiel WZ 37 II 59

Oesterholz, Krs. Detmold
D: W 53,648

Oestinghausen, Krs. Soest
Freigrafschaft 3144
D: W 41,188; 46,408; 53,648

Bad **Oeynhausen,** Krs. Minden
D: W 53,309

Haus **Ohle,** Krs. Iserlohn
D: W 41,188; 53,648

Oldenburg
Drosten 1895

Oldentrup s. Altendorf

Olfen, Krs. Lüdinghausen
Lathénehelm 2658
D: W 19,286; 53,649

Olpe
1883 Forck: Zum 600jährigen Stadtjubiläum der Kreisstadt Olpe i. W. W 3,97-106
Schöne: Alt-Olpe. Siedlung und Verkehr im 19. Jahrhundert. W 47,94 (Rez. Kirchhoff)
D: W 22,278; 25,141; 31,164; 41,188; 46,408; 53,650

Olsberg
1884 Hillebrand: Ein Geschichtchen vom Borberg [Platteutsch]. H 5,44-45
1885 Körling: Ein historischer Spaziergang zum Borberg [„bei Olsberg-Gierskopf"]. H 7,20-24 und 27-32
1886 Rüther: Bierbrauen im Dorf Olsberg. H 6,10f.
Hausinschriften 3542
D: W 22,278

Opherdicke, Krs. Unna
D: W 20,314; 21,187; 31,164; 41,189; 46,408; 53,651

Oppenwehe, Krs. Lübbecke
D: W 41,189

Osemundhammer, Krs. Altena
D: W 46,409

Osen, *Bannus* 1556

Osnabrück, Hochstift
Staatsarchiv (Niedersächsisches, ehem. Preußisches) **2467**
1887 v. Ledebur: Über die Grenzen des von Karl dem Großen der Osnabrückschen Kirche geschenkten Forstbannes. A I 4,76-89
1888 Jostes: Die Münstersche Kirche vor Liudger und die Anfänge des Bistums Osnabrück. WZ 62,98-138
Niehus: Die päpstliche Ämterbesetzung im Bistum Osnabrück. W 26,46 (Rez. Rothert)
Beiträge zur Geschichte und Kulturgeschichte des Bistums Osnabrück. W 26,46 (Rez. Rensing)
Reformationsversuch Herzebrock **2966**
1889 Penners: Die Klöster im Bistum Osnabrück unter den protestantischen Erzbischöfen um 1600. W 51,197-209
Bischof Gerhard, Reinhildisgrab **803,** Joh. Adolf von Hörde, Weihbischof **513,** Ferdinand von Kerssenbrock **580**

1890 Rensing: Über die Anfänge der Stadt Osnabrück. W. 24,42
1891 Sudendorf: Beiträge zur Geschichte der Stadt Osnabrück: 1. Örtlichkeiten der Stadt Osnabrück, 2. Der Dom zu Osnabrück, 3. Kapellen im Dom zu Osnabrück, 4. Altäre im Dom zu Osnabrück. Urkunden. WZ 5,201-299
Thümmler: Der Dom zu Osnabrück.
W 34,153 (Rez. Lehmann)
Geläute des Domes **3383,** Glockengießer de Wou **3386,** Domschatz **3403,** Goldschmiedewerkstatt **3410,** Kelemann-Kelch **3418,** Goldschmied Hofsleger **519,** Gotische Altäre W 49,193, Meister von Osnabrück **3282,** Grablegung **3283**
Buchdruck: WZ 42 II 166-168

1892 Dreierwalde ist eine Filiale oder Tochterkirche von Plantlünne, eine Pfarre in der Niedergrafschaft Lingen im Bistum Osnabrück. WZ 37 I 129-145
1893 Wigand: Weistum des Gogerichts zu Ostercappeln über die Berechtigungen und Verpflichtungen der Zehntherren und Zehntpflichtigen. A III 4,326-329

1894 v. Heister: Das Saterland. WZ 17,315-322
1895 Mooyer: Chronologisches Verzeichnis einiger Drosten, darunter der Drosten der Bischöfe von Osnabrück. WZ 9,333-347
Reckenberg, Burglehen **2111**
Bruch: Die Rittersitze des Fürstentums Osnabrück. W 15,176 (Rez. Klocke)
Behr: Der Landkreis Osnabrück. W 49,196 (Rez. Müller)

Ossendorf, Krs. Warburg
Kirchspiel WZ 41 II 182
D: W 31,165; 41,190; 53,651

Ostbevern, Krs. Warendorf
1896 Müller, E.: Zur ältesten Geschichte Ostbeverns; insbesondere das Markenrecht von 1339. WZ 61,173-208
D: W 46,409

Ostenfelde, Krs. Warendorf
Nienburg, Untergang **1875**
D: W 46,409; 53,651

Ostercappeln
Weistum des Gogerichts **1893**

Osterwick, Krs. Coesfeld
1897 Sökeland: Chronik der Gemeinden Osterwik und Holtwik von den ältesten Zeiten bis zur Säkularisation des Fürstentums Münster im Jahre 1802. WZ 16,38-141
D: W 46,409; 53,651

Ostinghausen, Krs. Soest
D: W 46,410; 53,652

Ostönnen, Krs. Soest
D: W 41,191; 46,410

Ottbergen, Krs. Höxter
Kirchspiel WZ 39 II 128
D: W 20,314; 24,237; 41,190; 46,410

Ottenstein, Krs. Ahaus
D: W 41,190; 53,652

Ottfingen, Krs. Olpe
D: W 17,198; 53,652

Ottmarsbocholt, Krs. Lüdinghausen
D: W 46,410; 53,652

Haus **Ovelgünne,** Krs. Minden
D: W 25,141; 41,191; 53,652

Ovenhausen, Krs. Höxter
Reliquienkästchen aus der Michaelskapelle auf dem Heiligenberg (Lobbedey) W 53,194; Portatile (Claussen) W 53,196
D: W 31,165; 41,191; 53,652; Orgel 41,431

Ovenstädt, Krs. Minden
D: W 21,187

Overhagen, Krs. Lippstadt
D: W 46,410; 53,654

Padberg, Krs. Brilon
Freigrafschaft **3144**
D: W 25,141; 31,165; 41,191; 46,412

Paderborn, Bistum

Geschichtsquellen
Anfänge des Bistums
Grabungen
Bistum
Hochstift
Bischöfe
Domkapitel
Dom
Pfarrbezirke, Kirchen und Klöster
Bibliotheken
Bildungsanstalten, Schulen
Paderborn, Stadt
Personen
Paderborn, Land

Geschichtsquellen
Urkunden des Bistums **5**
1898 Gehrken: Über die Herausgabe eines Supplementbandes zu den Paderborner Annalen des N. Schaten [SJ † 1696]. A I 1,72-75
Erconrads Translatio S. Liborii. **44**
Karolus Magnus et Leo Papa. Text und Übersetzung. **46**
1899 Honselmann, Kl.: Zur Translatio S. Liborii [836]. Gobelin Person und die Teilnehmerberichte. WZ 116,171-189
1900 — Der Bericht des Klerikers Ido von der Übertragung der Gebeine des hl. Liborius [von Le Mans nach Paderborn]. WZ 119,189-265
1901 — Ein Zitat der Annales Patherbrunnensis in einer Hardehäuser Handschrift. WZ 123,266f.
1902 Völker: Familiengeschichtliche Quellen im Archiv des Generalvikariates in Paderborn. W 21,33-39

Giefers: Die **Anfänge** des Bistums Paderborn. **83**
1903 Tenckhoff: Paderborn als Aufenthaltsort der deutschen Könige und Kaiser. WZ 55 II 143-157
1904 Kuhlmann: Papst Leo III. im Paderborner Lande. WZ 56 II 98-150
1905 Cohausz: Die Gründung des Bistums Paderborn beim Papstbesuch 799. Neue Erkenntnisse aus dem wiedergefundenen Reisebericht des Diakons Erconrad von Le Mans. WZ 116,201f.
Beumann: Das Paderborner Epos [und die Kaiseridee Karls des Großen]. **46,** dazu WZ 109,381-383
Winkelmann: Der Schauplatz [des Besuches Papst Leo III. bei Karl d. Gr. 799]. **46**

Grabungen
1906 Kuhlmann: Ausgrabungen in Paderborn [nördlich des Domes]. WZ 65 II 222
1907 Völker: Der Marstall des Bischofs Meinwerk in Paderborn. W 20,196-199
1908 Thümmler: Die Paderborner Domgrabung und ihre Probleme. WZ 106,454-456
1909 - Grabungsbericht über die Kapellen an der Nordseite des Domes Paderborn. W 43,128-130
1910 Doms: Grabungsbericht über das ehemalige Domkloster Paderborn. W 43,130-133
1911 Esterhues: Grabungsbericht karolingischer Dom Paderborn. W 43,119-127
1912 — Zum Meinwerk-Bau des Paderborner Domes. W 50,194-199
1913 Winkelmann: Die Grabungen im Dombereich Paderborn 1961-1962. WZ 114,376f.

1914 – Ausgrabungen in der karolingischen Pfalz zu Paderborn. WZ 116,202f. – WZ 117,81
1915 – Die Königs- und Bischofspfalzen im 11. Jahrhundert in Paderborn. WZ 119,171f.
1916 – Die Pfalzbauten des 11. Jahrhunderts in Paderborn. WZ 119,439
1917 – Capitalis Quadrata. Funde karolingischer Monumentalschrift aus der Grabung Paderborn. W 48,171-176
1918 – Die Königspfalz Paderborn. WZ 124/125,255f.
Bauforschung Dom **2577**
1919 Vüllers: Die ältesten Baureste Paderborns. WZ 56 II 165-176
1919b Humann: Die Baukunst unter Bischof Meinwerk von Paderborn. W 11,26-31
1920 Thümmler: Die ältesten Kirchen Paderborns auf Grund der Grabungen in der Abdinghofkirche. WZ 100,396-400
1921 Ortmann: Baugeschichte der Salvator- und Abdinghofkirche zu Paderborn auf Grund der Ausgrabungen 1949-1956. WZ 107,255-366, dazu: Meyer-Barkhausen W 38,114
1922 – Archäologische Grabungen bei der Abdinghofkirche. WZ 115,526-529
1923 Bauforschung Abdinghofkirche W 31,289
1924 Fuchs: Die ursprüngliche Busdorfkirche zu Paderborn auf Grund der Grabung 1935. W 20,359-376
Bauforschung Busdorfkirche **2582**
1925 Esterhues: Bericht über die Ausgrabungen in Paderborn 1955 (Garten Michaelskloster, Brenkenhof, Marienplatz/Abdinghof). WZ 110,368-371
1926 Ortmann: Vorbericht zur Befestigungsuntersuchung an den westlichen Paderquellen (Paderabhang) 1969. WZ 119,423f.

Bistum
1927 Holscher: Die ältere Diözese Paderborn, nach ihren Grenzen, Archidiakonaten, Gauen und alten Gerichten. WZ 37 II 3-44
I. Steinheim WZ 37 II 45-90
II. Lemgo WZ 38 II 4-86
III. Höxter und IV. des Abtes zu Helmarshausen WZ 39 II 105-163
V. Iburg (später Brakel) WZ 40 II 52-87
VI. Warburg WZ 41 II 159-203
VII. Horhausen und VIII. Haldinghausen WZ 42 II 85-146
IX. des Propstes im Busdorf und X. des Domdechanten WZ 43 II 47-61
XI. des Dompropstes, sowie Verbesserungen und Zusätze WZ 44 II 45-118

1928 Honselmann, Kl.: Die spätmittelalterlichen Archidiakonatslisten des Bistums Paderborn. WZ 109, 243-256
Archidiakonat Horhusen **1497**
Liturgische Handschriften **2954**
Liber Ordinarius **49**
1929 Mooyer: Das älteste Totenbuch des Hochstifts Paderborn. Nachträge: Todestage Paderbornischer Geistlichen aus einem Hildesheimer Nekrologium. WZ 10,115-166
1930 Henke: Die ständische Verfassung der älteren Stifter und Klöster in der Diözese Paderborn (ausgenommen Corvey). WZ 70 II 1-67, dazu Dersch W 4,88
1931 Richter: Neue Beiträge zur Pfarrbeschreibung der Diözese Paderborn. WZ 61 II 204-206
1932 Leesch: Die Pfarrorganisation der Diözese Paderborn am Ausgang des Mittelalters. WZ 119,433f.
1933 Ülhof: Die Pfarrwahlen in der Erzdiözese Paderbon [Heinsberg, Hultrop, Neuenkleusheim, Rhode, Boele, Hagen, Schwelm]. WZ 109,295-355
1934 Koch, Fried.: Die ältesten Kirchen im Sprengel Paderborn. WZ 20,94-140
1935 Völker: Befestigte Kirchhöfe im mittelalterlichen Bistum Paderborn [mit Vertrag über die Kirche zu Kirchborchen von 1304]. WZ 93 II 1-41
1936 Gorges: Beiträge zur Geschichte des ehemaligen Hochstifts Paderborn im 17. Jahrhundert unter Dietrich Adolf von der Reck. WZ 50 II 1-114
1937 Honselmann, Kl.: Eine Paderborner Kirchengeschichte des 18. Jahrhunderts in Fortsetzungen. WZ 122,290-292
Heiligenverehrung **2960**
Advent **2959**
1938 Wagner: Volksreligiösität und Aufklä-

rung im alten Fürstbistum Paderborn. WZ 123,297-299
1939 Stentrup: Erzbischof Dietrich II von Köln und sein Versuch der Inkorporation Paderborns [1429-1444]. WZ 62 1-97
Linneborn: *Inventar des Archivs des Bischöflichen Generalvikariates zu Paderborn.* H 3,32 (Rez. Völker)
Kalandsbruderschaften **3002**, Heinrichskult **481**, hl. Sturmi **958**, von Oeynhausen, Konfessionswechsel **728**, Die „Wickerschen" 1696 **3517**

Hochstift
1940 Gehrken: Einfluß auf die nachherige Landesverfassung des Hochstiftes Paderborn mit Aufzählung einiger übrig gebliebenen Spuren der Vorzeit. A III 3,64-96
1941 Rosenkranz: Die Verfassung des ehemaligen Hochstifts Paderborn in älterer und späterer Zeit. [Mit Karte des Bistums Paderborn in den ersten Jahrhunderten nach seiner Stiftung.] WZ 12,1-162
1942 Gehrken: Beitrag zu den besonderen Landesverträgen Westfalens im XV. Jahrhundert, welche das Fürstentum Paderborn mit den benachbarten Ländern abgeschlossen hat. Mit drei Original-Urkunden (von 1442, 1454, 1491). A IV 1,27-66
1943 - Einige urkundliche Beiträge für die Rechtsgeschichte. A II 2,217-220
1944 Wigand: Paderborner Kanzlei 1651. A IV 4,474
1945 Meyer, J. Th. L.: Beiträge zur Geschichte der Villicationen und Meiergüter. A III 2,144-157
1946 Wigand: Zur Geschichte des Paderborner Meierrechts seit dem 17. Jahrhundert. A V 2,177-207
1947 v. Haxthausen: (Anzeige) Über die Agrarverfassung in den Fürstentümern Paderborn und Corvey. Berlin 1829. A IV 3,354-358
1948 Jacobs: Die Paderborner Landstände im 17. und 18. Jahrhundert [Ein Beitrag zur Verfassungsgeschichte des Hochstifts Paderborn]. WZ 93 II 42-112
1949 Wagner, Gotthold: Comitate im Bistum Paderborn [unter Einbeziehung von Bilstein und Arnsberg, mit 11 Skizzen]. WZ 103/104,221-270
Ilgen: Übersicht über die Städte des Bistums Paderborn im Mittelalter **100**
1950 Schoppmeyer: Die Städte des Hochstifts Paderborn im Mittelalter und in der frühen Neuzeit. WZ 124/125, 256
1952 Rosenkranz: Seltsame Rechtshändel aus einer Doppelehe. WZ 13,365-372
Juden im Hochstift Paderborn **2825f.**
1953 Keinemann: Unruhen und Krisen im Fürstbistum Paderborn am Ende des 18. Jahrhunderts. WZ 118,339-362
1954 Deppe: Die Paderborner Besitzungen in Südhannover [mit Karte]. WZ 90 II 171,192
Schützenwesen **3016**

Bischöfe
Badurad 815-862 **148f.**
Rethar 983-1009 **50**
Meinwerk 1009-1036 **690ff.**
Rotho 1036-1051 **844**
Imad 1051-1070 **1938**
Oliver 1223-1225 **41**
Otto von Rietberg 1279-1307 **738**
Bernhard V. Edler Herr zur Lippe 1321-1341 *2417*
Balduin 1341-1361 *2414, 2418*
Wilhelm von Berg 1401-1415 **182f.**
Hermann II. Graf von Wied, Administrator 1532-1547 **501f.**
Rembert von Kerssenbrock 1547-1568 **575**
Erich 1508-1532 **1281**
Salentin von Isenburg 1574-1577 **541**
Theodor Adolf von der Reck 1650-1661 **798**
Ferdinand II. von Fürstenberg 1661-1683 **340ff.**
Franz Arnold von Wolff-Metternich 1704-1718 **1036**
Richard Dammers 1841-1844 **243**
Franz Drepper 1845-1855 **273**
Konrad Martin 1856-1879 **678**

Weihbischöfe
Hermann von Gehrden **499**
Pelcking, Johann **748, 1218**
Bruns, Pantaleon **1123**

Das Bistum Paderborn unter den Bischöfen Rethar und Meinwerk. **50**

1955 Meyer: Fragmente [Traditionsnotizen] aus der Kanzlei des Bischofs Meinwerk von Paderborn. A V 2,111-131
1956 Schröder, Fried.: Die Geschichte der Paderborner Bischöfe von Rotho bis Heinrich von Werl 1036-1127. [Teil I bis 1076] WZ 74 II 169-205; [Teil II 1076-1127] WZ 75 II 62-104
Kleinschmidt: *Das Rationale zu Paderborn. In: Das Rationale in der abendländischen Kirche. WZ 64 II 172f. (Rez. Kuhlmann)*
1957 Hoogeweg: Die Paderborner Bischofswahl vom Jahre 1223. WZ 46 II 92-122
1958 Schrader, F. X.: Päpstliche Bestätigungen der Wahlen Paderborner Bischöfe von 1463 bis 1786. WZ 56 II 17-32
1959 Raab: Kursächsische Absichten auf das Hochstift Paderborn [1761]. WZ 108,367-386
1960 Keinemann: Die Paderborner Koadjutorwahl 1773. WZ 118,386-397
1961 Honselmann, Kl.: Gedruckte Berichte über den Einzug von Fürstbischöfen in Münster und Paderborn 1679 bis 1783. WZ 117,361f.
1962 Wigand: Ein Erbvertrag vom Jahre 1316, unter der Einwilligung des Bischofs von Paderborn, als Lehnsherr, geschlossen. A III 2,191f.
1963 Hohmann: Domkapitel und Bischofswahlen in Paderborn, 1821 bis 1856 WZ 121,365-450, 1857 bis 1892 WZ 122,191-282, 1892 bis 1910 WZ 123,215-263
1964 Richter: Die „vom Teufel Besessenen" im Paderborner Lande unter der Regierung des Fürstbischofs Theodor Adolf von der Reck und der Exorzist P. Bernhard Löper SJ. WZ 51 II 37-96
1965 Hoedt: Die Anfänge der Hofbuchdruckerei des Fürstbischofs von Paderborn in Neuhaus. WZ 105,219-238
1966 Brockhoff: Musik am fürstbischöflichen Hof von Paderborn vom 16. bis 18. Jahrhundert. W 45,231-244
Der Bischof von Paderborn und seine Städte **47**
1967 - Schoppmeier: Der Fürstbischof von Paderborn und die Selbstverwaltung der Städte seines Territoriums. WZ 118,408-410
Schwaney, Verleihung des Stadtrechtes **249**, Dringenberg, Wagendienst 1530 **1281**, Landfrieden 1391 **2804**, Bischöflicher Stadelhof **2059**

Domkapitel
Archidiakonate **1927**
1968 Hanneken: Die ständische Zusammensetzung des Paderborner Domkapitels im Mittelalter [bis 1341; Exkurs: Überblick über Statuten und Erlasse des Kapitels bis 1580]. WZ 90 II 70-170
1969 Gehrken: Über das Aufhören eines altertümlichen Gebrauchs bei dem ehemaligen Domkapitel zu Paderborn. WZ 7,379f.
1970 Tack: Aufnahme, Ahnenprobe und Kappengang der Paderborner Domherren im 17. und 18. Jahrhundert. WZ 96 II 3-51
1971 - Die Wappenkalender des Paderborner Domkapitels. WZ 105,191-217
Ahnentafeln der Paderborner Domherren **45**, dazu Rensing W 47,224
1972 Michels: Heraldik am Liborischrein. W 45,265-278
1973 Richter: Der Streit um die Paderborner Dompropstei 1585-1590. WZ 52 II 136-140
1974 Michels: Die Grundsteinurkunden [der früheren Domherrenkurie von 1601 und 1690] des ehemaligen Marienstifts zu Paderborn. WZ 100,377f.
1975 Tack: Die Paderborner Domherrenkurien in der Barockzeit. W 29,240-245
1976 - Die Kapitelsäle des Paderborner Domes. WZ 111,263-286
1977 Keinemann: Die Wahl des letzten Domdechanten des alten Paderborner Kapitels (1802). WZ 119,425f.
1978 Steinhauer: Zur Geschichte des Paderborner Domkapitels von 1800-1830. WZ 61 II 179-201

von Engelsheim, Dietrich **254**
von Elverfeldt, Maximilian Friedrich **303**
Fuchs, Alois, Domkapitular **334**
von Haxthausen, Heinrich, Domdechant **474**
von Kesselstadt, Christoph, Domdechant **2954**

Linneborn, Johannes, Dompropst **660**
Meyer, Ignaz Theodor, Domkapitular **698**
Theodorich, Domherr **41,** 65-77
Völker, Christoph, Domkapitular **1001**

Matthisius, Theodor, Offizial **679**
Person, Gobelin, Offizial **750f.**

1979 Evelt: Der Priesterverein in der Domkrypta zu Paderborn. WZ 30,305-322
Domvikare: Becker **174,** Sechtlen **895**

Dom
1980 Evelt: Über einige jetzt nicht mehr gebräuchliche Ortsbezeichnungen in und bei dem Dome zu Paderborn. Nebst einschlägigen archäologischen Bemerkungen. WZ 39 II 54-104
1981 Gehrken: Basrelief [Alabaster-Relief Anbetung der hl. Dreikönige] aus dem Paderborner Dom. A I 4,119f.
1982 Stolte: Der Dom zu Paderborn [Baugeschichte und Ausgestaltung während des Mittelalters] WZ 61 II 61-144
[im 16. und 17. Jahrh.], WZ 62 II 105-162
[im 17. Jahrh. – Der Domschatz]. WZ 63 II 118-168
1983 Schröder, Fr.: Der Jahrestag der [Paderborner] Domweihe unter Bischof Imad (22. Juli 1068). WZ 80 II 68-72
Bautätigkeit des Bischofs Badurad **148**
1984 Vüllers: Die fremdartigen Säulen in der Vorhalle des Paderborner Domes und ihre Beziehungen zu der römischen Wasserleitung in der Eifel. WZ 53 II 135-137
1985 Fuchs: Der Kanalsinter als Werkstoff. W 18,87-90
1986 Boedeker: Das Adlerkapitell im Dom zu Paderborn. W 22,86-89
1987 Tack: Die Kapitellornamentik des 13. Jahrhunderts am Paderborner Dom. WZ 94 II 3-100
1988 - Die Barockisierung des Paderborner Domes. WZ 97 II 35-79 und WZ 98/99 II. 34-76
1989 - Die Baugeschichte der Paderborner Domkrypta. WZ 106,459
1990 - Die Matthiaskapelle des Paderborner Domes, ein Denkmal barocker Adelskultur. WZ 107, 436f.
1991 - Der [gotische] Reliquienhochaltar des Paderborner Domes. WZ 108,400f.
1992 - Aufdeckung eines mittelalterlichen Portals im Paderborner Dom. WZ 109,227-241
1993 - Die Paradiesvorhalle des Paderborner Domes und die Wallfahrt nach Santiago de Compostela. WZ 109,380f.
1994 - Das Brautportal des Paderborner Domes. WZ 110,375f.
1995 - Die Dombauten des 13. Jahrhunderts in Paderborn und Riga. WZ 112,233-244
Osterspiel **2958**

1996 Mühlen: Westfälische Hallen nach dem Paderborner Dom. WZ 114,375f.
1997 - Das geöffnete Westturmjoch und der Domturm zu Paderborn im 13. Jahrhundert. W 48,126-147

Wiedererrichtung [Barock-] Hochaltar **2570**
1998 Schmitz, K. J.: Zur Ikonologie der nachmittelalterlichen Bildhauerkunst im Paderborner Dom. WZ 123,296f.
Philippus-Jakobus-Altar **204**
Bauforschung **1906ff.**
D: W 17,198; 18,208; 20,314; 24,238; 31,165; 41,192; 46,412; 53,655
Domschatz **1982**
Tragaltäre W 9,31 (Rez. Schmitz-Kallenberg)
Imad-Madonna W 29,94 (Rez. Rensing)
Restaurierung Imad-Madonna **2576**
Statuette des hl. Liborius **3413**
Anna Selbdritt im Domschatz **3412**

Wegführung des Domschatzes 1806 **3405**
1999 Fuchs: Neuordnung des Domschatzes in Paderborn. W 19,312-316

Kirchen, Klöster
2000 Evelt: Die Namen der **Pfarrbezirke** in der Stadt Paderborn. WZ 31, II 94-141
2001 Cohausz: Die Paderborner Pfarreinteilung 1231. WZ 105,149-182
Studien zu Papsturkunden für **Klöster** des Bistums Paderborn. **2405**

Abdinghof
Wilmans: Die Urkundenfälschung des Klosters Abdinghof **2393**
Tenckhoff: Die angeblichen Urkundenfälschungen **2394**
Honselmann, Kl.: Die sogenannten Abdinghofer Fälschungen in der Aufmachung von Siegelurkunden **2395**
- Urkunden über das Benefizium an den Externsteinen **2440**
- Urkunden Konsekration Kreuzaltar [1373] **2441**

2002 v. Spilcker: Das Kloster Abdinghof hatte 1107 einen eigenen Goldarbeiter. A II 3,335f.
2003 - Eine im Jahre 1118 mit dem Kloster Abdinghof in Paderborn verabredete Precarie. A III 1,98-103
2004 Meyer, J. Th. L.: Wo lag der dem Kloster Abdinghof vom Kaiser Heinrich II. geschenkte und vom Bischof Meinwerk übergebene Hof Triburi? A III 3,117-119
2005 Löffler: Auszüge aus dem Totenbuche des Benediktinerklosters Abdinghof in Paderborn. WZ 63 II 82-109
2005a Tentrup: Die älteste Handschrift des Abdinghofer Nekrologs. WZ 110,223-230
Totenroteln 1477, 1495 **2988**

Abt Konrad 1142/43 **612**
Abt Heinrich von Peine 1477-1491 **747**
Abt Leonhard Ruben 1598-1609 **845**
Abt Gabelus Schaffen **858**
von Zütphen, Graf Otto, Stifter einer Memorie **1045**

Bauforschung **2577**
Grabungen **1920f.**
D: W 31,167; 41,179; 53,658

2006 Fuchs: Die **Alexiuskapelle** in Paderborn. W 22,148-156
2007 - Die Alexiuskapelle in Paderborn und ihr Atrium. WZ 111,357f.
D: W 21,187;41,201; 46,416; 53,661

Gerolds- und Bartholomäuskapellen
2008 v. Brenken: Die Gerolds- und Bartholomäuskapellen in Paderborn. A I 1,50-54
2009 Gehrken: Wichtiger Nachtrag zum Aufsatz über die Bartholomäuskapelle. A I 1,113f.
2010 v. Lassaulx und Gehrken: Bemerkungen über die Gerolds- und Bartholomäuskapellen in Paderborn. A VII, 1,91-93
2011 Kuhlmann: Gerold und die Geroldskapelle in Paderborn. WZ 58 II 3-22
2012 Reismann: Ist die Bartholomäuskapelle in Paderborn ein karolingischer Bau? WZ 71 II 129-142
2013 Fuchs: Änderungen und Restaurierungen an der Bartholomäuskapelle. WZ 108,401-403
Erstes Objekt der Denkmalpflege **2540**
Restaurierung 1955 **2567**
D: W 31,167; 41,201; 46,416; 53,655

Busdorf
Archidiakonat des Propstes **1927**
Gründungsurkunde des Stiftes Busdorf **2365**
2014 Gehrken: Anfrage [betr. Urkunde des Busdorfstiftes von 1081] A IV 2,242f.
2015 Erhard: Verzeichnis der Güter und Einkünfte des Stiftes SS. Petri et Andreae (Busdorf) in Paderborn. WZ 4,115-135
2016 Meier, Joh.: Das Einkünfteverzeichnis des Busdorfstiftes zu Paderborn aus dem Anfang des 13. Jahrhunderts. WZ 119,315-352
2017 Voß: Verfassungs- und Wirtschaftsgeschichte des Kollegiatstiftes Busdorf zu Paderborn von seiner Gründung bis zur Aufhebung (1036-1807). I. Name und Gründung, II. Vita canonica. III. die einzelnen Mitglieder des Stifts, IV. die Kapitelämter. WZ 72 II 147-207
V. Stellung des Stiftes zum Busdorf, VI. Güterwirtschaft des Stiftes, VII. Die Stiftspfarre, VIII. Die Stiftsschule, IX. Aufhebung des Stifts. WZ 73 II 1-62

Mittelalterl. Handschrift **1517**
Johannesbruderschaft **2020**
Beeck, Laurentius **2045**
Grabung 1935 **1924**, Bauforschung **2582**
D: W 17,198; 18,208; 19,286; 23,317; 31,167; 41,200; 46,416; 53,658

Franziskanerkirche
2018 v. Fürstenberg: Eine Grundsteinplatte für das Paderborner Franziskanerkloster [von 1663 in Thüle]. WZ 119,427f.
Petrini, Baumeister 3374
D: W 19,286; 31,167; 41,201; 53,660

Gaukirche
2019 Bieling: Geschichte des Cisterzienserinnenklosters Gaukirche zu Paderborn während der ersten Jahrhunderte seines Bestehens. WZ 36 II 62-112
2020 Giefers: Die „Ellenden"-Bruderschaft [an der Gaukirche] zu Paderborn [und die Johannesbruderschaft am Busdorf und an der Marktkirche] WZ 35 II 153-170
2021 Stolte: Der Abdruck der Bestätigungsurkunde der Ellenden-Bruderschaft. WZ 61 II 202-204
Siechenhaus 3471
Totenroteln 1495
„Gaukirchenmeister" 3279
Stifter und Meister des ehemaligen [Barock-] Hochaltares 215
D: W 21,187; 23,317; 24,239; 31,169; 41,200; 46,416; 53,658

Jesuitenkirche, seit 1784 auch der Marktkirchpfarre zugewiesen
Johannesbruderschaft 2020
silbernes Antependium 269
D: W 17,198; 18,208; 20,314; 21,187; 24,238; 25,141; 31,170, 41,198; 46,414

Kapuzinerkloster
2022 Sauerland: Auszüge aus dem Liber Annalium et Annotationum Conventus ff. Capucinorum Paderbornensium ab anno 1612. WZ 47 II 33-48
2023 Ahlemeyer: Krönungs-Insignien der deutschen Kaiser — im Kapuzinerkloster zu Paderborn [1798 Absonderung der Reichs-Insignien vom Kirchenschatz des Kaiserlichen Krönungsstiftes zu Aachen an den Reichsgrafen von Westphalen zu Fürstenberg verabfolgt]. WZ 40 II 150-153
D: W 31,170

Freisen: Landeshospital, **Kapuzinessenkloster,** *Genossenschaft der Barmherzigen Schwestern zu Paderborn.* WZ 60 II 216-220 *(Rez. Richter)*
D: W 17,199

Liborikapelle
D: W 21,187; 31,170; 46,416; 53,661

Klosterkirche **St. Michael**
D: W 31,170; 41,201; 53,661

Minoritenkirche
2024 Ahlemeyer: Die Bruderschaft der Schmiede in der Minoritenkirche zu Paderborn. WZ 40 II 154-162

Roms-Kapelle
2024b Bocholtz-Asseburg: Einige Nachrichten über Roms-Capelle.
WZ 52 II 132-136

Bibliotheken
Bibliothek des Vereins für Geschichte und Altertumskunde Westfalens,
Abteilung Paderborn:
Verzeichnis der Bücher 1856 82
Büchersammlung 1893 87
Akademische Bibliothek:
Druckexemplar Luthers Thesen 2963
Zeichnung 15. Jahrhundert 3332
2025 Richter: Die Theodorianische Bibliothek zu Paderborn.
WZ 71 II 241-247
Sammelband Reformationsschriften 175
Szene aus dem 30jähr. Krieg 2045

Museum des Altertumsverein
D: W 15,65; 17,112; 29,109; vgl. auch die Jahresberichte der Abteilung.
Diözesan-Museum, 2526
D: W 53,656

Bildung
2026 Bade: Geschichtliche Nachrichten über das Hochstift Paderborn und seine höheren Bildungsanstalten. WZ 10,1-114
Schriftstellerverzeichnis 2044
Studenten an niederländischen Universitäten **2833f.**

Domschule

2027 Stolte: Ein Bericht über die Lektüre an der Paderborner Domschule aus dem Jahre 1565. WZ 81 II 64f.
Anno, der Heilige **135**
2028 Honselmann, Kl.: Zur Geschichte der Paderborner Domschule im 11. und 12. Jahrhundert. WZ 112,365f.
Schoppe: Die Gründung der Paderborner Domschule. **41**,3-23
Doms: Ein reicher Schreibgriffelfund aus der Umgebung der Domschule. **41**, 25-35
Tack: Das Gebäude der alten Domschule. **41**, 37-47
Honselmann, Kl.: Aus der Blütezeit der Domschule. **41**, 49-64
Domherr Theodorich; Magister Manegold, Reinher, Oliverus **41**, 65-142

Universität

2029 Richter: Die Universität Paderborn. WZ 56 II 180f.
2030 Schulte, Karl-Joseph: Zur Geschichte der Marianischen Studentenkongregation am Paderborner Jesuitenkolleg [Stiftungsurkunden, Album der Sodalitas major 1617-1640]. WZ 65 II 210-216
2031 Brand, Franz-Jos.: Verzeichnis der vom Schlosse Neuhaus im Jahre 1803 in das Universitätshaus überführten [Fabritius-'schen] Gemälde. WZ 43 II 158-161
2032 Schäfers, Joh.: Die Fabritius'schen Gemälde im Kollegienhaus zu Paderborn. WZ 69 II 357-359
Fuchs: Die Bronze-Madonna [von 1628] des ehem. Jesuitenkollegs. W 25,94 (Rez. Rensing)
2033 Honselmann, K.: Die Klosteraufhebung in Paderborn 1810 und das „Universitätshaus". WZ 105,239-247

Gymnasium

Segin: Das Gymnasium Salentinianum. **41**, 145-174
Hohmann: Von der Jesuitenschule zum staatlichen Gymnasium Theodorianum. **41**, 177-334
2034 Richter: Das Paderborner Gymnasium im 19. Jahrhundert. 1. bis 3. Teil: WZ 76 II 1-58; 4. bis 6. Teil: WZ 77 II 3-75

Schneider, Franz-Egon: Das Bischöfliche Gymnasial-Alumnat in Paderborn (Festschrift 1905) WZ 63 II 205 (Rez. Kuhlmann)
Schülertumulte 1837 und 1838 **3035**

Keyser: Stiftung des **Priesterseminars** zu Paderborn. **84**, 17-22
Schäfers, Joh.: Geschichte des Bischöflichen Priesterseminars zu Paderborn. WZ 60 II 220f. (Rez. Richter)
2035 Richter: Die Einrichtung der bischöflichen philosophisch-theologischen Lehranstalt zu Paderborn. WZ 69 II 91-206

Volksschulwesen

2036 Richter: Beitrag zur Geschichte des Paderborner Volksschulwesens im 19. Jahrhundert:
A. Schule und Kirche, WZ 70 II 347-429, B. Die Paderborner Normalschule, WZ 73 II 215-265. C. Das Volksschulwesen in der Stadt Warburg, WZ 74 II 133-168. D. Das Volksschulwesen in der Stadt Paderborn. WZ 75 II 1-62. E. Die Paderborner Landschulen, WZ 83 II 77-141

Reformation

Druckexemplar von Luthers Thesen **2963**
2037 Sauerland: Drei das erste Auftreten des Protestantismus in der Stadt Paderborn betreffende Urkunden. WZ 51 II 121-136
2038 Rosenkranz: Die Reformation und Gegenreformation Paderborn's im 16. und 17. Jahrhundert. WZ 2,113-160
2039 - Paderbornsche Gelehrte aus dem Reformationszeitalter: 1. Arnold Burenius 2. Conrad Gocklenius 3. Antonius Corvinus 4. Otto Beckmann. WZ 16,1-37
2040 Leineweber: Die Paderborner Fürstbischöfe im Zeitalter der Glaubenserneuerung. Ein Beitrag zur Reformationsgeschichte des Stifts Paderborn [1508-1568]. WZ 66 II 77-158; [1568-1585]. WZ 67 II 115-200
2041 Völker: Zur Geschichte der Reformation im Hochstift Paderborn mit besonderer Berücksichtigung der Stadt Steinheim und ihrer Umgebung. WZ 88 II 94-139
2042 Honselmann, Kl.: Der Kampf um Pa-

derborn 1604 und die Geschichtsschreibung. WZ 116,198-201
2043 - Der Kampf um Paderborn 1604 und die Geschichtsschreibung auf Grund der Chronik Martin Klöckners. WZ 118,229-338
Familie von Oeynhausen **728**, Abt Leonhard Ruben **845**, Borius Wichard **1021**
2044 - Ältere Vorarbeiten zu einem Paderborner Schriftstellerverzeichnis [von J. Ph. Rosenmeyer und F. J. Gehrken].
WZ 120,472-476

Kriege

2045 Evelt: Eine Szene aus dem 30jährigen Kriege. Nach dem Manuskript der Theodorianischen Bibliothek zu Paderborn [Ermordung des Laurentius Beeck, Kanonikus am Busdorf 1622, Bartholomäus Ruffäus, Buchdrucker (Vita et mors)]. WZ 22,320-329.
Verwüstungen **233**
Militärwesen des ehemaligen Hochstifts Paderborn **2863**

2046 Rosenkranz: Das Paderborner Bataillon im siebenjährigen Kriege. WZ 11,355-361
2047 Stoffers. Das Hochstift Paderborn zur Zeit des siebenjährigen Krieges. WZ 69 II 1-90; WZ 70 II 68-182

2048 Richter: Der **Übergang des Hochstifts Paderborn an Preußen:** — I. Zustände im Hochstift nach dem 30jährigen Kriege. II. Die letzten Jahre der fürstbischöflichen Zeit. III. Preußen und Frankreich. WZ 62 II 163-235
- IV. Die Abfindung des letzten Fürstbischofs. Das Schicksal der Klöster und Stifter. V. Reformen und Reformpläne. VI. Drohende Anzeichen. Das Ende der preußischen Herrschaft. WZ 63 II 1-62
- VII. Paderborn unter der kaiserlichen Regierung. VIII. Der Beginn der westfälischen Herrschaft. IX. Festliche Tage — Licht und Schatten — Phrase und Wirklichkeit. X. Kirchen- und Schulwesen. WZ 64 II 1-65
- XI. Die Militärkonskription. Die Westfalen in Spanien und Rußland. XII. Die Last der Abgaben. XIII. Domänen und geistliche Stiftungen: Gehrden, Willebadessen, Wormeln, Holthausen, Brede, Gaukirche, Lügde, Büren, Domkapitel, Busdorfstift, Neuenheerse. XIV. Das Ende der westfälischen Herrschaft. XV. Das Paderborner Land im Freiheitskriege. WZ 65 II 1-112
Richter: Preußen und die Paderborner Klöster und Stifter 1802-1806. WZ 63 II 205 (Rez. Kuhlmann)
Klosteraufhebung **2033**
2049 Hohmann: Paderborn in den Kölner Wirren. W 48,48-55

Paderborn, Stadt

Geognostische und hydrognostische Verhältnisse **2588**
Wasserverhältnisse **2587**
Älteste Münzen **2485**
2050 Gehrken: Über den ehemaligen Schilder-Zoll in der Stadt Paderborn, mit einer im 14. Jahrhundert angefertigten Heberolle. A I 3,26-34
2051 - Stadtrecht von Paderborn. A II 1,54-63; A II 2,227
2052 - Die Stadt Paderborn mit den übrigen Städten des Fürstentums bis zum Verfalle Mitglieder des hanseatischen Bundes. A III 4,218-225
Wilhelm von Berg **182**
Richter: Geschichte der Stadt Paderborn. WZ 57 II 226-228 (Rez. v. Detten)
2053 Richter: Neue Beiträge zur Paderborner Geschichte. WZ 60 II 216-221
2054 Evelt: Über den Ursprung des Ortsnamens „Paderborn".
WZ 34 II 169-199
2055 Kindl: Padaribrunno, ein Versuch der Deutung des Ortsnamens Paderborn [mit Exkurs: Paderborn als Mittelpunkt des selbständig handelnden südengrischen Neusiedelgebietes während der Feldzüge Karls des Großen]. WZ 115,283-394
Nennung Paderborns in Urkunde von 777 **561**
2056 Walter: Der Ortsname Paderborn, Ergebnisse mundartlicher Landesforschung [mit 2 Karten]. WZ 119,179-188
2057 Horstmann: Zur Entstehungsgeschich-

te des Paderborner Stadtwappens. Mit einem Anhang: Das Rücksiegel des Hermann von Münster [von 1285]. WZ 121,265-282
Paderborner Inschriften, Wappen und Hausmarken **39**

Topographie der Stadt, wichtige Urkunden **2417**
2059 Pöppel: Der bischöfliche Stadelhof beim mittelalterlichen Markt in Paderborn. Untersuchungen zur alten Topographie der Stadt. WZ 111,355-357
2060 Hoppe: Rund um den Dom [Paderborn]. Stadtgestalt im Wandel der Jahrhunderte. WZ 123,299f.
Zur [Stadt-]Paderborner Geschichtsschreibung **501**
2061 Schoppmeyer: Paderborn als Hansestadt. WZ 120,213-276

Buchdruck WZ 41 II 151-156, Hofbuchdruckerei **1965**
2062 Kiepke: Die Geschichte der Paderborner Presse von ihren Anfängen bis zum Ausgang des Kulturkampfes 1599-1880. WZ 89 II 1-75
2063 Wippermann: Niederdeutsches in Paderborner Familiennamen. WZ 109,386-388
2064 Eikel: Eine Goldschmiedewerkstatt des 14. Jahrhunderts in Paderborn. W 45,117-123
Arzneitaxe von 1667 **3465**
2065 Pöppel: Das mittelalterliche Paderborner Brauwerk. WZ 108,404f.
2066 - Die sog. Urschrift aus dem Jahre 1681 über die Entstehung des Paderborner 66-Spiels im Lichte Paderborner Geschichtsquellen. WZ 110,341-349
2067 Rosenkranz: Der Kaffeelärm in Paderborn 1781. WZ 11,339-345

2068 Michels: Aus der Baugeschichte des Paderborner Rathauses. WZ 96 II 52-84
2069 - Die Baugeschichte des Paderborner Rathauses seit 1620. WZ 100,388
2070 - Zur Baugeschichte des Paderborner Rathauses im 18. und 19. Jahrhundert. WZ 111,301-328

Paderborner Adelsfamilien **2444**

2071 Rensing: Paderborner Architekten des 18. Jahrhunderts. W 22,111-123
2072 Hohmann: Paderborner Juristen in der deutschen Politik des 19. Jahrhunderts. WZ 113,473

2073 Vüllers: Die Scharne [Fleischverkaufshalle] in Paderborn. WZ 58 II 227f.
2074 Richter: Der Westphalenhof in Paderborn. WZ 60 II 222-231
2075 - Das „Zucht- und Fabrikhaus" (jetzt Inquisitoriat) zu Paderborn. WZ 61 II 206-213
2076 Hüffer: Das [Adam- und Eva-]Haus Hathumarstraße 7 (früher Krämergasse 154) zu Paderborn. WZ 80 II 64-67
2077 Michels: Das Stammhaus des Paderborner Altertumsvereins [mit 5 Textfiguren und 1 Tafel]. WZ 82,274-278
2078 - Baumhauers Wohnhaus in Paderborn. W 19,329-334
2079 Fuchs: Aus dem mittelalterlichen Paderborn. WZ 106,261
2080 Michels: Bilder aus dem alten Paderborn. WZ 110,379f.
Kiepke: Paderborn. Werden, Untergang, Wiedererstehen. W 29,122 (Rez. Kohl)
D: W 17,199; 18,209; 19,286; 21,187; 23,317; 31,165; 41,192ff; 46,417; 53,661

Paderborn, Personen
Bischöfe, Domkapitulare, Äbte a. a. O.
Beeck, Laurentius **2045**
Evelt, Julius, Professor **309**
Giefers, Wilhelm, Professor **404f.**
Gröninger, Bildhauerfamilie **430-450**
Jodefeld, Augustinus, Maler **545**
Kircher, Athanasius SJ **588**
Klöckner, Martin, Chronist **2043**
von Löher, Franz, Historiker **51**
Manegold, Magister **41**
Michels, Paul, Baurat **700**
Oliverus, Magister **41**
Pontanus, Matthäus, Buchdrucker **779**
Pütt, Johann Jakob, Hofbildhauer **784**
Reinher, Domschulmagister **41**
Reismann, Heinrich, Realschuldirektor **805**
Richter, Wilhelm, Professor **812**

Rosenkranz, Georg Joseph, Justizrat **841**
Rudolphi, Johann Georg, Barockmaler **846f.**
Ruffäus, Bartholomäus, Buchdrucker **2045**
Schaten, Nikolaus SJ **1898**
Sertürner, Wilhelm Adam, Apotheker **898**
Spancken, Karl, Bankier **906**
Spancken, Wilhelm Siegfried, Kreisgerichtsrat **907**
von Spee, Friedrich SJ **908f.**
Stolte, Bernhard, Historiker **954**
Stratmann, Malerfamilie **955f.**
Tack, Wilhelm, Propst **966**
Tönnemann, Vitus, Diplomat SJ **978**
Wichard, Borius, Bürgermeister **1021**

Paderborner Land
2081 Wormstall: Die Wallburgen des Padderborner Landes in den älteren Geschichtsquellen. W 10,61-67
Giefers: Paderborn und seine Feldmark **84**
2083 Spancken, W.: Zur Geschichte des Gaues Soratfeld und der Go- und Freigerichte im Paderborner Lande. WZ 40 II 3,51
Altenautal, Bauernstand **1060**
Enenhus im Padergau **1296**
Forst- und Jagdwesen **3479**
Landschulen 19. Jh. **2036**

2084 Vüllers: Über die Entwicklung der zum ehemaligen Fürstentum Paderborn in Beziehung gestandenen Salinen Salzkotten, Westernkotten und Salzuflen. WZ 59 II 167-195
2085 Knape: Die wichtigsten industriellen Unternehmungen des Paderborner Landes in fürstbischöflicher Zeit: I. Die Saline Salzkotten und das Paderborner Salzwesen. II. Bergbau und Metallgewinnung im Hochstift Paderborn. III. Die Glashütten des Paderborner Landes. WZ 70 II 183-346
2086 Biermann: Geschichte des Bergbaus bei Altenbeken. Ein Beitrag zur Geschichte der wirtschaftlichen Verhältnisse im ehemaligen Hochstift Paderborn. WZ 58 II 145-198
2087 Pfeiffer: Die Wirtschaftsstruktur des Paderborner Landes im Beginn des 19. Jahrhunderts. W 23,60-73

Paderborn Kreis
2088 Hohmann: Die Anfänge des Kreises Paderborn. Die ersten Landräte. WZ 117,374f.
2089 - Die Paderborner Landräte von 1870 bis zum Dritten Reich. WZ 118,406f.
Landkreis Paderborn. Zur Einweihung des Kreishauses (1968). W 47,95 (Rez. Kohl)

Papenheim, Krs. Warburg
Kirchspiel WZ 41 II 185

Pattersen, Krs. Springe
Bannus WZ 34 II 25

Haus **Patthorst,** Krs. Halle
W 41,202

Peckelsheim, Krs. Warburg
Kirchspiel WZ 41 II 183
2090 Pfeiffer: Die Gründungsgeschichte der Stadt Peckelsheim. W 22,206
Anfänge der Städte **1120**
Schrader, F. X.: Entwicklung der Kaplanei zu Peckelsheim. WZ 57 II 212-222
D: W 31,172; 46,419; 53,662

Pelkum, Krs. Unna
D: W 17,191; 41,203; 46,419

Petershagen, Krs. Höxter
D: W 19,286; 20,315; 31,172; 41,203; 46,419; 53,664

Plettenberg, Krs. Altena
Reformation **2964**
2092 Korn, El.: Der Pfarrer Heinrich Steinhoff und der Wiederaufbau der Plettenberger Kirche im 15. Jahrhundert. W 38, 144-161
2093 Krins: Ein Siegelabdruck der Schmiedezunft der Stadt Plettenberg. W 45. 314
2094 Meister: Eine Sensenschmiede bei Plettenberg nach dem 30jährigen Kriege. WZ 84,251-253
D: W 17,199; 31,172; 41,203; 46,419; 53,664

Pömbsen, Krs. Höxter
Kirchspiel WZ 37 II 47

2095 Krömeke: Das Pfarrdorf Pömbsen und seine Filialen. WZ 32 II 117-146
D: W 31,172; 53,664

Polsum, Krs. Recklinghausen
D: W 53,664

Porta s. Holzhausen-Porta

Preußisch-Oldendorf, Krs. Lübbecke
D: W 17,199; 31,172; 53,664

Haus **Pröpsting,** Krs. Borken
D: W 53,666

Puderbach, Krs. Wittgenstein
D: W 41,204

Pungelscheid, Krs. Altena
D: W 46,420

Quernheim, Krs. Herford
2096 Jebens: Die Wiederherstellung der Kirche Stift Quernheim. W 21, 203-206
2097 Lobbedey: Die romanische Stiftskirche zu Quernheim. W 50,200-209
D: W 17,199; 41,204; 46,420; 53,666

Raesfeld, Schloß Borken
Michael von Gent, Architekt **3371**
D: W 17,199; 18,209; 31,172; 41,201; 46,422; 53,666

Rahden, Krs. Lübbecke
D: W 19,286; 53,666

Rahrbach, Krs. Olpe
D: W 25,142; 31,172; 41,205; 53,667; Orgel 41,431

Ramsdorf, Krs. Borken
2098 Bartels: Die Burg Ramsdorf. W 17,243-246
Museum des Altertumsvereins W 15,205f.; 17,36
D: W 31,172; 41,205; 53,667

Raumland, Krs. Wittgenstein
D: W 17,199; 41,206; 46,422; 53,668

Ravensberg, Grafschaft, Krs. Halle
2099 Mooyer: Das Recht der sieben freien Hagen in der Grafschaft Ravensberg nebst dem Hausgenossenrechte. A V 4,385-390
2100 Wigand: Vom Recht der sieben freien Hagen. A VI 2/3,282f.
2101 - Verleihung des Gutes Kleikamp in der Herrschaft Ravensberg zu Pachtlehnsrechten 1538. A IV 3,293
2102 Thiemann: Die Burg Ravensberg [mit 1 Grundplan]. WZ 49 II 162-168
2103 Herberhold: Das Ravensberger Urbar von 1550. W 21,1-8
2104 Die Grafschaft Ravensberg und ihre Ämter bis 1719. W 15,97
2105 Engel: Die Osning-Grafschaft Ravensberg. Zur Geschichte und Entwicklung einer Landeshoheit. W 40,59-75
Das katholische Kirchenwesen im 17. und 18. Jahrhundert. **40**
2106 Spannagel: Eine Kabinettsordre König Friedrich Wilhelms III. von Preußen an die Ritterschaft Ravensberg vom Jahre 1799. WZ 56,117-120
2107 - Mark und Ravensberg – 300 Jahre brandenburgisch-preußisch! W 1,97-102
Hagemann: Bäuerliche Gemeinschaftskultur in Nordravensberg. W 18,73 (Rez. Klocke)
Hagmeister Meyer zu Rahden: Die Entwicklung des ravensbergischen Anerbenrechts im Mittelalter. W 23,270 (Rez. Pfeiffer)
Grafen von Ravensberg **791ff.**
D: W 19,287; 46,422

Haus **Reck,** Krs. Unna
D: W 41,206

Recke, Krs. Tecklenburg

2108 Mühlen: Zur früheren Baugeschichte der evangelischen Kirche zu Recke. W 50, 210-212
D: W 18,209; 41,206; 46,422; 53,668

Reckenberg, Krs. Wiedenbrück
2109 Bauermann: Die Eigenhörigenkonskription des Amtes Reckenberg, eine Quelle zur Familien- und Bevölkerungsgeschichte des Kreises Wiedenbrück [1652-1663]. W 21,9-12

2110 Wagner: Amtsstube und Schreiberei im Alten Amt Reckenberg. W 48,226-229
2111 Weddige: Ein [Osnabrücksches] Burglehn zu Reckenberg. WZ 112,171-184
2112 Wigand: Reckenbergisch Land- und Hausgenossenschaft. A V 4,409-424

Recklinghausen, Krs. Arnsberg
D: Kapelle St. Jakob W 46,424

Recklinghausen, Stadt
2113 Pennings: Das Vestische Archiv zu Recklinghausen. W 19,258-260
2114 - Zur Baugeschichte der Propsteikirche zu Recklinghausen. W 18,121-123
2115 Schneider: Stadt und Vest Recklinghausen während des 30jährigen Krieges. WZ 22,147-224
Dorider: Geschichte der Stadt Recklinghausen in den neueren Jahrhunderten (1577-1933) [im Inhaltsverzeichnis: Das Vest Recklinghausen.] W 33,236 (Rez. Kohl)
Pennings: Geschichte der Stadt Recklinghausen und ihrer Umgebung. W 23,267 (Rez. Rensing)
Buchdruck WZ 43 I 130-131
Flämische Barockgemälde **3327**
Vestisches Museum W 13,47f.; 15,205; 23,220; 29,111
Bauforschung Petrikirche **2577**
D: W 17,199; 20,315; 31,172; 41,207; 46,424; 53,668

Recklinghausen, Vest
Geschichte **1255**

Recklinghausen, Hochlar
D: W 46,425

Reelkirchen, Krs. Detmold
Kirchspiel WZ 37 II 73
D: W 31,173; 41,207; 46,425; 53,669

Referinghausen, Krs. Brilon
D: W 31,173

Rehme, Krs. Minden
D: W 41,207

Reigern, Krs. Arnsberg
D: W 41,208

Reiste, Krs. Meschede
D: W 41,208; 46,425; 53,669; Orgel 41,432

Haus **Reithaus,** Krs. Münster
D: W 46,425

Remblinghausen, Krs. Meschede
D: W 31,173; 41,208; 46,425; 53,669

Rengering, Krs. Warendorf
D: W 41,208

Rentrup, Krs. Lingen
Münzfund **2495**

Rheda, Krs. Wiedenbrück
2116 Flaskamp: Fürstliches Archiv Rheda, lose Quittungen, Kupferstich. W 30,222f.
2117 Mühlen: Schloß und Kapellenturm zu Rheda. W 46,62-76
2118 Wigand: Privilegien und Rechte der Stadt Rheda. Vom Jahre 1355. A VI 2/3 259-262
2119 Zellner: Das alte Rathaus zu Rheda. W 24,33-38
Medizinalwesen **3464**
D: W 22,280; 23,317; 24,239; 41,208; 46,425; 53,669; Orgel 41,433

Rhede, Krs. Borken
D: W 25,142

Rheder, Krs. Höxter
Kirchspiel WZ 40 II 79 und WZ 41 II 187
D: W 20,315; 41,209; 46,426; 53,671

Rheina-Wolbeck
2120 Darpe: Geschichte des Fürstentums Rheina-Wolbeck. WZ 33 I 113-153
Salzwesen **3122**
Tönsmeyer: Das Landesfürstentum Rheina-Wolbeck. W 42,324 (Rez. Kohl)

Rheine, Krs. Steinfurt
2121 Darpe: Zur Geschichte der Stadt Rheine. WZ 38 I 43-141

2122 - Das Gildewesen der Stadt Rheine. WZ 44 I 98-149
Herford und Rheine **1608**
2123 Dersch: Das Stadtarchiv in Rheine. W 4,33-46
2124 Korn: Siegel und Wappen der Rheiner Richter und Grafen. W 31,40-46
2125 Murdfield: Geschichte der Saline Gottesgabe bei Rheine i. W. nebst weiteren Beiträgen zur münsterländischen Wirtschaftsgeschichte. W 83 I 27-181
2126 Tönsmeyer: Brief des Feldherrn Tilly über Rheine. W 42,234-239
Humanismus **2938**
Führer: Geschichte des Gymnasiums Dionysianum in Rheine (Festschrift 1910) W 2,94 (Rez. Dersch)
- Beiträge zur Geschichte des Franziskanerklosters in Rheine. W 3,62 (Rez. Dersch)
- Kurze Geschichte der Stadt Rheine. W 8,104 (Rez. Schmitz-Kallenberg)
Festschrift des Gymnasiums Dionysianum in Rheine (1960). W 38,255 (Rez. Stehkämper)
Buchdruck WZ 43 I 129-130
D: W 18,209; 20,315; 21,187; 23,319; 31,174; 41,210; 46,427; 53,671

Rheme, Krs. Minden
Bannus **1556,** Sachensiedlung **2679**

Rhena, Waldeck
Kirchspiel WZ 42 II 102

Rhode, Krs. Olpe
Pfarrwahlen **1933**
D: W 41,211

Rhoden, Krs. Twiste
Kirchspiel WZ 41 II 191

Rhonard, Krs. Olpe
D: W 53,678

Rhynern, Krs. Unna
Totenbäume (Einbaumsärge) **2636**
Reginenschrein **3416**
D: W 17,199; 31,174; 41,211; 46,431; 53,678;
Orgel 41,434

Riesel, Krs. Höxter
D: W 41,212; 53,678

Riesenbeck, Krs. Tecklenburg
St.Reinhild und St. Reiner **802**
Reinhildisgrab **803**
D: W 53,679

Rietberg, Grafschaft
2127 Rosenkranz: Beiträge zur Geschichte des Landes Rietberg und seiner Grafen. Nebst einigen Urkunden aus dem 13., 14. und 15. Jahrhundert. WZ 14,92-196
2128 - Urkundliche Belege zu den Beiträgen zur Geschichte des Landes Rietberg und seiner Grafen. WZ 15,261-294
Grafen von Rietberg **814,** Freigericht **3148**
Diplomatische Beiträge **141**
2129 Wigand: Die Grafschaft Rietberg. Zur Geschichte ihrer Verfassung und Rechte. A V 2,132-154
2130 - Zum Rietbergischen Landrecht. A VI 2/3,284f.
2131 - Privileg der Stadt Rietberg, in Betreff Hergewede, Gerade und Erbe. 1407. A VI 2/3 286
2132 - Gräflich Rietbergische Verordnung gegen das Branntweintrinken von 1678. A VI 2/3,313

2133 Hanschmidt: Der Verteidigungszustand von Schloß Rietberg im Jahre 1690. WZ 122,285-289
Schlesische Didaktik **3021**
2134 Aus einem westfälischen Kleinstaate [Grafschaft Rietberg]. Ein Kulturbild des 18. Jahrhunderts. W 1,9-24
Schürckmann, Pfarrer, **2942**
Gröninger, J. M. **442**
Anton Hermann Ellert **300**
2135 Hanschmidt: Plan eines Verkaufs der Grafschaft Rietberg an Preußen [1814/15]. WZ 114,343-348
Tecklenborg: Das Franziskanerkloster Rietberg und seine Gründer. W 33,237 (Rez. Kohl)
Buchdruck WZ 42 II 164
D: W 21,187; 31,174; 41,212; 46,432; 53,679

Rimbeck, Krs. Warburg
2136 Hallermann: Das Dorfrecht von Rimbeck. WZ 85 II 26-39
D: W 46,432

Ringelstein, Krs. Büren
Voermanek: Ringelstein im Kreise Büren.
W 4,90 (Rez. Lappe)
D: W 41,212

Rinkerode, Krs. Münster
D: W 17,199; 41,212; 46,433

Rischenau, Krs. Detmold
Kirchspiel WZ 37 II 54

Haus **Rochholz,** Ennepe-Ruhr-Kreis
D: W 46,433

Rodenstadt, Krs. Detmold
2137 Böger: Die Rodenstadt [Ruinen auf dem Bergkopf bei Brakelsiek]. WZ 63 II 195f.

Rödgen, Krs. Siegen
D: W 23,319; 31,174; 41,212; 46,433; 53,682

Rödinghausen, Krs. Herford
Bauforschung (Doms): ev. Pfarrkirche **2580**
D: W 17,201; 46,433; 53,682

Röhden, Krs. Minden
D: W 53,682

Röhrentrup, Krs. Detmold
D: W 41,212

Haus **Rölinghof,** Krs. Borken
D: W 41,212

Römershagen, Krs. Olpe
D: W 31,174; 53,682

Rönkhausen, Krs. Meschede
D: W 22,281; 31,174; 46,435

Rönsahl, Krs. Altena
D: W 31,174; 41,213; 53,683; Orgel 41,435

Rösebeck, Krs. Warburg
Kirchspiel WZ 41 II 187
D: W 41,213; 46,435

Rösenbeck, Krs. Brilon s. Aldenvels

Rolfzen, Krs. Höxter
D: W 46,435

Haus **Romberg,** Krs. Lüdinghausen
D: W 53,684

Rorup, Krs. Coesfeld
D: W 46,435; 53,684

Rothe, Krs. Höxter
D: W 46,435

Rothensiek, Krs. Detmold
D: W 41,213

Roxel, Krs. Münster
D: W 46,435; 53,684

Rüblinghausen, Krs. Olpe
D: W 31,174

Haus **Rüschhaus,** Krs. Münster
D: W 21,188; 41,213

Rüthen (Rüden), Krs. Lippstadt
Freigrafschaft **3144**
2138 Seibertz: Über den Verfall der westfälischen Städte, insbesondere der Stadt Rüthen. A I 4,32-47
2139 - Zur Geschichte der Handschrift des Rüdener Rechts. A V 1,106-109
2140 Wigand: Stadtrecht der Stadt Rüden im Herzogtum Westfalen. A V 1,55-76
2141 Bauermann: Eine Handschrift des Rüthener Stadtrechts in London [14. Jahrhundert]. W 21,128-131
2142 Hennebühle: Die Festung Rüthen und die Rüdenburg. W 33,109-112
2143 Viegener: Die Rüthener Burgmannsgeschlechter. WZ 72 II 208-210
2143a Preising: Das Kapuzinerkloster in Rüthen. I. Gründung. II. Der Klosterbau. III. Klosterkirche. IV. Tätigkeit der Mönche

und Aufhebung des Klosters. H 5,11ff., 24, 25ff., 35ff.
Rabaliatti, Hofbaumeister **3377**
Nikolaikirche **2555**
D: W 17,201; 19,287; 20,315; 21,188; 23,319; 41,213; 46,436; 53,685

Haus **Ruhr,** Krs. Iserlohn
D: W 46,436; 53,686

Haus **Ruhr,** Krs. Münster
D: W 41,214; 53,686

Rumbeck, Krs. Arnsberg
2144 Höynck: Index ex antiquissimo registro continens de curtis nostris Rumbecke. WZ 67 II 249-254
2145 Grafe: Die Nutzung der Markgenossenschaft mit besonderer Berücksichtigung des Klosters Rumbeck. WZ 87 II 132-172
D: W 19,287; 41,214; Orgel 41,435

Saalhausen, Kr. Olpe
D: W 53,687

Saerbecke, Krs. Münster
D: W 22,282; 46,437; 53,687

Salzkotten, Krs. Büren
Kirchspiel WZ 44 II 73
2146 v. Sobbe: Die Erstürmung der Stadt Salzkotten am 22. Dezember 1633 durch die Schweden und Hessen. WZ 17,291-306
2147 – Ausgegangene Ortschaften und Ansiedlungen in der Umgebung der Stadt Salzkotten. WZ 35 II 115-152
2148 – Nachträge und Berichtigungen. WZ 50 II 153-158
Saline **2084f.**
D: W 18,210; 41,215; 46,437; 53,688

Bad **Salzuflen,** Krs. Lemgo
Saline **2084**
Bad Salzuflen, ein Heimatbuch. W. 31,98 (Rez. Rothert)
D: W 31,174; 41,19; 53,309

Sande, Krs. Paderborn
D: W 53,688

Sandebeck, Krs. Höxter
Kirchspiel WZ 37 II 51
D: W 41,215

Haus **Sandfort,** Krs. Lüdinghausen
D: W 31,174; 41,215; 46,438; 53, 688

Sankt Vit, Krs. Wiedenbrück
D: W 41,216; 53,689

Sassenberg, Krs. Warendorf
Ahnenbildersammlung Schücking **888**
D: W 17,201; 21,188; 31,175; 41,216; 46,438; 53,689

Bad **Sassendorf,** Krs. Soest
D: W 17,201; 41,21; 53,311

Sassenhausen, Krs. Wittgenstein
D: W 31,175; 41,217; 53,689

Saßmicke, Krs. Olpe
D: W 31,175

Das **Saterland 1894**

Sauerland
2149 Lahrkamp: Ein Bericht [des Johann Adolf Freiherr von Fürstenberg und des Johann Henrich Schmitmann, Mendener Richter] über den Zustand des Sauerlandes aus dem Jahre 1677. WZ 116,101-107
Naturgeographische Struktur **2586,** Hohe Jagd W 6,31 Eisenindustrie **2924**

Sayn-Wittgenstein
Lehnsbrief 1152 **856**
Hinsberg: Sayn-Wittgenstein-Berleburg. Bd. 1 und 5. W 11,59 (Rez. Menn)
Klein: Studien zur Wirtschafts- und Sozialgeschichte der Grafschaft Sayn-Wittgenstein-Hohenstein vom 16. bis zum Beginn des 19. Jahrhunderts. W 24,48 (Rez. Pfeiffer)

Scattenhusen, Wüstung, Krs. Büren
2150 Mertens: Lage von Scattenhusen[nördlich von Brenken]. WZ 47 II 187

Schale, Krs. Tecklenburg
D: W 21,188; 46,438; 53,689

Schapdetten, Krs. Münster
D: W 17,201, 46,440; 53,690

Scharfenberg, Krs. Brilon
Pfarrbibliothek **2471**
D: W 25,142; 41,218; 46,440; 53,690

Scheda, Krs. Unna
2152 Neuhaus: Geschichtliche Nachrichten über das frühere Prämonstratenserkloster Scheda. WZ 76 II 59-119
2153 Niemeyer: Das Prämonstratenserstift Scheda im 12. Jahrhundert. WZ 112,309-333
Propst Hermann Judas **500**
Kirchenschatz **3400**

Haus **Schede,** Ennepe-Ruhr-Kreis
D: W 53,692

Scheidingen, Krs. Soest
D: W 41,218; 46,441

Schloß **Schellenstein,** Krs. Brilon
D: W 41,218

Scherfede, Krs. Warburg
Kirchspiel WZ 41 II 181
D: W 46,441; 53,692

Schieder, Krs. Detmold
Kirchspiel WZ 37 II 63
Reichshof **2762**

Schildesche s. Bielefeld-Schildesche

Schlangen, Krs. Detmold
Kirchspiel WZ 44 II 88
Wandbild des hl. Christophorus mit Inschrift **3264c** Bauforschung **2582**
D: W 41,218; 53,692

Schliprüthen, Krs. Meschede
D: W 41,218; 53,692; Orgel 41,436

Schloß Neuhaus
2154 Michels: Das Schloß Neuhaus bei Paderborn. W. 17,233-239
2155 – Der Kirchturm von Schloß Neuhaus im Jahre 1592. W 48,158f.

Pfarrkirche **2555**
Buchdruck WZ 41 II 156-157
Hofbuchdruckerei **1965**
D: W 17,198; 19,285; 21, 186; 23,317; 41,218; 46,441; 53,693

Schlüsselburg, Krs. Minden
D: W 18,210; 20,315; 41,219; 46,442; 53,694

Schmallenberg, Krs. Meschede
Beiträge zur Geschichte der Stadt Schmallenberg. 1244-1969. W 49,202 (Rez. Müller)
D: W 31,175; 41,220; 53,696

Schmerlecke, Krs. Meschede
D: W 46,442; 53,696

Schmillinghausen, Krs. Waldeck
Kirchspiel WZ 41 II 188

Schloß **Schnellenberg,** Krs. Olpe
D: W 17,201; 23,319; 41,221; 46,442; 53,696

Schönholthausen, Krs. Meschede
D: W 41,221; 46,442

Schöppingen, Krs. Ahaus
2156 Rensing: Zur Baugeschichte der Schöppinger Kirche. W 26,233
Johann von Soest **3335**
D: W 17,201; 18,210; 19,287; 31,175; 41,221; 46,443; 53,696

Schötmar, Krs. Lemgo
Kirchspiel WZ 38 II 50
D: W 41,222; 46,444; 53,697

Schröttinghausen, Krs. Halle
D: W 53,697

Schüttenstein, Krs. Borken
D: W 41,222

Schwaghof, Krs. Lemgo
D: W 41,222

Schwalenberg, Krs. Detmold
Kirchspiel WZ 37 II 55
D: W 31,175; 41,222; 46,444; 53,697

Schwaney, Krs. Paderborn
Kirchspiel WZ 44 II 86
Stadtrecht 1344 verliehen **2418**
Ilgen: Gründungsurkunde **100**

Schwartmecke, Krs. Olpe
D: W 53,698

Schwarzenau, Krs. Wittgenstein
D: W 46,444

Burg **Schwarzenberg,** Krs. Altena
D: W 41,223; 46,446; 53,698

Schwarzenraben, Krs. Lippstadt
2157 Rensing: Schloß Schwarzenraben.
W 20,333-340
D: W 21,188; 23,320; 46,446; 53,698

Schweckhausen, Krs. Warburg
D: W 53,700

Schwefe, Krs. Soest
D: W 31,175; 41,223; 46,447; 53,700

Schweinsbühl, Krs. Waldeck
Kirchspiel WZ 42 II 104

Schwelm, Ennepe-Ruhr-Kreis
Pfarrwahlen **1933**
Kriegeskotte, Lehrer **3027**
Buchdruck WZ 42 II 165
Heimatmuseum W 15,208
D: W 31,175; 41,223

Schwerte, Krs. Iserlohn
2158 Eikel: Der Siebenschmerzensaltar in
St. Victor zu Schwerte. W 36,144-158
Reformation **2964**
Ruhrtalmuseum W 20,105; 21,169
Bauforschung **2582**
D: W 18,210; 19,287; 20,315; 31,175; 41,223;
46,447; 53,702

Seelenfeld, Krs. Minden
D: W 46,448

Selbeck, Krs. Lemgo
D: W 46,448; 53,702

Selm, Krs. Lüdinghausen
D: W 46,448
Altsteinzeit **2611**

Senden, Krs. Lüdinghausen
D: W 41,224; 46,449

Sendenhorst, Krs. Beckum
Taufsteinstiftung 1588 **521**
D: W 53,702

Senne s. Stukenbrock

Senne II, Krs. Bielefeld
D: W 41,224; 46,449

Sennestadt, Krs. Bielefeld
D: W 53,702

Siddessen, Krs. Warburg
D: W 46,449

Siddinghausen, Krs. Büren
Kirchspiel WZ 44 II 83
D: W 41,224; 46,449

Siedlinghausen, Krs. Brilon
2160 Stratmann: An den Ruinen der Negerkirche [Neger „Neckar" = Quelle] bei Siedlinghausen. H 5,62-64
D: W 41,224

Siegen
Höynck: Geschichte des Dekanats Siegen.
WZ 63 II 204 (Rez. Kuhlmann)
Katholische Restauration **42**
Bauforschung **2577**
2161 Thümmler: Martinikirche. W 43,30-38
2162 Kruse: Der gußeiserne Fußbodenbelag
in der Nikolaikirche in Siegen. W 18,96-98
2163 Riewerts: Die Taufschüssel in der evangelischen Kirche zu Siegen. W 22,103-110
2164 – Zu der Siegener Taufschüssel.
W 24,99
Muthmann: Die silberne Taufschüssel zu Siegen. W 35,113 (Rez. Thiemann)
Eremitage, Kreuzweg **1299**
Buchdruck WZ 41 II 149-151
Rubens-Ausstellung 1927 **2524**

Museum des Siegerlandes W 15,208; 24,223; 29,110
D: W 17,201; 18,210; 19,288; 20,315; 21,188; 23,320; 24,240; 31,178; 41,224; 46,449; 53,703

Siegen-Trupbach
D: W 53,703

Siegerland
2165 Güthling: Die Vermessungen im Siegerland 1717-1726. W 28,47-58
Siedlungsgeschichte **2593f.**
Flurnamen **2921**

Sielen, Krs. Hofgeismar
Kirchspiel WZ 39 II 158

Burgstelle **Sienbeck,** Krs. Recklinghausen
D: W 41,225

Silbach, Krs. Brilon
D: W 46,450

Silberg, Krs. Olpe
D: W 31,178; 53,703

Silixen, Krs. Lemgo
D: W 41,226

Singerade
Kirchspiel WZ 42 II 101

Sinsheim, Krs. Heidelberg
2166 Schmidt, J.: Die Grabhügel bei Sinsheim und dasiger Verein. J (1831) 1,30

Sintfeld
2167 Grüe: Zur Geschichte des Sintfeldes. Ergänzungen und Berichtigungen. WZ 51 II 1-36
Die Wüstungen des Sintfeldes **52**

Sirksfeld, Krs. Coesfeld
D: W 53,703

Sölten, Krs. Recklinghausen
Gräberfeld **2648f.**

Soest
Freigrafschaft **3144**
2168 Pieler: Urkunde von 1259 über die durch die Teilnahme der Gemeinde an der städtischen Regierung herbeigeführte neue Einrichtung des Rates der Stadt Soest. A IV 1,8-16
2169 v. Klocke: Die angebliche „ecclesia Angariensis in Susato". WZ 77 I 147-150
Urkunden **2400ff.**
2170 Geck: Soester Stadtrecht. A II 2,154-165; A II 3,292-301
2171 Die Soester Schraa. WZ 18, 326-328
Schwartz: Jura Sosacie – Nach Soester Recht W 34,148 (Rez. Rothert). Zur Kritik Rotherts: S. 249ff
2172 Ebel: Wesen und Bedeutung des Soester Rechts. WZ 108,193-195
2173 Wigand: Rechtsbelehrungen des Rates zu Soest an den Rat und die Schöffen zu Siegen. Aus einem alten Gerichtsbuch der Stadt Siegen. A VII 1,57-65
2174 Willküren der Stadt Soest; mitgeteilt an die Stadt Siegen. WZ 11,311-222
Werner Städtebund 1253 **2288**
2175 Schmidt, G.: Zur Soester Fehde. Drabanten togen vor Soest. WZ 24,1-16
2176 v. Schmitz: Die Einnahme Soest's durch Herzog Christian von Braunschweig am 27. Januar 1622. WZ 21,81-92
2177 Niemeier, Rothert: Der Stadtplan von Soest [geographische Lage und geschichtliche Entwicklung, als Anhang: die Bedeutung des Namens Hellweg; mit 9 Plänen]. WZ 103/104,30-92
2178 Rothert: Wie die Stadt Soest ihr Territorium, die Börde, erwarb [mit Karten des Gogerichts S. und der Freigerichte und Vogteien um S.]. WZ 106,79-111
2179 Diekmann: Die Herrschaft der Stadt Soest über ihre Börde. WZ 115,101-218
Reformation **2964,** Wiedertäufer **2970**
2180 Borchmeyer: Das Großdiakonat Soest seit der Reformation.
I. Teil WZ 78 II 1-30; II. Teil WZ 81 II 39-63
2181 Clarenbach: Die Kirchenbücher des Kreises Soest. W 21,309-351

2182 v. Klocke: Alt-Soester Bürgermeister

aus sechs Jahrhunderten, ihre Familien und ihre Standesverhältnisse. WZ 84 I 39-220

2183 Rothert: Die ältesten Stadtrechnungen von Soest aus den Jahren 1338, 1357 und 1363. WZ 101/102, 139-182
2184 – Das älteste Bürgerhaus Westfalens [in Soest]. WZ 60,89-100
Rothert: Das älteste Bürgerbuch der Stadt Soest. W 38,251 (Rez. Kohl)
2185 Kuhlmann: Ein altes Schülerverzeichnis des Archigymnasiums von Soest [1685-1708]. W 21,259-308
2186 Schwartz: Die Inschriften in der Stadt Soest. W 21,352

2187 – Von Soester Silberschmiederei, insbesondere im 17. und 18. Jahrhundert. W 29,246-256
Buchdruck WZ 41 II 133-135
2188 Vogeler: Die Soester Glockengießerfamilie Neelmann. W 5,19-26
Konrad von Soest, Maler **19**, Konrad von Soest, Theologe **625**, Brictius tom Norde, Superintendent **213**, Gropper, Joh. Propst **451ff.**, Münzfund, Marktstraße **2500**, Scheibenfibel **2661**
Schmitz, Hermann: Berühmte Kunststätten. W 1,64 (Rez. Brüning) – Die mittelalterlichen Malereien in Soest. W 1,63 (Rez. Brüning)
Städtisches Museum im Burghof und Osthofentor: W 15,177; 22,163; 23,221; 23,300; 24,225; 26,94
Bauforschung **2577**
D: W 17,202; 18,211; 20,317; 21,188; 23,321; 24,240; 25,142; 31,184; 41,234; 46,467; 53,704 und 717ff.

Kirchen

2189 Thümmler: Der Gründungsbau der **Hohnekirche** (Maria zur Höhe) in Soest. W 37,115-133
Wandgemälde **3265**
D: W 17,202; 19,288; 21,188; 22,281; 25,142; 31,180; 41,226; 46,450; 53,704

2190 Rensing: Der Baumeister der **Wiesenkirche** (Maria zur Wiese). W 47,212

Bock: Die Wiesenkirche in Soest. W 19,416 (Rez.)
Glasmalereien **31**, Figurenzyklus im Chor **3284**, Wiederherstellungsarbeiten **2562**, Lesepultdecke **3456a**
Bauforschung **2577**
D: W 17,201; 18,211; 19,288; 20,318; 23,320; 24,240; 31,181; 41,228; 46,456; 53,705

Deus: Baugeschichte der ehemaligen Minoriten-Kirche St. Thomae in Soest. W 33,237 (Rez. Rothert)
Bauforschung **2577**
D: W 20,318; 21,188; 23,320; 31,180; 41,232; 46,457; 53,711

2191 Thümmler: Zur ältesten Baugeschichte von **St. Patrokli** in Soest. WZ 108,192f.
2192 Rothert: Das Westwerk von St. Patrokli in Soest. Ein Beitrag zur Frühgeschichte des deutschen Rathauses. WZ 103/104, 13-29
2193 – Das Westwerk von St. Patroklus. WZ 108,193
2194 – Eine romanische Skulptur im Patroklimünster zu Soest. W 4,75-82
2195 Thümmler: Die Patroklussäule in Soest. W 45,78-96
Bestandsaufnahme Chorfenster **3277**, Farbverglasung **35**, Wandmalerei: Marienchor **3266** Mißdeutete Darstellungen **3267** Inschrift Kaiser Heinrich II. **480**
2196 Schrader, F. X.: Schreiben des Patroklistiftes zu Soest an den Papst Clemens III. um Unterstützung zur Wiederherstellung der Kirche. 1765 Juni 5. WZ 49,177-183
2197 v. Klocke: Die Standesverhältnisse der Stiftsherren von St. Patrokli zu Soest. WZ 80 I 70-90
2198 Nübel: Die Soester können im Jahre 1863 das neunhundertjährige Jubiläum der Ankunft der Reliquien des hl. Patroclus feiern. WZ 23,311-314
Bauforschung **2577**, (Thümmler) **2580**
D: W 17,201; 18,211; 19,288; 20,317; 22,281; 31,179; 41,229; 46,457; 53,711

Wandgemälde des hl. Patroklus in der **Pauli-Kirche 3268**
D: W 20,318; 31,183; 41,231; 46,460; 53,714

Baugeschichte der **Petrikirche 25**
2199 Doms: Die Ausgrabung unter der Petrikirche in Soest. W 50,213-217, Mittelalterliche Wandgemälde **3269**, hl. Agatha **3270**; Reliquienschrein des hl. Albinus **3416b**, Bauforschung **2577**
D: W 17,201; 19,289; 20,318; 31,184; 41,232; 46,460; 53,714

Brunsteinkapelle
D: W 46,464; 53,716

Nikolaikapelle
Nikolaustafel **2572**
D: W 31,182; 41,229; 46,464; 53,716

2200 Seibertz: Geschichte der Stiftung des **Klosters Paradies** bei Soest. WZ 17,267-290

Solling
2201 Kampschulte: Der Solling. WZ 35 II 102-114

Solterwisch, Bauerschaft, Krs. Herford
Freigerichtsstuhl **1581**
D: W 41,236; 53,720

Sommersell, Krs. Höxter
Kirchspiel WZ 37 II 52
D: W 53,720

Sonneborn, Krs. Lemgo
Wandmalereien aus lutherischer Zeit **3271**
D: W 31,186; 41,236; 53,722

Soratfeld, Gau **2083**

Spenge, Krs. Herford
2202 Leonhardt: Der Martinsaltar von Spenge. W 7,93-96
D: W 41,237; 53,722

Spork, Krs. Borken
D: W 17,202

Haus **Sporke,** Krs. Olpe
D: W 53,722

Sprockhövel, Ennepe-Ruhr-Kreis
D: W 41,237; 53,722

Stadtberge s. Marsberg

Stadthagen, Krs. Schaumburg
Burchardt: Das Stadtarchiv zu Stadthagen als Quelle für die Bevölkerungsgeschichte. W 15,101 (Rez. Klocke)

Stadtlohn, Krs. Ahaus
D: W 41,237; 46,468; 53,722

Stadtoldendorf, Krs. Holzminden
Kirchspiel WZ 39 II 137

Stahle, Krs. Höxter
D: W 41,237; 41,469

Stalpe, Freigrafschaft **3144**

Haus **Stapel,** Krs. Münster
D: W 41,237; 46,469; 53,722

Stapelage, Krs. Detmold
Kirchspiel WZ 38 II 35
Bauforschung (Doms) **2580**
2204 Lobbedey: Nachträge zur Baugeschichte der Kirche in Stapelage. W 50,218-222
D: W 41,237; 46,469; 53,723

Steinfurt s. Burgsteinfurt

Steinhagen, Krs. Halle
Kirchspiel WZ 38 II 86
2205 Flaskamp: Frühgeschichte des Kirchspiels Steinhagen. WZ 113,385-404
Altar der Dorfkirche **605**
D: W 17,202; 31,186; 41,237; 46,469; 53,723

Steinhausen, Krs. Büren
Kirchspiel WZ 44 II 83

Steinheim, Krs. Höxter
Archidiakonat, Kirchspiel **1927**
2206 Schrader: Kleine Mitteilungen zur Geschichte der Stadt Steinheim. WZ 64 II 161-168
Reformation **2041**
Bauforschung **2580**
D: W 46,470; 53,723

Stemmer, Krs. Minden
Urnenfriedhof **2641**

Sternberg, Krs. Lemgo
2208 Böger: Ad caput Juliae fluminis [Bega-] Dorf in der alten Grafschaft Sternberg. WZ 64 II 158-160
D: W 41,238

Stiepel s. Bochum-Stiepel

Stierpe, Krs. Lippstadt
D: W 41,238

Stockhausen, Krs. Meschede
Kirchspiel WZ 42 II 113
Haus Stockhausen, Münzfund **2497**

Stockhausen, Krs. Lübbecke
D: W 41,238

Stockkämpen, Krs. Halle
D: W 41,238; 53,724

Stocklarn, Krs. Soest
D: W 41,238

Stockum, Krs. Arnsberg
Freigrafschaft **3144**
Bauforschung (Thümmler) **2580**
D: W 17,203; 46,470; 53,725

Störmede, Krs. Lippstadt
Bauforschung **2582**
D: W 46,472; 53,727

Ströhen, Krs. Lübbeke
D: W 24,241

Stromberg, Krs. Beckum
D: W 24,241; 41,238; 46,472; 53,728

Strünkede s. Herne-Strünkede

Stünzel, Krs. Wittgenstein
D: W 53,731

Stukenbrock, Krs. Paderborn
2210 Die Stukenbrocker Senne. WZ 11,345-354

Suderwick, Krs. Borken
D: W 41,239; 46,474; 53,731

Süddinker, Krs. Hamm
Grabfund **2634**
D: W 53,732

Südhemmern, Krs. Minden
D: W 31,186; 53,732

Südkirchen, Krs. Lüdinghausen
D: W 31,186; 46,474; 53,732

Südlohn, Krs. Ahaus
D: W 21,188; 31,186; 41,239; 46,474; 53,732

Sümmern
Freigrafschaft **3144**

Sünninghausen, Krs. Beckum
D: W 46,474

Sudheim, untergegangenes Kirchspiel
WZ 43 II 49

Sulingen, Krs. Grafschaft Diepholz
Bannus **1556**

Sundern, Krs. Arnsberg
D: W 41,240

Haus **Surenberg,** Krs. Tecklenburg
D: W 53,732

Suttrop, Krs. Lippstadt
D: W 41,240; 46,475; 53,733

Swafern, untergegangener Ort **2681**

Syburg s. Dortmund-Syburg

Sythen, Krs. Recklinghausen
D: W 41,242; 46,475; 53,733

Talle, Krs. Lemgo
Kirchspiel WZ 38 II 32
D: W 31,186; 41,242; 46,475; 53,733

Schloß **Tatenhausen,** Krs. Halle
D: W 31,187; 46,475; 53,733

Tecklenburg
2211 Reismann: Geschichte der Grafschaft Tekeneburg bis zum Untergang der Ekbertinger 1263. WZ 47 I 41-84
Buchdruck WZ 43 I 137-139
2212 Empfehlung eines Scharfrichters. WZ 17,344
Verzeichnis der Drosten **1895**
D: W 17,203; 19,289; 20,318; 21,190; 25,142; 31,187; 41,242; 46,475; 53,733

Telgte, Krs. Münster
2213 Pottmeyer: Wo lag die [Telgter] Bauerschaft Suderesche? Eine kritische Untersuchung. WZ 77 I 145ff.
2214 Engelmeier: Die Verkaufsgeschichte des alten Telgter Hungertuches. W 23,296ff.
Heimatbuch Telgte. W 25,101 (Rez. Böhm)
Wallfahrtsmuseum: Heimathaus-Münsterland: W 20,106; 21,170; 26,95-98
Bauforschung **2582**
D: W 19,288; 20,318; 21,190; 31,187; 41,243; 46,478; 53,736

Haus **Tenking,** Krs. Borken
D: W 46,479, 53,738

Ternsche, Krs. Lüdinghausen
Altsteinzeitlicher Fund **2613**

Teutoburger Wald
2215 Böger: Teutoburgensis saltus. WZ 65 II 217f.
2216 Müller-Wille: Der Teutoburger Wald, seine kulturgeographische Stellung und Bedeutung. WZ 114,214

Thal (Thale), Krs. Hameln-Pyrmont
Kirchspiel WZ 37 II 56

Schloß **Thienhausen,** Krs. Höxter
D: W 41,243; 46,479; 53,738

Thieringhausen, Krs. Olpe
D: W 53,738

Thüle, Krs. Paderborn
Kirchspiel WZ 44 II 89
D: W 53,738

Thülen, Krs. Brilon
Kirchspiel WZ 42 II 139
Pfarrbibliothek **2471**
D: W 46,479

Tietelsen, Krs. Höxter
Kirchspiel WZ 40 II 80; WZ 44 II 89

Tönnishäuschen, Krs. Beckum
D: W 46,479

Todtenhausen, Krs. Minden
D: W 53,739

Haus **Tonenburg,** Krs. Höxter
D: W 41,243

Trendelburg
Kirchspiel WZ 39 II 157

Trier
2217 Erhard: Ursprung des Lehnsverbandes der Grafen von Luxemburg (Nassau) gegen das Erzstift Trier. WZ 1,353-364
Balduin, Erzbischof, Urkundensammlung **2411**
Adelige Familien des Erzstifts **3484a**

Trupbach, Krs. Siegen
D: W 31,188

Tungerloh-Kapellen, Krs. Coesfeld
D: W 46,479; 53,739

Twichausen, Krs. Lübbecke
D: W 53,740

Twiste, Krs. Waldeck
Kirchspiel WZ 42 II 116
Kirche **3248**

Uebelgönne, Krs. Unna
D: W 20,318

Uentrop, Krs. Arnsberg
2218 Seißenschmidt: Geschichte der Uentroper Mark. WZ 18,170-209
D: W 19,290; 46,479; 53,741

Ulenburg, Krs. Herford
2219 Preuß: Die Ulenburg (Hochstift Minden). WZ 21,93-137
D: W 41,243

Ullenhausen, Krs. Lemgo
Ehem. Augustinerinnenkloster
D: W 46,480

Unna
Goldmünzenfund **2501**
Reformation **2964**
Buchdruck WZ 42 II 159-160
Brockhaus, Familie, W 15,104
Rückert: Heimatblätter für Unna und den Hellweg. W 29,121 (Rez. Rothert)
Hellwegmuseum W 15,137f.; Städtisches Heimatmuseum W 29,110
D: W 21,190; 31,188; 41,244; 46,480; 53,742

Unna-Königsborn
D: W 21,190; 46,480

Unterneger, Krs. Olpe
D: W 31,188

Usseln, Krs. Waldeck
Kirchspiel WZ 42 II 101

Valbert-Grothewiesen, Krs. Lüdenscheid
D: W 53,742

Valdorf, Krs. Herford
D: W 41,244; 46,480

Varenholz, Krs. Lemgo
D: W 41,245; 46,480; 53,743; Orgel 41,436

Schloß **Varlar,** Krs. Coesfeld
Ehem. Prämonstratenserkloster
D: W 41,246; 46,480

Vasbeck, Krs. Waldeck
Kirchspiel WZ 42 II 100

Vechta 1895

Schloß **Velen,** Krs. Borken
Wiederaufbau **2563**

2220 Rensing: Zur Baugeschichte des Schlosses Velen. W 31,244-257
D: W 17,203; 20,318; 41,246; 46,481; 53,743

Vellern, Krs. Beckum
Gerstkamp, Pfarrer **403**
D: W 17,203; 18,212; 53,745

Velmede, Krs. Meschede
D: W 41,246; 53,746

Veltheim, Krs. Minden
D: W 24,241

Venne, Krs. Lüdinghausen
D: W 46,481; 53,746

Verden
2121 Bauer: Die Quellen für das sogen. Blutbad von Verden. WZ 92 II 40-73
2222 v. Klocke: Um das Blutbad von Verden und die Schlacht am Süntel 782 [mit Skizze]. WZ 93 I 151-192
Rensing: Blutbad von Verden. W 24,42

Verl, Krs. Wiedenbrück
D: W 41,246; 46,481

Verlar, Krs. Büren
D: W 17,203

Verne, Krs. Büren
D: W 21,190; 41,246; 53,746

Versmold, Krs. Halle
D: W 41,246; 46,481

Haus **Villigst,** Krs. Iserlohn
D: W 31,188; 41,247; 46,482

Vilsen
2223 Lappe: Die Ruinen der Burg Vilsen bei Salzkotten. W 4,73ff.

Vinnenberg, Kloster, Krs. Warendorf
Einkünfte **14**
Totenroteln 1477, 1495 **2988**
D: W 24,241; 31,188; 46,482

Vinsebeck, Krs. Höxter
Kirchspiel WZ 37 II 53
D: W 31,188; 41,247; 46,484; 53,748

Haus **Visbeck,** Krs. Coesfeld
D: W 41,247

Burg **Vischering,** Krs. Lüdinghausen
D: W 31,188; 41,247; 46,484; 53,750

Vlotho, Krs. Herford
Auf dem Buhn, Hügelgräber **2647**
2224 Meyer zu Ermgassen: Zur älteren Geschichte von Burg und Stadt Vlotho [mit Lageplan]. WZ 114,235-242
D: W 21,191; 23,321; 31,188; 41,247; 46,484; 53,751
Haus **Vögeding,** Krs. Münster
D: W 41,148; 53,751

Völkersen
untergegangenes Kirchspiel WZ 40 II 65
2225 Wichert-Pollmann: Der ehemalige Kirchort Völkersen bei Bad Driburg. WZ 115,423-436

Voerde s. Ennepe-Voerde

Vörden
Kirchspiel WZ 37 II 49
2226 Schrader: Nachrichten über Voerden im Kreise Höxter. WZ 69,359-372
D: W 20,319

Haus **Vogelsang,** Krs. Recklinghausen
D: W 41,248

Vohren, Krs. Warendorf
D: W 41,248; 46,485

Volbrexen, Krs. Büren
D: W 53,752

Volkhardinghausen, Krs. Waldeck
Kirchspiel WZ 42 II 115
Kloster **3094**

Volkmarsen, Krs. Wolfhagen
2227 Gottlob: Das Volkmarser Pfarrwesen im Mittelalter. WZ 78 I 31-64

2228 - Grundherrschaft und Grafschaft im Twistetal und die Anfänge der Stadt Volkmarsen im 13. Jahrhundert. WZ 79 I 85-124

Volmarstein, Ennepe-Ruhr-Kreis
D: W 24,241; 41,249; 46,485; Orgel 41,437

Vollme, Krs. Lüdenscheid
D: W 46,485; 53,752

Volnsberg, Krs. Siegen
D: W 41,249

Haus **Vorder-Eichholz,** Krs. Höxter
D: W 41,250

Vorhalle s. Hagen-Vorhalle

Haus **Vorhelm,** Krs. Beckum
D: W 46,485; 53,752

Vormwald, Krs. Siegen
D: W 41,250

Haus **Vornholz,** Krs. Warendorf
D: W 46,485; 53,752

Voßwinkel, Krs. Arnsberg
D: W 23,324

Vreden, Krs. Ahaus
2229 Offenberg: Einige Merkwürdigkeiten der Stadt Vreden. WZ 1,143
2230 Wilmans: Studien zur Geschichte der Abtei Vreden. WZ 32,111-159
Walbert, Gründer des Stiftes **1007**
Liemar, Erzbisch. Denkmal **646**

2231 Tenhagen: Die Vredener Landwehr, ihr Lauf, Ursprung und Zweck [mit einer Karte]. WZ 53,96-120
2232 - Zum Kölner Revers für Vreden (1241). .WZ 78 I 82-84
2233 - Der Pfarrkirchenstreit zwischen Stift und Stadt Vreden [im 15. Jahrhundert]. WZ 49 I 97-146

2234 - Die Vredenschen Äbtissinnen bis zum Jahre 1300. WZ 48 I 137-180

Standesverhältnisse 2984
von Manderscheid, Äbtissin 3519
Grabmal der Äbtissin Maria Franziska 444
2235 Winkelmann: Archäologische Untersuchungen unter der Pfarrkirche in Vreden mit baugeschichtlichem Beitrag von Claussen. W 31,304-319
2236 Lobbedey: Baugeschichtliche Feststellungen in der Stiftskirche in Vreden. W 50,223-257
Gewölbemalereien 3272

2237 Tenhagen: Die Sixtuskasel in Vreden. WZ 46,210-212
2238 - Über die Vredener Sixtus-Sage. WZ 52,1-11
2239 - Die Urnen- und Steinwaffensammlung der Rektoratsschule in Vreden. WZ 48,232-235
Münzfund 1952 2500
Vreden. Seine Vergangenheit, seine Denkmale. W 10,120 (Rez. Schmitz-Kallenberg)
Bauforschung 2582
D: W 17,203; 20,318; 21,191; 23,324; 31,189; 41,250; 46,485; 53,753

Wadersloh, Krs. Beckum
Helmert: Wadersloh. Geschichte einer Gemeinde im Münsterland.
W 42,325 (Rez. Kohl)

Wahmbeck, Krs. Northeim
Kirchspiel WZ 39 II 161

Waldeck, Grafschaft
Freistühle 3159
2240 Curtze: Das Fürstentum Waldeck in antiquarischer Beziehung. WZ 11,101-116
2241 Wigand: Beitrag zur gräflich waldeck'schen Geschichte (Urkunde von 1363). A VI 2/3,288-290
Bockshammer: Ältere Territorialgeschichte der Grafschaft Waldeck.
W 38,248 (Rez. Kohl)
von Ploetz: Der Anschluß Waldecks an Preußen. W 20,48 (Rez. v. Klocke)
Dedehosen 1256, Familie Scardenberg 857

Waldenburg, Krs. Olpe
Amt 1089
D: W 46,487; 53,758

Waldhausen, Krs. Arnsberg
D: W 41,251

Bad **Waldliesborn,** Krs. Beckum
D: W 53,313

Wallen, Krs. Meschede
D: W 31,189; 46,487

Wallenbrück, Krs. Herford
D: W 17,203; 21,191; 41,251; 46,489; 53,759

Walstedde, Krs. Lüdinghausen
D: W 41,251

Waltrop, Krs. Recklinghausen
D: W 46,489; 53,759

Warburg
Archidiakonat, Kirchspiele 1927

2242 Giefers: Die Anfänge der **Stadt** Warburg. WZ 31 II 189-206
2243 Gehrken: Stadtrecht von Warburg. A II 3,302-312
2244 Gottlob: Geschichte der Stadt Warburg. WZ 91 II 1-46; WZ 92 II 1-39
2245 Wigand: Die Urkunden der Stadt Warburg. A III 4,186-192
2246 - Statuten der Städte Wartberg (Warburg) vom Jahre 1312. – Die beiden Städte Wartberg treffen einen Verein zur Rechtssicherheit ihrer Bürger 1333. A IV 3,293
Buchdruck WZ 41 II 158
2247 v. Pappenheim: Die Warburger **Burgkapelle** und die ehemalige Burgkirche auf dem Wartberge. WZ 49 II 149-161
2248 Engemann: Grabungsergebnisse in Warburg: Die wiederentdeckte Andreaskirche auf dem Warburger Burgberg. WZ 118,410f.
2249 - Die Ausgrabung der Andreaskirche auf dem Burgberg zu Warburg. W 50,269-290
2250 Honselmann, K.: Zur Geschichte der Andreaskirche auf der Burg zu Warburg. W 50,258-268

2251 Thümmler: Zur Datierung der Andreaskirche in Warburg. W 50,291-294

2252 Gottlob: Die Gründung des **Dominikanerklosters** Warburg, mit einem Anhang: Urkunden und Regesten zur Geschichte des Klosters im 14. und 15. Jahrhundert. WZ 60 II 109-179

2253 - Das Diarium der Warburger Dominikaner-Prioren des 17. und 18. Jahrhunderts. WZ 62 II 1-103

2254 Doms: Fundamentbeobachtungen in der Dominikanerkirche zu Warburg. W 50,295-297

D: W 18,203; 23,324; 31,189; 41,253; 46,490; 53,759

2255 v. Spilcker: Einige Nachrichten über einen alten **Gerichts**platz am Donnersberge bei Warburg und Wormeln. Aus Urkunden zusammengestellt. A I 1,55-71

2256 Heidtmann: Die Gerichtsverfassung der Stadt Warburg in fürstbischöflicher Zeit. WZ 68,231-337

2257 Gottlob: Ein Warburger Hexenprozeß (1674-1675). W 1,65-91

2258 - Ein Mordprozeß in Warburg und die dortige Klosterimmunität (1728-1729). W 5,4-19

2259 Wigand: Scheinbuße. A IV 1,126

2260 Hüser, B.: Kulturgeschichtliche Bilder aus der Vergangenheit Warburgs. Vortrag. WZ 65 II 113-144

2261 Schrader, F. X.: Zur Geschichte der Ellendenbruderschaft in Warburg. WZ 52 II 148-150

2262 - Nachrichten über die der Stadt Warburg von den Fürstbischöfen von Paderborn bewilligten Jahrmärkte. WZ 64 II 168-171

Armenwesen **3476**

Das Volksschulwesen in der Stadt Warburg **2036**

2263 Wigand, Anton: Das Schulwesen der Stadt Warburg in fürstbischöflicher Zeit. WZ 71 II 143-233

2264 Koch, Fried. Aug.: Biographische Fragmente [Über Warburger Persönlichkeiten. 1) die Warburger in Stadt und Erzbistum Mainz. 2) Die drei Jesuiten, u. a. Vitus Tönnemann *1659 in Höxter, †1740 in Wien. 3) Johann Adrian Freiherr von Plenken *1653 in Warburg, †1719 in Breslau]. WZ 23,165-191

Beckmann, Otto, Altstadtpfarrer (†1540) **175f., 2039**

2265 Meister: Roter Montag [Zunftrolle der Schneider von Warburg]. WZ 65,287f.

2266 Mönks: Die gewerblichen Verbände der Stadt Warburg bis zur Mitte des 17. Jahrhunderts. WZ 68 II 1-76

2267 Rensing: Ein Warburger Patrizierhaus. W 24,43

2267b Matuschek: Die Restaurierung des ehemaligen Altstädter Rathauses in Warburg. 1967-72. W 53,151-158

Baugeschichtliche Erkenntnisse, Neustädter Kirche **2555**

Goldguldenfund 1963 **2503**

Maasjost: Die Warburger Börde. W 27,80 (Rez. Riepenhausen)

D: W 17,203; 18,212; 19,290; 20,320; 21,191; 25,142; 31,189; 41,251; 46,490; 53,759

Warendorf

2268 Kirchhoff: Die Besetzung Warendorfs 1534. W 40,117-122

Niesert, Wallmeier: Die Geburtsbriefe der Stadt Warendorf 1584-1804. W 42,441 (Rez. Zuhorn)

2269 Weskamp: Die Stadt Warendorf im Kampf gegen Landesherrn und Kaiser [1622 und 1623]. WZ 47 I 121-164

Wohltätigkeitsanstalten **3477**

2270 Stehkämper: Die Satzung der Warendorfer Schmiedegilde vom Jahre 1462. WZ 111,21-49

Buchdruck WZ 43 I 139-141

Hebräische Handschrift **2450**, Familie Koerbecke **602**, Malerei, Altar **3337**

Schulze: Geschichte der Stadt Warendorf. Bd I: Das Mittelalter. W 35,106 (Rez. Rothert)

Götting: Warendorf, Straßen und Gassen einer alten Stadt. W 35,108 (Rez. Rothert)

Kreisheimatmuseum W 29,111-114

D: W 17,203; 19,291; 31,190; 41,255; 46,496; 53,769

Waroldern, Krs. Waldeck
Kirchspiel WZ 42 II 118

Warstein, Krs. Arnsberg
Bauforschung (Thümmler) **2580**
D: W 21,191; 31,190; 41,258; 46,501; 53,774

Wattenscheid
Schulte, Ed.: *Urkunden und Akten zur Geschichte Wattenscheid.* W 22,42 (Rez. Borgmann)
Lappe, Schulte: *Kirchengeschichte Wattenscheids.* W 35,235 (Rez. Prinz)
Caritas im Kirchspiel Wattenscheid **3478**
D: W 31,190; 41,258; 53,775

Wattenscheid-Sevinghausen
D: W 41,258; 46,502

Weddern, Krs. Coesfeld
2272 Mühlberg: Über die westfälische Karthause Marienburg in Weddern [bei Dülmen]. W 29,221-233
Vredis, Jodokus [Prior 1531-1540] **1005f.**

Wedinghausen/Arnsberg
Wand- und Gewölbebilder im Kreuzgang des ehemaligen Prämonstratenserklosters Wedinghausen **3264b**
D: W 31,112; 41,13

Wehdem, Krs. Lübbeke
D: W 41,259; 46,502; 53,776

Haus **Wehrburg,** Krs. Herford
D: W 41,259; 46,502

Wehrden, Krs. Höxter
D: W 31,190; 41,259; 46,502; 53,776

Weiberg Krs. Büren
D: W 41,259

Weitmar s. Bochum-Weitmar

Weidenhausen, Krs. Wittgenstein
D: W 21,191; 31,191; 46,504

Weine, Krs. Büren
Münzfund 1951 **2500**

Welbergen, Krs. Steinfurt
D: W 17,203; 31,191; 41,259; 46,504; 53,777

Welda, Krs. Warburg
Kirchspiel WZ 41 II 186
D: W 17,205; 41,259; 46,506; 53,780

Wellinghofen s. Dortmund-Wellinghofen

Welver, Krs. Soest,
ehem. Zisterzienserinnen-Kloster
Knippinckaltar in der evangelischen Kirche **3318**
Miniatur aus verschollenem Martyrologium des Klosters **3435**
D: W 17,205; 41,260; 46,506; 53,780

Wemlinghausen, Krs. Wittgenstein
D: W 53,780

Wenden, Krs. Olpe
D:W 17,205; 21,191; 41,260; 46,506

Haus **Wendlinghausen,** Krs. Lemgo
D: W 41,260; 46,509; 53,781

Haus **Wenge** s. Dortmund-Lanstrop

Wengern, Ennepe-Ruhr-Kreis
D: W 41,260; 46,509; 53,782

Wenholthausen, Krs. Meschede
Freigrafschaft **3144**
D: W 31,191; 41,260; 53,782

Wennemen, Krs. Meschede
D: W 53, 782

Werden, ehem. Abtei
2273 Verhoeff: Cartularium Werthinense. Geschichte der Stiftung der ehemaligen Benediktiner-Abtei in Werden an der Ruhr im 8. und 9. Jahrhundert. WZ 11,1-100
2274 Stüwer: Zur Werdener Besitzgeschichte in Friesland. W 51,57-66
2275 Diekamp: Das angebliche Privileg des h. Liudger für das Kloster Werden. WZ 40 I 148-164

2276 Rave: Ein alter Plan der Werdener Krypten. W 24,131-135
2277 Beutler: Der Türsturz vom Ludgerusgrab in Werden. W 36,25-32
Buchschrein der Liudger-Vita **3424**
Fränkischer Elfenbeinkasten **3425**
Vita Liudgeri **32**, Miniaturen **663**
Abtei Werden W 42,316
Elbern: Die Kirchen in Essen-Werden. W 49,198 (Rez. Müller)

Werdringen, Wasserburg bei Hagen
D: W 23,325

Werl
Kausche, Müller: Inventar der Archive der Stadt Werl. Teil 2:Akten. W 48,272 (Rez. Kohl)
2278 Hömberg: Geschichte der Comitate des Werler Grafenhauses [behandelt u. a. Gerberga von Burgund, die Entstehung der Grafschaft Arnsberg und der Herrschaften Stromberg, Bilstein und Rietberg, die kölnischen Grafschaften und Vogteien im südlichen Westfalen, die Edelherren zur Lippe, die Entstehung der Grafschaften Hövel, Altena, Limburg und Mark, Ravensberg und Tecklenburg, Ekbertiner, Liudolfinger und Cobbonen, Westfalen und das sächsische Herzogtum; mit 2 Stammtafeln und 5 Karten]. WZ 100,9-134
Grafen von Werl **43**

2279 Deneke: Die Saline Neuwerk bei Werl. Anlegung derselben von dem Kölnischen Erzbischofe und Kurfürsten Ferdinand unter dem Widerspruch des Erbsälzerkollegs (1625). Abtretung dieser Saline an die Erbsälzer (1652). WZ 13,295-318
2280 Leidinger: Die Zivilbesitzergreifung des kurkölnischen Amtes Werl durch Hessen-Darmstadt 1802. WZ 117,329-343
2281 Meister: Bona natio [Erbsälzer]. W 12,18f.
2282 v. Klocke: Das Wappenwesen der Erbsälzer zu Werl. W 26,49-62
Erbsälzertum **743**

Falke: Geschichte des früheren Kapuziner- und jetzigen Franziskanerklosters zu Werl. W 3,125 (Rez. Schmitz-Kallenberg)
Marienbild **3302**
2283 Kohlmann: Nachbildungen des Werler Gnadenbildes im südlichen Niedersachsen. W 45,293-295

2284 Amtliches Zeugnis des Stadrates zu Werl, eine vom Teufel besessene Frau betreffend 1582. WZ 2,376f.
Schulmeister 1511 **1718**
Münzschatzfund 1898 **2502**

2285 Lobbedey: Die Ausgrabungen in der Propsteikirche zur Werl. W 50,298-318
Bauforschung, Stadtkern **2582**
D: W 17,205; 23,325; 31,192; 41,260; 46,509; 53,782

Werne, Krs. Lüdinghausen
2286 Lappe: Die Entstehung und Feldmarkverfassung der Stadt Werne WZ 76 I 56-211
2287 - Stadtgründung und Stadtverfassung im Gebiete der Einzelhöfe [Werne im Münsterland]. WZ 89 I 1-148
2288 v. Winterfeld: Der Werner Städtebund [von 1253 zwischen Münster, Lippstadt, Soest und Dortmund]. WZ 103/104,1-12
2289 Erhard: Willküren der Stadt Werne. WZ 8,286-314
2290 Hosius: Auszüge aus dem Bürgerbuche der Stadt Werne. WZ 10,345-354
2291 Helmert: Ein Inventar kirchlicher Bau- und Kunstdenkmäler vom Jahre 1662 [aus dem Amte Werne]. WZ 120,203-230
2292 Tenhagen: Zur Baugeschichte der Pfarrkirche in Werne a. d. Lippe. W 19,405 f.
Ausgrabungsfunde **2678**
D: W 17,205; 20,320; 21,191; 41,261; 46,512; 53,783

Werries, Krs. Beckum
D: W 17,205; 19,291

Werringen, Krs. Iserlohn
D: W 41,262

Wersen, Krs. Tecklenburg
D: W 21,192; 41,262; 46,514

Werste, Krs. Minden
D: W 53,788

Werth, Krs. Borken
Herrschaft Werth **1095**
D: W 17,205; 20,321; 21,192; 31,192; 41,262; 46,514; 53,788

Werther, Krs. Halle
D: W 24,242; 31,192; 41,263; 46,514; 53,788

Wesel
2293 Wigand: Privilegien und Statuten der Stadt Wesel. A IV 4,398-429; A V 1,27-39
Gorissen: Regesten zur politischen Geschichte des Niederrheins. I. Stadtrechnungen von Wesel. W 47,88 (Rez. Kohl)
Drath:: Sankt Martini Wesel (Festschrift). W 22,210 (Rez. Rensing)

Weseke, Krs. Borken
D: W 53,788

Weser, Strom
Name **3068**

Weslarn, Krs. Soest
D: W 31,192; 41,263; 53,788

Wessum, Krs. Ahaus
Bauforschung **2582**
D: W 31,192; 41,263; 53,789

Westbevern, Krs. Münster
D: W 41,263; 46,515; 53,790

Westendorf, im Kirchspiel Allagen
Freigrafschaft **3144**

Westerkappeln, Krs. Tecklenburg
D: W 16,515; 53,791

Westerloh-Lippling, Krs. Paderborn
D: W 53,793

Westernbödefeld, Krs. Meschede
D: W 31,192

Bad **Westernkotten,** Krs. Lippstadt

2294 Meister: Eine unedierte Urkunde vom 21. Juni 1312 über Westernkotten und einige Bemerkungen über die Anfänge des dortigen Salzwerkes. WZ 67,227-232
Urnenfund **2635**, Saline **2084**
D: W 46,200

Westerwiehe, Krs. Wiedenbrück
D: W 46,516

Schloß **Westerwinkel,** Krs. Lüdinghausen
D: W 41,263; 46,517; 53,793

Westfeld, Krs. Meschede
D: W 46, 517

Westheim, Krs. Büren
Kirchspiel WZ 42 II 117

Haus **Westhemmerde,** Krs. Unna
D: W 41,264; 46,517; 53,794

Westhofen, Krs. Iserlohn
2296 Neuhaus: Beschreibung des Amtes (Bürgermeisterei) Westhofen. WZ 47 II 49-72
Velthaus, Chronist des Reichshofes **988**
D: W 53,794

Westick, Krs. Unna
germanische Siedlung **2691f.**

Westkilver, Krs. Herford
D: W 53,794

Westönnen, Krs. Soest
D: W 46,517; 53,795

Wethen, Krs. Waldeck
Kirchspiel WZ 41 II 186

Wethigau, 2762

Wetter, Ennepe-Ruhr-Kreis
Reformation **2964**
D: W 19,291; 41,264; 46,517; 53,795

Wettringen, Krs. Steinfurt
Brockpähler: Beiträge zur Heimatgeschichte von Wettringen. I. Band zur 1100 Jahrfeier. W 24,153 (Rez. Prinz)

– Wettringen. Geschichte einer münsterländischen Gemeinde. W 52,162 (Rez. Müller, H.)

Wewelsburg, Krs. Büren
Kirchspiel WZ 44 II 77
2297 Wigand: Wewelsburg. A IV 4, 472f.
2298 Giefers: Geschichte der Burg und Herrschaft Wewelsburg. WZ 22,330-358
2299 Oberschelp: Die Wewelsburg als Sitz der Edelherren von Büren im 14. Jahrhundert. WZ 113,377-383
Voermanek: Beiträge zur Geschichte der Wewelsburg. W 7,32 (Rez. Schmitz-Kallenberg)
2300 Breithaupt: Die Sicherungsarbeiten am Nordturm der Wewelsburg. W 17,278-282
D: W 17,205; 19,291; 20,321; 31,192; 41,264; 46,518; 53,579

Wewer, Krs. Paderborn
Kirchspiel WZ 44 II 74
Madonna auf Schloß Wewer **2513**
D: W 46,518

Wieblingwerde, Krs. Altena
D: W 31,193; 41,265; 46,518; 53,798

Haus **Wicheln,** Krs. Arnsberg
D: W 41,265

Wiedenbrück
Baumsärge **2639,** König Otto III. **736,** Hachmeister, Stiftsherr **459,** Liesborner Missale **3427,** Moseskanzel **945b**
2301 Brück: Die Kalandsfraternität zu Wiedenbrück. WZ 75 II 143-162
2302 Flaskamp: Das Alter der Stadt Wiedenbrück. WZ 110, 351-356
2303 – Wiedenbrücker Heimatbuch. Beobachtungen und Grundsätze. W 12,82-89
2304 – Die Gesamtbilder der Fürstbischöflich-Osnabrücker Landschaft Wiedenbrück. W 17,129-137; W 19,412-416
2305 – Zur älteren Kirchengeschichte des Kreises Wiedenbrück. WZ 107,367-393
– Antonius-Einsiedler-Patrocinium **2962**
2306 – Ein Kampf um Wiedenbrück [wegen Einführung des lutherischen Gottesdienstes 1648]. WZ 103/104,334-353
2307 – Kirchliche Gedenktafeln zu Wiedenbrück. W 30,204-208
2308 – Ostmann'sche Wohnhäuser zu Wiedenbrück. W 30,223
2309 Harsewinkel: Beiträge zur Geschichte des Schöbhofs zu Wiedenbrück. WZ 71 II 234-241
Familien- und Bevölkerungsgeschichte des Kreises **2109;** Wippermann, Patriziergeschlecht **1032**
Bauforschung **2582**
D: W 19,241; 20,321; 21,192; 24,242; 31,193; 41,265; 46,518; 53,798

Wiggeringhausen, Krs. Lippstadt
Freigrafschaft **3144**

Wildeshausen, Krs. Oldenburg
Urkunden **2442**
2310 Sudendorf: Beitrag zur Geschichte des Stiftes Wildeshausen. WZ 6,179-281

Haus **Wilkinghege** s. Münster

Willebadessen, Krs. Warburg
Kirchspiel WZ 40 II 70
2311 Figge: Die Gründung der Stadt Willebadessen [1317/18] und ihr Recht. WZ 107,395-428
2312 Statuten der Stadt Willebadessen aus dem Jahre 1658. Aus dem Pfarrarchiv Willebadessen mitgeteilt. WZ 81 II 66-71
2313 Schröder, J.: Zur Geschichte des Klosters Willebadessen [Einnahmen und Ausgaben zur Zeit der Aufhebung]. WZ 47 II 105-124
2314 Wildeman: Ehemaliges Benediktinerkloster Willebadessen. Restaurierung der Kirche und des östlichen Klosterflügels. W 37,104-114
Totenroteln 1477 **2988**
D: W 18,212; 41,268; 46,521; 53,803

Wilnsdorf, Krs. Siegen
D: W 21,192; 53,803

Wimpfen, Kaiserpfalz **3345**

Windhausen, Krs. Olpe
D: W 46,522

171

Windheim, Krs. Minden
D: W 18,212; 20,321; 22,282; 46,522; 53,804

Wingeshausen, Krs. Wittgenstein
D: W 41,268; 46,523

Winkhausen, Krs. Meschede
D: W 41,268; 46,523

Winterberg, Krs. Brilon
2315 Hamper: Der Markenverband Winterberg. Ein Beitrag zur Geschichte der westfälischen Mark. WZ 114,143-164
2316 Schrepping: Geschichte der Stadt Winterberg [nach der „Chronik der Stadt Winterberg" des 1870 verstorbenen Pfarrers Jacob Joseph Quick]. (1802-1836) H 5: 1-3, 9-11, 49-54, 56-61; (1837-1857) H 6: 1-5, 17-22, 25-29, 38-40, 41-45, 49-51, 57-61; (1858-1864) H 7: 1-6, 13-16. Fortsetzung durch Pfarrer und Dechant Schrepping 1921 als Pfarrchronik und Jahreschronik (1864-1870) H 7: 17-20, 25-27
Abpfarrung **1059**
D: W 31,193; 41,269; 46,523; 53,804

Wintergalen, Krs. Beckum
2317 Esselen: Das Steindenkmal [Hünengrab] bei Wintergalen. (Nachtrag zu den Tagebuch-Notizen des Oberstleutnant Schmidt im 20. Bande dieser Zeitschrift). WZ 27,372f.

Wissen, s. Grafschaft, Altar **1369**

Witten
Haarmann: Die erdgeschichtliche Vergangenheit der Umgebung von Witten. W 4,116 (Rez. Wegner)
Märkisches Museum W 15,137; 22,164
D: W 20,321; 21,194; 31,193; 41,269; 46,523; 53,804

Witten-Bommern
D: W 53,804

Schloß **Wittgenstein**
D: W 53,804

Wocklum, Krs. Arnsberg
D: W 21,194; 31,193; 41,269; 46,524; 53,805

Wöbbel, Krs. Detmold
Kirchspiel WZ 37 II 74
D: W 41,270; 46,524; 53,808

Wolbeck, Krs. Münster
D: W 18,212; 20,321; 41,270; 46,524; 53,809

Wolfshagen
Schroeder, Petersen: *Die Ämter Wolfshagen und Zierenberg.* W 22,211 (Rez. Pfeiffer)

Wormbach, Krs. Meschede
Groeteken: *Geschichte der Pfarreien des Dekanates Wormbach.* W 17,106 (Rez. Klocke)
2318 Mühlen: Die Kirche in Wormbach. W 43,70-92
2319 Herberhold: Zu den Inschriften der Tierkreisbilder in Wormbach. W 43,92f.
D: W 31,193; 41,270; Orgel 41,438

Wormeln, Krs. Warburg
2320 Linneborn: Kleine Beiträge zur Geschichte des Zisterzienserinnenklosters Wormeln bei Warburg im 17. und 18. Jahrhundert. WZ 76 II 174-217
Gerichtsplatz **2255**
D: W 20,321; 41,270

Wülfer-Bexten, Krs. Lemgo
D: W 46,526

Wülfte, Krs. Brilon
D: W 46,526

Wüllen, Krs. Ahaus
D: W 53,810

Wünnenberg, Krs. Büren
Kirchspiel WZ 43 II 50
D: W 41,272

Haus **Würgassen,** Krs. Höxter
D: W 41,272; 46,526

Würgenhof, Krs. Siegen
D: W 46,526; 53,810

Wulfen, Krs. Recklinghausen
D: W 17,205; 20,321; 53,810

172

Wulften, bei Osnabrück
Wasserburg **3349**

Wunderthausen, Krs. Wittgenstein
D: W 41,272; 46,528

Wunstorf, Neustadt am Rübenberge
Bannus **1556**
Oeters: Die Stiftskirche zu Wunstorf, ihre Baugeschichte und Stellung innerhalb der sächsischen Architektur. W 31,298 (Rez. Thümmler); W 33,240 (Rez. Feldtkeller)

Zinse, Krs. Wittgenstein
D: W 53,810

Züschen, Krs. Brilon
Freigrafschaft **3144**
2321 Möhring: Inschrift an der Pastorat in Züschen. H 3,24

Zurstraße, Ennepe-Ruhr-Kreis
D: W 46,528

Zwillbrock, Krs. Ahaus
D: W 41,272; 46,528

4. Teil
Sachregister

Geschichtsvereine
Allgemeines

Jahrbücher des Vereins für Geschichte und Alterthumskunde, 1831ff. s. Bibliographie der Veröffentlichungen
2322 Seibertz: Vorschläge wegen eines vaterländischen historisch-topographischen Glossars, mit einem Probeartikel: Die Burg zu Kallenhardt. A I 1,76-88
2323 Erhard: Ideen über den Zweck und die Wirksamkeit eines geschichtsforschenden Vereins. Vortrag. A VII 2/3 220-233
2324 — Die deutschen Vereine für Wissenschaft im Allgemeinen und für die Geschichtskunde insbesondere, in einem geschichtlichen Überblicke dargestellt. WZ 7,278-310
2325 Jordan: Über den Nutzen der Geschichtsvereine in Bezug auf Staats- und Rechtswissenschaft. A VII 4,285-292
2326 Wigand: Bitte an die deutschen Geschichtsvereine. J 1833 4,97f.
2327 Altertumsforschung (Preusker's Programm für die Vereine). A IV 2,233-235
Anfänge der vaterländischen Studien in Deutschland **2752**

Einzelne Vereine

2328 Bericht über die Versammlung des **Gesammtvereins** der deutschen Geschichts- und Alterthumsforscher zu Münster. WZ 16,368-375
2329 Gesellschaft für Erhaltung der Denkmäler älterer deutscher Geschichte, Literatur und Kunst. J 1833 2/3, 92-98; J 1838 4, 128

2330 Baden. Jahresbericht der Sinsheimer Gesellschaft zur Erforschung der vaterländischen Denkmale der Vorzeit. J 1831 1, 30f.; 4,117
2331 Bayern. Verein für Geschichte und Alterthumskunde des Ober-Main-Kreises. J 1833 2/3, 50-54; J 1836 2,60
2332 Bayern. Historischer Verein im Rezat-Kreis. J 1831 4,113-117; J 1832 1,16-19
2333 Bayern. Historischer Verein für den Untermainkreis. J 1836 2, 55-59

2334 Vorschläge zu einem **Brandenburgischen** Geschichtsverein (Mittheilung aus dem allgem. Archive von L. von Ledebur). J 1832 1,19-27
2335 Sökeland: Local-Verein für vaterländische Geschichte in **Coesfeld** I. 351-352
2336 (Stüve:) Beförderung vaterländischer Geschichtskunde **Hannover.** A II 2,222-224
2337 Verein für **hessische** Geschichte und Landeskunde. J 1835 1,28-32; J 1836 3,87-89; J 1838 4,127
2338 Historischer Verein für das Großherzogthum **Hessen.** J 1836 2, 61-64; J 1838 4,127
2339 Die Königliche Gesellschaft für nordische Alterthumskunde zu **Kopenhagen.** J 1832 1,1-14. J 1833 2/3, 65-70; J 1836 3,65-71
2340 Gesellschaft der Alterthumsforscher zu **London.** J 1832 1,31
2341 Westphälische Gesellschaft zur Beförderung der vaterländischen Cultur (zu **Minden**). J 1831 2,40-48
2342 Verein für die gesammte Geschichtskunde zu **Münster** (Historischer Verein). J 1835 1,7-10
2343 Verein für **Nassauische** Alterthumskunde und Geschichtsforschung. J 1831 3,74-78; 90-94. J 1833 2/3, 55-58. J 1838 4, 126
2344 Gesellschaft für **Pommersche** Geschichte und Alterthumskunde. J 1831 1,25-28; 51f.; 2,56-61; J 1833 4,108-112; J 1838 4,124
2345 Historische Gesellschaft in **Reval.** J 1833 2/3, 76f.; J 1836 2,64
2346 Historische Gesellschaft in **Riga.** J 1836 2,64; J 1838 4,97-101
2347 Preusker: **Sachsen** (Alterthumsvereine und neue historische Werke). J 1831 3,65-67
2348 Verein sächsischer Alterthumsfreunde. J 1835 1,26-28
2349 Sachsen: Deutsche Gesellschaft zur Erforschung vaterländischer Sprache und Alterthümer in **Leipzig.** A V 4 Beil. J 1831 4,107-113; J 1833 2/3, 58-65; J 1838 4,121f.
2350 Schleswig-Holstein-Lauenburgische Gesellschaft für vaterländische Geschichte. J 1835 1,17-23; J 1838 4,124
2351 Thüringisch-Sächsischer Verein für Erforschung des vaterländischen Alterthums.

J 1831 3,67-69; J 1833 2/3, 70-72; 4, 126f.; J 1835 1,10-16; J 1838 4,122f.
2352 Voigtländischer Alterthumsverein. J 1831 1,7-11; 2,54-58; J 1832 1,14f.; J 1838 4,125
2353 Wetzlarscher Verein für Geschichte und Alterthumskunde. J 1835 1,26; J 1836 2,33-35; J 1838 4,124
2354 Württemberg (Stiftung des Vereins zur Auffindung von Alterthümern zu Rottweil). J 1831 4,120-123

Historische- und Altertumskommission

2355 Beschluß der Gründung beider Kommissionen in der Generalversammlung am 9. Januar 1896. WZ 54 211

2356 Meister: 25 Jahre Historische Kommission für die Provinz Westfalen. 1896-1921. W 11,65-84

Berichte der Historischen Kommission

1.	1896	WZ 54 213	
2.	1897	WZ 55 269	
3.	1898	WZ 56 148	
4.	1899	WZ 57 154	
5.	1900	WZ 58 283	
6.	1901	WZ 59 262	
7.	1902	WZ 60 205	
8.	1903	WZ 61 223	
9.	1904	WZ 62 258	
10.	1905	WZ 63 271	
11.	1906	WZ 64 278	
12.	1907	WZ 65 292	
13.	1908	WZ 66 179	
14.	1909	WZ 67 240	
15.	1910	WZ 68 369	
16.	1911	WZ 69 467	
17.	1912	WZ 70 313	
18.	1913	WZ 71 504	
19.	1914		W 7 27
20.	1916	WZ 74 315	W 8 92
21.	1917	WZ 75 321	W 9 26
22.	1918		W 9 111
23.	1919		W 10 89
24.	1920		W 11 24
25.	1921		W 11 52
26.	1922		W 11 85
27.	1923		W 12 21
28.	1924		W 12 23
	1932-1934		W 20 39
	1936		W 21 44
	1937		W 22 37

Berichte der Altertumskommission

1897	WZ 55 272	
1898	WZ 56 145	
1899	WZ 57 157	
1899	WZ 58 285	
1900	WZ 59 263	
1902	WZ 60 207	
1903	WZ 61 224	
1904	WZ 62 260	
1905	WZ 63 272	
1906	WZ 64 279	
1906	WZ 65 294	
1907	WZ 66 180	
1908	WZ 67 239	
1909	WZ 68 368	W 1 130
1910	WZ 69 467	W 2 122
1911	WZ 70 313	W 3 112
1912	WZ 71 507	W 4 105
1914	WZ 72 335	
1915	WZ 73 245	
1916	WZ 74 316	
1917	WZ 75 321	

2357 Stieren, Beck: Bericht über die Hauptversammlung der Altertums-Kommission im Provinzialinstitut für westfälische Landes- und Volkskunde am 23. März 1949 in Münster. W 28,76-81

2358 Nordwestdeutscher Verband für Altertumsforschung
(1909) 5. Tagung W 1,47
(1910) 6. – Xanten W 2,59
(1911) 7. – Wernigerode/Frankfurt, süd- und westdeutsche Altertumsvereine W 3,53
(1912) 8. – Lüneburg W 54,65
(1913) 9. – Göttingen W 5,58
(1914) 10. – Bielefeld W 6,94

Urkunden

Westfälisches Urkundenbuch s. Bibliographie 1-9

2359 Giefers: Bemerkungen und Nachträge zum „Westfälischen Urkundenbuche" [Bd. IV]. WZ 37 II 166-211
2360 — Bemerkungen zur ersten Hälfte des IV. Bandes des Westfälischen Urkundenbuches. WZ 38 II 103-202
2361 Müller, Ernst: Nachträge zum 3. Bande des Westfälischen Urkundenbuches. WZ 59,235-238
2362 Völker: Nachträge zum Westfälischen Urkundenbuche: Band IV (eine Corveyer und eine Paderborner Urkunde von 1258 bzw. 1273), Band V (drei Geseker Urkunden von 1275, 1282, 1297). WZ 86,236-245
Krumbholtz (Bearb.): Westfälisches Urkundenbuch Band X. Die Urkunden des Bistums Minden. W 26,236 (Rez. Rothert)
2363 Junkmann: Die Fortsetzung der Regesta historiae Westfaliae betreffend. WZ 14,373-376
2364 Beckel: Kritische Miscellen zur Berichtigung der westfälischen Regesten. WZ 18,220-254

2365 Bauermann: Bijdragen tot een oorkundenboek van Overijssel [z. B. auch die Gründungsurkunde des Stiftes Busdorf in Paderborn]. W 25,92
Asseburger Urkundenbuch. Anzeige von Graf v. Bocholtz-Asseburg. WZ 36 II 194-202 (Rez. Koch: W 35,191; Waitz: WZ 36,194-198)
2366 Symann: Urkunden (Auszüge) betreffend die Stadt Brilon im Staatsarchiv Münster (Repert. 362 Brilon Stadt). H 3, 72, 79, 87f., 94-96; H 4,11-13
2367 Herberhold: Württembergische Regesten, die sich auf Westfalen beziehen. W 27, 149-151

2368 Tzschoppe, Stengel: Urkundensammlung zur Geschichte des Ursprungs der Städte und der Einführung und Verbreitung deutscher Kolonisten und Rechte in Schlesien und Oberlausitz. J 1831 4, 101-103.
S. auch Urkundenbücher unter den Orten. Bielefeld, Clarenberg bei Hörde, Mengede, Wattenscheid

Chronologische Übersicht der im Archiv mitgeteilten Urkunden und Urkundenauszüge:
A I 4,125ff.
A II Einl. XII-XIV
A III 4,243-246
AA IV 4,475-478
A V 4,421-428
A VII 4,365-370
2369 Chronologisches Verzeichnis aller in den ersten 6 Bänden dieser Zeitschrift gedruckten Urkunden und Briefe. WZ 6,361-377; ebenso für den 7. bis 10. Band. WZ 10,363-378

2370 Erhard: Übersicht der neuesten und wichtigsten literarischen Leistungen im Gebiete der Urkunden-Kenntnis. A VII 4,309-328
2371 — Neue Beiträge zur Literatur der Urkunden-Sammlungen. Vortrag in der Versammlung des Vereins für Geschichte und Altertumskunde Westfalens. 19. März 1841. WZ 5,300-316
2372 Wigand: Das Sammeln von Fragmenten. A I 2,115
2373 Witting: Über die Herstellung der älteren Dinten in den Urkunden. A II 4,428-431
2374 Wigand: Coßmanns hinterlassene Urkunden. A I 1,111; 3,113-115
2375 — Die vaterländischen Urkunden (1. Über den Druck derselben. 2. Diplomatische Aehrenlese). A I 2,49-79
2376 v. Medem: Über den Druck der vaterländischen Urkunden. A III 1,76-88
2377 Erhard: (Deutsche Urkunden). WZ 2,379f.
2378 Preusker: Deutsche Urkunden in Schweden. J 1831 3,79f.
2379 v. Medem: Die Urkunden Westfalens. A I 4,115-117
2380 Hoefer: Über den Druck der Urkunden von F. v. M. (aus einem Schreiben). A II 1,113f.

2381 Schnettler: Edle und Dienstmannen, Ritter und Knappen in den Zeugenreihen westfälischer Urkunden [des 13. und beginnenden 14. Jahrhunderts]. WZ 84 II 124-131
2382 Doebner: Rheinisch-Westfälische Urkunden des Herzoglich von Hatzfeldt'schen Archivs zu Trachenberg. WZ 61,52-94
2383 Kallen: Westfalen in der Gelnhäuser Urkunde von 1180. WZ 107,244
Glasmeier: Bildwiedergaben ausgewählter Urkunden und Akten zur Geschichte Westfalens. W 18,67 (Rez. Klocke)
2384 Mooyer: Einige Urkunden aus den Originalien. A IV 2,227-229
2385 - (St. Gallener) Urkunden. A VI 2/3, 291-294
2386 Wigand: Excerpte aus Urkunden. A VI 2/3, 303-310
2387 - Vandalismus [Urkunden als altes Pergament und Siegel an Buchbinder zum Gebrauch gegeben]. A IV 4,474
2388 Ficker: Reisefrüchte (Urkunden). WZ 18,316-325

Fälschungen

2389 Wigand: Zeugnis über untergeschobene Urkunden. — Beispiel einer verfälschten (Corveyer) Urkunde. A I 3,97-99
2390 Honselmann, Kl.: Eine Teilabschrift der Corveyer Traditionen, Falkes Druckausgabe und ihre Quellen. W 51,6-21
2391 Spancken, W.: Das Register Saracho's, ein literarischer Betrug des Geschichtsschreibers Joh. Fried. Falke. WZ 21,1-180
2392 Wendehorst: Zur Überlieferung und Entstehung der Fälschung D. Karol. 246. W 51,1-5
2393 Wilmans: Die Urkundenfälschungen des Klosters Abdinghof und die Vita Meinwerci. WZ 34 I 3-36
2394 Tenckhoff: Die angeblichen Urkundenfälschungen des Benediktinerklosters Abdinghof in Paderborn. WZ 77 I 1-35
2395 Honselmann, Kl.: Die sogenannten Abdinghofer Fälschungen. Echte Traditionsnotizen in der Aufmachung von Siegelurkunden. WZ 100,292-356

2396 Zschaeck: Fälschungen im Urkundenwesen der Grafen von Arnsberg. WZ 82,79-105
2397 Giefers: Eine „sehr verdächtige Urkunde" des Kaisers Heinrich IV. aus dem Jahre 1097 (für Helmarshausen). WZ 38 II 203-208
2398 Schmitz-Kallenberg: Eine gefälschte Papsturkunde des Klosters Liesborn [datiert 14. Oktober 1317]. WZ 67,212-220
Schmieder: Die Urkunden des Klosters Liesborn 1384-1464. W 52,173 (Rez. Löffler)
2399 Prinz: Die Urkunde Bischof Gerfrieds von Münster für [Kloster] Nottuln von 834, eine Fälschung des Albert Wilkens. WZ 112,1-51.
Angebliche Fälschung der Münsterschen Synodalakten **1590**
2400 v. Winterfeld: Die älteste Soester Stadturkunde eine Fälschung? WZ 86 I 235-251. [dazu 252:] Erklärung von Fr. v. Klocke
2401 v. Klocke: Die Echtheit der ältesten Soester Stadturkunde. Untersuchungen zum westfälischen Urkunden- und Siegelwesen. WZ 87 I 1-80
2402 v. Winterfeld: Die älteste Soester Stadturkunde und andere verdächtige Urkunden des Patroklistiftes in Soest. WZ 87 II 81-113; WZ 89 I 173-240

Papsturkunden

2403 Gehrken: Etwas über die Bulle Papst Stephan V. vom Jahre 891 in longobardischer Schrift auf Papirus, welche dem ehemaligen Fräuleinstift Neuenheerse erteilt ist. A III 3,120-126
2404 Honselmann, Kl.: Eine bisher ungedruckte Urkunde des Papstes Lucius II. [von 1145] und die Anfänge der Provinzialkapitel der Benediktiner in Deutschland. WZ 82,62-78
2405 - Studien zu Papsturkunden für Klöster des Bistums Paderborn. I. Das verlorene Privileg Papst Eugens III. für Corvey (Jan.-Feb. 1148) wiederhergestellt. II. Das Privileg Coelestins III. von 1192 für Helmarshausen. WZ 90 II 193-201

2406 Zingsheim: Zwei Papsturkunden aus den Jahren 1428 und 1430 gegen die westfälischen Freigerichte. WZ 71,324-330
Bulle Julius II **1048**
Papsturkunden Westfalens **6**

Bischofs- und Abtsurkunden

2407 Wecken: Untersuchungen über das Urkundenwesen der Bischöfe von Minden im 13. Jahrhundert (1206-1293). WZ 58 II 23-144
2408 Meyer, J. Th. L.: Erläuterung zweier Minden'schen bisher ungedruckten Urkunden (von 1339 und 1372). A VII 4,329-341
2409 v. Fürstenberg: Beiträge zum Urkundenwesen der Bischöfe von Münster [bis Mitte 13. Jh.]. WZ 90 I 193-303
2410 Grewe: Die Urkundendatierung nach dem Münsterschen Festkalender. WZ 96 I 1-37
2411 Runkel: Die Urkundensammlung des Erzbischofs Balduin von Trier. WZ 10,300-320
2412 Honselmann, Kl.: Die Urkunde Erzbischof Luidberts von Mainz für Corvey-Herford von 888. WZ 89 II 130-139
2413 Wigand: Eine Urkunde des Abt Wibold von 1152. A III 3,115f.
2414 - Bestätigungsurkunde Bischof Balduins vom Jahre 1345 über die Rechte der Stadt Driburg. A II 4,361-364
2415 Honselmann, W.: Eine bisher ungedruckte Urkunde des Kölner Erzbischofs Siegfried für Hagen von 1276 [nebst einem Verzeichnis der Zehntpflichtigen des kölnischen Hofes in Hagen aus der 2. Hälfte des 14. Jahrhunderts]. WZ 115,508-513
2416 v. Spilcker: Urkunde des Bischofs Udo von Hildesheim. 1092 Mai 16. [Bumiete, eine alte Abgabe, von der der Bischof seine Dienstleute befreit]. A I 4,104-106
2417 Spancken, K.: Eine für die ältere Topographie der Stadt Paderborn wichtige Urkunde [Bischof Bernhard V. vom 1. Mai 1336 über das Grundstück des bischöflichen Palastes beim Dom in Paderborn]. WZ 56 II 176-180

2418 Wigand: Stadtrecht, welches Bischof Balduin von Paderborn dem Ort Schwaney im Jahre 1344 verlieh. A I 4,99-103. Nachtrag A III 1,94-96
Ilgen: Gründungsurkunde Schwaney 1344 März 7. **100**

Andere Urkunden

2419 Schulte, Wilhelm: Eine neu aufgefundene Urkunde Wolter von Plettenbergs [1532] und ihre Geschichte. WZ 76 I 223-227
Urkunde von 1259 über Rat der Stadt Soest **2167**
2420 Linneborn: Aus dem Pfarrarchiv und dem Gemeindearchive der Freiheit Bödefeld [Urkunden des Pfarrarchivs 1503-1736 und des Gemeindearchivs 1342-1792]. WZ 71 II 251-255
Bocholt, Privilegien, Urkunden **1013**
2421 Wigand: Die Urkunden der Stadt Brakel. A IV 1,1-7
2422 - Brakeler Urkunden über Bußen in dem Vogtding 1259. A IV 1,179f.
2423 - Zur urkundlichen Geschichte der Stadt Brakel. A V 2,155-176
2424 - Brakelsche Urkunde von 1476. A VI 2/3, 274-277
2425 Landau: Auch das ABC ist heilig. Bürensche Urkunde von 1532. A VII 2/3, 280f.
Bürener Urkunden **1171, 1176**
2426 Wigand: Eine wiederaufgefundene Urkunde des Corvey'schen Archivs von 1079. A III 3,113f.
Corvey, 1295 (Hörigkeit) **3093**, 1555 (Dienste) **3092**
Dedehosen **1256**
Desenberg, Urkunde 1192 **1263**
Driburg, Rechte der Stadt **2414**
2428 Lappenberg: Pagus Enghere-Herechepe (mit Urkunde von 1066). A VII 1,42-45
2429 Steinkühler: Zur Gründungsurkunde des Stiftes Fischbeck an der Weser. W 44, 186-188
Flechtdorf, Urkunden **1312**
2430 Schwieters: Ein neues Moment in der

Beurteilung der Freckenhorster Stiftungsurkunde. WZ 60,182-184
2431 Wigand: Erbpacht einer Mühle [Hardehausen]. Fritzlarer Urkunde von 1295. A II 1,101f.
2432 Niederquell: Der Kauf einer Rente von den Fritzlaer Vollstreckern des Testaments Dietrichs von der Lippe durch Hermann Beer in Paderborn 1601. WZ 123,277-281
2433 Wigand: Eine Urkunde des Kaisers Arnulf (für Kloster Gandersheim) zwischen 888 und 896 [Übertragung der Villa Wanzleva an das Kloster]. A VI 1,1-3
Kloster Gehrden **1342**
Hamm, Urkunde von 1363 **1381**
2434 Kampschulte: Historische Bemerkungen zu der Originalurkunde über einen zwischen der Stadt Höxter und dem Petristift daselbst vermittelten Vergleich. WZ 33 II 27-40
2435 Wilmans: Die Huninghove und die übrigen westfälischen Besitzungen Huno's, des ersten Grafen von Oldenburg, nebst den darauf bezüglichen Urkunden des 12. Jahrhunderts. WZ 25,41-268. Nachträgliches. WZ 25,387-392
2436 Schrader, F. X.: Urkunde [des Stifts Böddeken] über einen Mühlenhof mit Mühle zu Husen bei Atteln. WZ 59 II 203-206
2437 Wigand: Urkunden des Klosters Kemnade. A VI 4,406-408
2438 Zschaeck: Freiungsurkunde Graf Ludwigs von Arnsberg [für Langscheid von 1307]. WZ 85 II 208-211
Liebenau, Urkunden **1488**
Lippstadt, Kalandsbruderschaft **3003**
3439 Schrader, L.: Denkwürdige (Mainzer) Urkunden. A V 1,40-42
Marienmünster, Regesten und Urkunden **1524**
Münster, Zentralbehörden bis 1650, Urkunden **1615**
2440 Honselmann, Kl.: Unbekannte Urkunden [des Abdinghofer Archivs aus den Jahren 1367-1388] über das Benefizium an den Externsteinen. WZ 96 II 85-92
2441 - Zwei Urkunden über die Konsekration des Kreuzaltares von Kloster Abdinghof [1373]. WZ 113,458-460

[Paderborn] Busdorf, Gründungsurkunde **2365**, Urkunde 1081 **2014**

Rietberg, Urkunden **2127, 2128**

Waldeck, Urkunde von 1363 **2241**

Warburg, Urkunden **2245, 2246**

Westernkotten, Urkunde von 1312 **2294**

2442 Lorenz: Urkunden zur Geschichte [des Stiftes] Wildeshausen. WZ 6,225-281

Handschriften

2443 Diekamp: Westfälische Handschriften in fremden Bibliotheken und Archiven: I. Die Dombibliothek zu Trier. WZ 41 I 137-147 — II. Die K. K. Hofbibliothek zu Wien. III. Das Geheime K. K. Haus-, Hof- und Staatsarchiv zu Wien. WZ 42 I 153-157
— IV. Kgl. Bibliothek Berlin. V. Kgl. Geheimes Staatsarchiv Berlin. VI. Kgl. Bibliothek Hannover. VII. Kgl. Staatsarchiv Hannover. WZ 44 I 48-97
Finke: Westfälische Handschriften in Rom **2780**
— Westfalica **2781**
— Münsterische Synodalstatuten **1590**
— Dietrich von Niem **2780**
2444 Sauerland: Zwei Handschriften in der Dombibliothek zu Trier: 1. Paderborner Adelsfamilien. 2. Kalendar und Nekrolog des Klosters Falkenhagen. WZ 47 II 193

2444b Oeser: Eberhardi Bethuniensis Graecismus: ein Handschriftenfragment im Diözesanarchiv des Bistums Münster. W 52,110-117.
2445 Wigand: Über die Schicksale der in den Klöstern aufbewahrten Handschriften (Corvey). A I 2,121-124
2445b - Vernichtung von Handschriften. J 1836 3,96
2447 Eickermann: Auf der Spur einer großen Notre-Dame-Handschrift des 13. Jahrhunderts. W 52,149-152

2447b Erhard: Bemerkungen über eine alte Handschrift der Vita S. Idae. WZ 6,284f.
2448 Hölscher: Die Handschrift der Imitatio Christi auf der Gaesdoncker Bibliothek vom Jahre 1427. WZ 44 I 162-170
Köhler, Milchsack: Die Gudischen Handschriften. W 6,62 (Rez. Dersch)
2449 Rensing: Zur Datierung des Codex Gisle. W 25,93
2450 Brilling: Eine hebräische Handschrift aus Warendorf. W 40,333-341

Abdinghof, Nekrolog **2005a**
Hardehäuser Handschrift **1901**
Höxter, Handschriften der Dechaneibibliothek **1424**
Kindlingersche Handschriftensammlung **81**
Liturgische Handschriften **2954**
Lübecker Bürgertestamente W 44,280
Mainz, ma. Handschrift **1517**
Marienfeld **2482**
Minden, Stadtbuch von 1318 **1564**, Chronistik 16./17. Jh. **1563**
Münster, Fraterherrenhandschrift **1678**

Inschriften

2451 Preusker: Akademie der Inschriften zu Paris. J 1833 2/3, 74-76
2452 - Mongolische Inschrift am Ural gefunden. J 1833 2/3, 77f.

Inschriften an Kirchen: Dalheim **1252b**, Marienfeld **1521c**, Münster, Überwasser **1690b**, Schlangen **3264c**, Wedinghausen **3264b**

Archive

2453 Meyer, Ignaz: Vorschläge zur Betreuung der Archive aufgehobener Klöster (1816/17). Mit Akten der Beauftragung Meyers, hrsg. von W. Leesch. WZ 124/125,1-8
2454 Bemerkungen und Übersicht [des Großherzog-hessischen Archiv-Regierungsrat Dupuis 1815] über den Zustand des Archiv- und Registraturwesens im Herzogtum Westfalen im Jahre 1816. WZ 51 II 97-120
Preusker: Provinzialarchive in Preußen. J 1831 3,78f. (Rez. Wigand)
2455 Zeitschrift für Archivkunde, Diplomatik und Geschichte (beabsichtigte Herausgabe). J 1833 2/3, 90-92
2456 Bericht über die Leistungen der dortigen Geschichtsforscher [Hannover-Braunschweig]. Vaterländisches Archiv von Spangenberg. Wedekinds Noten. J 1831 1,18-25; J 1833 4,119-125
2457 [Die hessischen Archive] Vorstellung für würdige Aufstellung und Ordnung der Archive als Hauptquellen der Landesgeschichte. J 1831 3,71-73
2458 Vandalismus des Pariser Volks [u. a. Zerstörungen von Archiven und Bibliotheken]. J 1832 3,82
2459 Schmidt: (Über die Art, wie die auf die französische Geschichte bezüglichen Dokumente gesammelt werden). J 1838 4,119-121
2460 Wigand: Die in Privatbesitz geratenen Archivalien. A I 2,135
2461 - Wie alt ist die Archivwissenschaft? A V 1,105
2462 v. Klocke: Zur Geschichte des älteren westfälischen Archivwesens. W 15,97
Leesch: Vom Wesen und von den Arten des Archivgutes. W 31,104 (Rez. Kohl)
2463 Wigand: Berichte von vaterländischen Archiven. Mit Andeutungen für die Geschichte. 1. Corvey, 2. Marsberg. A I 1,30-40
2464 v. Klocke: Die vereinigten westfälischen Adelsarchive. W 15,23-25

Die Bestände des Staatsarchivs und des Personenstandsarchivs Detmold. W 49,184 (Rez. Müller, Helmut)
Das Staatsarchiv Düsseldorf und seine Bestände. W 35,182 (Rez. Kohl)
Das Hauptstaatsarchiv Düsseldorf und seine Bestände. Stifts- und Klosterarchive, Bestandsübersichten (bearb. Oediger). W 44,278f. (Rez. Kohl)
2465 Bauermann: Handschriften-Verluste des Staatsarchivs Hannover durch Vernichtung im Kriege. W 27,69
Kuech: Politisches Archiv des Landgrafen Philipp des Großmütigen von Hessen. W 3,62 (Rez. Dersch)
2466 Pfeiffer: Das Preußische Staatsarchiv zu Münster. W 15,170-175
Das Staatsarchiv Münster und seine Bestände.

Bd. I: Behörden der Übergangszeit 1802-1816 (Bearb. Kohl, Richtering) W 43,298 (Rez. Lahrkamp)
— Bd. II: Gerichte des alten Reiches, Teil 1: Reichskammergericht A-K, Teil 2: L-Z, Reichshofrat (Bearb. Aders, Richtering) W 47,86 (Rez. Lahrkamp)
— Bd. II, Teil 3: Register. W 52,167 (Rez. Lahrkamp)
2467 Grotefend: Das Preußische Staatsarchiv zu Osnabrück. W 18,57-64
Das niedersächsische Staatsarchiv in Osnabrück (Bearb. Behr) W 48,271 (Rez. Dösseler)

Stadtarchive: Brilon **1141**, Dortmund **1273**, Gelsenkirchen **1343**, Köln W 42,446, 44,278, Minden **1559, 1562**, Münster **1770**, Soest **2970** Münster, Diözesanarchiv **2444b**
Paderborn, Archiv Altertumsverein **91**, Generalvikariat **1902**
Recklinghausen, Vestisches Archiv **2113**
Rheda, Fürstliches Archiv **2116**

„Nachlaß Fürstenberg" im Archiv Darfeld **357**
von und zu Mühlen, Merlsheim **709**
von Plettenberg, Hovestadt **767**
von Schorlemer, Overhagen **877**
Stollbergiana, französisches Familienarchiv **952**

Bibliotheken

2468 Wigand: Anfragen wegen vaterländischer Büchersammlungen zu Emden, Ascherbergs. A I 1,111f.; A I 3,115
2469 Troß: Verzeichnis historischer Handschriften in der Tholl'schen Sammlung auf der Königl. Bibliothek zu Copenhagen. WZ 23,357f.
2470 — Geschichtsquellen (Burgundische Bibliothek zu Brüssel). W 23,360-364
Wülfrath: Bibliotheca Marchica. Die Literatur der westfälischen Mark. Teil I: Von den Frühdrucken bis 1666. W 23,270 (Rez. Rensing)
2471 Aus den Pfarrbibliotheken des Dekanates Brilon: Thülen (Wiegelmann) H 1. Jg. Nr. 3; Alme (Otto) H 1. Jg. Nr. 4; Scharfenberg (Becker) H 1. Jg. Nr. 7; Giershagen (Koch) 2. Jg. S 8, 16, 22-23
Münster, Universitätsbibliothek **1766ff.**
— Paulinische Bibliothek **1769**
Paderborn, Bibliothek Altertumsverein **82**, Büchersammlung **87**
— Akademische Bibliothek **2963, 3332**
— Theodorianische Bibliothek **175, 2025, 2045**
Vereinsbibliothek **96, 99, 101**
Bibiliothek des Landesmuseums **107**

Siegel, Wappen

Die westfälischen Siegel des Mittelalters. Bd. I-IV **15-18**
2472 v. Ledebur: Bitte wegen Wappen. A I 2,136; Antwort A III 1,115f.
2473 — Denkwürdige Siegel. A III 2,158-164
2474 Witting: Ein Beitrag zur chemischen [Druckfehler: rheinischen] Geschichte der Siegel. A I 3,71-77
2475 Landau: Beitrag zur Geschichte der deutschen Symbolik. A VII 2/3, 270-274
2476 Friedländer: Westfälische Hausmarken und verwandte Zeichen. WZ 30,238-262
2477 Vüllers: Über Steinmetzzeichen und Hausmarken. WZ 58 II 228-233
2478 Tumbült: Mittelalterliche Siegelfälschungen in Westfalen. WZ 40 I 155-163

Roth: Die Städtewappen der Provinz Westfalen **22**
2479 Schulte, E.: Die Farben der Provinz Westfalen. W 17,23-28
Freier: Wappenkunde und Wappenrecht. W 22,41 (Rez. Hövel)
2480 Pfeiffer: Eine Wappenhandschrift der jülich-bergischen Hubertus-Ritterschaft in einem westfälischen Archiv [Archivberatungsstelle in Münster]. W 24,128-130
Meyer, Eugen (Hrsg.): Wappenbuch der westfälischen Gemeinden. W 26,237 (Rez. Rensing)
2481 Schnath: Vom Sachsenroß. Seine Herkunft und Bedeutung. WZ 108,189f.
Katharina von Kleve **564**
von Kerssenbrock **574**

Klemens August von Bayern 170f.
Dortmund 1271
Gütersloh 1372
Höxter, Schulmeister-Siegel 1431
Lage W 42,326
Mark, Grafschaft 1527
Medebach 1541
Münster 1592, 1593, 1630, 1640, 1705
Paderborn 39, 1971, 1972, 2057
Plettenberg, Schmiedezunft 2093
Rheine, Richter und Grafen 2124
Werl, Erbsälzer 2282

2493 Berghaus: Städtepolitik und Münzprägung der Kölner Erzbischöfe in Westfalen. WZ 123,70f.
2493b – Karolingische Münzen in Westfalen. W 51,22-32
Münster, Münzrecht 1639, Münzordnung 1350 1709
Brilon 1142
Hamm, Münzsammlung 2532
Helleweg, Münzwerkmeister 488
Vlemynck, Münzmeister 1000

Münzen

2482 v. Ledebur; Schmieder: Beitrag zur Münzkunde [aus einem Einnahme- und Ausgabe-Register von Marienfeld 1512]. A I 4,120-124
2483 Erhard: Urkundliche Beiträge zur Geschichte des älteren westfälischen Münzwesens. WZ 1,327-350
2484 – Die Glockenthaler. WZ 3,121 und 188-192
2485 Weingärtner: Die ältesten Münzen von Münster und Paderborn. WZ 22,305-319
Korzus: Die Fundmünzen der romanischen Zeit in Deutschland. Bd. 4-6: Reg.-Bez. Arnsberg, Münster und Detmold. W 52,163 (Rez. Schulte, B.)
2486 Spancken, K.: Münzgeschichtliches. WZ 57 II 205-209
2487 Jelkmann: „Borgen macht Sorgen" [Verzeichnis der Münzsorten zum Kirchenbau Altenbüren 1807 leihentlich aufgenommen]. H 1 Nr 4
2488 Wittkop: Münzbezeichnungen. H 2,39-40
2489 Spiegel: Münzdatierte Gefäße des Mittelalters aus Westfalen. W 23,207-212
2490 Reißner: Die Notgeldmünzen der Landesbank der Provinz Westfalen. W 25,122-131
2491 Rensing: Der Sterling in Westfalen. W 27,61
2492 Christ: Die antiken Münzen als Quelle der westfälischen Geschichte. W 35,1-32

Münzfunde

2494 Geisberg, H.: Für Münzkunde. Über den Billerbecker und einige andere Münzfunde neuerer Zeit. WZ 22,287-304
2495 Wippo: Neuere Münzfunde. 1. Der Kappenberger Fund; 2. Der Rentrupper Fund; 3. Der Dammer Fund. WZ 26,333-355
2496 – Neuere Münzfunde (in Hesseln, Büren). WZ 29 II 236-255
2497 Ahlemeyer: Münzfund auf Haus Stockhausen Krs. Meschede; Münzfund bei Neuenbeken Krs. Paderborn. WZ 47 II 188
2498 Brügge: Der Münzfund von Meschede. WZ 55 II 177-180
2499 Rensing: Der Münzfund von Friesoythe. W 22,205
2500 Berghaus: Neuere westfälische Münzfunde. 1. Vreden 2. Münster, Stadtweinhaus 3. Coesfeld 4. Soest, Marktstraße 5. Münster, Jüdefelderstraße. 6. Epe. 7. Weine. W 30,175-184
2501 – Westfälische Münzschatzfunde 1952-1953. I. Mittelalterliche Goldmünzenfunde: 1. Unna 2. Oberbauer 3. Haltern. Der spätmittelalterliche Goldmünzenumlauf in Westfalen. II. Münzenfund in Bad Driburg. W 32,25-57
2502 – Ein neuzeitlicher Münzschatzfund von Werl [1898]. W 36,227-242
2503 – Der Goldguldenfund von Warburg (1963). W 45, 131-148
2504 – Albersloh, Einzelfunde. W 50,39-41
Augustische Münzfunde 2748

Museen

Museum vaterländischer Altertümer in Münster **110-116**
Ausstellungen **92-94**
Altertümer-Ausstellung der Abteilung Paderborn 1899 **117**

Landesmuseum

2505 Mitteilungen, Erwerbungen: W 1 S 25-27, 60-62, 92-94, 129-132; W 2 S 30-32, 88-91, 125-127; W 3 S 28-31; 51-53, 94-95; W 4 S 30-32, 68-72, 87-88, 110-112; W 5 S 30-32, 62-64, 116
2506 Eichler: Zur Geschichte des Landesmuseums für Kunst und Kulturgeschichte. W 36,137-143
2507 Geisberg, M.: Landesmuseum. W 15,66
2508 – Die Sibyllen im Landesmuseum. W 15,130-136
2509 Greischel: Das Landesmuseum für Kunst und Kulturgeschichte in Münster nach dem Kriege. W 32,1-25
2510 Lippe: Die westfälischen Regimentsfahnen im Landesmuseum zu Münster (Vorwort von M. Geisberg). W 14,13-30; 66-68
2511 – Galen-Erinnerungen im Landesmuseum. W 17,55-58
2512 Pieper, Paul: Die „Notgottes" im Landesmuseum Münster. W 28,182-192
2513 Nissen: Zwei Neuerwerbungen des Landesmuseums [Madonnen aus Marienfeld und Schloß Wewer] W 15,51-55
2514 – Zwei Tafelbilder mit der Marter der Zehntausend im Landesmuseum. W 17,51-54
2515 Schröder, O.: Die Büchereien des Landesmuseums in den ersten 25 Jahren (1908-1933). W 18,129-132
Katalog der Bibliothek 1912 **107**
Vor- und frühgeschichtliche Abteilung **2617**

Sonder-Ausstellungen

2516 „Meisterwerke altkirchlicher Kunst aus Westfalen". Sonderausstellung W 15,181. Geisberg, M.: Verzeichnis der Leihgaben. W 16,91f.
2517 „Der Maler Derick Baegert und sein Kreis". Nachträge zum Katalog **156, 158**
2518 „Annette von Droste-Hülshoff und ihr Kreis". Unveröffentlichte Bilder aus der Ausstellung Januar-März 1938. W 23,176-178
2519 „Westfälische Maler der Spätgotik 1440-1490". Pieper: Katalog der Ausstellung 1952. W 30,77-132. Ergänzungen W 32,75-103
2520 „Westfälische Malerei des 14. Jahrhunderts" vom 22. März bis 17. Mai 1964. Pieper: Katalog (139 Abb. davon 12 farbig) W 42,10-93; Vorwort Eichler: W 42,8-9
2521 Eichler: Ansprache zur Eröffnung der Ausstellung. W 45,114-116
„Konservieren – Restaurieren" Ausstellung vom 26. Oktober bis 28. Dezember 1975. **38**

Einzelne Museen

2522 Klapheck: Vom „Horster Museum". W 2,33-45
Hähnle, Wenz: Führer durch die Sammlung römischer Altertümer im Museum zu Haltern in Westfalen. W 5,125 (Rez. Koepp)
2523 Pennings: Das Vestische Museum in Recklinghausen. W 13,47f.
2524 Kruse: Das Museum des Siegerlandes und die Rubens-Ausstellung in Siegen. W 13,138-142
2525 Hesse-Frielinghaus: Ein deutsches Museum [Karl-Ernst-Osthaus] für Kunst in Handel und Gewerbe in Hagen. W 40,345-349
Ernst Ludwig Kirchner **588b**
2526 Meier, B.: Das Diözesan-Museum in Paderborn. W 6,119-122
Münster, Diözesanmuseum **3461**
Bouvy: Aartsbisschoppelijk-Museum Utrecht. W 40,350 (Rez. Pieper)

Vereinigung Westfälischer Museen (Gründung 1926)

2527 Bericht der Vereinigung Westfälischer Museen und Mitgliederliste W 15,33f.; Richtlinien für die Wanderausstellungen W 15,140
2528 Zusammenkunft der Leiter der Westfälischen Museen:

10. Münster 1930	W 15,105
11. Bersenbrück	W 15,177
12. Münster 1931	W 16,171
13. Altena-Siegen	W 17, 75
18. Münster 1936	W 21,163
19. Witten-Ruhr 1936	W 21,163
20. Münster 1937	W 22,159
21. München 1937	W 23,213
22. Münster 1938	W 23,213
23. Arnsberg 1938	W 23,213
24. Dortmund	W 24,220

2529 Nachrichtenblatt der Vereinigung Westfälischer Museen. Beiblatt der Zeitschrift Westfalen:

1930 Nr 1- 6 in	W 15
1931 Nr 7- 8 in	W 16
1932 Nr 9-11 in	W 17
1933 Nr 12 in	W 20
1936 Nr 13 in	W 21
1937 Nr 14 in	W 22
1938 Nr 15-16 in	W 23
1939 Nr 17 in	W 24
1941 Nr 18 in	W 26

2530 Nissen: Schaffung einer Spitzenorganisation der deutschen Heimatmuseumsverbände. W 16,33
2531 - Eine Gemeinschaftsaufgabe der westfälischen Museen. W 24,213
2532 Kennepohl: Die Münzsammlung des Heimatmuseums [Hamm] mit besonderer Berücksichtigung der westfälischen Verhältnisse (Vortrag). W 16,171-174
2533 Pieper: Die westfälischen Museen nach dem Kriege. W 28,82f.; W 29,100
Westfälische Museen (Führer durch die Museen in Westfalen und Lippe). W 49,195 (Rez. Müller, Helmut)

Einzel-Museumsberichte unter den Orten:

Altena - Arnsberg - Balve - Bersenbrück - Bielefeld - Bochum - Borken - Bottrop - Breckerfeld - Bünde - Büren - Castrop-Rauxel - Cloppenburg - Coesfeld - Datteln - Detmold - Dorsten - Dortmund - Dülmen - Emsdetten - Gelsenkirchen - Geseke - Gladbeck - Gronau - Hagen - Haltern - Hamm - Hattingen - Herford - Herne - Höxter - Hohenlimburg - Hüllhorst - Iserlohn - Lage - Lemgo - Lippstadt - Lübbecke - Menden - Minden - Münster, Feuerschutzmuseum - Paderborn - Ramsdorf - Recklinghausen - Schwelm - Schwerte - Siegen - Soest - Telgte - Unna - Voerde - Warendorf - Witten

Denkmalpflege

Allgemeines

2534 Denkmälererhaltungskommission: Sitzung 17. Oktober 1909, 14. Dezember 1910, W 3 (1911) 47

2535 Die Denkmalpflege in Westfalen. Berichte des Provinzialkonservators:
1920/21 Sonderdruck aus der Zeitschrift „Die Heimat" hrsg. vom Westfälischen Heimatbund, Dortmund 1922
1922/23-1928/29 erschienen die Berichte (unter dem gleichen Titel) in Münster bei Aschendorff
Ab 1930 in der Zeitschrift Westfalen. Einzelberichte: 1930-32 W 17,179-205, 1933 W 18,193-213, 1934 W 19,265-291, 1935 W 20,297-321, 1936 W 21,171-194, 1937 W 22,265-282, 1938 W 23,303-326, 1939 W 24,227-242, 1940 W 25,133-142, 1941-1952 W 31,110-193, 1953-1961 W 41,1- 272, 1962-1966 W 46,182-528, 1967-1973 W 53,277-810
— Im Ortsverzeichnis Aufschlüsselung (unter D:)

2536 Reintal: Fünfzig Jahre Denkmalamt. W 23,327-331
2537 Busen: Fünfundsiebzig Jahre Denkmalpflege in Westfalen. W 46,1-27
2537b Ellger: Das Landesamt für Denkmalpflege 1967-1973. W 53,199-210

Orgeldenkmalpflege

2538 Reuter: Voraussetzungen und Aufgaben der Orgeldenkmalpflege. W 31,257-273
2539 - Erhaltung und Wiederherstellung historischer Orgeln in Westfalen und Lippe:

Ahlen, Angelmodde, Bergkirchen (Lemgo), Bigge, Börninghausen, Borgentreich, Borken, Brachthausen, Bunskappel, Büren, Cappenberg, Corvey, Detmold, Dielingen, Dortmund-Eichlinghofen, Dortmund-Wellinghofen, Erwitte, Fleckenberg, Fröndenberg, Hallenberg, Hattingen, Hellinghausen, Hemer, Herford, Höxter, Hoinkhausen, Hopsten, Istrup, Kallenhardt, Kirchhundem, Kirchveischede, Klosterbrunnen, Körbecke, Langenholthausen, Lemgo, Lengerich, Liesen, Listernohl, Lübbecke, Marienfeld, Mülheim, Münster-Dom, -Mauritz, Niederdresselndorf, Nottuln, Oberhundem, Oberkirchen, Ovenhausen, Rahrbach, Reiste, Rheda, Rhynern, Rönsahl, Rumbeck, Schliprüthen, Varenholz, Volmarstein, Wormbach. W 41,382-439

2539b Fischer, Reuter: Maßnahmen an historischen Orgeln und Orgelgehäusen. W 53,257-276

Anfänge der Denkmalpflege

2540 Schmitz, K. J.: Die Bartholomäuskapelle in Paderborn - erstes Objekt der Denkmalpflege in Westfalen 1825. WZ 124/125,115-118
Seiler: Die Anfänge der Kunstpflege in Westfalen. 24
2541 - Ein Gutachten Peter Cornelius' über säkularisierte Tafelbilder in Westfalen. W 22,124-128
2542 Rave, W.: Schinkels Reisen durch Westfalen 1816 und 1824. W 18,123-126
2543 - Die große Dienstreise Schinkels 1833 durch Westfalen. W 18,152-261
Schreiner: Karl Friedrich Schinkel und die erste westfälische Denkmäler-Inventarisation. W 48,267 (Rez. Dösseler)
2544 Rave, O. P.: Gustav Friedrich Waagens [Kunstschriftsteller 1794-1868] Reise durch Westfalen und seine Vorschläge für die Denkmalpflege aus dem Jahre 1834. W 19,373-378
2545 Zuhorn: Friedrich Wilhelm IV. und die Anfänge der westfälischen Denkmalpflege. W 19,378-384

2545b Mummenhoff: Städte-Schnellinventarisation 1969-1973. W 53,211-222
2545c Kluge: Kurzinventarisation der Kirchen und Kapellen des 19. und frühen 20. Jahrhunderts in Westfalen-Lippe 1970-1973. W 53,223-252
2545d Neumann: Erfassung der technischen Kulturdenkmale in Westfalen-Lippe 1967-1973. W 53,253-256
2545e Ellger: Brauchen wir die alte Stadt? W 53,3-15
2546 Stieren: Vorgeschichte durch Denkmalpflege (angewandt auf die Provinz Westfalen). W 16,175-195
2547 Wieschebrink: Was wir verloren haben. Streiflichter auf die Kunstpflege des 19. Jahrhunderts im Münsterland. W 17,261.264
Rauch: Hessenkunst. Kalender für Kunst und Denkmalpflege. WZ 64 II 176 (Rez. Kuhlmann)
2548 Haslinde: Genügen die gesetzlichen Grundlagen gegen das Reklameunwesen? W 17,247-251
2549 Rensing: Rechtsfragen der Baupflege. Mit einer Anlage: Beispiel einer Ortssatzung für die Gemeinden der Provinz Westfalen. W 24,243-249
2550 - Bemerkungen zum Arbeitsbereich der Denkmalpflege. W 31,105-109
2551 - Aus der Arbeit der Denkmalpflege in Westfalen. WZ 107,242f.
2552 - Beschützen und erhalten. W 38,90-110
2553 Mühlen: Die Grundhaltung der westfälischen Denkmalpflege. W 29,286-302

Rave, W.: Westfalens Kunststätten im Untergang und Wiederaufbau. W 29,304 (Rez. Fuchs)
2554 Busen: Zum Wiederaufbau denkmalwerter Bauten in Westfalen. W 31,194-201
2555 Michels: Baugeschichtliche Erkenntnisse aus der Denkmalpflege: [Neustädter Kirche Warburg, Nikolauskirche Rüthen, Pfarrkirchen Hellinghausen und Neuhaus, Kapuzinerkirche Brakel, Deutschordenskommende Mülheim]. WZ 109,257-272
2556 Wildemann: Erhaltende Erneuerung denkmalwerter Altstädte. W 46,28-61

2557 - Nachgründungen mittelalterlicher Kirchen bei Wiederherstellung der Raumproportionen durch Fußbodensenkung, Gehrden und Lemgo St. Marien. W 46,77-95
2558 Neumann: Denkmalpflegerische Maßnahmen beim Bau der Biggetalsperre im Kreise Olpe. W 46,105-122

2559 Rodenkirchen: Über die Erhaltung mittelalterlicher Wandmalereien. W 17,264-275
2560 Schmidt-Thomsen: Fluoreszenzbilder an westfälischen Wandmalereien. W 37,301-308

Restaurierungen – Einzelobjekte

2561 Denecke: Denkmalpflege in der Münsterkirche zu Herford. W 17,218-220
2562 Humpert: Die Wiederherstellungsarbeiten an der Wiesenkirche zu Soest. W 18,217-223

2563 Bartels: Der Wiederaufbau des Schlosses Velen. W 19,296-301
2564 Gonser: Ausbau des Schlosses Haldem zur Jungvolkführerschule „Langemark". W 21,227-231
2565 Steckeweh: Der Ausbau des Schlosses Holtfeld zur Bauernführerschule. W 23,331-339
2566 Busen: Die Klemenskirche zu Münster. Planung und Wirklichkeit. W 37,276-286
2567 - Busen: Die Bartholomäuskapelle in Paderborn. W 41,273-312

2568 Sarrazin: Gefährdung und Sicherung der Apostelkirche zu Münster. W 46,96-104
2569 Schreiner: Die Neueinrichtung der Apostelkirche in Münster durch Karl Friedrich Schinkel 1818-1824. W 47,170-201
2570 Fuchs: Die Wiedererrichtung des alten [Barock-]Hochaltares im Paderborner Dom. W 17,239-243
2571 Rodenkirchen: Die Wiederaufrichtung des [Barock-]Hochaltares in der Stiftskirche zu Geseke. W 18,223-227
2572 Nissen: Die Wiederherstellung der Nikolaustafel in Soest. W 18,228-232
2573 Kuchel: Die Restaurierung des Borkener Gabelkreuzes. Kunstgeschichtliche Vorbemerkung von Hans Eickel. W 32,58-66
2574 - Die Restaurierung des Doppelbildnisses der Gräfinnen Rietberg. W 36,213-214
2575 Claussen: Rot gefärbte Altäre, Kanzeln und Orgeln aus der Zeit des Paderborner Fürstbischofs Ferdinand von Fürstenberg. W 46,159-172
2576 Claussen und Endemann: Zur Restaurierung der Paderborner Imad-Madonna. W 48,79-125

Konservieren - Restaurieren 38

Dalheim **1253b**, Marienfeld **1521b**, Warburg, Rathaus **2267b**

Bauforschung und -Grabungen

2577 Thümmler: Neue Funde zur mittelalterlichen Baugeschichte in Westfalen. W 31,274-303
Esterhues: Abteikirche Corvey **1221**
Winkelmann und Claussen: Pfarrkirche in Vreden **2235**
2578 Busen: Das Landesamt für Denkmalpflege 1953-1961. W 43,1f.
2579 Thümmler: Neue Forschungen zur romanischen Baukunst Westfalens; ehem. Stiftskirche Freckenhorst, Martinikirche Siegen, ehem. Klosterkirche Flaesheim, Pfarrkirche Erwitte. W 43,3-56
Esterhues: Evangelische Pfarrkirche Bochum-Stiepel **1100**
Mühlen: Kirche in Wormbach **2318**
2580 Grabungen zur mittelalterlichen Baugeschichte Westfalens. Berichte von Doms, Esterhues, Thümmler. W 43,94-151
2581 Ellger: Bauforschung und Grabungen. W 50,1f.
2582 Lobbedey: Ausgrabungen des Landesamtes für Denkmalpflege zur Mittelalter-Archäologie 1961-1971. W 50,9f.
Kurze Berichte über Ausgrabungen W 50,11-24
Einzelberichte
Doms: Herford **1408**, Soest **2199**, Warburg **2254**
Engemann: Warburg **2249**
Esterhues: Paderborn **1912**

Hollstein: Drüggelte **1286**
Honselmann, Kl.: Warburg **2250**
Lobbedey: Albersloh **1054**, Bergkirchen **1083**, Burgsteinfurt **1181**, Drüggelte **1286**, Freckenhorst **1325**, Germete **1347**, Herford **1409, 1412**, Lippstadt **1507**, Haus Loe **1529**, Natzungen **1855**, Quernheim **2097**, Stapelage **2204**, Vreden **2236**, Werl **2285**
Mühlen: Mettingen **1555**, Recke **2108**
Neumann: Altendorf **1062**
Stephan: Höxter **1443**
Thümmler: Warburg **2251**

2582b Lobbedey: Mittelalterliche Archäologie als Quelle zur westfälischen Landesgeschichte. W 51,33-46

Einzelberichte zur Denkmalpflege für die Jahre 1967-1973. Redaktion Ellger und Jahn. W 53,277-810

Objekte in den Orten:

Affeln - Albersloh - Altenberg - Altenberge - Altendorf - Angelmodde - Anholt - Asbeck - Ascheberg - Attendorn - Bergkirchen - Beverungen - Bielefeld - Billerbeck - Bocholt - Bochum-Stiepel - Borken - Büren - Burgsteinfurt - Cappenberg - Corvey - Dortmund: Marien, Reinoldi - D-Aplerbeck - D-Kirchlinde - Drüggelte - Enger - Erwitte - Flaesheim - Freckenhorst - Gehrden - Germete - Gimbte - Ginsberg - Godelheim - Grafschaft - Hagen - Hardehausen - Hattingen - Havixbeck - Heepen - Heiden - Heiligenkirchen - Hemer - Herford: Münster, Marien, Nikolai - Herscheid - Hiltrup - Höxter - Hohensyburg - Holzhausen - Horstmar - Ibbenbüren - Isenberg - Lengerich - Lippstadt - Marienmünster - Marl - Menden - Meschede - Mettingen - Minden - Möllenbeck - Münster: Dom, Lamberti, Ludgeri, Mauritz, Überwasser - Natzungen - Neuenheerse - Niederdornberg/Deppendorf - Nordenau - Paderborn: Dombereich, Abdinghof, Busdorf, Stadt - Quernheim - Recklinghausen - Rödinghausen - Rösebeck - Schlangen - Schwerte - Siegen - Soest: Patrokli, Petri, Thomas, Wiesenkirche, Burg - Stapelage - Steinheim - Stockum - Störmede - Telgte - Vreden: Stiftskirche, Amtshaus - Warburg: Andreas, Dominikaner - Warstein - Werl - Wessum - Wiedenbrück - Wormbach - Wunstorf

2583 Glazema: Ausgrabungen zu mittelalterlichen Kirchen in den Niederlanden. WZ 100,222f.

Landschaften, Geologie

2584 Petri: Die Landschaften — Bausteine oder Relikte im föderalen Gefüge Deutschlands? WZ 121,260
Wegner: Geologie Westfalens. W 6,63 (Rez. Tilmann)
2585 Burrichter: Beziehungen zwischen Wald- und Siedlungsgeschichte im nordwestlichen Münsterland. WZ 119,170
2586 Müller-Wille: Zur naturgeographischen Struktur des Sauerlandes. W 29,1-8
2587 Vüllers: Die Wasserverhältnisse in und um Paderborn. WZ 57 II 225f.
2588 - Über geognostische und hydrognostische Verhältnisse der Ortslage Paderborn und Umgebung. WZ 56 II 73-88
Almegau **1057**
Briloner Flur **1151**
Externsteine **1305ff.**
Lippe, Quellen **1495, 2759**
Lipperland **1491**
Minden **1558**
Nethegau **1856**
Padergau, Enenhus **1296**
Saterland **1894**
Sauerland **2149**
Sintfeld **52, 2167**
Solling **2201**
Soratfeld **2083**
Stukenbrocker Senne **2210**
Saltus Teutoburgensis **2211f.**
Traveresga **85**
Wethigau **2762**
Witten W 4,116
2589 Wigand: Preis-Aufgabe (Beschreibung eines westfälischen Gaues). A III 2,193-195
2590 Wersebe: Beschreibung der Gaue. A III 4,238-250

Siedlungsgeschichte

Molitor: Die Pflegschaften des Sachsenspiegels und das Siedlungsrecht im sächsischen Stammesgebiet. W 26,234 (Rez. Kohl)
Hömberg: Grundfragen der deutschen Siedlungsforschung. Siedlungsgeschichte des oberen Sauerlandes. W 24,152 (Rez. Prinz)
2591 Beck: Zur vor- und frühgeschichtlichen Besiedlung Südwestfalens. W 29,9-26
2592 - Fundchronik für die Provinz Westfalen für die Jahre 1935-1936. W 21,454-471
2593 - Einführung in die vor- und frühgeschichtliche Besiedlung des Siegerlandes. WZ 113, 261f.
2594 Böttger: Gang der frühesten Besiedlung des Siegerlandes. W 19,159-170
Heinzerling: Die Siedlungen des Kreises Siegen. W 11,61 (Rez. Philippi)

Wüstungen

Billinghausen - Blankenrode - Brilon, Kreis - Burghagen - Dalheim im Sintfelde - Dedehosen - Dune - Eddessen - Enenhus - Erwitzen - Hallenberg, Umgebung - Heperne - Mederke - Nieder - Niese - Langenkamp - Paderborn, Busdorf - Salzkotten, Umgebung - Scattenhusen - Sintfeld - Sudheim - Swafern - Uppsprunge - Vilsen - Völkersen

Geographie - Karten

2595 v. Ledebur: Die Grenzen zwischen Engern und Westfalen: als Einleitung zu einer geographischen Bestimmung der Gaue Westfalens. A I 1,41-49
2596 v. Medem: Zur älteren Geographie Westfalens. A I 2,81-96; dazu Pertz: A II 1,112
2597 Preusker: (Anzeige) Ursprung der Ortschaften und Ortsnamen der östlich-deutschen Provinzen. J 1833 2/3, 89
2598 Korth: Die Kölner Globen des Kaspar Vopelius von Medebach (1511-1561). WZ 42 II 169-178; Nachtrag WZ 43 II 154-157
2599 Schierenberg: Die Gnitaheide. Wo liegt sie und welches sind die Dörfer Horus und Kiliandr? WZ 46 II 123-131

2600 Wrede: Über den Historischen Atlas von Westfalen. W 15,84-88
2601 Schulte, E.: Westfalen auf der Ebstorfer Weltkarte (um 1235). W 18, 132-135
2601b v. den Brincken: Die Klimatenkarte in der Chronik des Johann von Wallingford, ein Werk des Matthäus Parisiensis? W 51,47-56
Zisterziensertum und Kartographie **3001b**

2602 Walter: Flurkarte und Siedlungsgeschichte. W 22,16-28
2603 Rensing: Pfarrer Johann Karl Heinrich Hengstenberg [Verfasser der „Geographisch-poetischen Schilderung sämtlicher deutschen Lande"]. W 24,43
2604 Bauermann: Nordwestdeutschland im Kartenbild der ersten Landesaufnahmen. W 24,148
2605 - Het Kaartbeeld van Overijssel 1550-1850 [darin u. a. die Westenbergsche Karte der Grafschaft Bentheim und Steinfurt von ca. 1620]. W 25,92
2606 Güthling: Die Vermessungen im Siegerland 1717-1726. W 28,47-58
Schöller: Die rheinisch-westfälische Grenze zwischen Ruhr und Ebbegebirge. W 33,234 (Rez. Riepenhausen)
Emscherland **1291**
Höxter und Corvey, Stadtgeographie **1437f.**

Vorgeschichte

Allgemeines

2607 Atlas vor- und frühgeschichtlicher Befestigungen in Westfalen. Hrsg. von der Altertumskommission 1920. H 3,79-80 (Rez. *Leineweber*)
Adrian: So wurde Brot aus Halm und Glut [Kulturgeschichtlicher Wandel während der Steinzeit]. W 30,234 (Rez. Beck)
2608 Albrecht: Eine Ritzzeichnung des Eiszeitmenschen aus der Balver Höhle in Westfalen. W 24,1-4
2609 Andree: Die altsteinzeitlichen Funde aus der Balver Höhle. Mit Abb. und Tabellen. WZ 82,1-18

2610 - Die ersten Anzeichen künstlerischer Betätigung des Eiszeitmenschen in Westfalen. W 15,41-45
Brandt: Frühgeschichtliche Bodenforschungen im mittleren Ruhrgebiet. W 30,232 (Rez. Beck)
Broholm: Studier over den yngere Bronzealder in Danmark. W 21,476 (Rez. Hoffmann)
2611 Ernst, O.: Ein wichtiger neuer Fundplatz der Altsteinzeit in Westfalen [bei Selm Krs. Lüdinghausen]. W 20,209-214
2612 Günther: Die altsteinzeitlichen Funde aus der Balver Höhle. WZ 113,258
2613 Hoffmann: Die altsteinzeitlichen Funde von Ternsche, Krs. Lüdinghausen. W 20, 215-227

Hoffmann: Stand und Aufgaben der vor- und frühgeschichtlichen Forschung. W 27,74 (Rez. Riepenhausen)
Jacob-Friesen: Einführung in Niedersachsens Urgeschichte. W 17,140 (Rez. Albrecht)
Kersten: Zur älteren nordischen Bronzezeit. W 21,472 (Rez. Hoffmann)
2614 Langer: Beiträge zur Geschichte der paläontologischen Erforschung des Münsterlandes und angrenzender Gebiete. W 44,165-173
Menghin: Weltgeschichte der Steinzeit. W 17,74 (Rez. Albrecht)
Piesker: Vorneolithische Kulturen der südlichen Lüneburger Heide. W 19, 183 (Rez. Albrecht)
Radig: Der Wohnbau im jungsteinzeitlichen Deutschland. W 17,108 (Rez. Albrecht)
Schneider, Max: Die Urkeramiker. Entstehung eines mesolithischen Volkes und seiner Kultur. W 19,184
Sprockhoff: Zur Handelsgeschichte der germanischen Bronzezeit. W 17,29 (Rez. Albrecht)
2615 Stieren: Probleme der Vor- und Frühgeschichte Westfalens. W 15,55-56 und 182-188
2616 - Vorgeschichtliche Bauten in Westfalen. W 19,97-121
- Vorgeschichte durch Denkmalpflege 2546
2617 - Vor- und frühgeschichtliche Abteilung des Landesmuseums. W 15,68

2618 Tackenberg: Die Schriften des Tacitus und die Vorgeschichtsforschung. WZ 108, 183ff.
- Die Kultur der frühen Eisenzeit in Mittel- und Westhannover. W 21,487 (Rez. Hoffmann)
2619 Voermaneck: Vorgeschichtliche Funde bei der Brenkener Sägemühle [Tierreste der Eiszeit]. WZ 59 II 212f.
2620 Vüllers: Die sogenannte prähistorische „Stein-, Bronce- und Eisenzeit". Mit Berücksichtigung westfälischer Fundstätten. WZ 60 II 176-215
2621 Wormstall, Jos.: Eine bisher unbenutzte Quelle für niederrheinisch-westfälische Urgeschichte. WZ 27,367f.
2622 Wormstall, Al.: Ein versteinerter Fisch aus den Baumbergen. WZ 54, 202-204

Begräbnisstätten, Grabfunde

2623 Wigand: Beschreibung der in der Niedergrafschaft Bentheim aufgefundenen und untersuchten altgermanischen Grabstätten. A II 3,313-320
2624 Schmidt, J.: Grabhügel bei Sinsheim und dasiger Verein. J 1831 1,30
2625 Ausgrabungen [Begräbnistöpfe] bei Holzminden. J 1831 4,103-107
2626 Heidnische Gräber (bei Stolzenhayn Reg.-Bez. Merseburg). J 1833 4,127f.
2627 Borggreve: Die Gräber von Beckum aufgegraben in den Jahren 1860-1863, beschrieben und erläutert. Mit Tafeln. WZ 25,337-386
2628 Esselen: Bemerkungen über die Leichenfelder der Stadt Beckum. WZ 27,275-336
2629 Borggreve: Die drei Gräber bei Westerschulte und Wintergalen in der Gegend von Beckum. WZ 38 I 89-112
2630 Geisberg, H.: Ein Urnenfund (Dortmund). WZ 27,374f.
2631 Mertens: Der Heidenkirchhof [germanischer Verbrennungsplatz] im Neuwalde bei Lippspringe. WZ 41 II 208
2632 - Alte [mit Steinen eingefaßte] Grabstätten bei Nuttlar. WZ 41 II 208f.

2633 Jostes und Effmann: Vorchristliche Altertümer [Begräbnisstätten] im Gaue Süderberge (Iburg). WZ 46 I 45-95
2634 Grabfund bei Ramsbeck Krs. Meschede; Grabfund bei Süddinker Krs. Hamm. WZ 47 II 188f.
2635 Kruse: Urnenfund bei Westernkotten. WZ 47 II 190
2636 Terborg: Todtenbäume (Einbaumsärge) von Rhynern Krs. Hamm. WZ 47 II 189 Darpe: Urnenfriedhöfe 2667
2637 Conrads: Zwei germanische Urnenfriedhöfe bei Haltern. WZ 58,221-223
2638 - Über die Urnenfunde in der Bauerschaft Hemden bei Bocholt. WZ 58,223-225
2639 Philippi: Die Baumsärge von Wiedenbrück. WZ 59 II 206-211
2640 Terhaar: Urnenfund an der Glenne (Gem. Liesborn). WZ 59,253f.
2641 Schulz, W.: Ein Bronzemesser aus dem Urnenfriedhofe bei Stemmer Krs. Minden. WZ 71,495-497
2642 Stieren: Die großen Steinkisten Westfalens. W 13,3-26
2643 - Eine fränkische Grabanlage bei Daseburg, Krs. Warburg. W 15,33
2644 - Haben die Holzkammergräber der Wikinger Vorbilder? W 17,42-50
2645 Albrecht: Die Hügelgräber der jüngeren Steinzeit in Westfalen. W 19,122-149
2646 Lange: Untersuchung einer neu aufgefundenen großen westfälischen Steinkiste bei Hiddingsen, Krs. Soest. W 19, 149-159
2647 Langewiesche: Hügelgräber auf dem Buhn bei Vlotho. W 19,171-173
2648 Krumbein: Anthropologische Untersuchung der Leichenbrände des Gräberfeldes von Sölten, Krs. Recklinghausen. W 20,240-246
2649 Stieren: Der Kreisgrabenfriedhof von Sölten. W 20,247-266
2650 Albrecht: Die Grabfunde aus dem Beginn der frühgeschichtlichen Zeit im Museum für Vor- und Frühgeschichte Münster. W 20, 271-287
2651 Langewiesche und Albrecht: Ein Brandgrubenfriedhof der römischen Kaiserzeit bei Hiddenhausen Krs. Herford. W 20,288-296

2652 Hucke: Ein Gräberfeld bei Hülsten Krs. Borken. W 21,357-368
2653 Hoffmann, H.: Bronzen aus einem zerstörten Urnenfriedhof von Münster. W 21,369-389
2654 Winkelmann: Das sächsische Fürstengrab in Beckum. WZ 111,354ff.
Gogerichtsbezirk, Hünensteine [Grabhügel] (Emsbüren)1290
Urnen- und Steinwaffensammlung (Vreden) 2239

Einzelfunde

2655 Geisberg, H.: Vier Ringe von Bronce (aus Nähe von Münster). WZ 28,359-364
2656 Wormstall: Drei mittelalterliche Bronzeschüsseln aus Westfalen (Münster). WZ 54,57-66
2657 Hülmeier: Eine neue Alsengemme, - nach dem Fundort der ersten auf der Insel Alsen bezeichnet. W 2,97-99
2658 Zeiß: Der Laténehelm von Olfen. W 19,177f.
2659 Hoffmann, H.: Geweihfunde von Babbenhausen Krs. Minden. W 20,227-240
2660 Schoppe und Hucke: Ein merkwürdiger Schatzfund [röm. Bronzestatuette] von Belem, Krs. Warendorf. W 21,403-409
2661 Bauermann: Die Scheibenfibel von Soest [merowingische Zeit]. W 22,203
2662 Budde: Kleine nolanische Amphora des Kleophradesmalers im Gustav-Lübcke-Museum in Hamm (Westf.). W 27,1-5
2663 - Bronzefigur eines Eros [röm. Kaiserzeit]. W 27,81-83
2664 - Zwei griechische Meistervasen im Gustav-Lübcke-Museum in Hamm. W 28,16
2665 Wenning: Zu einer Polyphemlampe [röm. Bildlampe]. W 49,77-84

Bodenaltertümer

2666 Nordhoff: Die alten Wallungen, Landwehren, Dammstraßen und anderweitige Altertümer. WZ 39 I 136-152
2667 Darpe: Alte Wallburgen und Urnenfriedhöfe in Westfalen. WZ 53 121-148

2668 - Neu aufgefundene Wallburgen Westfalens [nebst einer Skizze „Die Ringburg bei Stünkede"]. WZ 57,125-133
2669 Schmedding: Die Wallburg Haskenau an der Ems. W 10,57-60
2670 - Die Jansburg bei Maria Veen (mit Lageplan). W 10,106-110
2671 Stieren: Karolingische Ringwälle Westfalens nach neueren Grabungen. WZ 108,405-408
2672 - Die Ausgrabungen in der (Wallburg) Oldenburg bei Laer, Krs. Steinfurt. W 40,3-23
2673 Gensen: Die Funde der Ausgrabungen 1956/57 in der Oldenburg bei Laer [früh- und hochmittelalterliche Keramik]. W 40, 24-37
2674 Wormstall, Al.: Babilonie [Wallburg Krs. Lübbecke]. W 17,127
- Wallburgen des Paderborner Landes **2081** Ahaus, Landwehr **1051**, Herzogtum Berg, Landwehren **1081**, Lippe, Höhenbefestigungen**1492**, Wallburgen in Südwestfalen **2920**

2675 Preusker: Altertumsforschung [Bitte um Mitarbeit zur Aufhellung der Geschichte der heidnischen Vorzeit und des Mittelalters]. A VI J 4,123f.
2676 - Menschliche Gebeine und Kunstprodukte bei fossilen Tierknochen. A VI J 3,84f.
2677 - Alte Waffen aus Heidengräbern. A VII J 3,95
2678 Borggreve: Die bei Werne in der Lippe gefundenen Altertümer [Pfahlbauwerk, Schiffe u. a.]. WZ 28,309-334
2679 Schuchhardt: Eine Ausgrabung auf dem Hahnenkamp bei Rehme [Sachsensiedlung]. WZ 61,163-172
Schuchhardt: Merkbuch für Ausgrabungen. W 6,30 (Rez. Koepp)
Stieren (Hrsg.): Bodenaltertümer Westfalens. Bd. VII. W 29,116 (Rez. Riepenhausen)
2680 Gotthardt: Briefe des Hauptmanns L. Hölzermann an den Freiherrn Heereman von Zuydtwyck über die Ausgrabungen in Westfalen. W 5,44-58 und 89-113
2681 Jordan, W.: Ergebnisse von Grabuntersuchungen in der Wüstung „Swafern" bei Haaren, Krs. Büren [handwerkliche Anlage 11./12. Jh.]. W 48,177-187

2682 Winkelmann: Archäologische Dokumente zur Geschichte und Kultur Westfalens im 7. und 8. Jahrhundert n. Ch. WZ 112,369f.

Germanen

2683 Giefers: Über die Germania des P. Cornelius Tacitus und die Geographie des alten Germaniens. WZ 13,190-260
2684 Löher: Gab es einen Adel bei den Germanen? WZ 13,77-90
Jostes: Sonnenwende. Forschungen zur germanischen Religions- und Sagengeschichte. W 13,117 (Rez. Schulte-Kemminghausen)
2685 Wigand: Der Hohlstein [Naturhöhle, germanisches Osterbrauchtum?] in Niederhessen. A VI 2/3 315-317
2686 Borggreve: Der keltische Opferstein in dem Lennethale beim Störmicker Eisenhammer. WZ 45 I 192-196
2687 Preusker: [Heidnische Opfer-] Altertümer zu Halberstadt. A VI 2/3 79
2688 Schmidt, J.: Altertümer [heidnische Opferstätten] bei Hohenleuben (bei Gera). J 1831 1,29f.
2689 Wigand: Wie durchbohrte der alte Germane seine Streitaxt? A VI 2/3 314
2690 Albrecht: Eine germanische Siedlung der römischen Kaiserzeit bei Waltrop Krs. Recklinghausen. W 16,196-216
2691 Bänfer und Stieren: Eine germanische Siedlung in Westick, Krs. Unna. W 21,410-433
2692 Klein, A.: Die Rekonstruktion des germanischen Langbaues in Westick bei Kamen Krs. Unna. Grundsätzliches zu Wiederherstellungsversuchen vor- und frühgeschichtlicher Bauten. W 21,434-453
Dölling: Haus und Hof in westgermanischen Volksrechten. W 36,122 (Rez. Herding)
2693 Rensing: Wik-Orte und Wikinger. Zu den Anfängen des germanischen Städtewesens. W 22,204
Schmidt, L.: Geschichte der deutschen Stämme bis zum Ausgang der Völkerwanderung. Die Westgermanen. W 26,42 (Rez. Prinz)
2694 Brand, Al.: Die germanischen Stammessitze in Westfalen. Ein erd- und volkskundlicher Beitrag zur Geschichte des germa-

nischen Abwehrkampfes gegen den altrömischen Imperialismus. WZ 76 II 120-173
2695 Philippi: Die Angaben des Ptolomaios als Grundlage unserer Kenntnis des freien Germaniens zur Römerzeit. W 10,97-106. S. 128: Zur Abwehr! Von F. Langewiesche
2696 Langewiesche: Die Angaben des Ptolomäus über das freie Germanien. W 11,1-6
2697 Wagener: Die Lage des Schlachtfeldes von Idistaviso. WZ 36 II 186-193
2698 Langewiesche: Die Schlacht bei Idistaviso und am Angrivarierwall. W 14,40-48
2699 Schaumann: Militärische Betrachtungen über die Feldzüge des Germanicus. WZ 72,1-21

2700 Giefers: Über das templum Tanfanae und die Irminsul. WZ 8,261-286
- Über die Irminsäule 84
2701 - Eresburg, Irmensäule, Bullerborn. WZ 36 II 134-163
2702 Kuhlmann: Eresburg und Irminsul. WZ 57 II 35-104
Müllenhoff: Deutsche Altertumskunde [darin Standpunkt der Irminsul]. WZ 58 II 207f. (Rez. Kuhlmann)
2703 Langewiesche: Was ist's mit Teudts „Germanischen Heiligtümern"? W 16,226-230
2704 Teudt: Um die Germanischen Heiligtümer. Eine Entgegnung. W 19,179-182
2705 Langewiesche: Erklärung zu Teudts Germanischen Heiligtümern. W 19,182

2706 Rensing: Entstehungsgeschichte des sächsischen Stammes. W 22,33
2707 Bauermann: Ausdehnung des Sachsennamens. W 22,203
2708 de Vries: Die Ursprungssage der Sachsen. WZ 109,218f.
2709 Müller, W.: Stammsitze und Schicksal der Cherusker. W 32,129-132

Römerzeit

2710 Sökeland: (Anzeige) Über die Verhältnisse der Wohnsitze der deutschen Völker zwischen Rhein und der Weser zur Zeit der Römerkriege in Deutschland. Eine polemische Schrift gegen des Herrn von Ledebur „Land und Volk der Brukterer". A VII 2/3 205-219
2711 Schmidt, E.: Zusammenstellung derjenigen Tagebuchs-Notizen etc., welche der Königl. Preuß. Oberst-Lieutnant und Abteilungs-Chef im großen Generalstabe F. W. Schmidt über seine in den Jahren 1838, 39, 40 und 41 in Westfalen ausgeführten Lokaluntersuchungen und überhaupt über seine daselbst angestellten antiq.-historischen Forschungen aufgezeichnet hat. WZ 20, 259-318
Hölzermann: Lokaluntersuchungen, Kriege der Römer und Franken 97
Dragendorff: Westdeutschland zur Römerzeit. W 4,117 (Rez. Koepp)
Rüther: Römerzüge im Sauerlande. W 7,134 (Rez. Koepp)
Cramer: Römisch-germanische Studien. W 6,30 (Rez. Vasters)
2712: Koepp: Römisch-germanische Forschung. W 8,33-46
Wells: The German Policy of Augustus. W 52,165f. (Rez. v. Schnurbein)
2713 Leverkus: Über den limes Tiberii und das vallum Westfalorum. A VI 4,325-338
2714 Schackmann: Die [römische] „Steinstraße im Hunolt" [Gem. Lippborg]. WZ 78 I 76-81
2715 Cramer: Aufgaben der Römerforschung an der Lippe. WZ 80 I 55-69
2716 Schmidt, Ludwig: Die römischen Kastelle an der Lippe. W 11,50f.

2717 Rautert: Einige zusammengestellte Ansichten, Zweifel und Beweise, die Frage betreffend: wo lag Aliso? A II 4,372-394
2718 Giefers: Über das Kastell Aliso. WZ 17,1-64
2719 Wehrmann: Bericht über die vorgenommenen Ausgrabungen nach etwaigen Resten des römischen Castells Aliso im Dorf Elsen. WZ 53 II 134f.
2720 Bömer: Ein Versuch zur Lösung der Alisofrage. WZ 60,101-107
Prein: Aliso bei Oberaden. WZ 64 II 172 (Rez. Kuhlmann)
2721 Albrecht: Neue Beiträge zur Alisofrage. W 24,141-147

2722 Doms: Das Römerlager an der Lippe in Anreppen. WZ 119,435-437
2723 - Die Entdeckung des Römerlagers in Anreppen im Jahre 1968. W 48,160-170

2724 Koppers: Über die ara Drusi bei Haltern an der Lippe. WZ 58,218-221
2725 Koepp: Herr Knoke und die Ausgrabungen bei Haltern. W 60,1-12
2726 - Das Ende der Ausgrabungen bei Haltern. W 1,3-8
2727 - Die Ausgrabungen bei Haltern 1909. W 1,124-128
2728 - Meine „Versündigung am Annaberg [-kastell]" bei Haltern. W 16,231-234
Römische Altertümer im Museum Haltern. W 5,125

2729 Mertens: Römerspuren bei Herstelle an der Weser. WZ 41 II 204f.
2730 Winkelmann: Ein neues Römerlager in Holsterhausen bei Dorsten. W 31,47-50
2731 v. Natorp: Hermannsdenkmal bei Detmold. WZ 2,338-347
2732 Sökeland: Berechtigen die Worte des Strabo im 4. Paragraph des 7. Buches der Geographie: „Es machten aber den Anfang des Krieges die Sigambern", zu der Annahme, daß die Sigambern dasjenige Volk gewesen seien, welches vor der Hermannsschlacht, während Varus mit den römischen Legionen an der Weser stand, den Anfang der Schilderhebung gegen die Römer gemacht hat? WZ 3,375-377
2733 Giefers: Über die Varianische Niederlage. WZ 15,329-400
2734 Hechelmann: Die Varusschlacht im Volksmunde. WZ 27,371f.
Schierenberg: Die Rätsel der Varusschlacht 86
2735 Koepp: Die Varusschlacht in Geschichte und Forschung. W 1,33-47
Henke und Lehmann: Die neueren Forschungen über die Varusschlacht W 2,63 (Rez. Koepp)
2736 Koepp: Die Varusschlacht in „Forschung" und Dichtung. W 8,94-100
2737 - Lichter und Irrlichter auf dem Wege zum Schlachtfeld des Varus. W 13,49-63 und 97-105

2737b - „Thiadburch prope Arnesberghe". W 8,11-12
2738 Schmidt, L.: Zur Örtlichkeit der Varusschlacht. W 17,20-22
2739 Müller, W.: Zum Römerfeldzug des Jahres 41 n. Chr. und dem letzten varianischen Legionsadler. W 30,219
2740 - Drachenzeichen und Drachenkampf [römische Drachenfahnen]. W 34,169-173

2741 Preusker: Römische Altertümer in Süddeutschland [Baureste bei Pforzheim]. A VI J 2/3 72-74
2742 Nordhoff und Westhoff: Neue römische Funde in Westfalen [mit Situationskarte]. WZ 53,259-326
2743 Knoke: Die römischen Moorbrücken in Deutschland. Eine Entgegnung [zu Nordhoff, Westhoff]. WZ 54,172-185
2744 Brüning, A.: Römischer Fund im Kreise Warendorf. W 3,27f.
2745 Hähnle: Westfälische Altertumssammlungen [römische Funde]. W 5,69-73
2746 Vasters: Hercules Barbatus auf der einzigen römischen Steininschrift zu Münster. W 6,33-38
2747 Schoppa: Ein römisches Steinfragment im Heidenturm von Ibbenbüren. W 19,173-176
2748 Wormstall: Augustische Münzfunde im Raume Westfalen und römische Marschrichtungen. W 20,267-270
2749 Schoppa: Zum römischen Import in Westfalen. W 21,389-402

Geschichtsforschung

2750 Preusker: Über vaterländische Geschichts- und Altertumsforschung. J 1831 3,94-96
2751 Schickedanz: Ideen über Studium und Vortrag der Geschichte. WZ 7,1-38
2752 Schnabel: Die Anfänge der vaterländischen Studien in Deutschland. WZ 100,212-214
2753 Mühlen: Baudenkmale als Dokumente der Geschichte. WZ 119,437-439
2754 Wittram: Anspruch und Fragwürdigkeit der Geschichte. WZ 122,69f.
Historischer Unterricht auf Gymnasien 3030

Deutsche Geschichte

2755 Wigand: Ansichten von der deutschen Geschichte im Jahre 1768. A V 4,425
2756 Guilleaume: Über die Quellen der älteren deutschen Geschichte. WZ 1,301-322; WZ 2,262-324
2757 Preisaufgaben der Wedekind'schen Preisstiftung für deutsche Geschichte. WZ 10,355-362; WZ 18,363-365
*v. Spilcker: Beiträge zur älteren deutschen Geschichte. A II 4,48 (Rez. Wigand)
Geschichte der deutschen Länder, „Territorien-Ploetz" 1. Band: Die Territorien bis zum Ende des alten Reiches (Hrsg. Sante). W 44,279 (Rez. Kohl)*
2758 Schlesinger: Mitteleuropäische Städtelandschaften der Frühzeit. WZ 108,195-197
2759 Kindl: Die Reichsversammlung zu Lippspringe 804 in der Quellenkritik [mit Exkurs: Die „Quellen der Lippe" im „Verlorenen Werk von 805"]. WZ 117,85-154
Beumann: Das Paderborner Epos und die Kaiseridee Karls des Großen. **46**,1-54; WZ 109, 381-383
2761 Bauermann: Die Ergebnisse der Ausgrabungen der Pfalz Werla bei Goslar. W 26,39
2762 Böger: Der Reichshof Schieder und das Königsgut im Wethigau. WZ 61 II 145-160
Rübel: Reichshöfe im Lippe-, Ruhr- und Diemelgebiet und am Hellwege. WZ 63 II 196-198 (Rez. Kuhlmann)
2763 Büttner: Weserland und Hessen im Kräftespiel der karolingischen und frühen ottonischen Politik. W 30,133-149
2764 Tellenbach: Führungsschichten im Karolingerreich und in seinen Nachfolgestaaten. WZ 110,194-196
2765 Wolf, Günther: Zum Übergang der Königsherrschaft an die Liudolfinger (Ottonen). W 38,36-40
2766 Bauermann: Königsgericht und Reichsfürstenrat z. Zt. Lothars III. W 26,39
2767 Kampschulte: Heinrich der Löwe, der Sachsenherzog. WZ 31 II 142-161
2768 v. Mauntz: Das Gefolge Kaiser Heinrichs VII. WZ 11,117-192

2769 Erhard: Die Königswahl Günther's von Schwarzburg, mit ihren Ursachen und Folgen. WZ 11,193-257
2770 Wigand: Bündnis der Kirchen zu Köln und Halberstadt gegen die Bedrückung des Herzogs Heinrich von Sachsen 1178. A VI 2/3,287
2771 - Kaiser Friedrich III. und Karl der Kühne, Herzog von Burgund, zu Trier. A I 2,126-128
2772 Scupin: Die Souveränität der Reichsstände und die Lehren des Johann Althusius [Rechts- und Staatsphilosoph † 1638]. W 40,186-196
2773 zu Salm-Salm: Die Verhandlungen über das Fürstentum Salm und die Wild- und Rheingrafschaft auf dem Friedenskongreß zu Ryswyck 1697. WZ 82,144-150
2774 Löher: Die staatlichen Zustände Deutschlands beim Ausgang des Mittelalters. WZ 11,258-290
2775 Rensing: Die Entstehungszeit der deutschen Reichskrone. W 42,309
Schramm und Mütherich: Denkmale der deutschen Könige und Kaiser. W 42,430 (Rez. Rensing)
2776 Schmidt, Wilh.: Die Hohenzollern. Aufwärts und Vorwärts oder vom Fels zum Meer. WZ 18,343-362

Bischof Badurad **148f**.
Barbarossa **330f**.
Karl der Große **558f**.
Karlmann **562**
Papst Leo III. **1904ff**.
Wimpfen, Kaiserpfalz **3345**, Erwitte, Königshof **1300**, Paderborn **1903**, **1914ff**., Verden **2221f**.

Westfälische Geschichte

Allgemeines

Archäologie als Quelle **2582b**
2777 Steffens: Wigand [und die] Anfänge planmäßiger landesgeschichtlicher Forschung in Westfalen. WZ 94 I 143-230
2778 Herding: Von den Anfängen der Geschichtswissenschaft im niedersächsisch-westfälischen Raum. WZ 109,217f.

2779 Ficker: Nachrichten über handschriftliches Material zur westfälischen Geschichte. WZ 13,261-297
2780 Finke: Forschungen zur westfälischen Geschichte in römischen Archiven und Bibliotheken [I. Allgemeiner Bericht. II. Zur Geschichte westfälischer Schriftsteller des Mittelalters: Hermann von Minden; Hermann de Schildis; Hermann Galigaen; Dietrich von Niem; Dietrich von Münster (Vrie); Conrad von Soest. III. Westfälische Handschriften in Rom. IV. Briefe Ferdinand von Fürstenberg an Lukas Holstenius. V. Bericht des Bischofs von Münster (und Kurfürsten von Köln) über den Stand der Diözese Münster]. WZ 45 I 103-181
2781 - Westfalica aus der Pariser und Eichstädter Bibliothek [1. Zur Verehrung des hl. Gorgonius in Minden. 2. Ein deutsches Glossar in Corbie. 3. Westfälische Geistliche im päpstlichen Supplikenband in Eichstätt. 4. Beiträge zur Geschichte der mittelalterlichen Schriftsteller Westfalens]. WZ 47 I 209-222

2782 Erhard: Die Geschichte der westfälischen Geschichtsschreibung (Hobbeling: Beschreibung des Stifts Münster). WZ 3,378-380
2783 Schneider, J. P.: Propst Friedrich von Klarholz. Ein Beitrag zur Geschichte Westfalens im 13. Jahrhundert. WZ 46 I 107-128

2784 Philippi und Grotefend: Neue Quellen zur Geschichte Westfalens in Handschrift 861 der Leipziger Universitätsbibliothek [A. Geschichtliche Eintragungen: Einzelnotizen in Gestalt von Denkversen 1288-1462 betreffend Corveyer Abtsweihe bis 1466 (Primariae praeces der Paderborner Bischöfe von 1321-1463. B. Urkunden: Corveyer Papsturkunden. Das Hagenrecht von Wygenhusen (Wichenhofen) - Urkunde Heinrichs IV. vom 5. 6. 1066]. WZ 60 I 108-156

2785 Wigand: Kleine historische Beiträge. A II 3,293-315
Beiträge zur Geschichte Westfalens 1866 **84**, 1874 **85**
Aus Westfalens Vergangenheit **100**
Alt-Westfalen **103**
Köln und Westfalen **1472**

2786 Bachmann: Gunloda. Westfälisches Taschenbuch 1833. A VI 1,110
2787 Tumbült: Übersicht über die im Jahre 1883 zur westfälischen Geschichte erschienenen Beiträge. WZ 42 I 176-185; eb. 1884. WZ 43 I 199-209
Flaskamp: Funde und Forschungen zur westfälischen Geschichte. W 34,151 (Rez. Kohl)
Hömberg: Westfälische Landesgeschichte. W 47,89 (Rez. Kohl)

2788 Kuhn: Namen und Herkunft der Westfalen. WZ 124/125 275f.
2789 Geisberg, H.: Land und Volk der Westfalen im 9. Jahrhundert. Studien aus dem Heliand. WZ 33 I 60-88
2790 Hömberg: Westfalen und das sächsische Herzogtum. WZ 111,351ff.
2791 - Die Entstehung des Herzogtums Westfalen. WZ 113,264f.
Pagus Enghere-Hereschepe **2428**
2792 Bauermann: „herescephe". Zur Frage der sächsischen Stammesprovinzen [mit Kartenskizzen und Tabellen, urkundliche Belege für Westfalen und Engern 955/78 - 1119/25]. WZ 97 I 38-68
2793 - Hessische Stammesfragen des frühen Mittelalters. Zur Frage der Borthari und Nistresi. W 31,88
2794 - Westfälische Siedlungen in Wagrien. W 22,35
2795 Jordan, Karl: Herzogtum und Stamm in Sachsen im hohen Mittelalter. WZ 108,187-189

2796 Stüwe: Bemerkungen über den sächsischen Krieg (1070-1125) und seine Folgen für Westfalen. A III 2,117-143
2797 Leidinger: Westfalen im Investiturstreit. WZ 119,267-314
2798 Kampschulte: Beiträge zu einer Geschichte der Beziehungen Westfalens zum deutschen Reiche. WZ 21,138-230
2799 Schreiber: Westfalen im abendländischen Raum. WZ 100,210f.

Westfalen in Lübeck: Bürgertestamente W 44,280, Neubürgerlisten W 47,88
2800 Grundmann: Politische Gedanken mittelalterlicher Westfalen. W 27,5-20
2801 Stüwe: Bemerkungen über die politische Geschichte Westfalens um das Jahr 1300 (mit Osnabrücker Urkunden). A II 1,69-80
2802 Petri: Westfalen im Wechselspiel der Politik Karls V. und Philipps des Großmütigen von Hessen. WZ 110,189
Engel: Politische Geschichte Westfalens. W 47,220 (Rez. Kohl)
Hömberg: Grafschaft, Freigrafschaft, Gografschaft. - Die Entstehung der westfälischen Freigrafschaften als Problem mittelalterlicher deutscher Verfassungsgeschichte. W 32,119 (Rez. Petri)

2803 Schnettler: Die „Grafen von Westfalen" und die westfälischen Grafschaften. W 16,164-167
- *Von Westfalens altem Adel und seine Führerrolle in der Geschichte. WZ 85 II 221f. (Rez. Wurm)*

2804 Mooyer: Landfrieden auf 12 Jahre, errichtet von den Bischöfen Gehard von Hildesheim und Ruprecht von Paderborn, von dem Herzoge Otto von Braunschweig, dem Landgrafen Hermann von Hessen und dem Herzog Friedrich von Braunschweig. 1391 October 30. A VII 1,46-51
2805 Grüe: Die Spiegel-Westphalen'sche Fehde. Eine Episode aus der Geschichte des westfälischen Adels im 15. Jahrhundert. WZ 47 II 3-32
2806 v. Klocke: Beiträge zur Geschichte von Faustrecht und Fehdewesen in Westfalen [insbesondere das Fürstenbergsche Fehdewesen]. WZ 94 I 3-56
2807 Zurbonsen: Eine westfälische Städtefehde 1274. WZ 56,113-116

Haase: Die Entstehung der westfälischen Städte. W 42,330 (Rez. Leesch)
2808 Stoob: Landesherrschaft und Städtewesen. WZ 115,270-272
2809 Hömberg: Südostwestfalen in der westfälischen Siedlungs-, Wirtschafts- und Verfassungsgeschichte. WZ 106,263f.

2810 Schäffer: Paderborn und Hessen im Diemellande. Ein Beitrag zur Geschichte der Landeshoheit in Niederhessen. WZ 72 II 1.89
2811 Liedhegener: Die Behörden, insbesondere die Ämterorganisation im Herzogtum Westfalen unter Hessen-Darmstadt. W 18,13-25
2812 Kesting: Geschichte und Verfassung des Niedersächsisch-Westfälischen Reichsgrafen-Kollegiums (1653-1803/06). WZ 106,175-246
2813 Schulte-Kemminghausen: Kulturelle Beziehungen zwischen Westfalen und Schleswig-Holstein. W 20,16-21
2814 Rave: Der westfälische Anteil an der Besiedlung Mecklenburgs. W 24,149

2815a Meister: Das Herzogtum Westfalen in der letzten Zeit der kurkölnischen Herrschaft [1. Der Landesherr und seine Organe. 2. Der westfälische Landtag und die Gerechtsame der Landstände. 3. Das Finanzwesen]. WZ 64,96-136
- [4. Gerichtswesen. 5. Die innere Verwaltung. 6. Industrie und Gewerbe. 7. Landwirtschaft. 8. Städtische Verhältnisse. 9. Handel und Verkehr. 10. Das Militärwesen. 11. Kirchenwesen]. WZ 65,211-280
2815b Hücker: Die Entstehung der Amtsverfassung im Herzogtum Westfalen. WZ 68 II 1-128
Steinschulte: Verfassungsbewegung in Westfalen und am Niederrhein 1814-1816. W 22,43 (Rez. Real)
Trende: Aus der Werdezeit der Provinz Westfalen. W 22,42 (Rez. Herberhold)

2816 Zurbonsen: Aus den Aufzeichnungen eines westfälischen Juristen, 1846 [betr. namentlich die Zeit als Prokurator in Düsseldorf 1812/13]. WZ 88 I 196-207
2817 Bauermann: Münster und Biarritz. Eine Episode aus dem Jahre 1865. [50jährige Zusammengehörigkeit Westfalens zu Preußen]. W 23,15-26

Nordrhein-Westfalen. Landschaft, Kunst, Kultur, Industrie. W 39,250 - Handbuch der

historischen Stätten Deutschlands. Bd. III Nordrhein-Westfalen. W 42,432 (Rez. Rensing)
Weiss: Deutschlands Morgenspiegel W 29,115 (Rez. Rensing)
2818 v. Winterfeld: Die älteste Nachricht über das Stadtschreiberamt in Westfalen [Medebach 1275]. W 16,17-19
Brüder Grimm **425**, Jakob Grimm **424**, Ludwig Grimm **420f.**

Juden

2819 Holthausen: Die Juden im kurkölnischen Westfalen [mit Namenslisten]. WZ 96 I 48-152
2820 Steffens: Oberpräsident Vincke und der I. Provinziallandtag 1826 zur Judenfrage in Westfalen. W 23,95-104
Herzig: Judentum und Emanzipation in Westfalen. W 52,178 (Rez. Kratzsch)
Hebräischer Unterricht **3031**
2821 Brilling: Der älteste mittelalterliche [jüdische] Grabstein Westfalens [1324]. Zur Geschichte des mittelalterlichen Judenfriedhofs in Münster. W 44,212-217
- Hebräische Handschrift **2450**
2822 - Abraham Sutro (1784-1869). Ein Beitrag zum Leben und Wirken des letzten münsterschen Landesrabbiners. WZ 123,51-64
2822b - Die Entstehung der jüdischen Gemeinde in Emden. W 51,210-224
2823 Krieg: Die Juden in der Stadt Minden bis zum Stadtreglement von 1723. WZ 93 II 113-196
2824 Huyskens: Zur Geschichte der Juden in Münster. WZ 57,134-136; WZ 64,200-266
2825 Rosenkranz: Über die früheren Verhältnisse der Juden im Paderborn'schen. WZ 10,259-280
2826 Kraft: Die rechtliche, wirtschaftliche und soziale Lage der Juden im Hochstift Paderborn. WZ 94 II 101-204

Gelehrte und Schriftsteller
(Einzelne Gelehrte im Personenverzeichnis)

2827 Evelt: Mitteilungen über einige gelehrte Westfalen vornehmlich aus der ersten Hälfte des 15. Jahrhunderts [Konrad von Arnsberg; Jakob von Soest (Snew); Conrad von Soest; Nikolaus von Soest; Dietrich von Münster (Vrie); Heinrich von Werl OFM]. WZ 21,231-298
Finke: Schriftsteller des Mittelalters **2780**
Paderborner Gelehrte der Reformationszeit **2039**
2828 Koch, Fried. Aug.: Biographische Fragmente [Warburger Persönlichkeiten]. WZ 23,165-191
Ferdinand von Fürstenberg und die Gelehrten **345**
2829 Trunz: Handschriftliche Quellen zur Geschichte des westfälischen Geisteslebens im 18. Jahrhundert. W 33,1-6
Bildwerke großer Westfalen **884**

2830 Gollwitzer: Westfälische Historiker des 19. Jahrhunderts in Oesterreich, Bayern und der Schweiz. WZ 122,9-50
2831 Schreiber: Westfälische Profile in Wissenschaft, Politik und Publizistik des 19. Jahrhunderts. WZ 106,260
2832 Roth: Westfälische Gelehrte zu Mainz im 15. und 16. Jahrhundert, 1442-1591. WZ 57,104-124
2833 Hanschmidt: Studenten aus dem Hochstift Paderborn an niederländischen Universitäten. WZ 123,281-289
2834 Schneppen: Die niederländischen Universitäten und Westfalen im 17. und 18. Jahrhundert. WZ 109,219f.
- *Niederländische Universitäten und deutsches Geistesleben von der Gründung der Universität Leiden bis ins späte 18. Jahrhundert. W 42,320 (Rez. Kohl)*
2835 Rensing: Verzeichnis von Deutschen, die 1420-1560 in Ferrara den Doktor-Titel erworben haben. W 22,33
2836 Giesen: Westfalen auf der alten Universität Perugia. W 36,119
Steinfurter Student **735**
2837 Heldmann: Westfälische Studierende in Erfurt 1392-1813. WZ 52 II 77-123
2838 Schnettler: Westfälische Studierende auf der Universität Erfurt (Berichtigungen und Ergänzungen). WZ 69 II 347-356

2839 Rensing: Studentenmatrikel der Adolphus-Universität zu Fulda 1734-1805. W 22,34
2840 Heldmann: Westfälische Studierende zu Gießen 1608-1816. WZ 60 II 76-108
2841 - Westfälische Studierende zu Heidelberg 1386-1668. WZ 60 II 19-75
2842 - Westfälische Studierende zu Marburg 1527-1636 WZ 55 II 93-127; 1638-1816 WZ 60 II 38-75
2843 - Westfälische Studierende zu Wittenberg 1502-1620. WZ 53 II 97-108

Kriege

Goslar, im Jahre 1073 Gefallene 1364
Münster: Befestigungen, Kriege, Belagerungen, Militär 1836ff.
Brilon-Corbach, Krieg 1514 1153
2844 Tourtual: Urkunden zur westfälischen Geschichte während des dreißigjährigen Krieges (1618-1648). Aus dem Chigi'schen Archive zu Rom. WZ 27,337-359; WZ 28,335-347
2845 Notstand deutscher Länder am Ende des dreißigjährigen Krieges [Corvey-Abtei, Stadt Höxter, Dorfschaften]. A III 2,196-201
2846 Wigand: Justitium durch den dreißigjährigen Krieg (Gehrden) - A IV 216f.
2847 - Ein Brief aus dem dreißigjährigen Kriege. A VI 1,108-110
2848 - Probe aus einer Dank- und Freudenpredigt aus dem dreißigjährigen Kriege (1639). A VI 2/3 318-320
2849 Nordhoff: Zwölf Zeitungen aus dem dreißigjährigen Kriege. WZ 36 I 33-81
2850 Brors: Drangsale Westfalens während der ersten Periode des Dreißigjährigen Krieges. H 3,65-68
2850b Stupperich: Äußere und innere Kämpfe im Weserraum während des 30jährigen Krieges und ihre Nachklänge. W 51,225-237
2851 Brockhusen: Westfälisches zur Lützener Schlacht [nach einem Gemälde und einem zeitgenössischen Bericht in Herdringen]. WZ 114,287-292
von Anholt, Graf Johann Jacob 233
von Bönninghausen, Söldnerführer 200

Christian von Braunschweig 233, 975
Gerskamp, Pfarrer 403
Grimmelshausen 426f.
Gustav Adolf, Tod 1632 458f.
von Holsten, Kriegsabenteuer W 49,186
von Sporck, Graf Johann 916ff.
Tilly 975f.
Brilon, Verwüstungen 1156
Herbern, Landwehr 1399
Höxter 1433ff.
Paderborn 2045ff.
Recklinghausen, Stadt und Vest W 33,236

Westfälischer Friede

2852 Aanderheyden: Genaue Nachrichten über den Westfälischen Friedensschluß. WZ 33 I 154-165
2853 Tourtual: Aktenstücke vom Westfälischen Friedenskongresse. WZ 18,348-358
2854 Nordhoff: Der Münstersche Postreuter 1648. WZ 38 I 149-154
2855 Tourtual: Der Gesandtschaftsbericht des venetianischen Gesandten am Westfälischen Friedenskongreß. WZ 27,369-370
2856 Pieper, P.: Der Westfälische Friede. W 28,59-75
Lahrkamp: Der Friedenskongreß zu Münster im Spiegel der Ratsprotokolle. W 42,438 (Rez. Joester)
2857 Dickmann, F.: Der Westfälische Friede und die Reichsverfassung. WZ 114,209-211
2858 v. Carvacchi und v. Krone II: Nachweise der Wohnungen der westfälischen Friedensgesandten in Münster. WZ 18,335-340
2859 Schmidt geb. Berger: Zu den Wohnungen der Gesandten zum Westfälischen Frieden [Residenz des kaiserlichen Gesandten in Münster]. WZ 112,185f.
von Wartenberg, Inventar der Residenz 1008
2860 Overmann: Eine französische Beschreibung der Stadt Münster aus der Zeit des Friedenskongresses 1645. WZ 57,143-146
2861 Depping: Reise eines Franzosen nach Münster während der Unterhandlungen des Westfälischen Friedens. W 27,138-143
2862 Petri: Der Friede von Münster und die Selbständigkeit der Niederlande. W 37,17-28

2863 Mürmann: Das Militärwesen des ehemaligen Hochstiftes Paderborn seit dem Ausgang des 30jährigen Krieges. WZ 95 II 3-78

Siebenjähriger Krieg

2864 Rensing: Nordwestdeutschlands Kriegsschauplatz im siebenjährigen Kriege. W 24,42
2865 Brors: Westfalen im siebenjährigen Kriege. H 3,81-85
2866 Geisau: Zur Schlacht bei Warburg am 31. Juli 1760. WZ 111,329-336
2867 Rosenkranz: Gefecht bei Kleinenberg 28. Juni 1761. WZ 10,230f.
2868 Schulte, E.: Aus westfälischen Feldpostbriefen des siebenjährigen Krieges [1756-1763]. W 9,85-91
2869 Deimann: Rebellion und Execution im Ring Padberg 1758-1772. H 4,28-30; 33-35
Zerstörung Schloß Arnsberg 1762 **1064**
Bredelar, Schlacht 1761 **1134**
Brilon, Rekrutenfang 1761 **1154**, Schuldurkunde **1155**
Marsberg, Plünderung **1536**
Paderborn, Hochstift **2046f.**

2870 Uhlemann: Die Potsdamer Riesengarde und ihr westfälischer Anteil. W 25,33-35

Schlacht Jena-Auerstädt 1806 **992**
Schlacht bei Leipzig **1157**
Franzosen im Münsterlande 1806-1813 **1854b**
von Loßberg, russischer Feldzug 1812. W 3,32
von Lützow, Freischarenführer 1813-1830 **671**

2871 Hömberg: Zur Befestigung der Städte. W 27,151

2872 Meister: Die Kriegsnachrichten-Sammelstelle des VII. A.-K. an der Universität Münster. W 8,61-65
Pniover: Briefe aus dem Felde 1914-1915. W 9,32 (Rez. Meister)
Otto Weddigen **1010**

2873 Meyer-Detering: Die militärischen Ereignisse im rheinisch-westfälischen Raum während des zweiten Weltkrieges [mit 5 Skizzen]. WZ 117,49-65 und 81

Neueste Zeit

2874 Knebel: Das Mindener Sonntagsblatt (1817-1853). Ein Beitrag zur Geschichte des westfälischen Geisteslebens in der ersten Hälfte des 19. Jahrhunderts. WZ 66,91-162
Schwager, Pfarrer der Aufklärungszeit **892**
2875 Hechelmann: Westfalen und die französische Emigration. WZ 46 II 33-91
2876 Appelhaus: Die Franzosentreppen am Tinnenstein bei Alme [Emigranten]. H 5,5-6
Münsterland, Franzosen 1806-1813 **1854**
Meyer, Chr.: Briefe des westfälischen Stabsoffiziers Friedrich Wilhelm von Loßberg vom französischen Feldzuge des Jahres 1812.
W 3,32 (Rez. Schmitz-Kallenberg)
Schöne: Das Herzogtum Westfalen unter hessen-darmstädtischer Herrschaft 1802-1816.
W 45,62 (Rez. Kohl)
Overberg, Reise nach Wien **739**
vom Stein, Reichsfreiherr **927ff.**
Sutro, Landesrabbiner, Politiker **2822**
2877 Kochendörffer: Das Militärgouvernement zwischen Weser und Rhein [1813-1815]. WZ 89 I 149-172
von Romberg, Präfekt, Ruhrdepartement **840**

2878 Brunner: Bürgertum und Adel in der europäischen Sozialgeschichte. WZ 107,251

2879 Hartlieb von Wallthor: Westfälischer Landadel und westfälisches Bauerntum im 18. Jahrhundert. WZ 110,182f.
2880 Stolte: Kleve, Mark und Minden im Urteil Friedrichs des Großen [Beitrag zur politischen Volkskunde Preußens].
W 23,240-244
Paderborn, Übergang an Preußen **2048**
Ferdinand August Graf Spiegel 1789-1835 **912f.**

2881 Keinemann: Auswirkungen des preußisch-österreichischen Krieges 1866 auf die Haltung des katholischen Adels in der Provinz Westfalen. Aus den Lebenserinnerungen des ehemaligen preußischen Diplomaten Ferdinand Karl Hubert von Galen: Reflexionen über die deutsche Politik Bismarcks. WZ 119,411-422

2882 - Die Affäre Westphalen. Der Protest des Grafen von Westphalen zu Fürstenberg und Laer gegen die preußische Kirchenpolitik auf dem Westfälischen Provinziallandtag 1841 und seine Folgen. WZ 123,189-213

2883 Kochendörffer: Die Affäre Vahlkampf-Divignau [1836, Ernennung des Regierungs-Vizepräsidenten in Münster]. W 17,8-13
Kölner Wirren 1838 **2049**
2884 Niebour: Die westfälischen Abgeordneten in der Frankfurter Nationalversammlung. W 3,33-45
Müllensiefen, preußische Nationalversammlung **711**
2885 Hock: Die Westfalen in der Paulskirche. WZ 113,260
Volksvertretung 1808 **994**
Verwaltungsreform **3169ff.**
I. Provinziallandtag **2820**
Englische Einflüsse **998**
Münster, Dezember-Unruhen 1837 **1038f.**
Schülertumulte 1837/38 **3035**
2886 Hüser: Der westfälische Kongreß für die Sache und Rechte der preußischen Nationalversammlung und des preußischen Volkes vom 18./19. November 1848 in Münster. WZ 119,121-155
2887 Hüttermann: Parteipolitisches Leben in Westfalen vom Beginn der Märzbewegung im Jahre 1848 bis zum Einsetzen der Reaktion im Jahre 1849. WZ 68,97-230
2887a Kaltenheuner: Der Freiherr Georg von Vincke und die Liberalen in der preußischen zweiten Kammer 1849-1855. Ein Beitrag zur Geschichte des Reaktionismus. WZ 85 I 1-96
2888 Braubach: Karl Schurz und die deutsche Revolution von 1848. WZ 118,151f.
von Tabouillot-Anneke **965**
2889 Kühn: Die politische Entwicklung des Roten Becker zum Revolutionär. W 18,1-13
Schulte, Wilh.: Volk und Staat. Westfalen im Vormärz und in der Revolution 1848/49. W 33,227 (Rez. Steffens)

2890 Keinemann: Zu den Auswirkungen der Juli-Revolution in Westfalen. WZ 121, 351-364

2891 Herzig: Die Entwicklung der Sozialdemokratie in Westfalen bis 1894. WZ 121,97-172
2892 Hohmann: Die Soester Konferenzen 1864-1866. Zur Vorgeschichte der Zentrumspartei in Westfalen. WZ 114,293-342
Bischof Bernhard Döbbing **265**
Kulturkampf **2951**
*Huber: Deutsche Verfassungsgeschichte seit 1789, Bd. III: Bismarck und das Reich. W 52,179-182 (Rez. Franke)
Fehrenbach: Wandlungen des deutschen Kaisergedankens 1871-1918. W 52,179-182*
2892b Engelbert: Die Errichtung des Kaiser-Wilhelm-Denkmals auf der Porta Westfalica. W 51,322-345
Marx, Reichskanzler W 47,219

Rassenkunde **3484c**
Schloß Haldem, Jungvolkführerschule **2564**
Schloß Holtfeld, Bauernführerschule **2565**

2893 Lademacher: Nordrhein-Westfalen. Aspekte einer Staatsgründung. WZ 121,258-260
Raumordnung und Verwaltungsgliederung in Nordrhein-Westfalen **3176a**
2894 Morsey: Entscheidung für den Westen. Die Rolle der Ministerpräsidenten im Vorfeld der Bundesrepublik Deutschland 1947-1949. WZ 124/125,253f.
Keinemann: Von Arnold zu Steinhoff und Meyers. W 52,182 (Rez. Franke)

2895 Gollwitzer: Der kulturgeschichtliche Ort der Heimatbewegung gestern und heute. WZ 124/125,277-279

*Städtewesen und Bürgertum als geschichtliche Kräfte. W 32,243 (Rez. Hömberg)
Reckers: Westfalens Bevölkerung 1818-1955: Die Bevölkerungsentwicklung der Gemeinden und Kreise im Zahlenbild. W 35,175 (Rez. Zuhorn)*

2896 Oppenheim: Verzeichnis der Richter und Staatsanwälte des Münsterlandes seit 1815 [mit Namensregister]. WZ 109-142
Paderborner Juristen 19. Jahrhundert **2072**

Wirtschaftsgeschichte

Von Detten: Über die wirtschaftlichen Verhältnisse Westfalens im Mittelalter. 100,38-46
2897 Niessen: Arbeitslohn in Westfalen im 16. Jahrhundert. WZ 44 I 171-185
2898 Meister: Die Wirkung des wirtschaftlichen Kampfes zwischen Frankreich und England von 1791 bis 1813 auf Westfalen. WZ 71,219-289
Schulte, B.: Westfalen, das Land der Arbeit. W 17,108 (Rez. Klocke)
2899 Spethmann: Das Ruhrgebiet im Wechselspiel von Land und Leuten, Wirtschaft, Technik und Politik. W 20,205; W 26,238
2900 Pfeiffer: Wirtschaftsführer in Westfalen und Rheinland. W 20,192-196
Klein: Studien zur Wirtschafts- und Sozialgeschichte der Grafschaft Sayn-Wittgenstein-Hohenstein vom 16. bis zum Beginn des 19. Jahrhunderts. W 24,48 (Rez. Pfeiffer)
Mertes: Das Werden der Dortmunder Wirtschaft. W 28,96 (Rez. Kothe)
Beutin: Geschichte der südwestfälischen Industrie- und Handelskammer zu Hagen und ihrer Wirtschaftslandschaft. W 35,108 (Rez. Rothert)
2901 Krins: Zur Wirtschaftsgeschichte und Wirtschaftsstruktur des Altenaer Raumes. WZ 115,267f.
Elleringhausen, wirtschaftliche Verhältnisse 1818 **1289**
Münsterländische Wirtschaftsgeschichte **2125**
Paderborner Land, Wirtschaftsstruktur 19. Jh. **2087**

2902 Beutin: Die Arbeits- und Bildungswelt der westfälischen Unternehmer im frühindustriellen Zeitalter. WZ 107,248f.
Friedrich Harkort **467**
2903 Brepohl: Herkunft und Entwicklung der Ruhrbevölkerung. WZ 109,221f.
2904 Höffner: Entwicklungen und Wandlungen im Schicksal und Lebensgefühl der Industriearbeiterschaft des Ruhrgebietes. WZ 109,223
2905 Freyer: Fortschritt und Entfremdung. Vom Geist des industriellen Zeitalters. WZ 109,224
Fritz, R.: Das Ruhrgebiet vor 100 Jahren. W 36,129 (Rez. Rensing)
2906 Croon: Westfälische Städte im Industriezeitalter. WZ 112,199f.
2907 Fischer: Konjunkturen und Krisen im Ruhrgebiet seit 1840 und die wirtschaftspolitische Willensbildung der Unternehmer. WZ 117,74
2908 Vierhaus: Die politischen Auswirkungen der Wirtschaftskrise um 1930 in Deutschland. WZ 117,76f.
2909 v. Kürten: Die Randzonen des Ruhrgebiets in ihrer Funktion als Erholungsgebiete im Industriezeitalter. WZ 120,255f.
2910 Keinemann: Zeitgenössische Ansichten über die Entwicklung von Wirtschaft, Gesellschaft und Kultur in den westfälischen Territorien in der zweiten Hälfte des 18. Jahrhunderts. WZ 120,399-454
2911 Honselmann, Kl.: Auf dem Wege von der Natural- zur Geldwirtschaft. WZ 120,487f.

2912 Steinberg: Entwicklung und heutige Situation des Siedlungsverbandes Ruhrkohlenbezirk. WZ 121,257f.
2913 Urkunden betreffend Bergbau in Westfalen [1705, 1725]. H 5,46-47
2914 Meister: Zum westfälischen Berg- und Hüttenwesen in französischer Zeit. W 66,163-167
2915 — Aus der Zeit des Mißtrauens gegen die Steinkohle [ein Gutachten Krusemarks 1755]. W 1,49-54
2916 Rüther, J.: Bergwerke und Hämmer im oberen Ruhrtale. H 1 Nr. 3
Geschichte des Stahlwerkes Brüninghaus. W 5,65 (Rez. Meister)
2917 Mönks: Bergbauliche Versuche im ehemaligen Paderborner Amte Oldenburg. WZ 85 II 1-25
2918 Schmidt, Ferd.: Eine Blütezeit des Steinkohlenbergbaues vor 300 Jahren. W 16,1-17

Spethmann: Zwölf Jahre Ruhrbergbau. Bd. I-V. W 18,71 (Rez. Schulte)

2919 Kosack: Die Luisenhütte bei Wocklum, ein technisches Kulturdenkmal. W 24,250-256
2920 Böttger: Wallburgen und Wege und älteste Eisenindustrie in Südwestfalen. W 16,217-225
2921 – Alte Eisenindustrie, Holzköhlerei und Weidewirtschaft des Siegerlandes im Lichte der Flurnamen (Ein Beitrag zur Methodik der Flurnamenforschung). W 17,14-19
Däbritz: Bochumer Verein für Bergbau und Gußstahlfabrikation in Bochum. W 20,204 (Rez. Pfeiffer)
2922 Krasa: Die vorgeschichtliche und mittelalterliche Eisenverhüttung im Siegerland. WZ 113,262f.
2923 Schulz: Das Eisenhüttenwesen als Faktor der Entwicklung des Ruhrgebiets. WZ 112,200-202
2924 Sönnecken: Die Anfänge der Eisenindustrie im südwestlichen Sauerlande. WZ 113,263
Altenbeken **2085f.**
Blankenrode **1091**
Brilon, Galmei-Bergbau **1152**

Salinen: Salzkotten, Westernkotten, Salzuflen **2084f.**
Rheine, Saline Gottesgabe **2125, 3122**
Werl, Saline Neuwerk **2279**
Westernkotten, Salzwerk **2294**

2925 Meister: Seidenbau und Seidenindustrie in der Grafschaft Mark. W 6,1-18
2926 Aubin: Die geschichtliche Stellung des westfälischen Leinengewerbes im Rahmen der deutschen und europäischen Leinwanderzeugung. WZ 114,211
Schoneweg: Das Leinengewerbe in der Grafschaft Ravensberg. W 12,23 (Rez. Krumbholtz)
Gebrüder Laurenz, Ochtrup 1854-1954. [Firmengeschichte der großen Ochtruper Textilfirma]. W 34,160 (Rez. Kohl)
Die Tödden **3194**

Langenbach: Westfälische Papiermühlen und ihre Wasserzeichen. W 24,208 (Rez. Krins)
2927 Wichert-Pollmann: Bericht über die älteste ausgegrabene Glashütte in Westfalen. W 39,220-224
2928 – Glashütten und Glasmacher in Ostwestfalen. WZ 114,366f.
Glashütten des Paderborner Landes **2085**

Kirchengeschichte

2929 Prinz: Das kirchengeschichtliche Unternehmen der Max-Planck-Gesellschaft „Germania Sacra" und die westfälischen Vorhaben in diesem Rahmen. WZ 114,373-375 und WZ 118,151

2930 Honselmann, Kl.: Die Annahme des Christentums durch die Sachsen im Lichte sächsischer Quellen des 9. Jahrhunderts. WZ 108,201-219
2931 – Eine Essener Predigt zum Feste des hl. Marsus aus dem 9. Jahrhundert. WZ 110,199-221
2932 – Reliquientranslationen nach Sachsen. WZ 110,376-378
2933 Schieffer: Der Weg der angelsächsischen Mission nach Friesland und Westfalen. WZ 111,141f.
Emsland, Christianisierung **662f.**
2934 Honselmann, Kl.: Gedanken sächsischer Theologen des 9. Jahrhunderts über die Heiligenverehrung. W 40,38-43

2935 Finke: Die Stellung der westfälischen Bischöfe und Herren im Kampfe Ludwigs des Baiern mit Papst Johann XXII. WZ 40 I 209-231
– Das Papsttum und Westfalen in ihren gegenseitigen Beziehungen bis zum großen Schisma (1378). **100,** 65-80
2937 – Zur Überlieferung des Wormser Absageschreibens der deutschen Bischöfe an Papst Gregor VII. WZ 54,204-206
2938 Ribbeck: Beiträge zur Geschichte der römischen Inquisition in Deutschland während des 14. und 15. Jahrhunderts. WZ 46 I 129-156

2939 Darpe: Humanismus und die kirchlichen Neuerungen des 16. Jahrhunderts, sowie deren Bekämpfung in Rheine. WZ 46 I 1-44

2940 Bauermann: Metropolit und Bistumsbesetzung in der Mainzer Kirchenprovinz. W 22,203

2941 Braubach: Politik und Kultur an geistlichen Fürstenhöfen Westfalens gegen Ende des alten Reiches. WZ 105,65-81

2942 Hanschmidt: Eine Denkschrift des Rietberger Pfarrers Schürckmann [Johann Christoph 1727-1788] über die Lage der westfälischen Fürstbistümer im Jahre 1761. W 45,296-306

2943 Sydow: Mittelalterliche Kurientaxen aus dem westfälischen Raum. W 38,240

2944 Schnee: Stellung und Bedeutung der Hoffinanziers in Westfalen [Aufwendungen für Bischofswahlen im letzten Jahrhundert des alten Reiches]. W 34,176-189

2945 Leineweber: Visitationsberichte des Attendorner Dechanten Johann Adolf Höynck aus den Jahren 1733-1737. H 3,45-48; 1731-1741 H 3,49-52

2946 - Kirchenpatrozinien im alten Herzogtum Westfalen. H 4,17-20, 25-28, 35-39

Leineweber: Die Besetzung der Seelsorgebenefizien im alten Herzogtum Westfalen bis zur Reformation. W 11,31 (Rez. Symann)

2947 Beckmann: Aktenstücke [des 15. Jahrhunderts] zur Geschichte der Inquisition und Kompetenzstreitigkeiten zwischen Pfarrklerus und Mendikanten in Westfalen [Dominikaner in Soest und Augustiner in Lippstadt]. WZ 87 II 109-131

2948 Ostendorf: Das Salvator-Patrozinium, seine Anfänge und seine Ausbreitung im mittelalterlichen Deutschland. WZ 100,357-376

2949 Keinemann: Ernennungen von Canonici a latere in den westfälischen Hochstiften [Münster, Paderborn und Hildesheim] nach der preußischen Okkupation [1802]. WZ 118,135-140

2950 - Wahlbewegungen in den westfälischen Fürstbistümern 1769-1801. W 47,52-81

2951 Meister: Die westfälischen Konservativen und der Kulturkampf. WZ 82,216-258

2952 Flaskamp: Das Bistum Erfurt. Ein Beitrag zur thüringisch-sächsischen Kirchengeschichte. WZ 83 I 1-26

2953 Volk: Die Fuldaer Bischofskonferenz von Hitlers Machtergreifung bis zur Enzyklika „Mit brennender Sorge". WZ 117,373

Adolf III. von Schaumburg, Reformtätigkeit **120**
Clemens Wenzeslaus von Sachsen W 42,321
Von Diepenbrock, Kardinal **252f.**
Dietrich von Niem, Reform 1410 **255f.**
Karl der Große, sächsische Bistümer W 24,151
Katholische Restauration, Siegen **42**
Philipp von Hessen, Kirchenpolitik **506**
von Plettenberg, Ferdinand, „Königsmacher" **770**

Liturgie, Heiligenkult

2954 Kohlschein: Liturgische Handschriften und Drucke aus dem alten Bistum Paderborn [in der Sammlung des Domdechanten Christoph von Kesselstatt in der Dombibliothek Trier]. WZ 117,349-355

- Der Paderborner Liber Ordinarius von 1324 **49**

2955 Stapper: Zur Entstehungsgeschichte der münsterschen Agende. WZ 64,272-275

2956 - Die Feier des Kirchenjahres an der Kathedrale von Münster im hohen Mittelalter. WZ 75,1-181

2957 - Liturgische Osterbräuche im Dom zu Münster. WZ 82,19-51

2958 Tack: Heiliges Grab und Osterspiel im Paderborner Dom. WZ 110,231-248

2959 Honselmann, Kl.: Zur mittelalterlichen Geschichte des Advents im Bistum Paderborn. WZ 106,457f.

2960 - Die Heiligenverehrung im Hochstift Paderborn. WZ 100,393-396

2961 Evelt: Die Verehrung des hl. Antonius Abbas im Mittelalter. WZ 33 II 3-26
Reliquienverehrung im Kloster Böddeken 1107
Libori-Patrozinium 1105
2962 Flaskamp: Das Antonius-Einsiedler-Patrozinium an der oberen Ems. W 38,167-173
Hl. Brüder Ewald 312
Heinrichskult 481
Verehrung des hl. Meinolf 689
Katharinenkult 3015
St. Reinhild, St. Reiner 802f.
Reliquien-Translationen: nach Sachsen 2932; S. Liborii 1899, 1900; Sancti Viti 1213
Albinusschrein 3416b, Crispinus- und Crispianusschreine W 52, 169, Liborischrein 1972, Prudentiaschrein 3415, Reginenschrein 3416

Reliquienkreuz Borghorst 3421, Pankratiuskreuz W 25, 94
Reliquienfiguren 3412, 3413
Reliquiar 3422

Altäre: Coesfeld 1206, Paderborn 1991
Reliquienfunde in Cappenberg, Hervest, Haus Laer und Ovenhausen. W 53,191-197

Reformation - Wiedertäufer

Schröer: Die Kirche in Westfalen vor der Reformation. W 47,90 (Rez. Kohl)
2963 Honselmann, Kl.: Das Druckexemplar von Luthers Thesen 1517 in der Akademischen Bibliothek in Paderborn und sein früherer Besitzer Otto Beckmann, Professor in Wittenberg, später Pfarrer in Warburg. WZ 113,471f.
2964 Darpe: Die Anfänge der Reformation und der Streit über das Kirchenvermögen in den Gemeinden der Grafschaft Mark (1631-1666).[I. Amt Hamm II. Amt Unna III. Amt Camen IV. Amt Altena und Iserlohn V. Amt Lünen und Hörde VI. Amt Soest und Soester Börde VII. Amt Lippstadt]. WZ 50 I 1-67

- [VIII. Blankenstein, Hattingen IX. Amt Wetter X. Schwerte XI. Neuenrade XII. Plettenberg XIII. Bochum]. WZ 51,1-89
2965 Erhard: Rede über den geschichtlichen Standpunkt der Volksempörungen zur Zeit der Reformation. WZ 1,1-25
2966 Honselmann, W.: Der Reformationsversuch von 1543 in Herzebrock. Ein Bruchstück aus der Klosterchronik der Anna Rodde. WZ 114,353-355
Wiedenbrück 2306

Legge: Flug- und Streitschriften der Reformationszeit in Westfalen. W 25,40 (Rez. Rensing)
Löhr: Die Kapitel der Provinz Saxonia im Zeitalter der Kirchenspaltung 1513-1540. W 17,29 (Rez. Rensing)
Bruns: Der Kampf um die evangelische Kirche im Münsterland 1520-1802. W 34,149 (Rez. Rothert)
2967 Stupperich: Heinrich von Braunschweig und Philipp von Hessen im Kampf um den Einfluß in Westfalen (1530-35). WZ 112,63-75

2968 Höynck: Die Truchsessischen Religionswirren und die Folgezeit bis 1590 mit besonderer Rücksicht auf das Herzogtum Westfalen. WZ 52 II 1-76; WZ 53 II 1-96
2969 Deneke: Das Treffen beim Kirchdorf Bremen und dem Schlosse Waterlappe unweit Werl am 2. März 1586. Fragment aus der Reformationsgeschichte des Herzogtums Westfalen. WZ 18,210-219

2970 Beiträge zur Geschichte der Wiedertäufer in Westfalen [aus dem Archive der Stadt Soest]. WZ 11,362-369
2971 Kirchhoff: Die Wiedertäufer in Coesfeld. WZ 106,113-174
2972 - Die Täufer im Münsterland. Verbreitung und Verfolgung des Täufertums im Stift Münster 1533-1550 [mit einem Ortsregister und Karte]. WZ 113,1-109
2973 Löffler: Die zwei Jungfrauen von Beckum [holländische Taufgesinnte] (Lied von den zwei Wiedertäuferinnen: Marie und Ursel). WZ 71,498f.

2974 Goeters: Die evangelischen Kirchenordnungen Westfalens im Reformationsjahrhundert. WZ 113,111-168
2975 Kochendörffer: Die ältesten protestantischen Kirchenbücher in Westfalen. W 15,81-84

Noelle: Lutheraner und Reformierte in der Grafschaft Mark und deren Nebenquartieren bis zum Jahre 1666 (Münsterische Dissertation). W 20,46 (Rez. Schulte)
Heckel: Die evangelischen Dom- und Kollegiatsstifter Preußens. W 13,93 (Rez. Nottarp)
Heutger: Die evangelisch-theologische Arbeit der Westfalen in der Barockzeit. W 48,277 (Rez. Faulenbach)
2976 Kubisch: Versuch einer Geschichte der lutherischen Gemeinde zu Gemen. Ein Beitrag zur Geschichte des Protestantismus im Münsterlande. WZ 64,23-78
2977 Lohmann: Ein Hoheitsstreit [wegen der Freigrafschaft Düdinghausen] zwischen Köln und Waldeck im Jahre 1728. H 2,41f.
2978 Roosbroeck: Niederländische Glaubensflüchtlinge in Deutschland im 16. Jahrhundert. WZ 119,173
2979 Jansen: Die Internierung vestischer Geistlicher in Dorsten im Jahre 1635. WZ 37 I 113-128
2980 Rensing: Der westfälische Anteil am geistlichen Leben des Niederrheins im späten Mittelalter und zur Reformationszeit. W 27,153
Rahe: Eigenständige oder staatlich gelenkte Kirche? Zur Entstehung der westfälischen Kirche 1815-1819. W 45,63 (Rez. Thiemann)
Adolf III. von Schaumburg **120**
Beckmann **2039**
Bugenhagen **221**
Burenius **2039**
Corvinus **2039**
Gocklenius **2039**
Gropper, Johann **451ff.**
Gropper, Kaspar **454**
Hermann von Wied **502**
Johann von der Wyck **1041f.**
Melanchton **694**
Philipp von Hessen **506**
Rhegius, Urbanus **810**

Herne W 42,326 - Holzwickede W 17,30 - Kölnische Franziskanerprovinz W 2,290 - Lippstadt **1502** - Mark, Grafschaft W 31,99 - Münster **1820ff.** - Neuenrade W 42,446 - Osnabrück **1889** - Paderborn **2037ff.** - Wiedenbrück **2306**

Klöster und Orden

2981 Wigand: Ist den Klöstern alles Verdienst abzusprechen? A I 3,99-106
2982 Darpe: Ein westfälischer Klosterhaushalt [Frauenkloster Überwasser in Münster] gegen Ausgang des Mittelalters. WZ 45 I 82-102
2983 Landmann: Die westfälischen Prediger aus dem Mendikantenorden zu Ende des Mittelalters, 1. Die Minoriten 2. Der Orden der Predigerbrüder 3. Die Augustinereremiten. WZ 54,67-102
2984 Fink: Standesverhältnisse in Frauenklöstern und Stiften der Diözese Münster [Vreden, Freckenhorst, Borghorst, Nottuln, Metelen, Münster-Überwasser, -St. Aegidien] und Kloster Herford. WZ 65,129-210

2985 Hagemann: Die früheren Klöster im Kreise Brilon. H 1 Nr 2 und 3
2986 Förster: Die wirtschaftliche Lage der Deutsch-Ordens-Ballei Westfalen im 18. Jahrhundert. WZ 73 II 63-141
2987 Liese: Westfalens alte und neue Spitäler [mit Verzeichnis]. WZ 77 II 128-189
2988 Bauermann: Westfälische Klöster in Admonter Totenroteln [1442: Corvey, Brenkhausen, Helmarshausen; 1477: Clarenberg, Kentrup, Münster St. Aegidii und Überwasser, Vinnenberg, Marienfeld, Herzebrock, Liesborn, Paderborn Abdinghof, Hardehausen, Willebadessen, Gehrden, Marienmünster, Corvey, Helmarshausen; 1495: Helmarshausen, Corvey, Marienmünster, Gehrden, Paderborn Gaukirche und Abdinghof, Liesborn, Herzebrock, Vinnenberg, Münster Aegidiikloster]. W 22,35

2989 - Zum Rechtsvorgang der Klosterverlegung im Mittelalter. W 24,148

2990 Rensing: Verteilung von Kirchengeräten [bei der Aufhebung der Klöster]. W 27,65-69
Neuenheerse, Säkularisation **1864**
Paderborn, Klosteraufhebung **2033, 2048**

2991 Schlager: Zur Geschichte der westfälischen Annuntiatenklöster. WZ 64 II 111-130
Augustiner-Kreuzherren in Glindfeld **1361f.**
Weiss: Die Kreuzherren in Westfalen. W 42,436 (Rez. Zuhorn)
2992 Elm: Die Augustiner-Eremiten in Westfalen. WZ 114,211
Gottschalk Hollen **3501**
Dietrich Kolde **608ff.**
Kreuzbrüder-Kloster Hohenbusch **1445**
Kreuzherren in Holland, W 24, 148
2993 Wigand: Beghinen (mit Marsberger Urkunden von 1285). A I 1,92f.
2994 Jäncke: Zur Geschichte der Beghinen-Häuser. A I 3,66-70
Münster, Beginen **1670f.**

2995 Evelt: Die Anfänge der Bursfelder Benedictiner-Congregation mit besonderer Rücksicht auf Westfalen. WZ 25,121-180
2996 Linneborn: Der Zustand der westfälischen Benediktinerklöster in den letzten 50 Jahren vor ihrem Anschluß an die Bursfelder Kongregation. WZ 56,1-64
2997 - Kleine Beiträge zur Geschichte der Bursfelder Kongregation [Handschriften der Pfarrkirche zu Höxter]. WZ 67 II 238-249
Handschrift des Klosters Bursfelde **3518**
2998 Honselmann, Kl.: Die Generalkapitelrezesse der Bursfelder Benediktinerkongregation. WZ 123,270-272

Der selige Heinrich von Marsberg **1533**
Kleinermann: Der selige Heinrich [von Marsberg], Stifter des Dominikanerklosters in Köln. Ein Beitrag zur Ordensgeschichte Rheinlands und Westfalens. WZ 58 II 206f. (Rez. Kuhlmann)
2999 Rensing: Die Reformbewegung in den westfälischen Dominikanerklöstern. W 17,91-97
Jordan von Sachsen, Dominikanergeneral **549**
Wilms: Die Dominikaner in den Kölner Weiheprotokollen. W 18,74 (Rez. Rensing)

Schlager: Beiträge zur Geschichte der Kölnischen Franziskaner-Ordensprovinz im Mittelalter. W 63 II 205 (Rez. Kuhlmann)
- Geschichte der Kölnischen Franziskaner-Ordensprovinz während des Reformationszeitalters. W 2,92 (Rez. Lappe)
- Beiträge zur Geschichte der sächsischen Franziskanerprovinz vom Heiligen Kreuze. W 2,93 und 129; W 3,62 (Rez. Lappe und Dersch)
3000 Hardick: Ostwestfalen im Plangefüge der sächsischen Franziskanerprovinz. WZ 109,85f.; WZ 110,305-328
Becker: Das Wiedenbrücker Franziskanerkloster und der Kulturkampf. W 12,89 (Rez. Flaskamp)
Döbbing, westfälischer Franziskaner, Bischof in Italien **265f.**

Fraterherren: Münster **1674ff.**
Heinrich von Ahaus **485**, Johannes Holtmann **524ff.**

Ramackers: Adlige Prämonstratenser Stifte in Westfalen und am Niederrhein. W 16,170 (Rez. Pfeiffer)
3001 Niemeyer: Die Anfänge der Prämonstratenser in Westfalen. WZ 119,166f.

Schmitz-Kallenberg: Kleine Beiträge zur Geschichte der Windesheimer Kongregation. W 8,29 (Rez. Dersch)
Lourdaux und Persoons: Petri Trudonensis Catalogus Scriptorum Windeshemensium. W 47,217 (Rez. Kohl)
Böddeken, Reformbewegung **1104**

3001b Kramer: Zisterziensertum und Kartographie. W 51,275-283

Einzelne Klöster unter den Orten:

Böddeken - Bredelar - Brenkhausen - Bursfelde - Cappenberg - Clarenberg - Clarholz - Corvey - Dalheim - Darfeld - Drolshagen - Falkenhagen - Fischbeck - Flechtdorf - Frekkenhorst - Frenswegen - Fulda - Galilaea - Gehrden - Glindfeld - Grafschaft - Hardehausen - Hasungen - Helmarshausen - Herford - Himmelpforten - Hohenbusch (Hoenbusch) - Holthausen - Kemnade - Langenberg - Langenhorst - Levern - Liesborn - Lippoldsberg - Loccum - Marienfeld - Marienmünster - Marsberg - Meschede - Möllenbeck - Münster: Klemenshospital, Magdalenenhospital, Marienthal - Neuenheerse - Nottuln - Oelinghausen - Osnabrück - Paderborn: Abdinghof, Busdorf, Gaukirche, Kapuziner, Kapuzinessen - Paradies bei Soest - Rheine - Rüthen - Rumbeck - Scheda - Vreden - Warburg - Weddern - Wedinghausen - Werden - Werl - Wiedenbrück - Willebadessen - Wormeln

Bruderschaften

Beckum: Schuhmacherbruderschaft **1076**
Büren: St. Katharinenbruderschaftsgilde der Schmiede und Zimmerleute **1176**
Iserlohn: Pankratius **1459**
Medebach: Martin **1540**
Münster-Stadt: alte Bruderschaften **1780**
Paderborn: Bruderschaft der Schmiede **2024**, St. Johannes **2020**

Elendenbruderschaften

Münster: (Elendae) der Stadt **1782**, Lamberti-Elende **1686**
Paderborn: Gaukirche **2020f.**
Warburg: **2261**

Kalandsbruderschaften

3002 Bieling: Die Kalandsbruderschaften, insbesondere diejenigen, welche in der alten Diözese Paderborn teils bestanden haben, teils noch bestehen. WZ 30,175-237
3003 Flaskamp: Wilbrand Bante [Stiftspropst zu Lippstadt und Domdechant zu Osnabrück † 1407]. Ein Beitrag zur westfälischen Kalandsgeschichte [mit Gründungsurkunde des Lippstädter Kalands von 1349]. WZ 108,221-238

Brakel **1132**, Brilon **1148**, Büren **1175**, Lippstadt **3003**, Menden **1546**, Meschede **1554**, Münster **1667**, Neuenheerse **1867**, Nienburg **1873**, Wiedenbrück **2301**

Volksreligiosität

3004 Evelt: Ludolf von Suthem, Pfarrer im Hochstift Paderborn, und dessen Reise nach dem hl. Lande. WZ 20,1-22
3005 J. B.: Niederdeutsche Fassung (Ivar von Stapelmohr): Pfarrer Ludolf von Sudheim, Reise ins Heilige Land 1336. W 23,263
3006 Hoogeweg: Eine westfälische Pilgerfahrt nach dem hl. Lande vom Jahre 1519 [Dietrich und Gotthard von Ketteler - Gert von der Recke - Evert von Cobbenrath - Kurt von Brenken und Johann von Hanxleden (Abdruck des Pilgerberichtes)]. WZ 47 I 165-208; WZ 48 I 55-84
3007 Stroick: Der Bericht des Koster Bernd über seine Pilgerfahrt ins Hl. Land aus dem Jahre 1463. WZ 90 I 89-111
3008 Lahrkamp: Mittelalterliche Jerusalemfahrten und Orientreisen westfälischer Pilger und Kreuzritter. WZ 106,269-346
Santiago-Wallfahrt **1993**
Jacobsberg **1460**
3009 Pilgerkapelle in Wattenscheid - Sevinghausen. D: W 46,503

3010 Cohausz: Vier ehemalige Sakramentswallfahrten: Gottesbüren, Hillenrup, Blomberg und Büren. WZ 112,275-304

3011 Jostes: Zur Geschichte der mittelalterlichen Predigt in Westfalen. WZ 44 I 3-47
Briloner Zimmermannspredigt (1846) **1160**
3012 Stupperich: Die spätmittelalterliche Frömmigkeit in Westfalen. WZ 110,192f.

Schulten: Die heilige Stiege auf dem Kreuzberg zu Bonn [zur Kunst- und Frömmigkeitsgeschichte der Barockzeit]. W 44,288 (Rez. Rensing)
3013 Doelle: Kreuztracht in Westfalen. W 20,29-35
3014 Wagner: Das Kreuz in der mittelalterlichen Volkskultur unserer Heimat. WZ 113.474f.
- *Passionskult, Kreuzverehrung. W 47,223 (Rez. Rensing)*
Volksreligiosität und Aufklärung **1938**

3015 Stüwer: Katharinenkult und Katharinenbrauch in Westfalen. W 20,62-100
Heilig Grab und Osterspiel **2958**
Kümmernis-Darstellung **3291**
Liudger, Legenden **664**
St. Reinhild, Sagenforschung **802**

Schützenwesen

3016 Mönks: Beiträge zur Geschichte des Schützenwesens im Hochstift Paderborn. WZ 86 II 95-198
3017 Spancken, W.: Zur Geschichte der Schützengesellschaften. WZ 16,306-313
Westfälisches Schützenwesen. W 33,247 (Rez. Wilkens)
Bocholt W **3**,19, Brilon **1149**, Geseke **1357**, Grundsteinheim **1370**, Kollerbeck **1485**, Medebach **1542**, Münster **1781**

Bildung, Schulen

3018 Seibertz: Zur Geschichte der Schulen in Westfalen. A IV 3,310-314
3019 v. Detten: Älteste Nachrichten über die mittelalterliche Volksschule in Nordwestdeutschland. WZ 56 II 153-161; 57 II 198-205
3020 Naarmann: Die Reform des Volksschulwesens im Herzogtum Westfalen unter den beiden letzten Kurfürsten von Köln: Maximilian Friedrich von Königseck-Rottenfeld (1761-1784) und Maximilian Franz, Erzherzog von Oesterreich (1784-1801). WZ 61 II 1-60
3021 Flaskamp: Schlesische Didaktik in der Grafschaft Rietberg. Eine Entdeckung [der „Saganer Methode" Johann Ignaz v.] Felbigers aus westfälischer Sicht. WZ 114,356-359
3022 Schumacher, Fr.: Die Schulen im Fürstentum Corvey bei der Säkularisation. WZ 64 II 131-152
3023 Hartlieb von Wallthor: Westfalens Schulen in den geistigen Strömungen vom Humanismus bis ins 19. Jahrhundert. WZ 106,256-258
3024 Leineweber: Mitteilungen aus dem ersten erzbischöflichen Visitationsrezeß des 1799 errichteten Dekanates Brilon über Maßnahmen zur Verbesserung des Volksschulwesens. H 3,14-18 und 22-23
3025 Hagemann: Schulverhältnisse in einem Dorfe [Canstein] des Kreises Brilon vor 100 Jahren. H 3,33-37

3026 Flaskamp: Die Seminardirektoren zu Büren [1825-1925]. WZ 111,337-340
Nonne, Christian [1773-1796 Pädagoge in Lippstadt]. W 48,277
Hinzpeter, westfälischer Schulmann 1827-1907 **509**
3027 Jaismann: Die Eingabe eines Schwelmer Lehrers [Gottfried Kriegeskotte] an das preußische Innenministerium, Sektion für Kultus und Unterricht, aus dem Jahre 1814. WZ 118,115-133
3028 - Das Erziehungswesen in seiner Bedeutung für die Entwicklung des modernen Staates und der bürgerlichen Gesellschaft. WZ 123,73ff.

Altenbüren, Anstellung eines Lehrers **1061**
Brilon, Schulwesen W **1**,32
Coesfeld, alte Stadtschule **1204**
Minden, Schulräte 1818-1900 **1582**
Münster, Schulen **1753ff.**
Paderborn, Domschule **2027ff;**. Volksschulen 19. Jh. **2036**
Warburg, Volksschulwesen **2036**; fürstbischöfl. Zeit **2063**

3029 Detmer: Der Plan des Arnoldus Burenius zur Errichtung einer höheren Lehranstalt in Westfalen vom Jahre 1544. WZ 60,157-181
3030 Immanuel: Studium der vaterländischen Geschichte. Bemerkungen über den historischen Unterricht auf Gymnasien. Schulprogramm Minden 1827. A III 1,62-65
3031 Löffler: Die Anfänge des hebräischen Unterrichts in Westfalen. WZ 70,304-309
3032 Erler: Erziehung westfälischer Adeliger im 18. Jahrhundert. W 1,103-124
3033 Hartlieb von Wallthor: Höhere Schulen in Westfalen vom Ende des 15. bis zur Mitte des 19. Jahrhunderts [mit eigenem Namens- und Sachregister]. WZ 107,1-105

3034 Schulte, Karl-Josef: Die höheren Schulen Westfalens und ihre Verwaltung 1945-1946. Ein Beitrag zur Zeitgeschichte [mit Tabelle über den Aufbau der westfälischen Provinzialregierung.]. WZ 110,139-175

3035 Keinemann: Schülertumulte im Kölner Kirchenstreit. Vorwürfe gegen Gymnasiasten wegen angeblicher Beteiligung an den Unruhen in Münster und Paderborn im Dezember 1837 und Januar 1838. WZ 122,51-60
Bochum, Königl. Gymnasium W 3,120
Brilon, Progymnasium **1150**
Münster, Paulinum **1757ff.**
Paderborn, Gymnasium **41, 2034ff.**

3036 Hallermann: Zwei für die Geschichte des Universitätsstudiums interessante Urkunden [von 1359 und 1412]. WZ 78 II 73f.
Münster, Universität **1759ff.**, Priesterseminar **1758**
Paderborn, Universität **2029ff.**, Priesterseminar **84, 2035**
Westfälische Universität 1805 **995**

Sprache

3037 Wernecke: Die Grenze der sächsischen und fränkischen Mundart zwischen Rhein und Weser. WZ 32 II 33-60

3038 Grimm, J.: Sprachforschung. Weder westphälische Grütze noch Götter (zu Thegathon). A II 1,64-68

3039 Sökeland, Grimm: Ferner über Thegathon. A II 2,205-210
Deutsche Gottheit Thegathon **1878**
Graf: Althochdeutscher Sprachschatz, oder Wörterbuch der althochdeutschen Sprache. A VI J 2/3 85-88 (Rez. Wigand)

3040 Schulte-Kemminghausen: Humanismus und Volkssprache. Ein Beitrag zur Geschichte der hochdeutschen Schriftsprache in Norddeutschland. W 17,77-90
Philipp von Hörde, Testament Sprachdenkmal 1505 **514**

3041 Honselmann, Kl.: Münster und Dom. Sprachgeschichtliches in westfälischen Urkunden. W 37,2-16

3042 - Von der Flocke zum Frack [sprachgeschichtliche Entwicklung]. WZ 110,356-359

3043 Eis: Zu [Tarquinius] Schnellenbergs Experimenta [Kräuterbuch 1552]. W 26,109-113
Nörrenberg: Zur niederdeutschen Philologie. W 48,270 (Rez. Teepe)
Schmitt: Kurzer Grundriß der germanischen Philologie bis 1500. W 48,268 (Rez. Menke)

Willeram's deutsche Übersetzung und Auslegung des hohen Liedes. A I 119-120 (Rez. Hoffmann von Fallersleben)

3044 Hölscher: Der goldene Rosenkranz [15. Jahrhundert], deutsch und lateinisch, nach alten Manuscripten. WZ 45 I 60-72

3045 Donner: Mittelalterliche Hymnenübertragung aus dem Stifte Nottuln. W 21,98-105

Das Wort „Feme" **3125ff.**

3046 Sydow: „unser vesten Tüwingen". Zum Übergang von Tübingen an die Grafschaft Württemberg im Jahre 1342. W 51,67-73

3046b Höpker: Was bedeutet der Name Westphalen? A I 2,116f.

3047 Grimm J.: Ueber den Namen Westphalen. A I 3,78-82

3048 v. Lang: Ueber die rothe Erde in Westfalen. A I 2,116f.

3049 Grimm, J.: Ueber das Wort Liude. A I 4,114

3050 Wigand: Mestal, Dunghetal. A II 1,104-106

3051 v. Spilcker: Ueber das Wort Gymnasium, wie es in den Urkunden des 13. Jahrhunderts gebraucht ist. A II 3,337f.

3052 Stolle: Heißt Vetera das „alte Lager"? WZ 53,351-355

3053 v. Detten: Uchte. WZ 65 II 220-222

3054 Lappe: Die Eichword. WZ 74,258-298

3055 - Der Gangenoß. W 5,1-4

3056 Rensing: Über den Begriff „Giebel". W 25,92
Der „Erbzaun" **3121**

3057 Honselmann, W.: Familiennamen als Vor- oder Rufnamen und Frauen mit Männernamen in Westfalen im 16. und 17. Jahrhundert. WZ 118,375-381
Hartig: Die münsterländischen Rufnamen im späten Mittelalter. W 45,323 (Rez. Kohl)

3057a Brand: Die Ems und ihre Namensverwandten. Ein grundsätzlicher Beitrag zur vergleichenden Fluß-, Berg- und Ortsnamenskunde. WZ 76 I 1-55
Abels: Die Ortsnamen des Emslandes – sprachlich kulturgeschichtliche Bedeutung. W 13,120 (Rez. Limberg)
Jellinghaus: Die westfälischen Ortsnamen nach ihren Grundwörtern. W 49,197 (Rez. Müller, H.)

3058 Wormstall: Älteste Bedeutung der westfälischen Ortsnamen Capellenberg, Kappenberg, Kapenberg, Kappel. WZ 57,235-237
3059 Kramer, K. G.: Versuch einer etymologischen Erklärung einiger Ortsnamen [aus dem Keltischen]. WZ 63 II 198-203
3060 Cramer, Franz: Älteste westfälische Fluß- und Ortsnamen, besonders im Münsterland. WZ 78 I 1-29
3061 - Westfälische Ortsnamen im Rahmen der Siedlungsgeschichte. W 6,97-115
3062 Gregorius: Der Name „Wöste". Ein Beitrag zur Ortsnamenskunde. WZ 91 I 280-302
3063 Sichart: Was heißt der Name „Hillige Sele"? W 26,27-30
3064 Bauermann: Der Ortsname „sele". W 26,231

3065 Trier: Völkernamen. WZ 97 II 9-37

Ortsnamen und Siedlungsgeschichte Münsterland **1852**
3066 Kindl: Kann man den Landschaftsnamen Sauerland als „Land der vielen Sauen", Land der hervorragenden Schweinezucht, deuten? W 48,202-205
3067 Hartig: Der Landschaftsname Sauerland. W 47,34-44
3068 Dirichs: Die 6 Namen der Weser einheitlich erklärt. WZ 101/102,443-454

Brilon, Namen-Aehnlichkeiten **1166**
Lippstadt, Bürgernamen **1503**
Freckenhorst, Heberolle **1314f.**
Marsberg, Familien-Namen **1534**

Paderborn, Ortsname **2054ff.**, Familiennamen **2063**
Siegerland, Flurnamen **2921**

3069 Erhard: Eine niederdeutsche Übersetzung des NT aus dem 15. Jahrhundert. WZ 8,321-326
3070 Hölscher: Niederdeutsche geistliche Lieder und Sprüche. WZ 18,302-310
Eckart: Handbuch zur Geschichte der plattdeutschen Literatur. W 3,126 (Rez. Löffler)
Schulze, Rud.: Niederdeutsches Schrifttum einst und jetzt. W 6,62; W 8,71 (Rez. Egbrink)
Stammler: Mittelniederdeutsches Lesebuch. W 11,63 (Rez. Schmitz-Kallenberg)
Schult: Frühes plattdeutsches Kabinett. W 26,242 (Rez. Kohl)

3071 Das Tier im sauerländischen [plattdeutschen] Sprichworte. H 2,38f.
3072 Rüther: Einige Wörter aus dem Plattdeutschen des oberen Ruhrtales. H 2,52-55
3073 - Französische Fremdwörter im heimischen Platt. H 3,20-22
3074 Ditz: Sauerländische Weisheit von der Gasse oder sauerländische Sprichwörter und Redensarten. H 1 Nr. 8
3075 - Plattduitsk in Ehren! H 3,63f.
3076 - Lob der niederdeutschen Sprache. H 4,39f.
3077 Lohmann: Niedersächsisch oder Niederdeutsch? H 7,39f.
Frau im Plattdeutschen **3489**
Landwirtschaft **3491**
3078 Hillebrand: Plattdeutsche Reime. H 3,31 und 56

Dichtung

3079 Grimm, J.: Bruchstücke aus einer gereimten Legende vom h. Aegidius. A I 2,73-80
3080 Mooyer: Fragment eines altdeutschen Gedichts. A II 1,109-111
3081 Grimm, W.: Bruchstücke aus einem Gedichte von Assundin. A IV 2,127-136
3082 Benecke: Freimut, Fragment eines altdeutschen Gedichtes. A IV 4,363-369

3083 Middendorf: Über die Zeit der Abfassung des Heliand. WZ 22,225-260
Studien aus dem Heliand **2789**
3084 Foerste: Der Heliand. Gehalt und Form. WZ 106,456f.
3085 Vüllers: Einige Deutungen der älteren Edda-Lieder und ihre Beziehungen zu Norddeutschland, speziell zu Westfalen. WZ 63 II 169-194

3086 Casser: Die westfälischen Musenalmanache und poetischen Taschenbücher. Ein Beitrag zur Geschichte der literarischen Kultur Westfalens in der ersten Hälfte des 19. Jahrhunderts [mit Beiträgeverzeichnis]. WZ 85 I 97-282 - *W 15,104 (Rez. Eitel)*
3087 Schröder, Ed.: Das lateinische Gedicht über die Privilegien des Geschlechtes von Wickede. W 16,168
3088 Müller, G.: Eigenzüge westfälischen Dichtens im 19. Jahrhundert. W 26,16-26
Daniel von Soest **245**
von Droste-Hülshoff **276ff.**
Bachmann, Gunloda **2786**
Freiligrath, Gedichtsammlung **327**
Kayser, Johannes, Barockdichter **566**
Murmellius, Lobgedicht **717**
Poelmann, Adam, Dramendichter **778**
Weerths, Gedichtsammlung **1012**

Recht

3089 Wigand: Burrichter [=Bauernrichter]. A I 1,96-98
3090 - Gemeinsames und spezielles Recht. A I 1,98
3091 - Ein Ritter nimmt Meiergut (Urkunde 1329). A II 1,106f.
3092 - Beitrag zur Geschichte der Dienste (mit Corveyer Urkunde von 1555). A III 4,235-237
3093 Schrader, L.: Zur Geschichte der deutschen Hörigkeit (Urkunde von 1295 Corvey). A V 3,306-308
3094 v. Spilcker: Bedingungen, unter welchen eine Freie sich in den Schutz des Klosters Volcardinchausen [Waldeck] begab. (Vielleicht 1226 oder später.) A III 1,89f.

3095 Zeppenfeld: Alte historische Nachrichten von dem Rechte der Stadt Hildesheim, Bündnisse zu schließen. A III 2,214-228
3096 Wigand: Über Achtwort. A III 3, 97-104
3097 - Über deutsche Provinzialrechte und ihre Sammlung in den Ländern des Königreiches Preußen. A III 4,127-185
Grimm, J.: Deutsche Rechtsaltertümer. A IV 1,102-112 (Rez. Wigand)
3098 Wigand: Westindische Sclaven und germanische Hörige. A IV 4,468-472

3099 Rosenmeyer: Noch etwas über das ehemals in Westfalen übliche Gottesurteil: Zum Scheingehen genannt. A III 4,231-233
3100 Wigand: Urkunde über ein zu Halberstadt vollzogenes Ordale des glühenden Eisens, 1214. A V 1,45-48
3101 - Wasser-Prob befohlen wegen begangener Zauberey (Cleve) 1581 [aus einem herzogl. Mandat, in Ravensburgischen Akten]. A VI 4,417

3102 Fig: Über die Aussteuer der Töchter von den freien Dienst-, Lehn- und Rittergütern in Westphalen. A VI 1,32-37
3103 Wigand: Geschichtliche Bemerkungen über die Grundlasten. A V 3,309-325
3104 - Erkenntnis der Schiedsrichter in der Streitsache des Verden'schen Bürgers Albert Stüwe gegen die Mindenscher Bürger Vlegher. Um 1360. A VII 1,52-54
- Corvey, Schiedsrichterliche Entscheidung 1255/63 **1234**
3105 - Denkwürdige Urkunde vom Jahre 1491 über eine Schlichtung in Folge allgemeiner ehelicher Gütergemeinschaft nach dem zu Bielefeld geltenden Statutar-Recht. A VII 1,55f.
3106 - Einläufige Leute. A VII 1,90

3107 Ein Beitrag zur Geschichte des Einlagers 1352 [Schuldverschreibung]. WZ 1,365-371
3108 Merkwürdiger Revers und Bürgschaft wegen Entlassung aus der Gefangenschaft auf einige Zeit. 1346 [Aus dem Königl. Provinzial-Archive zu Coblenz]. WZ 2,472f.

3109 Revers in Bezug auf einen, als Rechtsentscheidung, stattgefunden Zweikampf (Trier) 1369. WZ 2,373f.
3110 Johannes von Coverstein Sühne mit dem Erzbischof Cuno von Trier, dessen Boten er ein Ohr abgeschnitten. 1368 [Aus dem Kopialbuche des Erzbistums Trier]. WZ 4,142-144
3111 v. Heister: Das Capitulare de villis. WZ 17,323-331
3112 Schücking: Das Gericht des westfälischen Kirchenvogts (900-1200). WZ 55,1-44

3113 Kuhlmann: Rolandssäulen. WZ 64 II 173-175
Brakel, Rolandssäule **1131**
3114 Rensing: Roland als Name von Rechtssinnbildern. W 22,204

3115 Schreiber, A.: Die Strafrechtspflege in Kleve-Mark unter der Regierung König Friedrich Wilhelm I. von Preußen. WZ 70,109-190

3116 Honselmann, Kl.: Altsächsisches Rechtsbrauchtum in Westfalen. WZ 100,217-219
Schmeken: Die sächsische Gogerichtsbarkeit im Raum zwischen Rhein und Weser. W 42,435 (Rez. Kohl)
Forst-Battaglia: Vom Herrenstande (Rechts- und ständegeschichtliche Untersuchungen). W 11,61 (Rez. Meister)
3117 Brebaum: Das Wachszinsrecht im südlichen Westfalen bis zum 14. Jahrhundert. WZ 71 II 1-59
3118 Borgmann: Hundelagerrecht und Hudegerechtigkeit des Grafen von der Mark im Bistum Münster. W 22,7-11
3119 Höfken: Ist das Benker Heiderecht eine Fälschung? W 16,20-22
3120 - Das Gnadenseil, eine rechtsgeschichtliche Studie. W 19,252-255
3121 - Der „Erbzaun", eine rechts- und sprachgeschichtliche Studie. W 15,162-165
3122 v. Schroeder: Das Bergrecht des Fürstbistums Münster in seiner Entwicklung und in seinen Nachwirkungen [bis ins 20. Jahrhundert]. Ein Beitrag zur westfälischen Rechts- und Wirtschaftsgeschichte [mit besonderer Berücksichtigung des Salzwesens in Rheina-Wolbeck]. WZ 109,13-85
3123 Horstmann: Zwei verschollene Seeflaggen: Münster und Arenberg [Flaggenrecht]. W 15,165-168

Altenautal, Grundherrschaft **1060** - Anholt, Stadtrecht **1063** - Barkhausen, Freilassung **1073a** - Böddeken, Leenrecht **1116** - Corvey, Lehnsregister **1231** - Dedenleve, Litonen **1257** - Delbrücker Landrecht **1262** - Dorsten, Rechtsstreit **1265** - Dortmund, Rechtsstreit **2469** - Dringenberg, Wagendienst **1291** - Freckenhorst, Hofrecht **10** - Fronhausen, Hofesrecht **1334** - Hamm, Concession **1381** - Hardehausen, Wachszinsigen Recht **1385** - Hellinghausen, Land- und Stoppelrecht W **15,102** - Iserlohn, Wachszinspflichtige **1459** - Marsberg, Pranger **1532** - Münster, Niederstift **1612** - Nienburg **1874f.** - Niedern-Tudorf, Holtding **1871** - Ostbevern, Markenrecht **1896** - Ostercappeln, Weistum **1893** - Paderborn **1943, 1954f., 2059** - Ravensberg, Pachtlehnsrecht **2099ff.** - Reckenberg, Landrecht **2112** - Rietberg, Landrecht **2130** - Rimbeck, Dorfrecht **2136** - Rüthen, Stadtrecht **2140** - Schwaney, Stadtrecht **2418** - Soest, Stadtrecht **2170ff.** - Warburg, Stadtrecht **2243, 2246,** Jahrmärkte **2262** - Werl, Zeugnis **2284** - Westfalen, Faustrecht, Fehdewesen **2804ff.**

Femgerichte - Freigrafschaften - Freigerichte

3124 Femgericht (Formular des alten Freyen-Eides). A V 2,216f.
3125 Grimm, J.: Das Wort Feme. A I 4,113f.
3126 Wigand: Das Wort Feme. A II 1,108f. - Diesmal eine Rüge - A II 2,26f.
3127 Geisberg, H.: Die Fehme. Eine Untersuchung über Namen und Wesen des Gerichts. WZ 19,33-186

3128 Möhlmann: Erläuterungen zur Geschichte der westfälischen Fehmgerichte. Nach beigefügten unbenutzten und ungedruckten Urkunden aus verschiedenen Archiven. WZ 18,255-276

3129 Gehrken: Beiträge zur Kultur- und Sittengeschichte Westfalens im XV. Jahrhundert (mit Femgerichts-Urkunden von 1454). A IV 4,391-408

3130 Sökeland: Urkundliche Beiträge zur Geschichte des Fehmgerichts. Aus dem Archiv der Stadt Coesfeld. WZ 3,58-88

3131 Erhard: Urkunden zur Geschichte der Femgerichte. WZ 5,377-380

3132 - Die Jurisdiktionseingriffe der Fehmgerichte betreffend. WZ 1,138f.

3133 Wigand: Zur Geschichte und Literatur der Femgerichte (Rechtsbücher aus Archiven von Brakel und Paderborn). A IV 1,121-124

3134 - Beiträge zur Geschichte der Fehmgerichte. A IV 2,188-198; A IV 3,300-309

3135 - Das Reichskammergericht und die Femgerichte Westfalens. A VI 4,364-384

3136 Usener: Die Frei- und heimlichen Gerichte Westfalens. A VI 4,409-416

3137 Lochner: Zeugnisse über das deutsche Mittelalter [Literatur des Femgerichts, im letzten Abschnitt „Die Vehme"]. A VII 4,359-362

3138 Thiersch: Hans Witsilbers Femgerichts-Proceß gegen die Stadt Hain a. d. Elbe. Aus dem Archiv der Stadt Dortmund mitgeteilt. WZ 1,109-137

3139 - Vervehmung des Herzogs Heinrich des Reichen von Baiern durch die heimliche Acht in Westfalen. Ein vollständiger Vehmprozeß nach neu entdeckten Urkunden. A VII 2/3 241f.

Scherer: Die westfälischen Femgerichte und die Eidgenossenschaft. W 26,235 (Rez. Rothert)

Veit: Nürnberg und die Feme. W 34,146 (Rez. Molitor)

3140 Loeve-Veimar: Précis de l'histoire de Tribunaux secrets. A I 3,106-111

3141 Dirks: (Leovardia Frisius) Dissertatio historico-iuridica, de iudiciis venicis. Amstelodami apud G. J. Beijerinck. 1835. A VII 2/3 242-245

3142 Concilium Basiliense. Sessio quarta. De iudicio Westfaliae (aus Hartzheim Conc. Germ. V.). WZ 17,345

3143 Schnettler: Judex secretorum. W 31,69

Freistuhl Assinghausen **3160**

3144 Seibertz: Zur Topographie der Freigrafschaften. Die Freigrafschaft: 1. Stolpe 2. Balve WZ 23,96-164

- 3. Soest 4. Holtum WZ 24,17-86

- 5. Oestinghausen 6. Bettinghausen 7. Wiggeringhausen 8. der Edelherren zur Lippe 9. die große Freigrafschaft an der Lippe 10. Altengeseke 11. Almen WZ 25,181-240

- 12. Die Freigrafschaften im Grunde Astinghausen 13. Züschen 14. Medebach WZ 26,1-62

- 15. Horhusen 16. Canstein 17. Padberg 18. Rüden 19. Menden 20. Sümmern 21. Höllinghofen WZ 27,225-254

- 22. Hüsten mit Hachen 23. Allendorf 24. Stockum 25. Wenholthausen 26. Kalle 27. Eversberg 28. Bödefeld 29. Westendorf 30. Körbecke WZ 28,80-106

- 31. Die Freigrafschaften im Lande Bilstein-Fredeburg WZ 29 I 68-120

3145 Wigand: Zur Geschichte der Freien und der Freigrafschaften in Westfalen. A II 1,81-86

3146 Hömberg: Die Entstehung der westfälischen Freigrafschaften als Problem der mittelalterlichen Verfassungsgeschichte [Königsbann, Freivogteien, Wesen der Freigerichtsbarkeit, Stuhlfreie, Freie und Frilinge, Königsfreie, Grafschaftsverfassung]. WZ 101/102 1-138

Hömberg: Die Entstehung der westfälischen Freigrafschaften als Problem der mittelalterlichen deutschen Verfassungsgeschichte. W 32,119 (Rez. Petri)

Papsturkunden zu Freigerichten **2406**

3147 Wigand: Competenz der Freigerichte. A IV 2,215f.

3148 - Ende des Freigerichts in der Grafschaft Rietberg. A VI 2/3,296

3149 Erhard: Nachrichten zur Geschichte der Freigerichte (aus dem Gemeindearchive zu Kallenhardt). WZ 10,321-336

3150 Schmidt, Ferd.: Drei Freigerichtsprotokolle von 1453 (wohl aus dem Geseker Stiftsarchiv). WZ 84 II 152-161

3151 Molitor: Die Entwicklung der westfälischen Freigerichte. W 6,38-49

215

3152 Schmitz, Joh.: Die Gogerichte im ehemaligen Herzogtum Westfalen. WZ 59 II 93-166
3153 Voss: Patrimonialgerichte im Paderborner Lande. W 21,106-115
3154 Wigand: Münsterische Rechts-Altertümer. 1. Landurteile, welche am Stuhl zum Sandtwelle sind gefragt und gewiesen worden. 2. Weistum über die Competenz des Gogerichts und Freigerichts 1504 (mit Godingsartikel). A VI 4,339-363
3155 Geisberg, H.: Wo tagte das Gogericht am Sandwell? WZ 52,230
3156 Seibertz: Die Freistühle Westfalens. A II 2 117-135
3157 Der Freistuhl und das Patrimonialgericht zu Oedingen. Ein Beitrag zur Geschichte des Untergangs der Frei- und Fehmgerichte in Westfalen. WZ 21,299-338
3158 - Der Ober-Freistuhl zu Arnsberg. WZ 17,125-166
3159 Varnhagen: Übersicht der Freistühle in der Grafschaft Waldeck, soweit bisher Nachricht von ihnen vorhanden ist. A I 2,97-105
3160 Weichs: Ein Veme-Kollektivurteil des Freistuhls zu Assinghausen gegen die Stadt Kamen [von 1490]. WZ 109,87-96
Meininghaus: Die Dortmunder Freistühle und ihre Freigrafen. W 3,60 (Rez. His)
- Die Teilung des Dortmunder Grafschaftsgerichts in Stadt- und Freigericht im 13. Jahrh. W 3,121 (Rez. Lappe)
3161 Schmidt, J.: Altertümer zu Altenroda bei Halberstadt [Steinkreis = Gerichts-Freistätte]. A V J 1,28f.
3162 Ziegemeier: Nachrichten über Hexenprozesse. WZ 47 II 191f.
Warburg, Hexenprozeß 1674-1675 **2257**
von Spee, Mahnschrift **910**

3163 Honselmann, W.: Von westfälischen Scharfrichtern. WZ 114,269-286
Empfehlung eines Scharfrichters **2214**
3164 Offenberg: Das Halsband [Marterwerkzeug] Lamberts v. Oer. Mit Anhang von Max Geisberg. WZ 55,136-193
Brakel, Gewährleistung **1126**
Donnersberg bei Warburg, alter Gerichtsplatz **2255**

Dorsten, Todesurteil **1268**
Enenhus, alte Dingstätte **1296**
Heinsberg, Gerichtseiche **1391**
Paderborner Land, Gau- und Freigerichte **2083**
Solterwische, Freigerichtsstuhl **1581**

Verfassung - Verwaltung

3165 Seibertz: Karls des Großen Gauverfassung im Herzogtum Westfalen. A VI 2/3 111-168
3166 Gehrken: Beitrag zur Gau- und Gerichtsverfassung Westfalens. A III 3,49-96
3167 Jansen: Verfassungs- und Kulturgeschichtliches aus Leopolds von Northof Chronik der Grafen von der Mark. WZ 54,20-29
Zuversichtsbrief [Erbschaftsausfolgerung]. **1141**
Verfassung des Niedersächsisch-Westfälischen Reichsgrafen-Kollegiums **2812**

Bochum, Türkensteuerliste 1542 **1098**
Brakel, Heberolle Wachtdienst 14. Jh. **1127**
Verfassung des Landes Delbrück **1259, 1261**
Freckenhorster Heberolle **1314**
Verfassung Fredeburg-Bilstein **100, 1012**
Stift Geseke, Verfassung und Verwaltung **1354**
Lünen, Wehrverfassung W 3,123
Mainz, Heberolle 13. Jh. **1516**
Münster, Fürstentum 17. und 18. Jh. **1620**, Stadt **1723**
Hochstift Paderborn, Landesverfassung **1940ff.**, Stifte und Klöster **1930, 2017**
Stadt Paderborn, Schilderzoll **2050**
Reckenberg, Amtsstube **2110**
Grafschaft Rietberg **2129**
Warburg, Gerichtsverfassung **2256**
Werl, Zivilbesitzergreifung 1802 **2280**
Werne, Verfassung **2286f.**
Westfälischer Frieden und Reichsverfassung **2856f.**

3169 Winter: Stein und die Verwaltungsreform 1806-1808. W 16,118-129
Schwab: Die „Selbstverwaltungsidee" des

Freiherrn vom Stein und ihre geistigen Grundlagen. W 51,389 (Rez. Franke)
Denkschrift Vinckes 1808 **994**
3170 Kolbow: Preußische Staatsmänner aus Westfalen. W 16,1-15
3171 Koselleck: Preußen auf dem Weg vom Ständestaat zur Klassengesellschaft (1791-1848). WZ 120,256
Adel und Staatsverwaltung 1834/39 **475a**

Amtsverfassung Herzogtum Westfalen **2815b**, Ämterorganisation **2811, 2815a**
3172 Kochendörffer: Territorialentwicklung und Behördenverfassung von Westfalen 1802-1813 [mit 8 Anlagen und Denkschriften des Freiherrn vom Stein 1802-1803] WZ 86 I 97-218
3173 Leineweber: Statistische Erhebungen der Großherzoglich-Hessischen Regierung aus dem Jahre 1807 im Amte Brilon für den sogen. Adreßkalender. H 5,33-35
Städtische Verwaltung Brilon 1853 **1165**
Steinschulte: Die Verfassungsbewegung in Westfalen und am Niederrhein in den Anfängen der preußischen Herrschaft 1814-1816. W 22,43 (Rez. Real)
3174 Hartlieb von Wallthor: Das Jahr 1815 und die landschaftliche Selbstverwaltung Westfalens. WZ 116,153-162
3175 Das Herzogtum Westfalen vor 100 Jahren. [Scharfe Kritik an der in Darmstadt erschienenen Schrift: „Beyträge für die Geschichte und Verfassung des Herzogtums Westfalen"]. H 6,52-56

3176 v. Unruh: Ursachen, Maßstäbe und Erfolge staatlicher Reformvorhaben im 19. und 20. Jahrhundert. WZ 121,255f.
3176a Niemeyer: Raumordnung und Verwaltungsgliederung in Nordrhein-Westfalen. WZ 121,256f.
3177 Schieder: Der Nationalstaat in der neueren europäischen Geschichte. WZ 113,267f.

Münster, Landesherrliche Zentralbehörden bis 1650 **1615**
Beiträge zur Geschichte der Post in Westfalen, hrsg. Oberpostdirektion Münster. W 51,386f. (Rez. v. Kries)
Postbeamtenfamilie Bonse **202**

Handel

3178 Stüve: Beitrag zur Geschichte des westfälischen Handels im Mittelalter. A I 3,1-31
3179 Seibertz: Fragmente über den westfälischen Handel im Mittelalter. A IV 3,247-269; Nachtrag A IV 3,326-331
3180 Thiersch: Zur Geschichte des Handels im Mittelalter. WZ 10,337-344
3181 Löher: Der Untergang der deutschen Seemacht im 16. Jahrhundert. WZ 13,1-10
3182 Pieler: Über die Teilnahme der sauerländischen Städte an der deutschen Hansa und das Ausscheiden derselben aus der Verbindung. WZ 15,226-240
3183 Geisberg, C.: Über den Handel Westfalens mit England im Mittelalter. WZ 17,174-213; Nachtrag WZ 17,359f.

3184 Müller, Ed.: Pamphlete über den Max-Clemens-Kanal 1725. WZ 53,356f.

3185 v. Winterfeld: Westfalen in dem größten rheinischen Bund von 1254. WZ 93 I 128-142
3186 - Der Werner Städtebund [von 1253 zwischen Münster, Lippstadt, Soest und Dortmund]. WZ 103/104 1-12

3187 Dösseler: Essen als Familienname im Ostseeraum zur Hansezeit. W 23,262
3188 Reinecke: Die Bedeutung der deutschen Hanse für die künstlerischen Beziehungen des niederdeutschen Raumes. W 23,263
3189 Rensing: Niedersachsen und England bis zur Hansezeit. W 24,42
3190 - Handel und Verkehr Westfalens mit Köln zur Hansezeit. W 22,33
3191 Bauermann: Oude wegen op de Veluwe Hansewege-Hessenwege-Königswege. W 25,93
3192 - Danziger Kontorbuch des Jakob Stöve aus Münster. - Ostseeraum. - Deutsche Hanse. W 23,262

Kaufmannsgeschlecht Langermann aus Münster **635b**
3193 Casser: Die Tödden. Eine westfälische Kaufhändlerbewegung. WZ 114,368-371

Wehling: Westfälische Weltwanderungen.
W 21,48 (Rez. Rensing)
Schulte, Ed.: Hansestädte des Ruhrreviers.
W 45,70 (Rez. Kirchhoff)

3194 Schöningh: Die Ems-Schiffahrt vom 15. bis ins 19. Jahrhundert. WZ 112,197
Hansischer Kunstkreis **3223f.**
Dortmund, Geschichte **1270**
Paderborn **2052, 2061**

Ostseeländer

3195 Mooyer: Reisenotiz aus Skandinavien. A VI 1 Beil.
3196 Geisberg, C.: Beziehungen Westfalens zu den Ostseeländern, besonders Livland. Nach dem Tode des Verfassers revidiert von Tücking. WZ 30,263-304; Fortsetzung WZ 34 I 37-133
3197 v. Klocke: Westfalen als Bauern in Groß-Livland. WZ 85 I 283ff.
3198 Johansen: Westfälische Wesenszüge in der Geschichte und Kultur Alt-Livlands. WZ 106,262f.
3199 Thümmler: Westfälische Baukunst im Ostseeraum. WZ 112,366f.
Schnettler: Westfalen und Livland. W 8,104 (Rez. Schmitz-Kallenberg)
- Dortmund und die Grafschaft Mark in ihren Beziehungen zu den baltischen Provinzen. W 10,124 (Rez. v. Klocke)
Erwiderung: W 11,64; Entgegnung von Klokke: W 11,95
- „In eigener Sache" W 12,202; Zur Erwiderung: W 16,26
Schulte, W.: Über Beziehungen des Münsterlandes, insbesondere des Kreises Beckum zu den Ostseeländern im Mittelalter. W 10,127 (Rez. Klocke)
Wulffius: Vom Sinn livländischer Geschichte.
W 15,31 (Rez. Klocke)
Graef: Westfalen in Flensburg. W 16,29 (Rez. Schulte, Ed.)

3200 v. Klocke: Beiträge zur älteren Marken- und Wappengeschichte aus Westfalen und Groß-Livland. W 18,165-171

3201 Anderson, W.: Der Dom in Linköping und Westfalen. W 22,129-138
v. Holst: Riga und Reval, ein Buch der Erinnerung. W 32,118 (Rez. Thümmler)
v. Klocke: Westfalen und der deutsche Osten vom 12. bis zum 20. Jahrhundert. W 26,236 (Rez. Kohl)
- Westfalen und Nordosteuropa. W 44,280 (Rez. Kohl)
Petri: Westfalen-Hanse-Ostseeraum.
W 35,105 (Rez. Richtering)
3202 Kamphausen: Soest und Visby. W 45,109-113
Dombauten Paderborn-Riga **1995**
Wolter von Plettenberg **775**
Rabén: Präskulptur och snickarkonst i Uppsverige under renässans och barock [Schweden] W 20,208 (Rez. Rave)
Kyrkor: Konsthistoriskt Inventarium [Schweden]. W 36,129 (Rez. Hamann)
Der Gekreuzigte von Danderyd **3297**
3203 Svanberg: Das Mechtildsgrabmal in der Klosterkirche zu Varnhem [Schweden].
W 49,111-123
Glasmalerei in Skandinavien W 45,71
Kelch in Borga **3420**

England

3204 Mooyer: Grabstein eines münsterischen Kaufmanns zu Boston 1312. WZ 17,173
3205 Rensing: Niedersachsen und England bis zur Hansezeit. W 24,42
3206 Ludat: Ein Zeugnis westfälisch-englischer Beziehungen im Mittelalter. Die Grabplatte eines hansischen Kaufmanns aus Münster in England. W 29,47-51

Niederlande

3207 Wink: Untersuchungen zur Entstehungsgeschichte des westfälisch-preußischen Drittels der deutschen Genossenschaft zu Brügge. WZ 84 I 1-38

3208 Rave: Kunstgeschichtliche Beziehungen zwischen der Twente und dem Münsterland. W 20,116-124

3209 - Sint Servaas zu Maastricht und die Westwerkfrage. W 22,49-75

3210 - Holländische Spielarten der Stufenhalle. W 25,36

3211 Rensing: Deventer, die Stadt der Jahrmärkte. W 22,205

3212 Bauermann: Die Absetzung der Niederlande gegen Westfalen, in bereits gedruckten Urkunden. W 23,262

3213 Merkelbach van der Sprenkel: „Feestbundel aangeboden door het Beestur der Oudheidkamer Twente" (1933) bietet für Westfalen und die Kenntnis seiner Beziehungen zu Holland eine Reihe von Aufsätzen. W 23,262

3214 Kothe: Die geschichtliche Entwicklung der deutsch-niederländischen Grenze. WZ 100,216f.

Klingenburg: Die Entstehung der deutschniederländischen Grenze (1813-1815).
W 26,146 (Rez. Kohl)
Het Kaartbeeld van Overijssl 2605

3215 Koch, A.C.F.: Die Beziehungen zwischen Westfalen und Deventer bis zum 17. Jahrhundert. WZ 106,259

3216 Petri: Vom Verhältnis Westfalens zu den östlichen Niederlanden. W 34,161-168
Beziehungen Ostfrieslands zu Westfalen 1327

3217 Mühlen: Die St. Plechelmus-Kirche in Oldenzaal. Ihre Stellung zur spätromanischen Architektur Westfalens. W 37,134-153
Ausgrabungen mittelalterlicher Kirchen 2583

3218 Mummenhoff: Die niederländische Burgenforschung und ihre Bedeutung für Westfalen. WZ 110,183f.

Niederländische Universitäten 2834f.
Einwanderung nach Ostfriesland 1328
Niederländisches Bauernhaus 3363

3219 Petri: Deutschland und die Niederlande. Wege und Wandlungen im Verhältnis zweier Nachbarvölker. WZ 111,143-145

3220 - Vom deutschen Niederlandebild und seinen Wandlungen. WZ 119,170
Zur friesischen Geschichte 1329
Sacralisierung en desacralisierung 1329b
Die „friesische Freiheit" 1330
Bouvy: Beeldhouwkunst, Aartsbisschoppelijk Museum, Utrecht. W 40,350 (Rez. Pieper, P.)
De Stadsrekeningen van Deventer, uitgegeven door W. Jappe-Alberts, Deel 1: 1394-1400. W 48,271 (Rez. Kohl)
Münster, Visitation Friesland 1600, Offizialat 1601, Smalagonia 1602
Selbständigkeit der Niederlande 2862
Glaubensflüchtlinge 2978, Reformation 2980

Kirchliche Kunst

Allgemein

3221 Preusker: Kunstverein für Rheinland und Westfalen. A V J 3,78

3222 Hartmann: Antike und humanistische Einflüsse in der Kunst Westfalens. WZ 116, 195-198

3223 Paatz: Westfalen im hansischen Kunstkreis. W 36,41-57

3224 - Die Bedeutung Westfalens im hansischen Kunstkreis. WZ 108,197f.
Lübecker Überlieferung 1509b
Niederlande 3208ff.
Werne, Inventar 1662 2291
Das erste Jahrtausend. Kultur und Kunst im werdenden Abendland. W 39,254 (Rez. Rensing)
Brenk: Tradition und Neuerung in der christlichen Kunst des ersten Jahrtausends.
W 49,191 (Rez. Franke)

Fuchs: Von Kreuzen, Madonnen und Altären [Imad-Madonna, Pankratius-Kreuz, Bronze-Madonna 1628]. W 25,94 (Rez. Rensing)
Variae Formae Veritas Una. Kunsthistorische Studien (Festschrift Friedrich Gerke).
W 42,336 (Rez. Rensing)
Baum: Meister und Werke spätmittelalterlicher Kunst in Oberdeutschland und der Schweiz [u. a. Erhart Küng, Westfale].
W 36,129 (Rez. Rensing)

Eckhardt: *Alte Kunst im Weserland aus der Landesausstellung Kunst und Kultur im Weserraum-Corvey 1966.* W 45,319 (Rez. Rensing)
Thümmler, Kreft: *Weserbaukunst im Mittelalter.* W 48,266 (Rez. Mühlen)
Westfälische Kunsthefte. Hrsg. im Auftrag des Provinzialverbandes von Joh. Körner. Heft 1-8. W 24,101 (Rez. Nissen)
Hansmann: *Kunstwanderungen in Westfalen.* W 45,67 (Rez. Rensing)
Henze: *Westfälische Kunstgeschichte.* W 36,124 (Rez. Meyer-Barkhausen)
Reclams Kunstführer. Rheinland und Westfalen. W 38,135 (Rez. Schreiner)

Kirchen

3225 Weckwerth: Die christliche Basilika - ein theologischer Begriff und seine theologische Gestalt. WZ 112,205-224
3226 Thümmler: Die Anfänge der christlichen Baukunst des Abendlandes und ihre Bedeutung für die karolingische Sakralarchitektur. WZ 107,439
3227 Schreiner: Style Plantagenet, Entwicklung [1120-1280] und Deutung und die Rezeption in Westfalen. W 45,1-21
3228 Claussen: Die Kryptenentwicklung, insbesondere in Westfalen. WZ 107,439-441
3229 Rensing: Entwicklung und Gestaltung der deutschen Dorfkirchtürme im Mittelalter. W 24,149

3230 Rave: Die westfälische Stammesart im mittelalterlichen Kirchenbau. W 18,214-217
3231 - Die Stufenhalle. W 19,401-405
3232 - Zum Kapitel Stufenhalle. W 36,122
3233 - Die mittelalterlichen Pfeilerquerschnitte Westfalens. W 26,190-193
3234 Mühlen: Die romanische Kirche zu Mont St. Martin [Departement Meurthe-et-Moselle] und die münsterländischen Hallenkirchen. W 45,97-108

3235 Thümmler: Die Anfänge der monumentalen Gewölbekunst in Deutschland und der besondere Anteil Westfalens. W 29,154-171

3236 - Die europäische Bedeutung der westfälischen Baukunst des 13. Jahrhunderts. WZ 106,252f.
3237 - Entstehung und Ausbreitung der westfälischen Hallenkirchen. WZ 110,193f.
3238 - Siegerländer Kirchen des Mittelalters und ihre Stellung in der Baukunst Westfalens. WZ 113,265f.

3239 Feldtkeller: Der Westbau der Stiftskirche zu Oberkaufungen, seine Stellung zur romanischen Baukunst Westfalens und seine Bedeutung für die Westwerkfrage. W 23,348-362
3240 Fuchs: Entstehung und Zweckbestimmung der Westwerke. WZ 100,227-291
Stengel: *Über Ursprung, Zweck und Bedeutung der karolingischen Westwerke.* W 34,254 (Rez. A. Schmidt)

3241 Schmidt, Ad.: Westwerke und Doppelchöre. WZ 106,347-438
3242 Mann: Doppelchor und Stiftermemorie. Zum kunst- und kulturgeschichtlichen Problem der Westchöre [mit Denkmälerkatalog]. WZ 111,149-262
3243 Rave: Die Aufspürung von zwei Westwerken in Italien. W 24,149
3244 - Das Westwerk von Montecassino. W 25,36

3245 Thümmler: Die frühromanische Baukunst in Westfalen. W 27,177-214
3246 - Neue Forschungen zur romanischen Baukunst in Westfalen. WZ 112,360f.
Thümmler: *Romanik in Westfalen.*
W 52,168f. (Rez. Jaszai)
3247 Rave: Die westfälische Westgrenze im romanischen Kirchenbau. W 24,273
3248 Feldtkeller: Kleine romanische Basiliken im Waldeckisch-Hessischen Gebiet, insbesondere die Kirche in Twiste und ihre Beziehungen zu Westfalen. W 25,143-153
3249 Großmann: Romanische Gewölbekirchen zwischen Lippoldsberg und Paderborn. WZ 107,433-436
3250 Swiechowski: Romanische Baukunst Polens und ihre Beziehungen zu Deutschland. W 43,161-190

Im Ortsverzeichnis Beiträge über ma. Kirchen in: Albersloh - Berghausen - Bergkirchen - Billerbeck - Brilon - Büren - Burgsteinfurt - Cappenberg - Clarholz - Corvey - Dalheim - Dörenhagen - Drüggelte - Essen-Werden - Freckenhorst - Germete - Geseke - Gütersloh - Helden - Hellefeld - Helmarshausen - Herdecke - Herford: Münster, Nikolai - Iburg - Lemgo - Levern - Lippstadt: Nikolai, Marien - Marienmünster - Mark - Minden - Möllenbeck - Münster: Dom, Apostel, Clemens, Johannes, Kapuziner, Margareten, ev. Universitätskirche - Osnabrück - Paderborn: Dom, Abdinghof, Alexius, Bartholomäus, Busdorf - Quernheim - Recklinghausen - Siegen - Soest: Hohnekirche, Patrokli, Petri, Thomas, Wiesenkirche - Schöppingen - Vreden - Warburg - Werden' - Werne - Wesel - Wormbach - Wunstorf
Niederlande 3209, 3210, 3217

Inschriften an Kirchen: Dalheim 1252b, Marienfeld **1521c**, Münster, Überwasser **1690b**, Schlangen **3264c**, Wedinghausen **3264b**

Monumental- und Bauplastik

3251 Thomas: Die westfälische Steinplastik des 12. Jahrhunderts. W 19,397
3252 Schrade: Zur Frühgeschichte der mittelalterlichen Monumentalplastik. W 35,33-65
3253 Reiche: Das Portal des Paradieses am Dom zu Paderborn. Ein Beitrag zur Geschichte der deutschen Bildhauerkunst des 13. Jahrhunderts. WZ 63,91-166
3254 Thomas: Die westfälischen Figurenportale in Münster, Paderborn und Minden. W 19,1-95
3255 Sauerländer: Die kunstgeschichtliche Stellung der Figurenportale des 13. Jahrhunderts in Westfalen. W 49,1-76
Münster, Dom, Paradies **1657**, Johannisportal **1658**
Paderborn, Dom **1992, 1994**

3256 Münscher: Die Verbreitung der Rippenzierscheiben. W 24,5-26

3257 Meyer, Ruth: Karolingische Kapitelle in Westfalen und ihr Verhältnis zur Spätantike. W 39,181-210. Teil II: Ein unbekannter Kämpfer aus Stuck in Paderborn. W 41,313-334
3258 Radocsay: Vier verlorengegangene Kapitelle aus der Sammlung Schnütgen. W 42,225-233

Drüggelte **1285**
Paderborn, Dom, Adlerkapitell **1986**, Kapitellornamentik **1987**
Externsteine **1305ff.**
Freckenhorst, Taufstein **1319**, Königshaupt **1321**
Hiddingsel, Skulpturen **1419**
Höxter, Profanrelief **1444**
Münster, Dom **1660ff.**, Mauritzkirche **1698**
Soest, Patrokli **2194f.**
Sendenhorst, Taufstein **521**

Grabplatten

Cappenberg, hl. Gottfried **1189**
England, hansischer Kaufmann **3204**, Grabstein in Boston **3206**
Freckenhorst, Grabmal Geva **1320**
Iburg, Ritter von Varendorf **1458**
Münster, Überwasser, B. Hermann **1690**
Schweden, Mechtildsgrabmal **3203**
Werden, Türsturz, Ludgerusgrab **2277**
Hülshoff, Reiterrelief **288**

Wandmalerei

3259 Kluge: Neu entdeckte Wandmalereien des 12. bis 17. Jahrhunderts in Westfalen. W 31,219-243
— Gotische Wandmalereien in Westfalen 1290-1530. 30
3260 Claussen: Romanische Wandmalerei in Westfalen. WZ 112,367ff.
3261 — Romanische Wandmalerei im südlichen Westfalen. WZ 113,266ff.
Demus: Romanische Wandmalerei. W 47,96 (Rez. Rensing)

3262 Claussen: Mittelalterliche Gewölbemalereien in Clarholz und Herzebrock. WZ 111,350f. vgl. Clarholz **1197**

3263 – Karolingische Wandmalerei im Westwerk zu Corvey. WZ 113,475-477
3264 – Die Wandmalereien der Karolingerzeit und die neu entdeckten Fragmente in Corvey. WZ 115,266
3264b Claussen, Eickermann: Die Schriftbänder in den Wand- und Gewölbebildern im Kreuzgang des ehem. Prämonstratenserklosters Wedinghausen/Arnsberg. W 53,186-189
3264c – Ein Wandbild des hl. Christopherus mit Inschrift in der ev. ref. Pfarrkirche von Schlangen. W 53,183-186
3265 Schwartz: Die Wandgemälde der Hohnekirche in Soest im alten Gewande. W 22,285-292
3266 Rodenkirchen: Die Wiederherstellung der Wandmalerei des Marienchores in St. Patrokli zu Soest. W 20,325-327
3267 Braun: Mißdeutete Darstellungen aus Wandmalereien im Patroklus-Dom zu Soest. W 25,17-21
3268 Kluge: Ein wiederentdecktes Wandgemälde des hl. Patroklus in der Paulikirche zu Soest. W 28,202-204
3269 Schwartz: Mittelalterliche Wandgemälde in St. Petri zu Soest. W 19,302-312
3270 Strieder: Das Martyrium der hl. Agathe in der Petrikirche zu Soest. W 23,342-347
3271 Claussen: Wandmalereien aus lutherischer Zeit in der Pfarrkirche zu Sonneborn. W 41,354-381
3272 Rodenkirchen: Die Gewölbemalereien in Vreden und Cappenberg. W 21,219-227
Berghausen **1082**, Lavesum **1487**, Mark **1528**, Münster, Überwasser **1690c**, Wormbach **2319**

Glasmalerei

3273 Witting: Glasmalerei. A I 3,115f.
3274 Wentzel: Die mittelalterlichen Glasmalereien Westfalens. W 27,215-220
3275 Glasgemälde in der Lambertikirche zu Münster. 1614. WZ 21,379f.
3276 Pieper, P.: Das Fenster von Legden. W 29,172-189
3277 Wentzel: Zur Bestandsaufnahme der romanischen Chorfenster von St. Patroklus in Soest. W 37,92-103

Glasmalereien im Hauptchor der Soester Wiesenkirche **31**, dazu *W 38,119 (Rez. Wentzel)*
Romanische Farbverglasung St. Patrokli in Soest **35**
Andersson, Christie, Nordman, Roussel: Die Glasmalereien des Mittelalters in Skandinavien. W 45,71 (Rez. Pieper)
Glasmaler: Meister Hermann **503**, Matthias Dortmund **270**

Bildwerke

3278 Nissen: Kleine Beiträge zur Geschichte der westfälischen Plastik. W 20,115f.
3279 Pieper, P.: Eine westfälische Bildhauerwerkstatt am Anfang des 15. Jahrhunderts [auch „Gaukirchenmeister"]. W 24,56-79
Pescatore: Der [Gaukirchen]Meister der bemalten Kreuzigungsreliefs. W 10,93 (Rez. Zimmermann)
3280 v. Einem: Westfälische Plastiken im Museum für Kunst und Landesgeschichte in Hannover. W 17,121-126
von der Osten: Katalog der Bildwerke in der Niedersächsischen Landesgalerie Hannover. W 40,350 (Rez. Pieper)
3281 von der Osten: Werke der Hildesheimer Benedikt-Werkstatt im alten Mindener Sprengel. W 25,163-169
Hildesheim, Bronzetür **1420a**
3282 v. Matthey: Probleme um den sogenannten Meister von Osnabrück. W 15,189-204
3283 Ossenberg: Eine Grablegung aus dem Kreise des Meisters von Osnabrück. W 18,114-116
Alabaster-Relief (Dom Paderborn) **1981**
v. Reitzenstein: Zu den Bildwerken in Cappenberg und Bielefeld [darin waffengeschichtliche Fragen]. W 43,279 (Rez. Gruna)
Wilm: Die gotische Holzfigur. W 26,45 (Rez. Rensing)
3284 Löhr: Der Figurenzyklus im Chor der Wiesenkirche zu Soest. W 53,81-99

3285 Paatz: Eine nordwestdeutsche Gruppe von frühen flandrischen Schnitzaltären aus der Zeit von 1360-1450. W 21,49-68

3286 Pieper, P.: Der Coesfelder [gotische Reliquien-] Altar. W 40,241-271

3287 Eickel: Der Philippus- und Jakobus-Altar Brabenders [vermutlich aus dem Paderborner Dom]. W 40,286-299

3288 Tack: Der [gotische] Reliquienhochaltar des Paderborner Doms. WZ 108,400f.

v. Sicard, Rheinländer: Der Schnitzaltar der Altstädter Nikolaikirche zu Bielefeld.
W 23,301 (Rez. Rave)

3289 Rensing: Hochaltar [1696, vom Bildhauer Peter Sasse aus Attendorn] in der Pfarrkirche zu Friesenhagen. W 22,33

3290 Eickel: Der Siebenschmerzensaltar in St. Viktor zu Schwerte. W 36,144-158

Schewe: Gotische Altäre in Holz und Stein aus dem alten Bistum Osnabrück. W 49,193 (Rez. Müller, Helmut)

3291 Rüther, Th.: Ein merkwürdiges Bildwerk der Briloner Pfarrkirche [romanisches Holzkreuz mit Kümmernisdarstellung]. H 3,75-77

3291b Claussen und Eickermann: Reliquienfund in einem Kruzifix [14. Jh.] der Pfarrkirche St. Paulus in Hervest-Dorsten.
W 53,191ff.

3292 Pieper, P.: Der Kruzifixus von Letmathe. W 21,147-150

3293 Fritz, R.: Der Kruzifixus von Benninghausen, ein Bildwerk des 11. Jahrhunderts. W 29,141-153

3294 — Der Cruzifixus von Cappenberg, ein Meisterwerk französischer Bildhauerkunst. W 31,204-218

3295 Hamann-Mac Lean: Zur Zeitstellung und Herkunft des Cappenberger Kruzifixus. W 33,113-124

3296 Fritz, R.: C. R. af Ugglas: Trydecrucifixet och Lund [Das Trydekruzifix und Lund]. W 32,231-233

3297 Andersson: Der Gekreuzigte von Danderyd, ein hochromanisches Bild deutscher Herkunft in Schweden. W 36,33-40

Imad-Madonna 2576

3298 Rensing: Drei Dortmunder Madonnen. W 18,127f.

3299 Eickel: Das Vesperbild von Anröchte [Holz, 14. Jh.]. W 29,192-196

3300 — Zur Marienklage aus Unna. W 32,66-74

3301 Hartmann, E.: Zwei westfälische Nachbildungen der Darsow-Madonna aus der Marienkirche zu Lübeck [Menden, Overhagen]. W 32,211-216

3302 Endemann: Das Marienbild von Werl. W 53,53-80

Nachbildungen des Werler Gnadenbildes 2283

Ottenjann: Das Marienbild in der plastischen Kunst des Oldenburger Münsterlandes.
W 29,118 (Rez. Rensing)

Madonnen aus Marienfeld und Wewer 2513
Marienleuchter, Dortmund 1277b

3303 Rensing: Eine Darstellung des hl. Adalhard [Stifter von Corvey, Lindenholz um 1500]. W 35,172

3304 Brachert: Eine Holzfigur aus dem 13. Jahrhundert [aus Lette, Krs. Wiedenbrück]. W 41,335-353

3305 Funk: Ein westfälisches Tonrelief in einer mittelfränkischen Dorfkirche [Anna Selbdritt]. W 21,156f.

3306 ten Hompel: Ein wiederentdeckter Kreuzweg des 16. Jahrhunderts [bei Münster]. W 19,361-364

3307 von der Osten: Christus im Elend, ein niederdeutsches Andachtsbild. W 30,185-198

3308 Schewe: Das Wallfahrtsbild im Kloster Oesede. W 39,215-219

Chorstuhlschnitzereien 3536f.

Barockzeit

3309 Fuchs: Die Spiralsäule in der Kunstgeschichte. W 29,127-140

3310 Rensing: Monumenta memoriae (Barocke Grabplastik des 17. Jahrhunderts in Westfalen). W 36,60-90; WZ 109,217

Grabmal Ferdinand von Fürstenberg 443

3311 Schröder, Al.: Die Bedeutung des Klosters Grafschaft für die westfälische Plastik des 17. und 18. Jahrhunderts. WZ 85 II 126-192

Kunst in Giershagen 741f.
Fürstenberger Barock 336
Paderborn, Dom 1988, 1990, 2570

223

Im Personenverzeichnis Bildhauer: Albert von Soest – Beldensnyder Buneckemann: Bernd, Johann – Brabender – Brüll: Georg Philipp – Feill – Gladbach – Gröne – Gröninger: Gerhard, Gertrud, Gottfried, Heinrich, Johann Mauritz, Johann Wilhelm, Theodor – Hassenburg – Klauer – von Kolshusen – Küng – Kuper – Meiering – Pape: Heinrich, Christoffel – Pehls – Pütt – Sasse – Stavoer – Stenelt – Wessell – Witten
Gaukirchen-Meister **3279**
Meister von Osnabrück **3282f.**

Tafelmalerei

3312 Zimmermann: Die neueren Forschungen über die altwestfälische Malerei. W 14,31-39; W 16,50-58
3313 Fritz, R.: Zur westfälischen Tafelmalerei um 1400. W 27,206-210
Westfälische Maler der Spätgotik (Katalog) **2519**
Westfälische Malerei des 14. Jahrhunderts (Katalog) **2520**
Der Maler Derick Baegert und sein Kreis (Katalog) **2517**
Altdeutsche Gemälde [Katalog], Köln und Nordwestdeutschland. W 49,204 (Rez. Pieper)

3314 Stange: Einige Bemerkungen zur westfälischen Malerei des frühen 14. Jahrhunderts [Abb. 94 kein Franziskaner, eindeutig ein Benediktinerabt]. W 32,204-211
Jung, Stange: Deutsche Malerei des Mittelalters. W 47,98 (Rez. Rensing)
3315 Koch, Ferd.: Ein Beitrag zur Geschichte der altwestfälischen Malerei in der 2. Hälfte des 15. Jahrhunderts [I. Der Meister der Lippborger Passion II. Meister Johann von Soest: Altäre Haldern und Schöppingen]. WZ 57,1-59
3316 Pieper, P.: Die altwestfälische Malerei. Forschungsbericht. W 27,83-106
3317 – Wichtige neuere Literatur. W 42,90f.

Schrade: Die romanische Malerei. Ihre Maiestas. W 44,283 (Rez. Rensing)

Eckert: Ein Altargemälde der Gotik [in Bielefeld]. W 38,134 (Rez. Rensing)
Heinrichs: Die hessische Malerei in der ersten Hälfte des 14. Jahrhunderts [Beziehungen zu Westfalen]. W 25,99 (Rez. Strieder)
Heise: Norddeutsche Malerei. W 10,91 (Rez. Koch)
Strieder: Deutsche Malerei der Renaissance. W 45,69 (Rez. Rensing)
Schmitz, H.: Berühmte Kunststätten. Soest. W 1,63f. (Rez. Brüning)
Bushart: Deutsche Malerei des Barock. W 47,98 (Rez. Rensing)

3318 Clarenbach: Der Knippinckaltar [Matthias Knippinck, Barockmaler] in der evangelischen Kirche zu Welver. W 17,273-278
3319 Feldmann: Dortmunder Maler des 17. Jahrhunderts. W 22,194f.
3320 Fiensch: Beobachtungen an westfälischen und niederländischen Tafelbildern des 15. Jahrhunderts. W 43,201-219
3321 Hesse-Frielinghaus: Zwei westfälische Bildnisstammtafeln. W 26,68-72

3322 Fritz, R.: Das Ölbergbild im Dom zu Osnabrück [1515]. W 21,72-76
3323 – Das Mittelbild des Fröndenberger Altares. W 28,134-137
3324 – Acht unbekannte Tafeln des Bielefelder Altares, zugleich ein Beitrag zum Meister des Berswordtaltares. W 28,193-202
3325 – Ein Gemälde des Hausbuchmacherkreises aus dem Besitz des Freiherrn vom Stein. W 35,65-71
3326 – Vier unbekannte westfälische Tafelbilder vom Anfang des 15. Jahrhunderts. W 37,200-205
3327 Lehmkuhl: Drei flämische Barockgemälde in Recklinghausen. W 20,304-344
3328 Nissen: Der Meister des Fröndenberger Altares. W 16,58-65 – Marter der Zehntausend **2514**
3329 Ossenberg: Eine westfälische Bildnistafel des 15. Jahrhunderts. W 19,393-396

3330 Pieper, P.: Zu einer Tafel mit der hl. Ottilie und Dorothea [aus dem Walburgis-

kloster in Soest, heute Landesmuseum Münster]. W 28,123-134
— Die „Notgottes" **2512**
3331 — Ludgerus oder Marinus? Zum rechten Außenflügel des Halderner Altares. W 45,124-130
3332 — Eine frühe deutsche Zeichnung in Paderborn. W 48,148-152
3333 Rensing: Der Kalvarienberg der Katharinenkirche in der Hamburger Kunsthalle. W 25,92
3334 — Die Wormelner Altartafel. W 42,427
3335 — Der Meister von Schöppingen. W 27,224-246
3336 Riewerts: Melchior Lechters „Orpheus". W 21,158f.
3337 Zuhorn: Ein unbekanntes Bruchstück des Warendorfer Altares. Mit Nachtrag von M. Lippe. W 13,106-117
Liesborner Altartafeln **1490b**
Säkularisierte Tafelbilder **2541**

3338 Fritz, R.: Der Katalog der Gemäldesammlung Krüger zu Minden. W 29,87-97
3339 Erler: Beitrag zur Geschichte der Nordkirchener Gemäldegalerie. W 4,22-29; 59-65
Gemäldesammlung von und zur Mühlen **710**

3340 Büddemann: Funk [Heinrich † 1877] und Rustige [Heinrich Franz Gaudenz † 1900], zwei Westfalen [Maler] als Professoren der Kunstschule in Stuttgart. W 18,85-87
3341 Rensing: Zwei Augustiner als Maler [Frater Arnold von Böddeken und Frater Nikolaus von Dalheim]. W 47,82
3342 — Künstler in Kirchenrechnungen von St. Kiliani in Höxter. W 42,309
Maler in Münster **1803f.**

3343 Frielinghaus: Über Familienbildnisse. W 24,265-269
3344 — Unbekannte Bildnisse Wolters von Plettenberg und Gotthard Kettlers. W 25,66-70

Porträtdarstellungen siehe Personenverzeichnis:
von Droste-Hülshoff — Erasmus von Rotterdam — Fürstin Gallitzin — Huddaeus, Superintendent — Jacoba von Tecklenburg — Morgner — Münstermann (Jüngling mit Muschel) — Pictorius — von Rietberg: Graf Johann, Doppelbildnis der Gräfinnen — Rincklake — tom Ring: Selbst- und Familienbildnisse, Brautwerbungsporträt, Ludger, Bildnispaar — Schücking, Ahnenbilder

Meisternamen siehe Personenverzeichnis:
Berswordt — Bertram von Minden — Meister von Kappenberg — Katharina von Kleve — Koerbecke, Johann — Konrad von Soest — Liesborn — Lippborg — Schöppingen — (Soest)

Maler siehe Personenverzeichnis:
Aldegrever — Baegert, Derick — Baegert, Jan — Baldung — Bruse — Carlone — Cronenburg — Duenwege, Victor — Duenwege, Heinrich — Erbslöh — Fabritius — Funhof — Funk — Grühling — Heimbach — Hercules — Hollar — Holzer — Jodefeld — Joest — Kapper — Kirchner — Knippinck — Lechter — van Loen — Macke — Morgner — Münster — Nolde — von Oer — Osthaus — Piazetta — Pictorius — Pittoni — Rethel — tom Ring, Hermann — tom Ring, Ludger — Rincklake — Rohlfs — Rubens — Rudolphi — Rustige — Schlickum — Schmitz, El. — Schnorr von Carolsfeld — Schouten — — Schulte im Hofe — Stenner — Tüshaus — Veltmann — Wechtlin — Weiditz — Zucchi

Profanbau

Burgen

3345 Arens: Die Kaiserpfalz Wimpfen und der staufische Burgen- und Städtebau am Neckar. WZ 117,367f.
Erwitte, Königshof **1300**
Tuulse: Burgen des Abendlandes. W 38,245 (Rez. Hamann-Mac Lean)
3346 Mummenhoff: Mittelalterlicher Burgenbau in Westfalen. WZ 112,361f.

225

– Niederlande 3218
3346b Kittel: Stadtburgen und Burgstädte. W 51,74-82
Riedberg: Deutsche Burgengeographie. W 26,241 (Rez. Rensing)
3347 Weerth: Löwenburg und Sparrenburg. WZ 45 II 169-185
3348 – [Burg] Brobeck [an der Orpe] und [Burg] Brabeck [bei Bödefeld]. W 6,115-119
3349 Jänecke: Die Wasserburgen Holtfeld und Wulften bei Osnabrück. W 13,81-93
3350 Bartels: Neue Zeit und alte Burgen [Schloß Nordkirchen, Burg Beverungen]. W 18, 245-252

Burgen im Ortsverzeichnis:
Aldenvels – Beverungen – Fürstenberg – Holtfeld – Horstmar-Laer – Lippspringe – Nieder-Andepen – Ramsdorf – Ravensberg – Vilsen – Vlotho – Wewelsburg – Wulften

Schlösser

Rensing: Das Schloß St. Johannisburg zu Aschaffenburg. W 24,42
Neukirch, Niemeyer, Steinacker: Renaissanceschlösser Niedersachsens. W 26,141 (Rez. Rensing)
Aus Schloß Augustusburg zu Brühl und [Jagdschloß] Falkenlust. W 39,245 (Rez. Rensing)

Schlösser im Ortsverzeichnis:
Ahaus - Bilstein - Clemenswerth - Haldem - Holtfeld - Hüffe - Iburg - Münster, Erbdristenhof - Schloß Neuhaus - Nordenau - Nordkirchen - Nothberg - Rheda - Rietberg - Schwarzenraben - Velen

Rathäuser

3351 Neumann: Westfälische Rathäuser. Ein Beitrag zur Bautypologie und Rechtsgeschichte. WZ 123,71f.
Paderborn **2068ff.**, Rheda **2119**, Soest, Patrokli-Westwerk **2192f.**

3352 Gaul: Die steinernen Ziergiebel des 16. Jahrhunderts in Ostwestfalen und Lippe. Ein Beitrag zur Stilentwicklung der Spätgotik und Renaissance. W 29,208-220

Wohnbauten

3353 Nordhoff.: Der Holz- und Steinbau Westfalens in seiner Entwicklung. WZ 27,105-224
Steinzeit, Wohnbau W 17,108
Germanischer Langbau **2692**

3354 Hoffmann, H.: Ein mittelalterliches Gehöft bei Hullern, Krs. Recklinghausen. Ein Beitrag zur frühgeschichtlichen Hauskunde Westfalens. W 24,167-177
3355 Nordhoff: Städtisches und ländliches Bauwesen in Altwestfalen. WZ 58,30-87
3356 Trier: Haus und Wohnen. W 24,155-166
3357 Schepers: Der Oberweserraum und die nordwestdeutsche Wohnkultur seit dem späten Mittelalter. WZ 122,67f.

3358 Rothert: Das Ritterhaus zu Lage. W 8,1-11
Münster, Profanbaukunst **33**, Adels- und Bürgerhäuser **1731ff.**
Paderborn **2074ff.**
Soest, ältestes Bürgerhaus Westfalens **2184**
3359 André: Beischlagwangen [an den Haustreppen] aus der ersten Hälfte des 16. Jahrhunderts an der Weser. W 33,151-163
3360 Schepers: Das münsterländische Bürgerhaus. WZ 106,260

Ebinghaus: Das Ackerbürgerhaus der Städte Westfalens. W 5,64 (Rez. Meier, B.)
3361 Schepers: Fachwerkgestaltung am westfälischen Bauernhaus. W 20,49-61
3362 – Westfalen in der Geschichte des nordwestdeutschen Bürger- und Bauernhauses. WZ 111,140
Haus und Hof westfälischer Bauern. W 52,184 (Rez. Schier)
Hausinschriften **3542f.**

3363 Eitzen: Das Gefüge des niederländischen Bauernhauses im Lichte einer litauischen Bauweise. W 28,26-38

Barock-Baukunst

Grundlagen und Anfänge barocker Kirchenbaukunst **48**
3364 Tack: Kloster- und Schloßbauten des Barock im Paderborner Lande. WZ 100,386-388
3365 Rensing: Anachronistische Elemente in der deutschen Baukunst aus der Zeit von ca. 1650-1680. W 24,42
3366 – Die Ursprünge einer radialen Jagdanlage des Barock bei Fürstenried und ihre Weiterbildung in höfischen Forstbauten der Zeit. W 24,42
3367 – Die Bauherren des frühen Barock in Westfalen. W 29,234-239
Städtebauliche Bedeutung **548**
Geschichtsforschung der Barockzeit **983**
Busch, Lohse: Baukunst des Barock in Europa. W 42,315 (Rez. Rensing)

Barock-Baumeister

Ambrosius von Oelde **131f.**
Paul Bock **194**
3368 Rensing: Von Johann Bocholt [Baumeister des Stadtweinhauses zu Münster]. W 27,154
Die Brachums, Baumeistergeschlecht **207**
3369 Schwartz: Carl Lentze Geheimer Ober Bau Rat [1801-1883]. W 37,50-56
3370 Rensing: Wilhelm Ferdinand Lipper / Münsterscher Baudirektor. W 24,42
3371 – Über den Architekten des Schlosses Raesfeld, Michael von Gent. W 38,111
3372 – Paderborner Architekten des 18. Jahrhunderts. W 22,111-123
Max Nohl, Iserlohner Baumeister **722**

3373 Schmeddinghoff: Beiträge zur Geschichte der Familie von Pasqualini [ital. Baumeister, mit Stammtafel]. WZ 93 I 1-38
3374 Rensing: Des Baumeisters Antonio Petrini Tätigkeit in Paderborn [Franziskanerkirche]. W 23,366-373
Architektenfamilie Pictorius-Lipper-Reinking **758**
Wilhelm Ferdinand Lipper **36**
3375 Güthling: Erich Philipp Ploennies [Baudirektor in den Herzogtümern Jülich-Berg. 18. Jh.]. W 23,254-261
3376 Rensing: Pieter Post [Baumeister]. W 24,42
3377 – Franz Rabaliatti [Kurpfälzischer Hofbaumeister aus Rüthen † 1782]. W 24,270-272
3378 Fischer: Henrico de Suer, Kirchenbaumeister aus Coesfeld. W 34, 141-144
3379 Korst, Rensing: Adolf von Vagedes [1777-1842 Architekt]. W 26,243-290
3380 Rensing: Clemens August von Vagedes [1760-1795 Baumeister]. W 39,143-178

Barock-Plastik **3309ff., 3327**

Glocken

3381 Langewiesche: Eine alte Bronzeglocke [12. Jahrhundert] in Buchholz, Kreis Minden. W 9,23-26
3382 Rensing: Inschriften der nach 1848 eingeschmolzenen Glocken aus dem Cisterzienserinnenkloster Drolshagen, Krs. Olpe. W 22,33
3383 Prinz: Das Geläute des Osnabrücker Domes [Beiträge zur westfälischen Glockenkunde]. W 23,223-239
3384 Michels: Die Glockengießerfamilie Delapaix. WZ 110,329-340
3385 – Zur Glockengießerfamilie Delapaix. Nachträge [mit einer Karte]. WZ 112,347-350
Soester Glockengießerfamilie Neelmann **2188**
3386 Dolfen: Der Glockengießer Gerhard de Wou in Osnabrück [15. Jahrhundert]. W 21,150-155

Orgeln

Orgeldenkmalpflege **2538ff.**
3387 Reuter, R.: Johann Patroklus Müller, Westfalens bedeutendster Orgelbauer im 18. Jahrhundert, Lebenslauf und Werkverzeichnis. W 37,260-275
3388 – Der Herforder Orgelbauer Klausing. W 42,261-274
3389 – Der äußere Aufbau der münsterischen Domorgel von 1752/55. W 44,325-342
3390 Reuter, H.: Das Gutachten Christian

Vaters [Orgelbauer aus Hannover] über die münsterische Domorgel 1755. W 44,343-345
3391 Steinbicker: Die westfälische Organistenfamilie Warneknick. WZ 113,169-174
3392 Honselmann, W.: Der Dienstvertrag des Organisten [Johann Glasemecker] zu Fröndenberg 1546. WZ 117,359-361
Reuter, R.: Orgeln in Westfalen. W 45,57 (Rez. Kohl)
3393 Reuter, R.: Große Orgeln im Weserraum. W 46,146-158

Musik

3394 Jostes: Die Riete. Ein altwestfälisches Blasinstrument. WZ 47 I 225f.
3395 Reuter, R.: Das Ruckers-Cembalo der Grafen Landsberg-Velen. W 46,123-128
3396 Angermann: Ein Artländer Liederbuch [des Joh. Herm. Middendorf in Vehs Ksp. Badbergen] aus den Jahren 1785-1792 [mit Abdruck]. WZ 101/102,231-290
Henricus Beginiker, Musiker des 17. Jahrhunderts **178**
Adolph von Vagedes, Liedkompositionen **986**
3397 Klare: Bernhard Christoph Ludwig Natorp und die Schulmusik. W 44,374-381
Aengenvoort: Quellen und Studien zur Geschichte des Graduale Monasteriense. W 34, 158 (Rez. Irtenkauf)
3398 Hamacher: Das Psalteriolum cantionum, das Geistlich Psälterlein und ihr Herausgeber P. Johannes Heringsdorf SJ [† 1665 Paderborn]. WZ 110,285-304
3399 Wagener: Ostfriesland - Eine westfälische Chorallandschaft. Beiträge zu einer Musikgeschichte Westfalens. W 49,85-100
3399b — Musikalisches Schrifttum in Westfalen. W 52,135-148
Münster, Dom, älteste Singegemeinschaft **1668**
Münster, Stadt, Musikgeschichte **1811ff.**
Fürstbischöflicher Hof, Paderborn **1966**
Bloch: Vom Stadtmusikus zum Philharmonischen Orchester. 550 Jahre Musik in Bochum. W 52,188 (Rez. Wagener)
Kruttke: Geschichte der Burgsteinfurter Hofkapelle 1750-1817. W 52,189 (Rez. Wagener)
Vogelsänger: Musik im Lehrerseminar zu Soest 1806-1926. W 52,191 (Rez. Wagener)
Gerard Bunk, Albert Weckauf, Komponisten. W 52,192

Kunstgewerbe

Gold-Silber-Elfenbein — Werke und Meister

3400 Richtering: Clarenberger und Schedaer Kirchenschatz 1543. W 34,249-251
3401 Rensing: Zwei ottonische Kunstwerke des Essener Münsterschatzes [Zwei Nachzeichnungen zu einem (verlorenen) Codex; ferner ein Fragment: vergoldete Treibarbeit]. W 40,44-58
Küppers, Mikat: Der Essener Münsterschatz. W 45.75 (Rez. Rensing)
3402 Fuchs: Der ursprüngliche Bestand des Herdringer Silberschatzes. W 2,119-121
Elbern, Reuther: Der Hildesheimer Domschatz [Ausstellungskatalog]. W 47,220 (Rez. Rensing)
3403 Dolfen: Zur Geschichte des Osnabrücker Domschatzes. W 19,387-392
3404 Stolte: Der [Paderborner] Domschatz. WZ 63 II 141-168
3405 Pieper, A.: Wegführung und Verlust des Münsterer und Paderborner Domschatzes im Jahre 1806. WZ 61,139-162
Schnitzler: Rheinische Schatzkammer. W 36,127; W 38,119 (Rez. Rensing)

3406 Fritz, J. M.: Goldschmiedearbeiten des Stiftes Cappenberg. W 42,363-377
3407 — Goldschmiedekunst in der Stadt Hamm. W 43,261-271
3408 Geisberg, M.: Die Goldschmiedegilde in Münster i. W. [mit Nachrichten über die Mitglieder und Meisterzeichen]. WZ 72,152-320
3408b Fischer, Kurt: Beschau- und Meisterzeichen der münsterischen Goldschmiede. W 51,271-274
3409 Storp: Münsterische Goldschmiedearbeiten in Ahaus. W 8,100f.

3410 Meyer, Erich: Eine spätromanische Goldschmiedewerkstatt in Osnabrück. W 16,68-72
3411 Fritz, J. M.: Spätgotische Goldschmiedearbeiten des Ordenslandes in Westdeutschland. W 40,278-285
Dortmund, Goldschmiede 17./18. Jh. **1278**
Paderborn, Abdinghof, Goldarbeiter 1107 **2002**
Paderborn, Goldschmiedewerkstatt 14. Jh. **2064**
Soester Goldschmiederei 17./18. Jh. **2187**

Cappenberger Barbarossakopf **330f.**
3412 Nissen: Zwei westfälische Reliquienfiguren aus Silber [in der Mauritiuskirche in Münster und im Domschatz (hl. Anna Selbdritt) Paderborn]. W 16,82-85
3413 Verres: Zwei figürliche Goldschmiedearbeiten aus gotischer Zeit [im Schloß Havixbeck (Kopfreliquiar eines Bischofs) und im Domschatz Paderborn (Statuette des hl. Liborius)]. W 16,80-82
3414 Heinemeyer: Eine Augsburger Silbermadonna in Vechta. W 47,149-156
3415 ten Hompel: Der Prudentia-Schrein in Beckum. W 16,73-75
3416 Zink: Der Reginenschrein zu Rhynern. W 29,196-208
3416b Kohl, Rolf: Ein mittelalterlicher Reliquienschrein des hl. Albinus aus der Soester Petrikirche. W 52,118-125
Güssow: Die Crispinus- und Crispianusschreine im Osnabrücker Domschatz.
W 52,169 (Rez. Jászai)

3417 Fuchs: Ein hochgotischer metallener Flügelaltar aus Fröndenberg. W 20,327-332
Perpeet-Frech: Die gotischen Monstranzen im Rheinland. W 44,284 (Rez. Rensing)

3418 Dolfen: Der Kelemann-Kelch des Domschatzes zu Osnabrück. W 15,37-40
Hofsleger-Kelch **520**
3419 Lippe: Frühgotische Kelche in Westfalen. W 16,76-79
3420 Meyer, Erich: Ein Meisterwerk westfälischer Goldschmiedekunst in Finnland [Kelch in der Kirche zu Borga]. W 17,118-120

3421 Rensing: Die Himmelfahrt Heinrichs II. auf dem Borghorster Kreuz. W 47,111-118
Briloner Pankratiuskreuz. W 25,94
3422 Bruns: Ein Kleinod des Berliner Antiquariums, ein ehemaliges Besitztum des Klosters Nottuln [antikes Balsamarium aus Sardonyx, als Reliquiar verwendet]. W 22,76-78
Reliquienbehälter: Cappenberg, Ovenhausen W 53,196f.

3423 Wieschebrink: Eine französische Elfenbeinmadonna des XIV. Jahrhunderts. W 18,135f.
3424 Elbern: Der Werdener Buchschrein [der Liudger-Vita] mit dem Probianus Diptychon [Elfenbein]. WZ 109,1-12
3425 – Species Crucis – Forma Quadrata Mundi. Die Kreuzigungsdarstellung am fränkischen [Reliquien] Kasten von Werden [Elfenbein]. W 44,174-185
Bischof Sigebert [Buchdeckel Elfenbein] **1567**
3426 Meyer, Ruth: Ein Buchdeckel aus Corvey im Landesmuseum Münster. W 37,70-91
3427 Flaskamp: Das [ganz mit Silber eingefaßte] Liesborner Missale zu Wiedenbrück. W 45,288-292
Silberne Taufschüssel, Siegen **2163f.**
3428 Köhn: Über die Herkunft der romanischen Bronzeleuchter mit Drachenornament. W 16,66-68
3429 Fritz, R.: Drei unbekannte romanische Bronzeleuchter aus Westfalen. W 24,98

3430 Borchers: Der Deckelbecher der Familie von Bar-Altbarenaue. W 36,218-226
3431 Pieper, P.: Die Geusenschüssel von Burgsteinfurt. W 42,429
3432 Schellenberg: Die alte Teekanne. W 45,185-188

Goldschmiede und Kupferstecher im Personenverzeichnis:
Aldegrever, Heinrich – Boemer, Johann – Cnoep, Heinrich – Dorn, Ferdinand – Eisenhoit, Anton – Hofsleger, Engelbert – Krako, Hans – Meckenem, Familie – Potthof, Hermann – Roger von Helmarshausen – Seiner, Goldschmiedefamilie

Buchdruck – Buchkunst

3433 Menn: Die deutsche Buchillustration und die deutschen Bibliotheken. W 18,105-107
3434 Fuchs: Die ottonische Buchmalerei des Hitda-Codex aus dem ehemaligen Damenstift Meschede. WZ 110,372f.
3435 Wentzel: Die Madonna mit dem Jesusknaben an der Hand [Miniatur] aus Welver. W 34,217-233
Stundenbuch Katharina von Kleve **564**
Stundenbuch Katharina von Lochhorst **565**
Mscr. 301 [illuminiertes Osterbrevier] **1773**
Gebet- und Betrachtungsbuch **1772**
Bilderhandschrift [um 1100] zur Vita S. Ludgeri **663**

3436 Zimmermann: Beiträge zur altwestfälischen Graphik [Israhel van Meckenem; Heinrich Aldegrever; Dietrich Tzwyel]. WZ 82,259-268
Rohlfs, Christian **835f.**
Buchkunst des Jugendstils **640**
Pankok, Bernhard **740b**
3437 Dogdson: Eine unbekannte Soldatengruppe (Holzschnitt). W 20,108f.

Prinz: Ex officina literaria. Beiträge zur Geschichte des westfälischen Buchwesens.
W 47,100 (Rez. Rensing)
Münster: **716, 1771ff.**
Paderborn: **779, 2045, 2062**
3438 Nordhoff: Buchbinder-Kunst und -Handwerk in Westfalen. WZ 39 I 153-185
3439 – Nachlese zur Buchdruckergeschichte Westfalens. WZ 41 II 129-158; WZ 42 II 147-168; WZ 43 I 124-141
Werden, Buchschrein **3424**, Buchdeckel Bischof Sigebert **1567**, Liesborner Missale **3427**
3440 Bänfer: Eine Buchdruckerpresse aus dem 16. Jahrhundert im Städtischen Gustav-Lübke-Museum in Hamm. W 18,82-85

3441 Krieg: Die Begründung der Westphälischen Provinzblätter vor 100 Jahren. W 15,12-19

Kunsthandwerk

3442 Geisberg, M.: Die westfälischen Mörser. W 8,65ff. und 102f.
3443 Borchers: Iserlohner [Messing-] Tabakdosen. W 45,193-198
Kalenderklinge 1533 **401**

3444 Hochenegg: Religiöse Kennzeichen im Innern alter Zinnkrüge. W 38,41-43
3445 Kleineberg: Eine private Zinnsammlung [Heinrich Glänzer, Bielefeld]. W 29,97-99
3446 Pieper-Lippe: Altes Dülmener Zinn mit einem Anhang „Statuten der Dülmener Lukasgilde" von 1575. W 45,154-164
– Zinn im südlichen Westfalen. **37**
Münster, altes Zinn **1805f.**

3447 Seib: Die Dringenberger Ofenplatte [im Schloß]. W 45,245-249
3448 Thier: Die [gußeisernen] Grabplatten [mit Wappen und bilderreichen Inschriften] in der Gedächtniskapelle zu Brilon. H 5,19-23
Gußeiserner Bodenbelag **2162**
Elling: Ofen- und Herdplatten in Vreden und Umgebung. W 52,185 (Rez. Müller, H.)
Kippenberger: Die Kunst der Ofenplatten. W 52,186 (Rez. Lehnemann)

3449 Müller, Helmut: Dülmener Stühle für Clemenswerth. W 45,315
Eckschränke von Riesener **813**

3450 Kühl: Eulen [künstlerische (Fayence-) Trinkgefäße]. W 45,170f.
3451 Lappe: Ein merkwürdiger Trinkbecher [auf dem Schulzenhof zu Gahmen bei Lünen]. W 3,45f.

3452 Nissen: Silberne Boten- und Spielmannsabzeichen und ihre Träger. W 36,167-191; Die Spielmannsabzeichen. W 47,1-33
3453 Krins: Nachrichten über Botenbüchsen in Westfalen. W 43,282
3454 Fritz, M.: Polnisches Kunsthandwerk des Mittelalters. W 39,238

3455 Gräbke: Eine westfälische Gruppe gestickter Leinendecken des Mittelalters. W 23,179-194
3456 – Eine niederländische gestickte Leinendecke vom Anfang des 15. Jahrhunderts und ihre Beziehungen zur norddeutschen Stickerei. W 23,271-275
3456a Langewiesche: Zur Soester Lesepultdecke. W 23,295
3457 Krins: Verschollene Hungertücher in Westfalen. W 43,280; Nachträge W 47,83
3458 Pieper-Lippe: Eine spätgotische Stickerwerkstatt in Lemgo? W 48,153-157
3459 Kluge: Westfälische Kaselstäbe des 15. Jahrhunderts. Ein Beitrag zur Geschichte der Stickerei und Stickereigewerbes. W 37,214-235
3460 Heinemeyer: Ein Wiener Ornat in der Propsteikirche Vechta. W 49,155-160
Wandteppich um 1660 **471**
3461 Wieschebrink: Mittelalterliches Flechtgewebe aus Palermo [im Diözesanmuseum Münster]. W 22,79-85
Scherenschnitt Familie Zurmühlen **1049**

Mensch, Familie und Arbeit

Gesundheitspflege

3462 Stürzbecher: Zur Geschichte der Medizinalgesetzgebung im Fürstentum Münster im 17. und 18. Jahrhundert. WZ 114,165-199
3463 Druffel: Das Münsterische Medizinalwesen von 1750 bis 1818. WZ 65,44-128
3464 Aders, H.: Das Medizinalwesen in der Herrschaft Rheda von der Mitte des 17. Jahrhunderts bis zum Beginn der preußischen Zeit. WZ 119,1-106
3465 Bahlmann: Die Paderborner Arzneitaxe von 1667 und der menschliche Körper im Dienste der Heilkunde. WZ 47 II 73-82
Gördes: Heilkundige in Münster i. W. im 16. und 17. Jahrhundert. W 10,96 (Rez. Schmitz-Kallenberg)

Verordnung gegen Branntweintrinken 1678. **2132**

3466 Wormstall: Badestuben in Münster. WZ 55 II 263f.
3467 Huyskens: Eine Badestube für die Armen in Münster. WZ 61,211ff.
3468 Liese: Westfalens alte und neue Spitäler [mit Verzeichnis]. WZ 77 II 128-189
3469 Ducornu: Das Magdalenen-Hospital in Münster. WZ 18,65-130
3470 Wigand: Das Siechenhaus bei Höxter. A II 4,431-433
3471 Bieling: Das Paderborner Siechenhaus. WZ 28,365-371
3472 Vahle: Das städtische Armenwesen Münsters vom Ausgang der fürstbischöflichen Zeit bis zum Beginn der französischen Herrschaft einschl. Ein Beitrag zur Geschichte des Armenwesens im Zeitalter der Aufklärung. WZ 71,331-494
3473 Schwarz, W. E.: Der Wohltätigkeitssinn der Münsterschen Domgeistlichkeit im 15. Jahrhundert und die Stiftung der Dom-Eleemosyne. WZ 77 I 46-105
3474 Vahle: Der Streit um die münsterische Domelemosyne 1810-1834. WZ 80 I 36-54
3475 Möhl: Die Geschichte der Karitas und des Armenwesens in Höxter. Unter besonderer Berücksichtigung der Geschichte des Heiliggeisthospitals. WZ 94 II 205-296
3476 Heidenreich: Das Armenwesen der Stadt Warburg bis zum 19. Jahrhundert, mit Berücksichtigung der wichtigsten fürstbischöflich-paderbornischen Bettelordnungen. WZ 68 II 129-208
3477 Zuhorn, W.: Geschichte der Wohltätigkeitsanstalten der Stadt Warendorf. WZ 53,245-258; WZ 54, 30-56; WZ 55,115-135
Gatz: Kirche und Krankenpflege im 19. Jahrhundert. W 51,388 (Rez. Helmert)
3478 Bathe: Die Geschichte der Caritas im Kirchspiel Wattenscheid. WZ 88 I 1-112

Jagdwesen – Waffen

3479 Amedick: Das Forst- und Jagdwesen im Hochstift Paderborn während des 17. und 18. Jahrhunderts. WZ 67 II 1-69

3480 Lappe: Die Kappenberger Schnadjagden. W 4,14-22
Geseke, Schnadjagd 1737 **1359**
Jagdjahr im Arnsberger Wald **173**
Féaux de Lacroix: Geschichte der hohen Jagd im Sauerlande. W 6,31 (Rez. Lappe)
3480b Trier: [Jagdschloß] Clemenswerth [Baumeister J. C. Schlaun]. W 27,48-60
Jagdschloß Falkenlust. W 39,245
Höfische Forstbauten **3366**

3481 Brüning: Waffen und Jagdgeräte im Hause Groß-Eikel [Haus Dieck]. WZ 66,167f.
Waffengeschichtliche Fragen
(in Rez. W 43,279 Gruna)
3482 Dienstvertrag einiger Armbrustmacher mit Erzbischof Balduin von Trier, 1346 (Aus dem Königl. Provinzial-Archive zu Coblenz). WZ 1,140-142
3483 Nissen: Westfälische Lendner [gehört zur mittelalterlichen Rüstung] des 14. Jahrhunderts. W 23,295
Unbekannte Soldatengruppe **3437**

Familienkunde

Einzelne Familien s. Personenregister
Familiengeschichtliche Quellen (Paderborn) **1902**
Quellen zur Familiengeschichte (Krs. Wiedenbrück) **2109**
Genealogische Quellen, Stadtarchiv Münster **1703f.**
Familiengeschichtliche Notizen (Bevern) **1084**
Alte Soester Bürgermeister **2182**

Ahnentafeln Paderborner Domherren **45**
Ahnenprobe Paderborner Domherren **1970**
Wappenkalender des Paderborner Domkapitels **1971**
Wappenkalender des Münsterschen Domkapitels **1640**

Paderborner Inschriften, Wappen und Hausmarken **39**
3484a Beyer: Die ausgestorbenen adeligen Familien des Erzstifts Trier nach Peter Maier's Manuscript. WZ 2,161-233
3484b Honselmann, W.: Westfälische Familiennachrichten in den Kölner Generalvikariats-Protokollen. WZ 123,275-277

3484c Büchler: Rassenkunde im Rahmen der Familienforschung. W 18,137-143
Familienforschung und Hofgeschichte **3488**
3484d Pfeiffer: Westfälische Aufschwörungstafeln als familiengeschichtliche Quelle. W 18,153-163
3484e Schoneweg: Eine familienkundliche Ausstellung im städtischen Museum zu Bielefeld. W 19,255f.
3484f - Infrarotphotographie im Dienste der Familienforschung. W 19,257
3484g Westfälischer Bund für Familienforschung. W 21,42 und 353f.

Bauerntum

3485 Lappe: Die Bauernschaften und Huden in den westfälischen Städten. W 2,81-88
3485b Dösseler: Quellen, Forschungen und Aufgaben der westfälischen Agrargeschichte. W 44,229-249
Kerckering: Beiträge zur Geschichte des westfälischen Bauernstandes. W 5,34ff. (Rez. Castelle)
Arndt und Vincke, Anschauungen über den Bauernstand **136**

Altenautal, Grundherrschaft **1060**
Fronhausen, Hofesrecht **1334**
Hellinghausen, Land- und Stoppelrecht. W 15,102
Reckenberg, Landrecht **2112**
Rietberg, Landrecht **2130**
Rimbeck, Dorfrecht **2136**
Münsterländer Bauerntum **1853**
Ortmann, H.: Das Bauernhaus im Kreise Tecklenburg. W 26,239 (Rez. Pfeiffer)
Bäuerliche Gemeinschaftskultur in Nordravensberg. W 18,73 (Rez. Klocke)
3486 Stoob: Bäuerliche Landgemeinden an der Nordseeküste. WZ 116,150

Seraphim: Das Heuerlingswesen in Norddeutschland. W 30,234 (Rez. Kohl)
3487 Pfeiffer: Die westfälische Bauernfamilie als Gegenstand geschichtlicher Forschung. W 19,185-201
3488 Wrede: Familienforschung und Hofgeschichte. W 18,143-153
3489 Rüther: Die Frau [auf dem Lande] und ihr Leben im Plattdeutschen des oberen Ruhrtals. H 1 Nr 2
3490 - Das [Haus-]Tier im sauerländischen Sprichworte. H 2,5-7
3491 - Die Landwirtschaft im Plattdeutschen des oberen Ruhrtales. H 2,36-38; 45-48
3492 Diedrichs: Des Bauern Haus und Hof im Kreise Brilon. H 7,9-13
Hueck[-Hof zu Niedermassen] **533**
Mayser: Der Bauer und sein Haus. W 19,416 (Rez. Schmitz, W.)
Bauernhaus **3361ff.**
3493 Wolf: Ein Denkmal bäuerlicher Bau- und Wirtschaftsweise im nordöstlichen Westfalen. W 24,257-264
Holtfeld, Bauernführerschule **2565**

Döhmann, Dingeldein: Singvaren [= großer Graben (vgl. Sintflut), alter sächsischer Edelhof], de geschiedenes van een Twentsche havezate. W 20,206 (Rez. Rave)
Griese: Bünde und die Dörfer und Bauernhöfe im Elsetal. W 19,262 (Rez. Herberhold)
Schröer: Werdegang und Schicksale eines westfälischen Bauerndorfes [Gemeinde Einen]. W 20,204 (Rez. Pfeiffer)
Rothert: Elting zu Vehs [Geschichte eines Artländer Freihofes, Krs. Bersenbrück]. W 31,100 (Rez. Kohl)
Lappe: Ein westfälischer Schulzenhof (der Hof zum Kump im Kreise Unna) [Beitrag zur Sozial- und Wirtschaftsgeschichte westfälischen Bauernstandes]. W 21,134 (Rez. Borgmann)

Handwerk

3494 Pfeiffer: Archivgut, Bibliotheksgut und Museumsgut der alten westfälischen Innungen. W 21,138

Zur Verfassungsgeschichte der Zünfte **219**
3495 Pieper-Lippe: Zur Geschichte des westfälischen Handwerks. W 40,76-95
Armbrustmacher **3482**
Glasmacher **2928**
3496 Hansen: Arbeit und Gerät in historischen Bilddokumenten. WZ 122,68f.
Nigge: Die alten Gilden der Stadt Lünen. W 4,119 (Rez. Lappe)
Dülmen, Lukasgilde **3446**
Münster, Gilden **1783f.**, Goldschmiede **3408**, Schuhmacher **1790**
Olsberg, Bierbrauer **1886**
Paderborn, Brauwerk **2065**
Plettenberg, Schmiedezunft **2093**, Sensenschmiede **2094**
Rheine, Gildewesen **2122**
Warburg, Schneiderzunftrolle **2265**
Warendorf, Schmiedegilde **2270**
Bruderschaften: Beckum **1076**, Büren **1176**, Paderborn **2020**, **2024**

Sagen - Legenden - Brauchtum

3497 Sudendorf, J.: Westfälische Sagen. 1. Hoavmanns Erwe to Lechterke. 2. Die Kerke tau Ankum. WZ 6,342-347
3498 Seiberts: Alte Gewohnheiten und Gebräuche. 1. Das Sonnenvogelfest. 2. Das Ausklopfen der Schule. 3. Das Osterfeuer. WZ 15,295-305
3499 - Westfälische Legenden, Sagen, Aberglauben und Gebräuche. 4. Der erste Westfälinger. 5. Lohn echter und falscher Wohltätigkeit. 6. Sturms Hof zu Dahlsen bei Arnsberg. WZ 16,364-367
3500 - 7. Der hl. Hermann von Soest. 8. Die Negerkirche. 9. Eulenspiegel in Brilon [Nacherzählung Deimann: H 2,55f.]. WZ 18,329-334
Brüning: Sagen in geschichtlicher Begleitung **1071**
St. Ludgeri, Legenden **664**
St. Reinhild, Sagenforschung **802**
3501 Jostes: Volksaberglauben im 15. Jahrhundert [in den Predigten des Gottschalk Holen (Hollen) aus Körbecke bei Soest]. WZ 47 I 85-97

3502 Zurbonsen: Kriegs- und Schlachtengesichte in Westfalen. WZ 54,1-19
3503 - Der älteste Text der Birkenbaumsage. W 3,24-27
Steinlein: Über die Herkunft der Sage und Prophezeiung von der letzten Weltschlacht am Birkenbaum in Westfalen. W 7,136 (Rez. Zurbonsen) [Nachtrag Koepp: „Thiadburch prope Arensberghe". W 8,11]
Rohr: Die Prophezeiung von der Entscheidungsschlacht des Europäischen Krieges am Birkenbaum und andere Prophezeiungen. W 9,30 (Rez. Zurbonsen)
Prahser: Die Sage von der Zukunftsschlacht am Baum. W 26,146 (Rez. Kohl)

3504 Sartory: Vorgeschichtliche Grabstätten im westfälischen Volksglauben. W 21,81-91
3505 Bauermann: Wilzensage [= Teile der norwegischen Thidreksaga]. W 22,203

3506 Rüther, Jos.: Geldfeuer (Volkssage, Elmsfeuer). H 2,11-13
Brilon, Osterfeuer **1158**
3507 Oehlert: Platons „Symposion" und die münsterländischen Osterfeuer. Zwei Briefe der Fürstin Gallitzin. W 33,24-28

3508 Ditz: Sauerländische Volksgebräuche. H 3,37-39
3509 Krins: Tremse und Pfingstkronen im niederdeutsch-niederländischen Raum. W 23,288-293
3510 - Fastnacht in Westfalen. W 24,194-207
3511 Brandt, Karl: Frühjahrsbräuche in Westfalen. W 24,215ff.
3512 Neumann: Hochzeitsbrauchtum in Westfalen vom 14. bis 18. Jahrhundert unter besonderer Berücksichtigung der Städte. W 33,212-223

Brilon, Schnadegang **1162**
Paderborn, Kappengang **1970**
Münster, Lambertusfeier **1688**
Gebräuche an St. Martini **1695**

Volks- und Heimatkunde

Kulturgeschichtliches aus der Chronik der Grafen von der Mark. **643**
3513 Brepohl: Aufgabe und Methode empirischer Volkskunde. W 40,226-234
Zur politischen Volkskunde Preußens **2880**
Beckscher: Bersenbrücker Volkskunde. Bd. I: Volkskundliches Glauben und Wissen, Sitte und Brauch, Rechtliche Volkskunde. W 48,283 (Rez. Ulbricht)

3514 Bauermann: Berichte aus dem Deutschen und Dietschen Kulturraum unter dem Titel „De goede Hoop". W 22,203
3515 Hölscher: Speculum mensae. WZ 37 I 158f.
3516 Vüllers: Über die Alchemisten in Deutschland, insbesondere die alchemistische Tätigkeit in Westfalen. WZ 61 II 161-178
3517 Linneborn: Die Tätigkeit der „Wickerschen" [Wahrsagerin] aus Dahl. Eine Untersuchung vor dem Archidiakonatsgericht in Paderborn 1696. W 9,8-23

3518 Wigand: Höfliche Sitten des 15. Jahrhunderts [aus einer Handschrift des Klosters Bursfelde]. A IV 3,315-325
3519 Darpe: Aus dem Leben des nordwestlichen Westfalen [insbesondere dem wirtschaftlichen Leben der Abtei Vreden unter der Äbtissin Anna Gräfin von Manderscheid 1580]. WZ 50 I 115-126
Corvey, Ablehnung eines fürstlichen Besuches **1219**

3520 Rothert: Westphälische Altertümer [Spottschrift 1775]. W 24,135-141
3521 Lappe: Instruktion, wie sich ein neu gekohrener Bürgermeister verhalten soll. (Aufgezeichnet von dem Bürgermeister Heinrich Jacobs in Brilon gegen Ende des 16. Jahrhunderts). WZ 75 II 140ff.

3522 Wigand: Verteidigung der Unschuld (Brenken 1552). A V 1,105
3523 - Ein Wald bei Helmstädt wird ausgerottet, weil er der Aufenthalt von Räubern und Mördern ist. 1224. A VI 2/3 297f.

3524 Völker: Briefessen als Vergeltungsmaßnahme. W 25,58-62

3525 von Detten: Über Schwerttänze im nordwestlichen Deutschland. WZ 64 II 153-158

3526 Fritz, R.: Ein westfälischer Moriskentanz [im Chorgestühl zu Cappenberg = Schwertertanz, Nationaltanz der Mauren in Spanien]. W 28,14-16

3527 Rothert: Mittelalterliche Spielleute in Westfalen. W 23,91-94

3528 Salmen: Neue Beiträge zur Geschichte des Spielmanns in Westfalen. W 33,210f. und W 36,58f.

3529 Schoof: Die deutsche Nationaltracht und der Bökendorfer Kreis. W 24,112-114

3530 Rörig: Zur westfälischen Haubentracht des 19. Jahrhunderts. Ein Arbeitsbericht. W 24,178-193

3531 - Hauben und Falgen im Sauerlande. Ein Beitrag zur westfälischen Trachtengeschichte. W 25,115-119

3532 Rensing: Der Brautschatz der Caroline Pastor geb. Harkort. W 24,43

3533 Bringemeier: Mulier plebeia Monasteriensis in Westphalia [Frauentrachten]. W 45,149-153

3534 Brüning, A.: Sechsschläferige Betten. W 3,119

3535 Jostes: Sechsschläferige Betten. W 4,103f.

3536 Bauermann: Mittelalterliches Kraftspiel, das Strebkatzenziehen. Belege: Cappenberger Chorgestühl und Haus Assel bei Wiedenbrück. W 23,262

3537 Krins: Zwei Schäferdarstellungen vom Ende des 16. Jahrhunderts im Burgmuseum Altena (Chorstuhlschnitzereien). W 42,310

Böddeken, Würfelspiel **1113**
Brilon, Zimmermannspredigt **1160**
Münster, Buchtitel in Testamenten **1785**, „helsams Dag" **1786**, „camerales" **1787**, „gute Montag" **1788**
Paderborn, Kaffeelärm **2067**, 66-Spiel **2066**
Rietberg, Branntweintrinken **2132**

Dorf und Stadt in Niederdeutschland — Land und Leute in Niederdeutschland. W 20,101 (Rez. M. Lippe)
Wibbelt: De Kiepenkerl. W 3,128 (Rez. Castelle)
Schulte, Ed.: Hinweis auf Heimatblätter. W 10,95

3538 Rüther: Gedanken über Heimat, Heimatkunde und Heimatpflege. H 3,1-5; 9-12; 19-20

3539 Ditz: Schützet und ehret die alten Geräte! H 4,14

3540 - Das Gedenkbuch. [Empfehlung Familienchroniken anzulegen]. H 4,46-48
Gereimtes und Ungereimtes über die Heimat. H 3,93f.; 4,7f., 24, 38
Die Heimat in der Poesie. H 4,54; 7,8
Heimatlieder H 5,27,48; 6,8
Paderborn, Hausinschriften **39**

3541 Hagemann: „Wir haben auf Gott vertraut und dieses Haus gebaut" [von alten Fachwerkhäusern und Inschriften in Niedermarsberg]. H 3,5-7

3542 Ditz: Hausinschriften im Sauerlande. H 3,77f.

3543 Hausinschriften: Marsberg und Umgebung. H 1 Nr 7; H 2,8 und 15
- Bruchhausen, Elleringhausen, Madfeld. H 2,24 und 56
- Bigge, Helmeringhausen, Olsberg. H 2,32 und 40
- Hesborn. H 5,8
- oberes Deutschland. H 7,7

3544 Vincke: Die westfälischen Hausinschriften im Spiegel ihres Schrifttums. WZ 117,297-327

5. Teil
Autoren-Register

Aander-Heyden, *Eduard, *1848, Staatsarchiv Münster 1873, Fürstl.-Ysenburgsches Archiv Büdingen, später zu Binstein 1877.* WUB I, II, III, Register **2**, **4**, Friedensschluß **2852**

Abels, *Hermann, 1855-1932, Redakteur, Paderborn.* − von Achenbach **118**, Gobelin Person **751f.**, August Potthast **780**

Aders, *Günter, *1905, Oberstaatsarchivrat, Düsseldorf.* − Grafen von Altena **130**, Arnold von Büren **219**, Hermann Otto III. von Limburg-Styrum **656f.**, Spies von Büllesheim **914**, Bürgerbuch Münster **1714**

Aders, *Hiltrud, *1950, Dr. med., Münster.* - **3464**

Ahlemeyer, *Karl, 1817-1891, Sparkassenrendant, Paderborn.* - Wehrhaftigkeit **1130**, Krönungsinsignien **2023**, Bruderschaft **2024**, Münzfund **2097**

Albertz-Jappe, *Wybe, *1900, Prof. in Dokkum, lebt in Voorst.* - **1329**

Albrecht, *Christoph, Museumsdirektor, Dortmund.* - Ritzzeichnung **2608**, Hügelgräber **2645**, Grabfunde **2650**, Siedlung **2690**, Alisofrage **2721**

Albus, *Heinrich, 1881-1934, Pfarrer, Alme.* - **1056**

Allebrodt, *Kaspar, 1871-1955, Pfarrer.* - **1059**

Althaus, *Alfred, Hamm.* - **742**

Althaus, *Josef, Medebach.* - **1544**

Amedick, *Bernhard, Dr. phil.* - **3479**

Anderson, *William, Kunsthistoriker, Lund in Schweden.* - **3201**

Andersson, *Aron, *1919, Staatl. Hist. Museum, Stockholm.* - **3297**

André, *Gustav, *1900, Landeskonservator, Hannover.* - **3359**

Andree, *Julius, 1899-1942, Privatdozent, Münster.* - Balver Höhle **2609**, Eiszeitmenschen **2610**

Angermann, *Gertrud, *1923, Studiendirektorin, Bielefeld.* - **3396**

Appelhaus, *W., Hauptlehrer.* - **2876**

Arens, *Eduard, 1866-1935, Prof., Aachen.* - Inschrift **480**, Geseke **1349f.**, Gert van Loen **667**, Barockmaler **455**

Arens, *Fritz, *1912, UProf., Konservator, Mainz.* - **3345**

Arndt, *Karl, Prof., Kunsthistorisches Seminar, Göttingen.* - **819**

Arntzen, *Johannes, 1876-1938, Regierungsbaurat, Münster.* - **1521**

Aubin, *Hermann, *1885, Prof. MA Geschichte, Gießen, seit 1946 in Hamburg.* - **2926**

Babinger, *Franz, 1891-1967, Prof., Münster.* - **644f.**

Bachmann, *Moritz, 1783-1872, OLandgerichtsrat, Paderborn.* - **2786**

Bade, *Konrad, 1808-1867, Schulrat in Liegnitz.* - **2026**

Bading, *Friedrich Emil Theodor, *1889.* - **381**

Bäumer, *Remigius, *1918, UProf., Freiburg.* - **625**

Baeumker, *Klemens, 1853-1924, UProf., München.* - **715f.**

Bänfer, *Karl, 1920-1966, wiss. Assistent, Münster.* - **640**

Bänfer, *Ludwig, 1878-1959, Museumsdirektor, Hamm.* - Siedlung **2691**, Buchdruckerpresse **3440**

Bätjer, *Friedrich Wilhelm.* - **26**

Bahlmann, *Paul, 1857-1937, UOberbibliothekar, Münster.* - Arzneitaxe **3465,** Inquisitio **1831,** Korntaxe **1710,** Kirchenvisitation **1453,** Wiedertäufer **1824,** Wunderzeichen **1833**

Bannasch, *Hermann, *1935, Staatsarchivrat, Stuttgart.* - **50**

Bartels, *Hermann, Architekt, Münster.* - Ramsdorf **2098,** Burgen **3350,** Schloß Velen **2563**

Bathe, *Anna, 1889-1968, Studienrätin, Paderborn.* - **3478**

Bauer, *Karl, *1874, Prof., Münster.* - **2221**

Bauermann, *Johannes, *1900, Prof., Staatsarchivdirektor, Münster.* - Archidiakonatsstudien **1497,** Lippstadt **1499,** Emsland **1294,** Eigenhörigenkonskription **2109,** Stadtrecht **2141,** L. Schmitz-Kallenberg **874,** Biarritz **2817,** Stammesprovinzen **2792,** Salische Inschriften **1690b.**

Beckmann, *Josef Hermann, 1902-1971, U-Bibliotheksdirektor in Freiburg.* **2947**

Beckmann, *Peter (Nekrolog 177).* - Siebenjähr. Krieg **1841,** Ascheberg **1067f.**

von Below, *G. Professor.* **100**

Bender, *Joseph, 1815-1893, Professor in Braunsberg.* **1473**

Bender, *Dr. Gertrud, Marburg.* **834**

Benecke, *Georg Friedrich, 1762-1844, Germanist und Bibliothekar zu Göttingen.* **3082**

Benkert, *Adolf, 1856-1936, Professor in Burgsteinfurt.* - Drüggelte **1282,** Oldenborg **1455,** v. Goué **416**

Berghaus, *Peter, *1919, Honorarprofessor, Direktor Landesmuseum in Münster.* - Münzschatzfunde **2500ff.,** Kölner Erzbischöfe **2493**

Beste, *Ferdinand, Seminarlehrer in Dortmund.* **1249**

Beumann, *Helmut, *1912, U-Professor in Marburg.* - Widukind von Korvey **1023f.,** Einhard **295,** Kaiseridee Karls **46, 569**

Beutin, *Ludwig, 1903-1958, Professor für Wirtschaftsgeschichte in Köln.* - **2902**

Beutler, *Christian, *1923, U-Dozent in Frankfurt.* - **2277**

Beyer, *H. zu Coblenz.* - Peter Maier **674,** Adelige Familien **3484g**

Bieling, *Anton Peter, 1809-1892, Domkapitular in Paderborn.* - Siechenhaus **3471,** Jacobsberg **1460,** Kalandsbruderschaften **3002,** Gaukirch **2019**

Biermann, *Franz, † 1956, Rechtsanwalt in Hamm.* - **2086**

Bitter, *Dr. Hermann, 1882-1966, Studienrat Recklinghausen.* - **1832**

v. Bocholtz-Asseburg, *Graf Johannes.* (Nekrologe **193**). - Chr. B. v. Galen **378,** Roms-Kapelle **2025,** Corveyer Land **1241,**

Böckeler, *Karl, 1800-1868, Pfarrer in Belecke.* - Sturmtag **1077,** Grafschaft **1365**

Boedeker, *Anton Adolf.* - Adlerkapitell **1986,** Nikolaikirche Lippstadt **1506,** Kirche Albersloh **1053,** St. Marien Lippstadt **27**

Bödiker, *Heinrich, Advokat und Landmesser zu Aschendorf.* - **1548**

Böger, *Richard, Freiburg,* Schieder **2762,** Rodenstadt **2137,** Ad caput Juliae fluminis **2208,** Teutoburgiensis saltus **2215,** Burghagen **1177,** engernsche Geschlechter **1298**

Böhmer, *Emil, 1884-1966, Gymn. Prof. in Warburg, Stadtarchivar in Schwelm.* – Schatzbuch Grafschaft Mark **1526,** Wilhelm Crone **239**

Bömer, *Aloys* (Festgabe 197). – Timan Kemner **568,** Schulgesetze 1574 **1753,** Kemner-Pering **569,** Aliso-Frage **2720,** Katalog der Bibliothek **90,** Karten, Pläne und Ansichten **109,** Buchdruck **1776f.,** Historisch-geographisches Register zu Band 1-50 und 51-75

von Bönninghausen, *Clemens Ludw. Bernh., 1814-1863, Regierungsreferendar in Münster.* – **1622**

Börger, *Wilhelm, 1870, Pfarrer in Deifeld.* – **1258**

Böser, *P. Fidelis OSB.* – **1218**

Borchers, *Walter, Direktor i. R. Städtisches Museum in Osnabrück.* – Eckschränke **813,** Deckelbecher **3430,** Tabakdosen **3443**

Borchmeyer, *Dr. Julius, 1889, Plettenberg.* – **2180**

Borggreve, *F. A., Baurat Hamm.* – Beckum **2627,** Altertümer **2678,** Westerschulte und Wintergalen **2629,** Opferstein **2686**

Borgmann, *Richard, 1909-1966, Fabrikant und Landrat in Tecklenburg.* – Grafen von Limburg **655,** Türkensteuerliste **1098,** von Bodelschwingh **195,** Hudegerechtigkeit **3118,** Grafschaft Hahold **1375,** Münsterländer **1840**

Böttger, *Hermann, 1884-1957, Oberstudienrat in Weidenau.* – Wallburgen **2920,** Eisenindustrie **2921,** Besiedlung **2594**

Botzenhart, *Erich, 1901-1956, Neuere Geschichte, Cappenberg.* – **928**

Brachert, *Adelheit und Thomas, Restauratoren, Ebmalingen-Maur, Kanton Zürich, tätig am Schweizerischen Institut für Kunstgeschichte in Zürich.* – **3304**

Brand, *Albert, Oberstudienrat, Prof. in Münster.* – Edelherrschaft **1244,** Philipp von Hörde **514,** Ems **3057a,** Stammessitze **2694,** Hardehausen **1387**

Brand, *Franz Joseph, Schriftführer der Abt. Paderborn* **210.** – Kindlingersche Handschriftensammlung **81,** Gemälde-Verzeichnis **313**

Brandt, *Karl, Museumsdirektor des Emschertalmuseums in Herne.* – **3511**

Bratvogel, *Dorothea, Stud.-Referendarin, Steinhagen.* – **951b**

Braubach, *Max, 1899-1975, UProfessor in Bonn. Festgabe Repgen, Skalweit: Spiegel der Geschichte. W 43,289-293.* – Verträge **1621,** von Plettenberg **768,** Spiegels Romreise **913,** geistl. Fürstenhöfe **2941,** v. Stein und Spiegel **929f.,** Finke an Schulte **320f,** Scheffer-Boichorst und Schulte **859,** Clemens August **172,** Karl Schurz **891**

Braun, *Josef, SJ, Professor in München.* – **3267**

Brebaum, *Heinrich, *1888.* – **3117**

Breithaupt, *Kreisbaumeister in Büren.* – **2300**

Brepohl, *Wilhelm, 1893-1975, Professor in Dortmund.* – Volkskunde **3513,** Ruhrbevölkerung **2903**

von Brenken zu Erpernburg, *Freiherr Friedrich, 1790-1867.* – Kapellen **2008,** Fürstenberg **1336,** Etteln **1303f.,** Brenken-Büren **1135**

Brilling, *Bernhard, *1906, Akademischer Oberrat, Rabbiner in Münster.* – Handschrift **2450,** Grabstein **2821,** A. Sutro **1000**

Brilon, *Clemens, Stein- und Bildhauer.* — Borgentreich **1122,** Namen-Aehnlichkeiten **1166,** Brilon-Corbach **1153**

v. den Brincken, *Anna-Dorothea, *1932, Oberarchivrätin.* — Osterbrevier **1773,** Klimatenkarte **2601b**

Bringemeier, *Martha, *1900, Professor, Landesverwaltungsrätin in Münster.* — **3533**

Brockhoff, *Maria Elisabeth, *1922, Professor in Münster.* — Vagedes **986,** Musik Paderborn **1966**

von Brockhusen, *Hans Joachim, Marbach über Marburg.* — Gustav Adolfs Tod **976,** Lützener Schlacht **2851**

Brockpähler, *Dr. Renate, *1927, wissenschaftliche Referentin in Münster.* — **1813**

Brors, *A. C., Witten.* — Grafen von Arnsberg **142,** Dreißigjähriger Krieg **2850,** Siebenjähriger Krieg **2865**

Brück, *Hermann, 1879-1930, Pfarrer in Hamm.* — **2301**

Brügge, *Franz Wilhelm, 1830-1903, Kaplan in Meschede.* — **2498**

Brühl, *Dr. Heinrich Jos., Oberlehrer in Rheinbach.* — **358f.**

Brüll, *Maria, Oberlehrerin in Minden.* — **1834**

Brüning, *Adolf* (Nekrolog **216**). — Waffen **3481**

Brüning, *Anton, 1847-1927, Gutsbesitzer zu Freckenhorst.* — Römischer Fund **2744,** Haus Empte **1292,** Betten **3534**

Brüning, *Fritz, 1843-1903, Amtmann in Kirchhundem.* — **1071**

Brüning, *Dr. H. Joachim, Höxter-Corvey.* — **1030**

Brunhölzl, *Franz, *1924, Universitätsprofessor in Marburg.* — **46**

Brunner, *Otto, *1898, Professor, lebt in Hamburg.* — **2878**

Bruns, *Dr. Alfred, Landesoberarchivrat in Münster.* — **1171**

Bruns, *Dr. Gerda, 1905-1970, tätig an der Antiken-Abteilung der Staatlichen Museen Berlin.* — **3422**

Büchler, *Friedrich, Kreiskulturwart Recklinghausen.* — **3484a**

Bücker, *Hermann, Dr. theol., 1889-1968, Studienrat in Münster.* — Fabio Chigi **231,** Rolevinck **837,** Murmellius **717**

Büddemann, *Dr. Werner, in Stuttgart.* — **3340**

Büttner, *Heinrich, 1908-1970, Professor in Köln.* — **2763**

Budde, *Ludwig, *1913, Professor der klassischen Archäologie in Münster.* — Amphora **2662,** Bronzefigur **2663,** Meistervasen **2664**

Burrichter, *Ernst, *1921, Studienprofessor und Privatdozent in Münster.* — **2585**

Buschmann, *Friedrich, 1801-1886, Pfarrer in Camen.* — **1463**

Busen, *Hermann* (Nekrolog **227**). — Wiederaufbau **2554,** Klemenskirche **2566,** Bartholomäuskapelle **2567,** Denkmalpflege **2578,** 75 Jahre **2537,** Kappenberg **1188**

Bussmann, *Klaus, Landesverwaltungsrat in Münster.* — Musikleben **1812,** W. F. Lipper **36**

Carvacchi, *Carl, 1791-1869, Oberfinanzrat in Münster.* — **2858**

Casser, *Dr. Paul, 1904-1979, Studienrat in Handorf.* — Musenalmanache **3086,** Rolevinck **838,** Bildwerke **884,** Tödden **3194**

Christ, Dr. Karl, in München. – 2492

Clarenbach, Adolf, 1877-1952, Superintendent in Borgeln. – Knippinckaltar 2273, Kirchenbücher 2181

Claussen, Hilde, Landesverwaltungsdirektorin in Münster. – Vreden 2235, Clarholz 1197, Sonneborn 3271, Altäre 2575, Imad-Madonna 2576, Kryptenentwicklung 3228, Gewölbemalereien 3262, Wandmalerei 3260ff., Konservieren 38, Carlone 229b, Reliquienfunde W 53,191ff.

Cohausz, Alfred, *1897, Archivar des Erzbistums Paderborn. – Laßberg 638, Pfarreinteilung 2001, Sakramentswallfahrten 3010, Alfred von Hildesheim 128, Herford 1401, Gründung Bistum 1905, Archiv Merlsheim 709, Erconrad 44

Conrads, Alexander, 1860-1940, Sanitätsrat in Haltern. – 2637

Conrads, Wilhelm, 1857-1923, Sanitätsrat in Borken. – 2638

Cramer, Franz, 1860-1923, Schulrat, Direktor des Schulkollegiums in Münster. – Mimigernaforde 1588, Ortsnamen 3061, Fluß- und Ortsnamen 3060, Römerforschung 2715

Croon, Helmut, *1906, Direktor Stadtarchiv, L-Auftrag U-Bochum. – 2906

Crous, Ernst, 1882-1967, Bibliotheksrat. – 1775

Crusius, Eberhard, *1907, Archivdirektor in Oldenburg. – 616

Curtze, Dr. Louis, 1807-1870, Gymnasialdirektor in Corbach. – 2240

Dahlhoff, Dr. Walter. – 1078

von Dalwigk, Friedrich Freiherr, 1862-1922, Generalmajor Weimar. – v. Grafschaft 418, v. Dorfeld 267f., Runst 853, Schwalenberg-Waldeck 893

von Dalwigk, Reinhard Freiherr, 1770-1844, Darmstadt. – 241

von Danckelmann, Alexander Freiherr, 1855-1919, Professor, Geh. Regierungsrat in Schwerin. – 244

Darpe, Dr. Franz, 1842-1911, Gymnasialdirektor, Professor in Coesfeld. – Rheina-Wolbeck 2120, Rheine 2121f., Horstmar 1452, St. Mauritz 1696, Klosterhaushalt 2982, Humanismus 2939, Herford und Rheine 1608, Bochum 1099, Nienberg 1873, Grafschaft Mark 2964, von Manderscheid 3519, Wallburgen 2667f., Codex traditionum Westfalicarum 11ff.

Decker, Rainer, *1949, Oberstudienrat, Paderborn. – Wilhelm von Berg 182, v. Osdagessen, Marschall 731

Deetjen, Dr. Werner, 1877-1939, Direktor der Großherzoglichen Bibliothek, Weimar. – 536

Degenhardt, Heinrich, *1873, Stadtkaplan in Brilon. – 1144

Degering, Hermann, 1866-1941, Direktor Handschriften-Abt. Staatsbibliothek Berlin. – 197

Dehio, Ludwig, 1888-1963, UProfessor, Staatsarchivdirektor Marburg. - 1620

Deimann, Dr. Paul, Brilon. Osterfeuer 1158, Rekrutenfang 1154, Schuldurkunde 1155, Plünderung 1536, Rebellion 2864, Zimmermanns-Predigt 1160, Till Eulenspiegel 1159

Deitering, Pastor zu Emsbüren. - 1290

Delius, Hellmut, Oberbaurat in Siegen. - 548

Denecke, Studiendirektor in Herford. - 2561

Deneke, Joh. Baptist, 1798-1875, Rektor in Werl. - Neuwerk 2279, H. v. Kerssenbrock 576, Kirchdorf Bremen 2969

Deppe, *Dr. August,* - **558**

Deppe, *Heinrich, †1933, Konrektor in Göttingen.* - **1954**

Depping, *Georg Bernhard, *1784 Münster, †1853 Paris.* - **2861**

Dersch, *Wilhelm, Archivar in Posen.* — Stadtarchiv Rheine **2123**

Detmer, *Heinrich Paul Alexander, 1853-1904, UOBibliothekar Münster.* - Wiedertäufer **1825**, Burenius **3029**, Hermann von Kerssenbrock **100**, Wiedertäufergeschichte **104f.**

von Detten, *Georg, 1837-1919, Geh. Justizrat in Paderborn.* - Volksschule **3019**, Schwerttänze **3515**, Uchte **3053**, Wirtschaftliche Verhältnisse **100**

Dickmann, *Fritz, 1906-1969, Professor in Berlin.* - **2057**

Dieckmann, *Franz, Dr. h. c., 1875-1944, Landeshauptmann.* - **607**

Didrichs, *H., Regierungslandmesser Brilon.* - **3492**

Diekamp, *Franz, 1864-1943, Professor, Domkapitular in Münster (Bruder von Wilhelm Diekamp).* - **486**

Diekamp, *Wilhelm* (Nekrolog 250 WW), - Vita Liudgeri **663**, Roger Wilmans **1031**, Reliquien Liudger **664**, Privileg Werden **665**, Reformation **1624**, Thiadhild **1317**, Marienfelder Bibliothek **1518**, Verzeichnis der bis 1885 veröffentlichten Aufsätze WZ 42, Beilage, Westfälische Handschriften in Trier, Wien, Berlin, Hannover **2443**, WUB Band I/II Supplement **3**

Diekmann, *Klaus, Rechtsanwalt in Bielefeld.* - **2179**

Dietrich, *Irmgard.* - **2763**

Dirichs, *Josef, † 1952, Studienrat in Driburg.* - Name Höxter **1439**, Namen der Weser **3068**

Dirks, *Jacob.* - De iudiciis vemicis **3141**

Ditt, *Dr. Hildegard, wiss. Referentin, Münster.* - **78**

Ditz, *Joseph, Lehrer, Brilon.* - Sprichwörter **3074**, Volksgebräuche **3508**, Plattduitsk **3075f.**, Hausinschriften **3542**, alte Geräte **3539**, Gedenkbuch **3540**

Doebner, *Dr. Richard, 1852-1911, Geh. Archivrat in Hannover.* - **2382**

Döhmann, *Karl, 1858-1943, Oberlehrer, Prof., Archivar des Fürsten zu Bentheim-Steinfurt, Burgsteinfurt.* - Burgkaplan **1179**, Horstmar **1454**, Todesjahr v. Wettringen **1018**, v. Ascheberg **145**, Bunickmann **179**

Doelle, *Dr. Ferdinand, Franziskaner, Paderborn.* **3013**

Dösseler, *Emil, *1906, Staatsarchivrat in Düsseldorf, lebt in Münster.* - Agrargeschichte **3485b**, Essen als Familienname **3187**, Lübecker Überlieferung **1509b**

Dogdsen, *Campbell, London, ehemals Direktor der graphischen Sammlung des Britischen Museums.* - **3437**

Dolfen, *Dr. Christian, Domvikar, Osnabrück.* - Kelemann-Kelch **3418**, Domschatz **3403**, Gerhard de Wou **3386**

Doms, *Anton, *1922, Grabungsleiter, Bielefeld.* - Römerlager Anreppen **2722f.**, Godelheim, Heepen **2580**, Herford Nikolai **1048**, Höxter, St. Kilian **2580**, Paderborn, Domkloster **1910**, Paderborn, Schreibgriffelfund **41**, Rödinghausen **2580**, Stapelage **2203**, Steinheim **2207**, Warburg, Dominikanerkirche **2254**

Donner, *Dr. Heinrich, Nottuln.* - Hymnenübertragung **3045**, J. M. Gröninger **440**

Drerup, *Engelbert.* - 283

Driesen, *Dr. Ludwig, Berlin (1853 Ehrenmitglied Abt. Paderborn).* Niederrheinische Geschichten **1200a**

Druffel, *P., Oberstabsarzt, Medizinal-Assessor.* - **3463**

Ducornu, 3469

Dünnebacke, *A., 1868-1945, Pfarrer in Oelinghausen.* - **1880**

Dürre, *Dr. Hermann, 1819-1893, Gymnasialdirektor zu Holzminden.* - Höxter **1425f.**, Traditiones Corbeienses **1239f.**

Ebel, *Wilhelm, *1908, U-Professor in Göttingen.* - **2172**

Effmann, *W.* - Vorchristl. Altertümer **2633**, Dom Münster **100**

Eichler, *Dr. Hans, *1906, Direktor i. R. des Landesmuseums Münster.* - Landesmuseum **2506**, Reiseskizzen **788**, Liesborner Altar **649**, Ausstellung K. von Kleve **563**, Museum Vaterländischer Altertümer **115**

Eichner, *Dr. Johannes, Murnau am Staffelsee.* - **712**

Eickel, *Dr. Hans, 1907-1974, wiss. Referent am Landesmuseum für Kunst- und Kulturgeschichte Münster.* - Vesperbild **3299**, Marienklage **3300**, Siebenschmerzensaltar **2158**, Brabender **204f.**, Goldschmiedewerkstatt **2064**

Eickermann, *Norbert, Werl.* - Roger von Helmarshausen **832**, Handschrift **1447**, Inschriften W **53,142f. und 183ff.**

Eickhoff, *Paul, Gymnasiallehrer, Wandsbeck.* - **1371**

von Einem, *Dr. H., UProfessor, Bonn.* - **3280**

Eis, *Gerhard, *1908 (Aussig, Böhmen, Prag) U-Professor Heidelberg.* - **3043**

Eitel, *Anton,* (Nekrolog **298**) - vom Stein **931**

Eitzen, *Gerhard, *1916, techn. Angestellter, Rhein. Freilichtmuseum Kommern-Eifel.* - **3363**

Elbern, *Victor H., *1918, O-Kustos Staatl. Museum, L-Beauftragter FU Berlin.* - Buchschrein **3424**, Crucis-Forma **3425**

Elbracht-Hülseweh, *Dr. Luise, Stud. Assessorin, Gladbeck.* - **1132**

Ellger, *Dr. Dietrich, Prof., Landeskonservator, Münster.* - Konservieren **38**, Denkmalpflege **2537b**, alte Stadt **2545e**

Elm, *Dr. Kaspar, *1929, UProfessor, Berlin.* - **2992**

Enck, *August, 1848-1912, Gymnasialprofessor in Paderborn.* - **1215**

Endemann, *Klaus, Restaurator in Münster.* Imad-Madonna **38**, Marienbild Werl **3302**

Enders, *Kreissekretär.* - **1359**

Engel, *Gustav, *1893, Honorarprofessor, Stadtarchivar, Bielefeld.* - Ravensberg **795**, **2105**, Bielefeld **1086**

Engelbert, *Günther, *1919, Stadtarchivdirektor, Detmold.* - Jahr 1866 **1493**, Lippe 1866 **1494**

Engelmeier, *Dr. Paul, †1973, Museumsleiter, Telgte.* - Hungertuch **2214**

Engemann, *Dr. Herbert, *1923, Oberstudiendirektor, Brakel.* - Alt-Blankenrode **1092**, Andreaskirche Warburg **2248f.**

Erhard, *Heinrich August,* (Nekrolog WW **308**). - WUB I, II 1, Geschichtsforschende Vereine **2323**, Urkunden Kenntnis **2370**, Museum vaterl. Altertümer **111**, Reformation **2965**, R. v. Langen **634**, Fehmgerichte **3132**, Münzwesen **2483**, Luxemburg gegen Trier

2217, Wilhelm Ketteler **584**, Deutsche Urkunden **2377**, Mainzische Heberolle **1516**, Glockentaler **2484**, Spezialdiplomatik **1589**, Nienburg **1874**, Geschichtsforschung **2782**, Friedrich Wilhelm III. **332**, Busdorf **2015**, Urkundensammlungen **2370f.**, Chronik v. Wevelinkhoven **324**, Zoll-Rolle **1465**, Fehmgerichte **3131**, Fraterhaus **1674**, Vita S. Idae **2447**, I. Th. L. Meyer **698**, Dorsten **1265**, Dortmund **1469**, Gehrken **397**, Vereine **2324**, Adolf von der Mark **119**, Werne **2289**, Niederdeutsche Übersetzung des NT **3069**, L. von Vincke **991**, Erbfolgestreit **1462**, Lüdenscheid **1511**, Leibnitz **642**, Mainzer Synode **1517**, Freigerichte **3149**, Königswahl G. von Schwarzburg **2769**, Chr. Quix **785**

Erler, *Georg, 1850-1913, UProf., Leipzig, Königsberg, Münster.* - Dietrich von Niem **255**, Geschichte Münsters **1591**, Belagerung 1657 **1842f.**, Zustand des Fürstentums **572**, Adelige **3032**, Studentenschaft 1848 **1764**, Gemäldegalerie **1876**, Universitätsgeschichte **1760**

Ernst, *Dr. Otto, Hannover.* - **2611**

Essellen, *Conrad Moritz Friedrich Hermann, 1796-1882, Hofrat zu Hamm.* - Hohenburg **1413**, Beckum **2628**, Steindenkmal **2317**

Esterhues, *Elisabeth.* - **1096**

Esterhues, *Friedrich Johann, *1915, Professor PH Ruhr, lebt in Schottland.* - Corveyer Klosterkirche **1221, 1227**, Bochum-Stiepel **1100**, Hemer **2580**, Paderborn **1911f., 1925**

Evelt, *Julius* (Nekrolog 309). - L. von Suthem **961**, Gelehrte **2827**, Dreißigjähriger Krieg **2045**, Dorsten **1266**, Franco v. Meschede **696**, Bursfelder Benediktiner **2995**, Domschule **135**, Priesterverein **1979**, Pfarrbezirke **2000**, Antonius Abbas **2961**, „Paderborn" **2054**, Necrologium Herisiense **1858**, „Galilaea" **1551**, Ortsbezeichnungen Dom **1981**

Eversberg, *Dr. Heinz, *1910, Oberstudiendirektor, Hattingen.* - **1389**

Falckenheiner, *Dr. phil. Karl Bernhard Nikolaus, 1798-1842, Konrektor, Pfarrer in Hofgeismar, Kurhessischer Staatsarchivar.* Grafen von Dassel **246f**, von Plettenberg **766**, Möllenbeck **1586**

Feldmann, *Dr. Wilhelm, *1880, Schriftleiter, Lörrach/Baden.* - Dortmunder Maler **3319**, Orsaeus **730**, Goldschmiedefamilie **897**

Feldtkeller, *Dr. Hans, Landeskonservator, Hessen.* - Oberkaufungen **3289**, Basiliken **3248**

Fellenberg gen. Reinold, *Dr. Josef, *1927, Bonn-Beuel.* - **830**

Ficker, *Julius, 1826-1902, Professor, Münster, Innsbruck.* - Handschriften **2779**, B. von Horstmar **1451**, Reisefrüchte: Urkunden **2388**

Fiensch, *Günther, *1910, Professor Gießen,* - **3320**

Fig, *Dr.* - von Asseburg **146**, Aussteuer **3102**

Figge, *Dr. Robert, O-Landesgerichtsrat, Celle.* - **2311**

Filbry, *Gerd, *1929, Studienrat, Münster.* - **1724**

Fink, *Georg, † 1966, A-Dir., Lübeck.* - **2984**

Finke, *Heinrich,* (Gedenkrede WW 319). - WUB IV **5**, WUB V **6**, Römische Archive **2780**, Jacob v. Soest, Hermann v. Schildesche **544**, Pariser und Eichstädter Bibliothek **2701**, Papst Johannes XXII. **2935**, Synodalstatuten **1590**, Ferd. v. Fürstenberg **340**, Wormser Absageschreiben **2937**, M. von Diepenbrock **252**, Dietrich von Niem **256**, von Rhemen **811**, Papsttum **100**, Nekrologe: Tibus **974**, v. Bocholtz-Asseburg **193**, v. Landsberg-Velen **636**, J. W. Plaßmann **765**, Anton Pieper **764**.

Fischer, Franz, Landesoberbauamtsrat, *Münster.* - **2539b**

245

Fischer, *Dr. Kurt, †1977, Rechtsanwalt, Coesfeld.* - de Suer **3378**, Veltmann **989**

Fischer, *Dr. Dr. Wolfram, *1928, UProf. Berlin.* - **2907**

Fix, *Karl, 1887-1961, Landesrat, Münster.* - op der Becke **180**, Bilder Konrads von Soest **537**

Flaskamp, *Franz, *1890, Rektor und Stadtarchivar in Wiedenbrück.* - Erfurt **2952**, Heimatbuch **2303**, Landschaft Wiedenbrück **2304**, Gedenktafeln **2307**, Externsteine **1309**, Kampf Wiedenbrück **2306**, Kreis Wiedenbrück **2305**, Pf. Gerstkamp **403**, W. Bante **173**, Clarholz **1196**, Wippermann **1032**, Alter Wiedenbrück **2302**, H. Hachmeister **459**, Antonius Einsiedler **2962**, Seminardirektoren **3026**, Geistliche Schulräte **1582**, G. Hinzpeter **509**, Brachum **207**, Steinhagen **2205**, Otto III. **736**, Schlesische Didaktik **3021**, Nordhoff, J. B. **723**, Taufsteinstiftung **521**, Missale **3427**, Luise Hensel **492**, W. Hensel **493**, Chr. Glandorf **408**, Archiv Rheda **2116**, Wohnhäuser **2308**

Fleige, *Klemens August Bernhard* (Nekrolog **322**). - Archiv Schorlemer **877**, Funde **1395**, Cappel, Eikeloh **1182**

Fleitmann, *Wilhelm, *1922, Postamtmann, Münster.* - **138**

Flume, *Günther.* - **129**

Foerste, *William, 1911-1967, UProf., Münster.* - **3084**

Förster, *Konrad, aus Bigge an der Ruhr.* - **2986**

Foitzik, *Dr. Waltraud (vh. Loos), Münster.* - **1755**

Forck, *Hermann, Gymnasiallehrer, Attendorn.* - **1883**

Fraatz, *Paul, Dr. med. habil., Dr. phil., Oberregierungs-Medizinalrat.* - **516**

Franke, *Dr. Eugen.* - **439**

Freusberg, *Josef, 1806-1889, Weihbischof zu Paderborn.* - **273**

Freyer, *Dr. Hans, 1887-1969, UProf., Münster, Wiesbaden.* - **2905**

Friedhoff, *Alois.* - **1366**

Friedländer, *Ernst, 1841-1903, Dr. jur., Geh. Archivrat, Berlin.* - Codex traditionum I **10**, Hausmarken **2476**, Eroberung Münster **1827**

Frielinghaus, *Herta*, s. Hesse-Frielinghaus

Fritz, *Alfons, 1862-1933, Gymnasialprofessor in Aachen (Theater-, Musik-Historiker).* - **257**

Fritz, *Johann Michael, *1936 (Sohn von Rolf F.) Konservator, Landesmuseum Karlsruhe.* - Goldschmiedearbeiten **3406f.**, **3411**

Fritz, *Rolf, *1904, Museumsdirektor, Cappenberg, Münster.* - Grabstein **1458**, Ölbergbild **3322**, Goldschmiede **1278**, Tafelmalerei **3313**, Grabplatte **1189**, Moriskentanz **3526**, Dortmunder Marienaltar **617**, Fröndenberger Altar **1333**, Bielefelder Altäre **187**, Gemäldesammlung Krüger **3338**, Krucifixus Benninghausen **3293**, Conrad von Soest **618**, Krucifixus Kappenberg **1190**, Hausbuchmeister-Kreis **3325**, Aldegrever-Inschrift **121**, Tafelbilder **3326**, Hl. Gottfried **554**, Chr. Zucchi **1044**, W. Heimbach **478**, Kupferstich „Jan van Leiden" **124**, Aldegrever **122f.**, Bronzeleuchter **3429**, Trydekruzifix **3296**, Dom Münster **1654**

Fuchs, *Alois* (Nekrolog **334**). - Herdringen **1400**, Barockhochaltar Dom **2570**, Kanalsinter **1985**, Domschatzkammer **1999**, Altar Fröndenberg **1331**, Busdorf-Grabung **1924**, Alexiuskapelle **2006f.**, Jacoba von Tecklenburg **543**, Antependium Jesuitenkirche **269**, Gertrud Gröninger **435ff.**, Badurad **148**, Gröninger **430ff.**, Altar Gaukirche **215**, H. J. Wurm **1040**, Westwerke **3240**, Spiralsäule

3309, B. J. Brüll 214, Corvey 1224, MA Paderborn 2079, Bartholomäuskapelle 2013, Hitda-Codex 3434

Fuchs, *Josef, 1876-1946, Goldschmied in Paderborn.* - 626

von Fürstenberg, *Maria Luise Freiin.* - 2409

von Fürstenberg, *Michael Freiherr.* - 2018

Funk, *W., Studienrat, Neustadt an der Aisch.* - 3305.

Galland, *Dr. Josef.* - Fr. Regensberg 799, P. Beckmann 177, W. Diekamp 250

Galley, *Dr. Bernhard, *1910, Direktor der Landesbibliothek, lebt in Düsseldorf.* - 619

Gallus, *Johannes, *1877, Pfarrer in Beringhausen.* - 1133

Gaul, *Dr. Otto, †1975, Kunsthistoriker, Lemgo.* Ziergiebel 3352, Externsteine 1308

Geck, *Caspar Arnold* (Nekrolog 395). - 2170

Gehrken, *Franz Joseph* (Nekrolog WW 396f.) - Schaten 1898, Bartholomäuskapelle 2009f., Handschrift 487, Schilder-Zoll 2050, Marienmünster 1522, Basrelief 1980, Stadtrecht 2051, Rechtsgeschichte 1943, Warburg 2243, Aldegrever 125f., Fürstenberg 1335, Möllenbeck 1583, Blankenrode 1091, Grafschaften 466, Enenhus 1296, Landesverfassung 1940, Papst-Bulle 2403, Hanse 2052, Hamm 1381, Landesverträge 1942, Busdorfstift 1081 2014, Kulturgeschichte 3129, Herstelle 1414, B. Chr. von Spilker 915, R. von Kerssenbrock 575, Assen 1058, Grundriß Kölner Dom 1466, Domkapitel Paderborn 1969, Türkentaufe 1689f.

von Geisau, *Hans, 1889-1971, Oberstudiendirektor Warburg.* - 2866

Geisberg, *Caspar, 1782-1868, Archivar 1816, Kanzleirat in Münster 1851, Oheim von Heinrich Geisberg.* - Kappenberg 553, Handel England 3183, Westfalen-Ostseeländer 3196, H. A. Erhard 308

Geisberg, *Heinrich* (Nekrolog WW 398), *Vater von Max Geisberg.* - Fehme 3127, Lamberti-Turm 1683, Münzfunde 2494, Rathaussaal 1729, Grabschrift 1316, Stiftswappen 1593, Urnenfund 2630, Bronceringe 2655, Rathaus 1730, Land und Volk 2789, Bischof Suitger 963, Anfänge Münster 1701, Sandwell 3155, Merkwürdigkeiten 95

Geisberg, *Max* (Nekrolog 399), Festschrift 400. - Pothof 782, Meckenem 681, Belagerung 1838, Goldschmiedegilde 3408, Wiedertäuferzeit 1835, Mörser 3442, Wappenkalender 1640, Engelenschanze 1734f., Silberschiff Dom 1665, Sibyllen Dom 1662, H. tom Ring 820, Wohnbauten 1750, Sibyllen Landesmuseum 2508, Mindener Missale 1578, alter Dom 1653, Domschatzkammer 1666, Chr. B. v. Galen 383, Stammbuch B. Schencking 861, Sendbild 1799, Maler in Münster 1803, „Grünhansen" 168

Gelderblom, *Hans, 1879-1966, O-Regierungs-Baurat, Minden.* - 1570

Gemmeke, *Anton* (Nekrolog 402). - Äbtissinnenwahl 1860, Säkularisation 1864, Kalandsbruderschaft 1867, Taufstein 1866

Gensen, *Dr. Rolf, *1927, Leiter der Außenstelle der Landesarchäologen von Hessen, Marburg.* - Freckenhorst 1324, Oldenburg bei Laer 2673

Giefers, *Wilhelm Engelbert* (Nekrolog WW 404). - Anfänge des Bistums 83, Beiträge 1866 und 1874 84f., Nethegau 1856, Irminsul 2700, Tacitus 2683, Hinnenburg 1423, Varianische Niederlage 2733, Aliso 2718, Wewelsburg 2298, Kirche Brilon 1143, Kirche Büren 1172, Externsteine 1306, Brakel 1129, Beverungen 1085, Lügde 1513, Warburg 2242, Dringenberg 1280, „Ellenden-Bruderschaft" 2020, Driburg 1279, Eresburg 2701, von Brakel 208, Urkundenbuch **2359f.**, Urk. Heinrichs IV. **2397**, Copiarium Gerdense **1341**, Borgentreich **1120**, Beverungen **1085**

Giesen, *Dr. M. J., Studienrat i. R., Köln-Marienburg.* **- 2836**

Glazema, *Dr. P., stellvertretender Direktor des Reichsdienstes Bodendenkmalpflege, Amersfort, Holland.* **- 2583**

Gockeln, *Dr. Walter, *1921, Rektor, Telgte.* **- 587**

Goering, *Dr. Max, Berlin-Wilmersdorf.* **- 757**

Goeters, *Dr. Gerhard J. F., *1926, Professor, Münster.* **- 2974**

Goldschmidt, *Dr. Günther, *1894, Oberbibliotheksrat in Rom.* - Autographensammlung **1768**, Nachlaß Sprickmann **920**

Gollwitzer, *Dr. Heinz, *1917, UProf. Münster.* - Westfälische Historiker **2830**, Heimatbewegung **2895**

Gonser, *Gustav, 1885-1948, Landesrat Münster.* **- 2564**

Gorges, *Dr. M., *1865, Gymnasialdirektor Köln.* - Hochstift Paderborn **1936**, v. d. Recke **796**

Gotthardt, *Dr. Josef, 1878-1927, Pfarrer in Pömbsen.* - Hölzermann **2680**, Pfarrei Düdinghausen **1287**, Augustiner Kreuzherren **1361**

Gottlob, *Adolf, 1857-1930, Honorarprofessor, Frybourg, Münster, Breslau.* - Dominikanerkloster **2252**, Diarium **2253**, Hexenprozeß **2257**, Mordprozeß **2258**, Volkmarser Pfarrwesen **2227**, Grafschaft Twistetal **2228**, Geschichte Warburg **2244**

Gräbke, *Dr. Hans Arnold, 1901-1955, Museumsdirektor in Rostock und Lübeck.* **- 3455f.**

Graeven, *Dr. H., 1866-1905, Museumsdirektor in Trier.* **- 1567**

Graf, *Dr. E. G., Regierungsrat in Berlin.* - Althochdeutscher Sprachschatz. (Rez.) J 1833 2/3 85-88

Grauheer, *Dr. Josepha, Studienrätin, Lüdinghausen.* **- 276**

Gregorius, *Dr. Adolf, Studienrat* **- 3062**

Greischel, *Dr. Walther, 1889-1971, Museumsdirektor, Münster.* **- 2509**

Grewe, *Dr. J. Wunibald, 1904-1965, Franziskaner, Münster.* **- 2410**

Grimm, *Dr. Jacob, 1785-1863, Bibliothekar zu Kassel und Göttingen.* - Aegidiuslegende **3079**, Name Westphalen **3047**, Wort Feme **3125**, Liude **3049**, Sprachforschung **3038**

Grimm, *Dr. Wilhelm, 1786-1859, Prof. in Göttingen, seit 1837 in Berlin.* **- 3081**

Grosche, *Anton, Medebach.* - Medebach **1540ff.**

Großmann, *Diether, Marburg.* **- 3249**

Grotefend, *Dr. Otto, 1873-1945, Hannover, St-A-Dir.* **- 767**

Grotefend, *Dr. Ulrich.* **- 2467.**

Grueber, *B., Professor in Prag.* **- 1394**

Grüe, *Leopold, †1906 (78 Jahre), Pfarrer in Borgholz.* - Borgholz **1123**, Fehde **2805**, Sintfeld **2167**

Gründer, *Dr. Karlfried, *1928, Prof. in Bochum.* **- 463f.**

Gruna, *Dr. Klaus* - *1916, Münster.* **- 1254**

Grundmann, *Herbert, 1902-1970, UProf. Leipzig, Königsberg, Münster, München.* -

Polit. Gedanken **2800**, G. v. Cappenberg **1657**

Günter, *Dr. Roland, Bonn.* - **449**

Günther, *Dr. Klaus, *1932, Bielefeld.* - **2612**, Hardehausen **2577**

Güthling, *Wilhelm, 1906-1971, Archiv- und Museumsdirektor in Siegen.* - Ploennies **3375**, Siegerland **2165**, Eversmann **310**

Guilleaume, *Fr., Gymnasiallehrer in Münster, Bibl. Assistent.* - **2756**

Haarland, *Heinrich, 1800-1873, Archivsekretär in Minden.* - **791**

Haas-Tenckhoff, *Bruno.* - **1848**

Habenicht, *Hanna.* - **25**

Hackenberg, *Dr. Fritz, *1890.* - **522**

Hähnle, *Karl, *1913, Lehramtskandidat, Stuttgart.* - **2745**

Hagemann, *Ludwig, - 1859, Propst, Niedermarsberg.* - Klöster im Kreise Brilon **2985**, Schlacht bei Bredelar **1134**, alte Fachwerkhäuser **3541**, Schulverhältnisse **3025**, Volksmission **1531**, Der Pranger **1532**, Heinrich von Marsberg **1533**

Halbertsma, *Dr. Herre, Amersfoort (Holland).* - **1602**

Hallermann, *Hermann, 1892-1957, UProf., Rechtsanwalt, Notar in Münster.* - Land Delbrück **1259**, Urkunden **3036**, Fronhausen **1334**, Rimbeck **2136**

Hamacher, *Theo, *1912, Organist in Paderborn.* - Gustav Adolf **458**, Psalteriolum **3398**

Hamann(-Mac Lean), *Richard, *1908, UProf. in Marburg.* - Cappenberger Kruzifixus **1191**

Hammerschmidt, *Dr. Wilhelm, 1859-1924, Landeshauptmann in Münster.* - **1010**

Hamper, *Dr. Klaus, Studienrat, Winterberg.* - **2315**

Hanneken, *Dr. Maria, Studienrätin, Paderborn.* - **1968**

Hanschmidt, *Dr. Alwin, wissenschaftl. Assistent, Münster.* - Rietberg **2133**, **2135**, Pfr. Schürckmann **2942**, Ellert **300**, de Prato **783**, Studenten **2833**, Fürstenberg **370**, J. M. Gröninger **442**

Hansen, *Dr. h. c. Wilhelm, Museumsdirektor, Detmold.* - **3496**

Hansmann, *Wilfried, Bonn, Landesdenkmalamt Rheinland.* - **288**

Hardick, *Dr. Lothar OFM, Freckenhorst.* - Döbbing **265f.**, Franziskanerprovinz **3000**

Harssewinkel, *C., Amtsrichter, Recklinghausen.* - **2309**

Hartig, *Dr. Joachim, Germanistisches Seminar UKiel.* - **3067**

Hartlieb von Wallthor, *Alfred, *1921, Landesverwaltungsdirektor, Direktor Provinzialinstitut westf. Landes- und Volkskunde, Münster.* - Schulen **3023**, **3033**, vom Stein **932-936**, Fürstenberg **354**, Georg Schreiber **882**, 1815 Selbstverwaltung **3174**, Wilhelm Steffens **926**, Bauerntum **2879**, Studienfonds **1759**, Vereinsgeschichte Münster 1825-1975 **75**

Hartmann, *Dr. Elmar, *1912, Studiendirektor, Hohenlimburg.* - Darsow-Madonna **3301**, Kunst Westfalens **3222**

Hartmann, *Josef.* - **1380**

Hasenkamp, *Dr. Johannes, *1926, Redakteur, Wolbeck.* - Matth. Sprickmann **921f.**

Haslinde, *Dr. Heinrich, 1881-1958, Reichsminister* - **2548**

Hauck, *Dr. Karl, *1916, U-Prof., Münster.* - **1025**

von Haxthausen, *August Freiherr, 1792-1866, Bökendorf, später Thienhausen.* - **53, 1947**

Hechelmann, *Adolf, 1837-1924, Provinzialschulrat, Geh. Regierungsrat, Münster.* - Hermann II. **497**, Burchhard **225**, Elenden **1782**, Magdalenenkirche **1692**, Varusschlacht **2734**, Französische Emigration **2875**

Hecht, *Obergerichtsrat zu Halberstadt.* - **1257**

Heeßen. - **1553**

Hegel, *Eduard, *1911, UProf., Trier, Münster, Bonn.* - **352, 1762**

Heidenreich, *Dr. J. K.* - **3476**

Heidtmann, *Dr. Ludger, †1975, Studienrat, Bad Peterstal.* - **2256**

Heimpel, *Hermann, Prof., Göttingen.* - **625b**

Heinemeyer, *Dr. Elfriede, Kustodin, Landesmuseum Oldenburg, Schloß.* - Silbermadonna **3414**, Wiener Ornat **3460**

Heinermann, *Th.* - **414**

von Heister, *Oberst, 1855 Ehrenmitglied Abt. Münster.* - Saterland **1894**, Capitulare **3111**

Heldmann, *August, Pfarrer zu Michelbach bei Marburg.* - von Wolmeringhausen **1037**, Pfandschaften 15./16. Jh. **1480**, Westfälische Studierende: Erfurt **2837**, Wittenberg **2843**, Marburg **2842**, Heidelberg **2841**, Gießen **2840**

Héliot, *Dr. Pierre, Archiviste Bibliothéque Nationale, Paris.* - **1208**

Heller, *Anton Franz, 1830-1904, Dechant, Kirchveischede.* - **1090**

Helmert, *Friedrich, * 1908, Bistumsoberarchivrat in Münster.* - Singegemeinschaft **1668**, Inventar 1662 **2291**

Hemmen, *Dr. Wilhelm, *1926, Oberstudiendirektor, Paderborn.* - Wibald 41, **1019**

Hengst, *Karl, *1939, Prof., Paderborn.* - **880**

Henke, *Dr. Paul, aus Geseke.* - ständische Verfassung **1930**, Geseke **1351**

Henkel, *Gerhard, *1943, Assistent Gesamthochschule Essen.* - **52**

Henneböle, *Eberhard, Rektor, Rüthen-Möhne.* - **2142**

Hense, *Dr. Joseph, 1838-1913, Gymnasialdirektor Paderborn.* - **90**

Herberhold, *Franz, 1906-1979, Landesarchivdirektor in Münster.* - Urbar **2103**, Wormbach **2319**, Regesten **2367**, A. v. Haxthausen **473**

Herding, *Dr. Otto, *1911, UProf., Freiburg.* - Geschichtswissenschaft **2778**, Meibom, Reineccius **682**

Herzig, *Dr. Arno, *1937, Oberstudienrat, Iserlohn.* - **2891**

Heselhaus, *Dr. Clemens, *1912, UProf., Münster.* - **253**

Hesse-Frielinghaus, *Herta, Museumsdirektorin, Hagen.* - J. M. Gröninger **441**, Bildnisse **3343f.**, Erasmus **305**, Bildnisstammtafeln **3321**, Kappers **557**, Rincklake **815**, Rohlfs **835**, El. Schmitz **873**, Schlickum **871**, Museum Hagen **2525**, Schlaun **868**, Stratmann **955**, Osthaus und Nolde **734**, Pictorius **760**, E. L. Kirchner **588b**

Hildebrand, *Dr. Arnold, *1879, Direktor*

Hohenzollernmuseum Schloß Monbijou, Berlin. - **937**

Hilger, *Hans Peter, Landesverwaltungsdirektor, Bonn.* - **1277b**

Hillebrand, *Lehrer, Hachen.* - **1884**

Hillenkamp, *Rudolf, Rechnungsrat, Geseke* **1353**

Hilling, *Nikolaus, 1871-1960, UProf., Freiburg.* - **1599**

Hilsmann, *Franz Joseph, Redakteur, Arnsberg.* - **1079**

His, *Rudolf, 1870-1938, UProf., Heidelberg, Königsberg, Münster.* - **151**

Hobbeling. - Stift Münster **2782**

Hochenegg, *Dr. Hans, Staatsoberbibliothekar, Hall, Tirol.* - **3444**

Hock, *Dr. phil., *1926, Bankdirektor in Krefeld.* - **2885**

Hoecken, *Karl, Dr. phil., Castrop-Rauxel.* - **1769**

Hoedt, *Käte (geb. Schmitz) 1910-1973, Bibliotheksassessorin Paderborn.* - **1965**

Hoefer, *Ludwig Franz, 1786-1862, Geheimer Archivrat zu Berlin.* - **2380**

Höffner, *Joseph, *1906, Kardinal in Köln.* - Industriearbeiterschaft **2904**, Ketteler **585**

Höfken, *Dr. Günther, Staatsanwaltschaftsrat, Münster.* - „Erbzaun" **3121**, Heiderecht **3119**, Gnadenseil **3120**

Hölscher, *U.* - Loccum **1508**

Hölscher, *Dr. Bernhard, *1813, Gymnasialdirektor Recklinghausen.* - Lieder **3070**, Wiedertäufer **1822**, Speculum mensae **3515**, Imitatio Christi **2448**, Rosenkranz **3044**, A. v. Gallitzin **389**, Monument Max Franz **1605**

Hölzermann, *Ludwig, 1830-1870, gefallen in der Schlacht bei Wörth.* - **97**

Hömberg, *Albert K.* (Nekrolog **512**). - Corvey **1441**, Werler Grafenhaus **2278**, Pfarrsystem **1475**, Freigrafschaften **3146**, Städte **1504**, **2871**, Südostwestfalen **2809**, Bauerntum **1853**, Herzogtum **2890f.**

Höpker, *Friedrich, 1792-1845, preuß. Oberlandesgerichtsrat, gest. Arnsberg.* - **3046**

Hövel, *Ernst, 1885-1978, Direktor des Stadtarchivs in Münster.* - Rechenbuch Boemer **198**, Wappensiegel **1705**, Genealogische Quellen **1704**

Hoeynck, *Franz Anton, 1842-1920, Pfarrer in Grevenstein.* - Dekanie Attendorn **1073**, Religionswirren **2968**, Wahl **1470**, Dekanie Medebach **1538**, Rumbeck **2144**

Hoffbauer, *W., Kreisgerichtsrat in Herford.* - **1402**

Hoffmann, *Dr. Hugo, 1909-1945, vermißt im 2. Weltkrieg, Dozent in Münster.* - Altsteinzeitliche Funde **2613**, Geweihfunde **2659**, Urnenfriedhof **2653**, Hullern **3354**

Hofmeister, *Dr. Adolf, 1883-1956, U-Professor, Greifswald.* - **794**

Hogrebe, *Dr. phil., Josef, Studienassessor, Osnabrück.* - **360f.**

Hohenschwert, *Friedrich, Museumskustos, Detmold.* - **1492**

Hohgraefe, *O., stud. phil.* - **1693**

Hohmann, *Dr. Friedrich, *1928, Studiendirektor in Paderborn.* - Soester Konferenzen **2892**, Kölner Wirren **2049**, Bischofswahlen **678**, **1963**, Juristen **2072**, Kreis Paderborn **2088**, Landräte **2089**, Gymnasium **41**, Akten Minden **61**, Berichte Sicherheitsdienst **79**

Holscher, *Ludwig August Theodor, Pastor und Superintendent in Horka.* - Bistum Minden **1556**, Diözese Paderborn **1927**

Hollstein, *Ernst, *1918, Dendrochronologe am Landesmuseum Trier, Oberstudienrat.* - **1286**

Holthausen, *Dr. Maria, *1913, Oberstudiendirektorin in Ratingen.* - **2819**

ten Hompel, *August, Dr. jur. und phil. in Münster.* - Prudentia-Schrein **3415**, Kreuzweg **3306**

Honselmann, *Klemens, *1900, Bibliotheksdirektor, Professor in Paderborn. Festschrift, W 48 (WW).* - Urk. Lucius II **2404**, Hss. Höxter **1424**, Urk. Liudberts **2412**, Papsturk. für Klöster **2405**, Urk. Externsteine **2440**, „Fälschungen" **2395**, Corveyer Traditionen **2390**, Urk. Abdinghof **2441**, Papstprivilegien 12. Jh. **1209**, Urk. Gehrden 12. Jh. **1342**, Bursfelde **2998**, Annahme Christentum **2930**, Mindener Bischöfe **315**, Archidiakonatslisten **1928**, Heiligenverehrung **2934**, **2960**, Translatio S. Liborii **1899f.**, Reliquientranslationen **2932**, Paderborner Kirchengeschichte **1937**, Annales Patherbrunnenses **1901**, Advent **2959**, Sammelband Reformationsschriften **175**, **2963**, Paderborn 1604 **2042f.**, Fürstbischöfe **1961**, Klosteraufhebung **2033**, Andreaskirche Warburg **2250**, Rechtsbrauchtum **3116**, Natural-Geldwirtschaft **2911**, Sprachgeschichtliches **3041f.**, Schriftstellerverzeichnis **2044**, Hrsg.: Domschule **41**, Verf.: Blütezeit **41**, **65-142**, Domschule, Geschichte **2028**, Autor Vita Meinwerci **612**, Beckmann **176**, Fuchs, Alois, **334**, Helmtrud **489**, Hitda **510**, Hl. Marsus 9. Jh. **677**, Vita Meinolfi **686f.**, Michels, Paul **700**, Pontanus **779**, Potthast **781**, Reinher **41**, **107-126**, Sechtlen **895**, v. Spee **908ff.**, Tack, Wilhelm **966**, Völker, Christoph **1001**, Wichard **1021**, v. Zütphen **1045**

Vereinsgeschichte Abt. Paderborn 1924-1974 **75**, Dokumente zur Gründung **53**, Mitglieder der Gründerzeit **77**, Statuten 1824 **65**, Mystifikation **405**

Honselmann, *Wilhelm, *1918,* Matthisius **679**, v. Havkenscheid **469**, Beginiker **178**, Bevern **1084**, Velthaus **988**, Rudolphi **846**, Scharfrichter **3163**, Herzebrock **2966**, Familie Gröninger **433**, Urk. **2415**, v. Plettenberg **776**, Glasemecker **3392**, Vollenspit **1002**, Familiennamen **3057**, Krane **627**, WW von Klemens Honselmann, W 48, **258ff.**, Buschmann **226**, Bönninghausen **199**, Familiennachrichten **3484**, Kerssenbrock **581**.

Hoogeweg, *Dr. Hermann, 1857-1930, Königl. Archivar zu Hannover.* - Bischofswahl 1223 **1957**, Pilgerfahrt 1519 **3006**, Archidiakonate **1557**, WUB VI 7

Hoppe, *Dr. Ursula.* - Dom **2060**

Horstmann, *Hans, *1901, Bürgermeister, Münster.* - Seeflaggen **3123**, Wappen **564**, Stadtwappen **2057**

Hosäus, *Wilhelm, 1827-1900, Bibliothekar, Dessau.* - **923**

Hosius. - **2290**

Hücker, *Dr. phil., 1884-1955, Oberstudienrat Dortmund.* - **2815a**

Hüer, *Hans.* - Coesfeld **1204**, Pictorius **21**

Hüffer, *Detmar, Oberförster Neu-Böddeken.* - **2076**

Hüffer, *Dr. Hermann Josef, *1896, Gesandtschaftsrat Berlin, Professor in München.* - **938**

Hülmeier, *Josef, *1876, Kandidat des höheren Lehramtes.* - **2657**

Hülsmann, *Dr. Heinrich, *1879.* - **1623**

Hülsmann, *Paul, Heesen.* - **1285**

Hüser, *Anton Quirin, 1806-1861, Gräfl. von Fürstenberger Archivar und Rentmeister zu Herdringen.* - **1089**

Hüser, *Balthasar, 1840-1910, Gymnasialdirektor in Brilon.* - **2260**

Hüser, *Bergmeister.* - **1152**

Hüser, *Dr. Karl, Prof., Paderborn.* - J. M. Gierse **406**, Kongreß **2886**, v. Löher **51**

Hüsing, *Augustin, 1840-1905, Pfarrer, Gescher.* - Ida **535**, Coll. Germanicum **1348**, Bruderschaften **1780**

Hüttermann, *Dr. Wilhelm,* *1883. - **2887**

Hucke, *Dr. Karl, wissenschaftl. Assistent, Münster.* - Hülsten **2652**, Belem **2660**

Huisking, *Dr. Marianne, Studienrätin.* - **1216**

Humann, *Dr. Georg, 1848-1917, Aachen.* - **1919a**

Humpert, *Josef, Regierungsbaurat, Soest.* - Wiesenkirche **2562**, Drüggelte **1284**

Huyskens, *Victor, 1847-1915, Prof., Stadtarchivar, Münster.* - Juden **2824**, Kemmener **570**, Gruterrenregister **1713**, Arbeitslohn **1789**, „helsams Dag" **1786**, Beichtbrief **1510** **419**, „Broder Marthenhus" **1743**, Prinzipalmarkt **1739**, Grael **577**, Stadtkeller **1742**, Weihbischöfe **1632**, Wiedertäufer **1829**, Gasthaus **1744**, Camerales **1787**, Archiv **1707**, Bispinck **1708**, Lamberti-Elende **1686**, Beginenhäuser **1670**, Eid **1706**, Badestube **3467**, B. Friedrich **1697**, K. Tzwyfel **985**, guter Montag **1788**, Schobuch **1784**, Schützenbruderschaft **1781**, Inschrift **1684**, Judefeld **546**, Pagenstecher **740**, Brand **1719**, Lambertikirche **1685**, Drubbel **1720**, Lambertikirchhof **1687**, G. Gröninger **434**, Kuper **631**, Reformation **1779**, Gebräuche **1665**, Ludgerikirche **1691**, Franzosenfeste **1809**

Ilgen, *Theodor, 1854-1924, Staatsarchivdirektor, Geh. Archivrat, Düsseldorf.* - Cappenberg **1183**, Herford **1403**, Westfälische Siegel III, IV **17f.**, Städte B. Paderborn **100**

Immanuel, *Dr. Siegmund, 1790-1847, Gymnasialdirektor, Minden.* - **3030**

Irsigler, *Dr. Franz, Bonn.* - **692**

Iserloh, *Erwin,* *1915, *UProf., Münster.* - **586**

Jacob (geb. Lehmann), *Dr. jur. Gudrun, Herten.* - **1617**

Jacobs, *Dr. jur. Friedrich.* - **1948**

Jaenke, *Dr. Johann David,* *1758, *Kammerrat und Domänenpächter zu Corvey.* - Beghinen **2949**, Urbarmachung **1415**

Jänecke, *Wilhelm, Dr. Ing. Dr. phil., Regierungs- und Baurat, Schleswig.* - Iburg **1457**, Neuenheerse **1865**, Wasserburgen **3349**

Jansen, *Anton, 1827-1900, Pfarrer in Datteln.* - Internierung **1267**, Datteln **1255**

Jansen, *Heinz, 1885-1965, Bibliotheksrat, Münster.* - Klopstock, Sprickmann **592**, Sprickmann, Schleiermacher **924**

Jansen, *Max, 1871-1912, UProf., München.* v. Northof **643**, Person **753**

Jebens, *Hermann, Regierungs- und Baurat, Minden.* - **2096**

Jeiler, *Dr. Joseph,* *1880. - **1630**

Jeismann, *Dr. Karl Ernst,* *1925, *Prof., Münster.* - Lehrer **3027**, Erziehungswesen **3028**

Jelkmann, *Karl, 1869-1927, Pfarrer in Altenbüren.* - Münzsorten **2487**, Altenbüren **1061**

Johansen, *Paul, 1901-1965, Prof. Hamburg.* - **3198**

Jordan, *Dr. Karl,* *1907, *UProf., Kiel.* - **2795**

Jordan, *Dr. Sylvester, 1792-1861, Staatsrechtslehrer, Kassel.* - **2325**

Jordan, *Wilhelm, *1904, Haaren über Paderborn.* - 2681

Jostes, *Franz, 1859-1925, UProf., Münster.* Predigt 3011, Altertümer 2633, Volksaberglaube 3501, Rite 3394, Kirche vor Liudger 1888, St. Reinhild 802, Holtmann 524, Betten 3535, Gerhard 803, Loder, v. Bevern 100

Junkmann, *Wilhelm, 1811-1886, Privatdozent in Münster 1851, Professor in Breslau 1854.* - 2363

Kaesbach, *Walter, Direktor der Staatlichen Kunstakademie Düsseldorf.* - 291

Kaiser, *Dr. Wilhelm, *1906, Studienrat, Hemer.* - 1354

Kallen, *Dr. Gerhard, 1884-1973, UProf., Köln.* - 2383

Kaltheuner, *Herbert, *1900, Dr. phil.* - 2887a

Kamphausen, *Alfred, *1906, ao UProf., Kiel, Direktor Dithmarscher Landesmuseum Meldorf.* - 3202.

Kampschulte, *Dr. Heinrich Johannes, 1823-1878, Dechant zu Höxter.* — Hallinghausen 1377, Westfalen 2798, Almegau 1057, Dukat Eb. Köln 1474, Vitus-Fest 1217, Heinrich d. L. 2767, Salentin 541, Vergleich 2434, Solling 2201

Kaschner, *Gerhard, *1908, Leiter des städtischen Presseamtes, Münster.* - 1815

Kayser, *Johann Wilhelm, 1826-1895, UProf., Dompropst, Breslau.* - Sturmi 958, Beiträge 54

Kayser, *Dr. Wolfgang, 1906-1960, UProf., Göttingen.* - 277

Keinemann, *Dr. Friedrich, Prof., Hamm.* - Streit 1646, Resignation 302, Canonici a latere 2949, Unruhen 1953, Beurteilung 1036, Koadjutorwahl 1960, Wahlbewegung 2950, Auswirkungen 2881, Domdechant 1977, Wirtschaft, Kultur 2910, Adel 478, Julirevolution 2890, Schülertumulte 3035, Westphalen 1017, Kriegsgefahr 1606, Lutterbeck 672

Kellerhoff, *F., Rechtsanwalt aus Höxter.* - 1830

Kennepohl, *Dr. Karl, Osnabrück.* - 2532

Kersten, *Archivrat, †1861.* - Beckum 1074, St. Michaelis 1699

Keßler, *F.* - 611

Kesting, *Anna Maria.* - 34

Kesting, *Dr. Hermann, Studienrat, Detmold.* - 2812

Ketteler, *Josef, 1881-1934, Landgerichtsrat, Münster.* - 1703

Kiepke, *Dr. Rudolf, *1903, Paderborn.* - 2062

Kiewning, *Johann Karl, 1864-1939, Direktor Archiv- und Landesbibliothek Detmold.* - 1376

Kindermann, *Dr. Heinz, *1894, UProf., Wien.* - 278

Kindervater, *Dr. Joseph Wilhelm, 1891-1968, Honorar-Prof., Direktor der UBibliothek Münster.* - 1766

Kindl, *Harald, *1923, Paderborn.* - Padaribrunno 2055, Diplom 777 561, Lippspringe 804 2759, Sauerland 3066

Kirchhoff, *Dr. Karl Heinz, *1925, Landesverwaltungsrat, Wolbeck.* - Coesfeld 1203, 2971, Bürgerliste 1715, Belagerung 1839, - Warendorf 2268, Täufer 2972, Erbmänner 1732, Stadtbefestigung 1837, Alerdinck 127, Fraterhaus 1679f., Emscherland 1291, Sökeland 903

Kisky, *Dr. Hans, Bonn.* - **152f.**

Kittel, *Dr. Erich, 1902-1974, Staatsarchivdirektor, Detmold.* - G. Weerth **1012**, Egesterenstein **1450**, Freiligrath **326**, Stadtburgen **3346b**

Klapheck, *Dr. Richard, *1883, Prof., Düsseldorf.* - **2522**

Klare, *Wolfgang, Kirchenmusikdirektor, Münster.* - **3397**

Klein, *Alexander, Architekt, Münster.* - **2692**

Kleineberg, *Dr. Gertrud, Bielefeld.* - **3445**

Kleist, *Wolfgang, Berlin.* - **302**

Kleßmann, *Rüdiger, Dr., wiss. Assistent, Stuttgart.* - Bronzekruzifixus **1576**, Möllenbeck **2577**

von Klocke, *Friedrich, 1891-1960, UProf., Münster.* - ecclesia Angariensis **2169**, Edelherren von Volmarstein **1003f.**, Stiftsherren **2197**, Elternhaus **798**, Bürgermeister **2182**, Groß Livland **3197, 3200**, Kaiserin Gisela **1013**, Adelsarchive **2464**, F. v. Fürstenberg **364f.**, Haxthausen **470**, Archivwesen **2462**, W. Plettenberg **773f.**, Soester Stadturkunde **2400f.**, v. Papen **743**, v. Fürstenberg **335**, Verden **2222**, Fehdewesen **2806**, Erbsälzer **2282**, Ahnenprobe **471**, Junkergesellschaft **1275**, H. Cnoep **236**

Kluge, *Dr. Dorothea, Oberverwaltungsrätin, Münster.* - Paulikirche **3268**, Wandmalereien **3259**, Kaselstäbe **3459**, Gotische Wandmalereien **30**, Kurzinventarisation **2545a**, Wanddekoration **1690a**

Knape, *Dr. Anton.* - **2085**

Knebel, *Dr. Karl, *1883, Studienrat.* - **2874**

Knemeyer, *Dr. Franz Ludwig, *1937, UProf., Würzburg.* - **1616**

Knoke, *Dr. Friedrich, *1844, Prof., Gymnasialdirektor Osnabrück.* - **2743**

Knoop, *Ernst G. J., Konsistorial- und Regierungsrat, Arnsberg.* - **235**

Knudsen, *Dr. Hans, 1886-1971, Prof. FU Berlin.* - **279**

Koch, *Dr. A. C. F., Stadtarchivar, Deventer.* - **3215**

Koch, *Ferdinand, Professor, Privatdozent, Münster.* - Malerei **3315**, Meister von Cappenberg **555**, Duenewegfrage **292**, Aldegreverfrage **126a**, Gemäldesammlung **710**

Koch, *Friedrich August, 1817-1881, Dr. theol. Domkapitular, Paderborn.* - H. v. Haxthausen **474**, älteste Kirchen **1934**, J. Pelcking **748**, Fragmente **2264**, Brakel **1128**, Weihbischof **499**, Brenkhausen **1136**

Kochendörffer, *Heinrich, 1880-1936, Staatsarchivrat, Münster.* - Territorialentwicklung **3172**, Jena und Auerstädt **992**, Kirchenbücher **2975**, Vincke **993ff.**, Vahlkampf-Duvignau **2883**, Militärgouvernement **2877**

Köhn, *H.* - **3428**

Köllmann, *Dr. Wolfgang, *1925, Prof., Bochum.* - **467**

Koepp, *Dr. Friedrich, 1860-1944, UProf., Göttingen.* - Knoke und Haltern **2725**, Haltern **2726ff.**, Varusschlacht **2735ff.**, Römisch-Germanische Forschung **2712**

Körling, *Dr.* - **1825**

Köster, *Dr. Carl.* - **1552**

Kohl, *Richard, *1892, Studienrat, Kiel.* - **566**

Kohl, *Rolf Dieter, Marburg/Lahn.* - Reliquienschrein **3416b**

Kohl, *Wilhelm, *1913, Honorarprofessor,*

Ltd. Staatsarchivdirektor, Angelmodde. - Politik Chr. B. v. Galen **385f.**, Briefwechsel **393**, Nassauische Absichten **1604**, Schlebrügge **870**, N. v. Zitzwitz **1043**, Nienburg **1875**, J. v. Hoya **532**, Hofkapelle **1817**

Kohlmann, Theodor, *1932, Prof., Museumsdirektor Berlin, Deutsche Volkskunde. - **2283**

Kohlschein, Franz, *1934. - Liturgische Handschriften **2954**, Liber Ordinarius **49**

Kolbow, Karl Friedrich, 1899-1945, Landeshauptmann, Münster. - **3170**

Koppers, Landgerichtsrat, Münster. - **2724**

Kordt, Dr. Walter, Chefdramaturg, Münster. - **3379**

Korn, Elisabeth, *1905. - **2092**

Korn, Dr. Otto, 1898-1955, Staatsarchivrat, Münster. - **2124**

Korn, Dr. Ulf-Dietrich, Landesoberkonservator, Münster. - Patrokli **35**, Albersloh **1054**, Burgsteinfurt **1181**, Herford, Nikolai **1409**

Kornfeld, Dr. Hans, Brackwede. - **605**

Korth, Leonard, 1853-1914, Archivar. - **2598**

Kortmann, Bernhard, *1896, Dr. jur. - **1610**

Kosack, Emil, 1875-1953, Dipl.-Ing., Oberstudiendirektor, Hagen. - **2919**

Koselleck, Dr. Reinhart, *1923, Prof., Heidelberg. - **3171**

Kothe, Dr. Wolfgang, *1907, Staatsarchivrat, Münster. - Grenze **3214**, Dollart **1295**

Krabbe, Anton, 1809-1866, Domwerkmeister, Münster. - Domkirche **1829**, Kridische Stiftung **1758**, Kapitelhaus **1642**

Kraft, Hildegard. - **2826**

Kramer, Dr. Hugo, *1914, Oberstudienrat, Gelsenkirchen. - **845**

Kramer (Cramer), Kaspar Georg, 1835-1923, Pfarrer in Lippstadt. - **3059**

Krasa, Otto, Hauptlehrer, Gosenbach. - **2922**

Kraß, Dr. med. h. c. Maximilian, 1873-1949, Landesrat, Münster. - Stroetmann **1749**, L. Schücking **883**, Ledwina **280**

Krausen, Dr. Edgar, Archivdirektor, München. - **3001b**

Krauthausen, Udo, Gerichtsreferendar, Mainz. - **1049**

Kretschmar, Johannes, Hannover. - **1404**

Krieg, Martin, 1892-1962, Städtischer Archivrat, Minden. - Provinzblätter **3441**, Stadtarchiv **1562**, Juden **2823**, Chronistik **1563**, Bischöfe **1566**

Krins, Dr. Franz, *1912, Telgte. - Pfingstkronen **3509**, Fastnacht **3510**, Wirtschaftsgeschichte **2901**, Schäferdarstellungen **3537**, K. Th. F. Grün **456**, Hungertücher **3457**, Botenbüchsen **3453**, Zinn **1806**, Plettenberg **2093**

Krömecke, Dr. Eduard, 1826-1873, Pfarrer, Pömbsen. - Nieheim **1872**, Pömbsen **2095**.

Krüger, Dr. Herbert, *1902, Fürstenfeldbruck. - Landwehrbefestigung **1435**, Höxter, Corvey **1436ff.**

Krumbein, Carl, Dr. med., Nordhorn. - **2648**

Krumbholtz, Dr. Robert, * 1863, Staatsarchivar, Münster. - WUB VIII, **9**

Kruse, Hans, 1882-1941, Studienrat und Museumsdirektor, Siegen. - Rubensausstellung **2524**, Fußbodenbelag **2162**, H. Pennings **749**

Kruse, *Ludwig, 1823-1894, Kaufmann in Erwitte.* - **2635**

Kubisch, *Dr. Emil, Amtsgerichtsrat, Heidelberg.* - Gemen **1345**, Hendrikje Stoffels **953**, von Limburg-Stirum **658f.**, Pfr. J. Niesert **720**

von Kürten, *Dr. Wilhelm, *1915, Naturschutzbeauftragter Arnsberg.* - **2909**

Kühl, *Dr. Ernst, 1888-1972, Landesrat, Münster.* - **3450**

Kühn, *Dr. Walter, Polizeimajor, Berlin.* - **2889**

Küppermann, *Wilhelm, Rektor, Dortmund-Wickede.* - **831**

Kuchel, *Fritz, *1902, Hauptrestaurator, Münster, lebt in Lübeck.* - Gabelkreuz **2573**, Gräfinnen Rietberg **2574**

Kuhlmann, *Bernhard, 1850-1914, Akademieprofessor, Paderborn.* - Leo III. **1904**, Eresburg **2702**, Geroldskapelle **2011**, Giershagen **741**, K. Mertens **695**, Rolandssäulen **3113**, Ausgrabungen **1906**

Kuhlmann, *Dr. Richard, *1884, Studienrat, Soest.* - **2185**

Kuhn, *Hans.* - **2788**

Kuntze, *Eugen, *1859, Studiendirektor, Münster.* - **739**

Lacomblet, *Theodor Joseph, 1789-1866, Archivar, Düsseldorf.* - **1432**

Lademacher, *Dr. Horst, *1931, UProf., Bonn.* - **2893**

Lahrkamp, *Helmut, *1922, städt. Archivdirektor, Münster.* - Ferd. v. Fürstenberg **345f.**, Turck **983**, Jerusalemfahrten **3008**, v. Bönninghausen **200**, von Sporck **916**, Kriminalfall **1645**, C. v. Fürstenberg **339**, W. v. Fürstenberg **372**, Rudolphi **847**, Sauerland **2149**, Niels Stensen **947**, Oliver **41**, König v. Korsika **719**, Frankreich-Habsburg **373**, J. M. Gröninger **443**, Galen **386b**, J. I. Feill **318b**

Landau, *Dr. Georg, 1807-1865, Archivar zu Cassel.* - Hasungen **1388**, Symbolik **2475**, L. Schrader **881**, ABC **2425**

Landmann, *Dr. Florenz, *1869.* - **2983**

Landolt-Wegener, *Elisabeth.* - **31**

von Landsberg-Gemen, *Friedrich, Freiherr (seit 1863 Graf), 1815-1899.* - **975**

von Landsberg-Velen, *Graf Friedrich Ludolf* (Nekrolog **636**). - **1344**

von Lang, *Karl Heinrich, 1764-1835, Ritter.* - **3048**

Lange, *Walter, Landesverwaltungsrat, Bielefeld.* - **2646**

Langer, *Wolfhart und Christine, Bonn.* - **2614**

Langewiesche, *Friedrich, 1867-1958, Studienrat, Professor, Bünde.* - Buchholz **3381**, Idostaviso **2698**, Ptolomäus **2696**, Teudt **967f.**, Vlotho **2647**, Hiddenhausen **2651**, Lesepultdecke **3456a**

Lappe, *Dr. Josef, 1879-1944, Studienrat, Lünen.* - Geseke **1356ff.**, Huden **3485a**, Trinkbecher **3451**, Kappenberg **3480**, Vilsen **2223**, Gangenoß **3055**, Eichword **3054**, Instruktion **3521**, Werne **2286**, Familien- und Stadtgeschichte **1510**, Gutsherr **939**, Stadtgründung **2287**

Lappenberg, *Dr. Johannes Martin, 1794-1865, Archivar, Hamburg.* - **2428**

Lasch, *Agathe, 1879-1946, Professor, Hamburg.* - **1564**

v. Lassaulx, *Johann Claudius, 1781-1848, Königl. Bauinspektor, Coblenz.* - Krukenburg **1318**, Geroldskapellen **2010**

Laumanns, *Dr. Clemens, 1878-1931, Studiendirektor, Arnsberg.* - St. Annen Rosengarten **1502**, Bürgernamen **1503**, Archidiakonat Lippstadt **1498, 1500**, Epitaph **900**

von Ledebur, *Leopold, 1799-1877, Freiherr, Geh. Regierungsrat, Hauptmann, Berlin.* - Grenzen **2595**, Denkmäler **1581**, Wappen **2472**, Osnabrücker Forstbann **1887**, Münzkunde **2482**, Emsland **1293**, Siegel **2473**, v. Sternberg **948**

Leesch, *Dr. Wolfgang, *1913, Staatsarchivdirektor, Münster.* - Von Rietberg **814**, Pfarrorganisation **1932**

Lehmann, *Dr. Edgar, *1909, Professor, Leipzig.* - **1228**

Lehmkuhl, *Dr. Hanna, Münster.* - J. M. Gröninger **444**, Barockgemälde **3327**

Lehnemann, Wingolf, Lünen. - **919**

Leidinger, *Dr. Paul, *1930, Studiendirektor, Stadtarchivar, Warendorf.* - Himmelpforten **1421f.**, Besitzergreifung **2280**, Investiturstreit **2797**, Bischof Rotho **844**, Grafen v. Werl **43, 143**

Leineweber, *Dr. theol., Lorenz, 1881-1925, Konviktspräses, Brilon.* - Fürstbischöfe **2040**, Volksschulwesen **3024**, Visitationsberichte **2945**, Sendbestimmungen **1147**, Kirchenpatrozinien **2946**, Brilon **1145**, Kannegießer **1156**, Adreßkalender **3173**, Zuversichtsbrief **3167b**, Madfeld **1515**, Brilon **1139f.**, Verwaltung **1165**

Lenfers, *Hermann, *1833, Gymnasiallehrer, Münster.* - **377**

Leo, *Dr. Peter, Minden.* - **1579**

Leonhardt, *Karl Friedrich, Assistent Landes-* museum *Münster.* - Bunekeman **224**, Ring **1318**, Spenge **2202**

Leverkus, *Dr. Wilhelm, 1808-1870, Archivar, Oldenburg.* - **2713**

Levey, *Dr. Michael, *1927, Kustos Nationalgalerie, London,* - **647f.**

Liedhegener, *Dr. Clemens, Münster,* - **2811**

Liese, *Dr. Wilhelm, 1876-1955, Professor, Freiburg.* - Spitäler **2987**, Eremita **307**

Linneborn, *Dr. Johannes* (Nekrolog **660**). - Bursfelder Kongregation **2996f.**, v. Peine **747**, Reformtätigkeit **120**, Brenkhausen **1137**, F. X. Schrader **879**, Bödefeld **2420**, Wickersche **3517**, Wormeln **2320**, Geschichte des Vereins **74**, Vereinsarchiv **108**, Greve: Historische Wanderungen durch Paderborn, W **5**, **32** - (Rez.)

Lipgens, *Dr. Walter, *1925, UProf., Saarbrücken.* - J. Gropper **451f.**, Eb Spiegel **912**

Lippe, *Margarete s. Pieper-Lippe*

Lobbedey, *Dr. Uwe, *1937, Landesoberverwaltungsrat, Münster.* - Ausgrabungen zur Mittelalter-Archäologie **2582**, Albersloh **1054**, Bergkirchen **1083**, Burgsteinfurt **1181**, Baumlade Drüggelte **1286**, Freckenhorst **1325**, Germete **1347**, Münster-Herford **1409**, Nikolai-Herford **1412**, Marienkirche Lippstadt **1507**, Haus Loe **1529**, Natzungen **1855**, Quernheim **2097**, Stapelage **2204**, Vreden **2236**, Werl **2285**

Löffler, *Dr. Klemens, 1881-1933, Bibliotheksdirektor, Münster.* - Abdinghof **2005**, R. v. Langen **635**, Glandorp **1754**, Höxter **1440**, J. Holtmann **525**, Hebräischer Unterricht **3031**, v. Kerssenbroch **579**, Beckum **2973**, Montanus **704**, Fraterherren **1677**, Frauenkloster **1326**, H. v. Ahaus **485**, Münster **1595**, Corvey **517**

Löher (*seit 1866: von*), *Franz, 1818-1892,*

Kulturhistoriker, Prof., München. - Deutschland 2774, Seemacht 3181, Adel 2684

Löhr, *Dr. Alfred, Bremen.* - 3284

Loeve-Veimar. - 3140

Lohmann, *F. X., Rendant, Brilon.* - Zum 18. 10. 1913 **1157,** Hesse **1164,** Briloner Flur **1151,** Unfälle **1161,** Pfarrchronik **1146,** Progymnasium **1150**

Lohmann, *Regierungsassessor, Coesfeld, vorher Medebach.* - Medebach **1539,** Hoheitsstreit **2977,** Glindfeld **1362,** Hallenberg **1378,** Wüstungen **1379,** Poelmann **777,** Bergbau **2913,** Niedersächsisch **3077**

Loos, *Dr. Waltraud, Arnsberg.* - 491

Lorenz, *Gerhard, *1797, Pastor zu Waltrop.* - 2442

Ludat, *Dr. Herbert, *1910, UProf., Münster, Marburg.* - 1794

Lübeck, *Dr. Konrad, 1873-1953, OStR, Professor in Fulda.* - Abt Heinrich **484,** Kemnade **1242**

Lüdicke, *Dr. Reinhard, 1878-1947, Staatsarchivrat in Berlin-Dahlem.* - Zentralbehörden **1615,** Gesandtschaftsreise **797,** Straßenauflauf **1039**

Lühdorf, *Dr. Hans, Amtsgerichtsrat, Düsseldorf.* - 705

Lüntzel, *Hermann Adolf, 1799-1850, Justizrat, Hildesheim.* - Bäuerliche Lasten, A IV 3 346-354

Ludolph, *Anton, 1862-1922, Pfarrer, Medebach.* - 1543

Mackowsky, *Else, Potsdam Sanssouci.* - 154

Mann, *Dr. Albrecht, *1925, Professor TH Aachen.* - 3242

von der Marck, *Dr.* - 1525

Markus-Grimm, *Inge, Studien-Assessorin, Hilchenbach.* - 951

Marquardt, *Ernst, †1964, Oberstleutnant, Münster.* - 366f.

Marx, *Dr. theol. Joseph, 1863-1923, Oberlehrer, Bochum.* - 738

von Matthey, *Werner.* - 732

Matuschek, *Günter, Landesoberbauamtmann, Roxel.* - 2267b

Matz, *Dr. Friedrich, 1890-1974, UProf., Münster, Marburg.* - 1580

von Mauntz, *W., Coblenz.* - 2768

von Medem, *Friedrich Ludwig Karl, *1799, der Rechte Beflissener, Berlin, Kgl. Archivkommissar, Stettin, Preußischer Archivrat in Wetzlar.* - Geographie **2596,** Urkunden **2376, 2379**

Meier, *Dr. Burkhard, 1885-1946, Assistent des Konservators der Rheinprovinz, Bonn.* - Mauritzkirche **1698,** Diözesan-Museum **2526,** J. Vredis **1005**

Meier, *Dr. Johannes, *1948, Clarholz.* - Clarholz **1198ff.,** Busdorfstift **2016**

Meier, *Dr. Paul Jonas, 1857-1946, Professor, Museumsdirektor, Braunschweig.* - 19, 613

Meier, *Dr. Wilhelm.* - 495

Meininghaus, *August, 1867-1945, Privatgelehrter in Dortmund.* - v. Mallinckrodt **676,** Verlust in Ahnentafeln **1274,** Deggings **249,** morganatische Ehen **337,** Stadtwappen **1271**

Meister, *Alois, 1866-1925, Professor in Münster. Biographie (WW) WZ 121, 173-247.* - Herzogtum Westfalen **2815,** Sensenschmiede **2094,** Roter Montag **2265,** Hüttenwesen

2914, Urk. Westernkotten 2294, Steinkohle 2915, Wirtschaftlicher Kampf 2898, Seidenbau 2925, Chr. B. v. Galen 382, Kriegsnachrichten 2872, Historische Kommission 2356, Kulturkampf 2951, Bona natio 2281

Melchers, *Franz.* - 1352

Menn, *Dr. Walter, 1890-1967, Direktor Universitätsbibliothek Greifswald, Bibliotheksdirektor, Mainz.* - Buchillustration 3433, Lutherdrucke 1767

Merker, *Dr. Arnold, Weißenfels.* Theodor I. von Korsika 718

Mertens, *Konrad* (Nekrolog 695) - W. Giefers 404, Römerspuren 2729, Rolandssäule 1131, Kirchplätze 1449, Heidenkirchhof 1496, Nuttlar 2632, Bäume 1391, Eiche 1870, Scattenhusen 2150, Graf J. v. Bocholtz-Asseburg 193, Julius Evelt 309

von Merveldt, *Dr. Dietrich Graf, * 1915, Archivdirektor des Bistums Münster.* - 357

Merx, *Otto, 1862-1916, Archivrat in Antwerpen.* - Militär 1847, Rothmann 843, Rietberg 2134

Messing, *Dr. Bernhard, Münster.* - 1644

Metzen, *Dr. Joseph, Drensteinfurt.* - 1614

Meyer, *Christian.* - 693

Meyer, *Erich, 1897-1967, Kustos am Schloßmuseum, Berlin.* - Goldschmiede 3410, Meisterwerk 3420, Roger von Helmarshausen 833

Meyer, *Ignaz Theodor Liborius* (Nekrolog 698). - Eggesterensteine 1305, Desenberg 1263, Villicationen 1945, Hof Triburi 2004, Burg Fürstenberg 1337f., Gehrden 1340, Böddeken 1102, Meinwerk 691, Grafen von Arnsberg 141, Minden 2408, von Berg 183, Betreuung der Archive 2453

Meyer, *Karl Heinrich, 1890-1945, Universitätsprofessor.* - 1727

Meyer, *Dr. Ruth, *1911, Diplom-Bibliothekarin in Münster.* - Buchdeckel 3426, Kapitelle 3257

Meyer-Detering, *Wilhelm, Generalleutnant, Münster.* - 2873

Meyer zu Ermgassen, *Dr. Heinrich, *1938, Lehrauftrag für hist. Hilfswissenschaften, Akad. Rat, Lichtbildarchiv Marburg.* - 2224

Meyhöfener, *Hildegard, Münster.* - Kreuzweg 1299, Chorpult 1573

Michels, *Paul* (Nekrolog 700). - Stammhaus Altertumsverein 2077, Schloß Neuhaus 2154f., Wohnhaus 2078, Th. Gröninger 450, Rathaus 2068ff., Marienstift 1974, Baugeschichtl. Erkenntnisse 2555, Delapaix 3384, Stratmann 956, Liborischrein 1972, Paderborn 2080, Inschriften 39, Ahnentafeln 45

Micus, *Joseph, 1801-1860, Gymnasial-Oberlehrer, Paderborn.* - 911

Middendorf, *Hermann, 1807-1880, Gymnasial-Prof., Münster.* - 3083

Möhl, *Dr. Ernst, 1904-1973, Oberstudiendirektor.* - 3475

Möhlmann, *F., Auditor zu Stade.* - Gardewesen 1849, Bernhard zur Lippe 186, Femgerichte 3128

Möhlmann, *Dr. (Gerd) Günther, *1910, Staatsarchivdirektor, Aurich.* - 1327

Möhring, - *Heinrich, *1867, Pfarrer, Hesborn.* - von Eppe 304, Hesborn 1417f., Züschen 2321

Mönks, *Dr. Anton, *1879, Studienrat, Hattingen.* - Warburg 2266, Kollerbeck 1485, Bergbau 2917, Nieder-Niese-Langenkamp 1484, Schützenwesen 3016, Löwendorf 1509

Molhuysen, *zu Deventer und Troß, Dr. L., Hamm.* - 476

Molitor, *Dr. Erich, 1886-1963, UProf., Mainz.* - 3151

Moorees. - 1087

Mooyer, *Ernst Friedrich, 1798-1861, Kaufmann und Historiker zu Minden.* - Altdeutsche Gedichte 3080, Urkunden 2384f., Freie Hagen 2099, Reisenotiz 3195, Landfrieden 2804, Möllenbeck 1585f., Herford 1405, Enger 1297, Anno II, v. Köln 133f., Flechtdorf 1312, Grafen v. Dassel 248, Grafen v. Sternberg 949, v. Vincke 990, Drosten der Gr. v. Ravensberg 792, der B. v. Osnabrück, Gr. v. Tecklenburg, v. Vechta und v. Oldenburg 1895, d. Edlen v. Bentheim 1080, d. Edlen v. Steinfurt 1178, Totenbuch Paderborn 1929, Äbte Marienmünster 1523, Äbte Liesborn 1489, Grabstein zu Boston 1795, Äbte Hardehausen 1386, Äbte Grafschaft 1367, Möllenbeck 1586

Moritz, *Beatrix, Mittelschullehrerin, Münster.* - 369

Morsey, *Dr. Rudolf, *1927, Prof., Speyer.* - Brüning Memoiren 217, Entscheidung 2894

Mühlberg, *Dr. Fried. Bonn,* - 2272

Mühlen, *Dr. Franz, Landesoberverwaltungsdirektor, Münster.* - Denkmalpflege 2553, Oldenzaal 3217, Wormbach 2318, Mont St. Martin 3234, Rheda 2117, Domturm 1997, Mettingen 1555, Recke 2108, Hallen 1996, Münster 1655, Baudenkmale 2753, Marienfeld 1521b

Müller, *Eduard, 1835-1917, Oberstabsarzt, Stadtrat, Münster.* - 3184

Müller, *Eugen, *1851, Oberpost-Direktions-Rechnungsrat.* - Gesellschaftsleben 1810, Postbeamte 1623, Wiedertäuferhaus 1745, Portofreiheit 76, Arninck 139, v. Reumont 808

Müller, *Dr. Ernst.* - Nachträge WUB 2361, Ostbevern 1896

Müller, *Günther, 1890-1952, UProf., Münster, später Bonn.* - Westf. Dichter 3088, Rulmann 852

Müller, *Dr. Helmut, * 1939, Staatsarchivrat, Münster.* - Nünning 724, Karneval 1808, Clemenswerth 3449

Müller, *Joseph.* - 1641

Müller, *Wilhelm, Amtsgerichtsrat, Weimar.* - Cherusker 2709, Drachenzeichen 2740, Römerfeldzug 2739, Lemgo 29

Müller-Wille, *Wilhelm, *1906, UProf., Münster.* - Sauerland 2586, Teutoburger Wald 2216

Münscher, *Dr. Hermann, 1912-1944, gefallen in Rußland, cand. hist. art., Greifswald.* - 3256

Mürmann, *Dr. Franz, *1908, Oberstudienrat, Warburg.* - 2863

Mütter, *Dr. Bernd, * 1938, O-Studienrat, Hövelhof.* - A. Meister 693, Diekamp 251, Geschichtswissenschaft 1761

Muller, *Maria, Professorin, Sceautt-Seine.* - Hemsterhuis 490, Baron 351

Mummenhoff, *Dr. Karl Eugen, * 1920, Professor, Landesverwaltungsdirektor, Münster.* - H. Thümmler 972, Adels-, Bürgerbauten 1741, Burgenforschung 3218, Burgenbau 3346, Bautätigkeit 1752, Prinzipalmarkt 1740, Profanbaukunst 33, Schnellinventarisation 2545b

Murdfield, *Dr. Magdalena, Rheine.* - 2125

Naarmann, *Dr. Friedrich, *1865, Oberlehrer, Münster.* - 3020

von Natorp, *Karl Theodor, 1782-1863, Oberlandesgerichtsrat, Paderborn.* - 2731

Nettesheim, *Josefine, *1895, Professor.* - **550**

Neuhaus, *C., Gymnasiallehrer, Rheine.* - **957**

Neuhaus, *Ludwig, 1803-1883, Pfarrer, Westhofen-Syburg.* - **2296**

Neuhaus, *Wilhelm, 1882-1973, Pfarrer, Wetter-Ruhr.* - **2152**

Neumann, *Dr. Eberhard, *1912, Landesbaudirektor, Hannover.* - Biggetalsperre **2558**, H. Busen **227**, Altendorf **1062**, Rathäuser **3351**, techn. Kulturdenkmale **2545d**

Neumann, *Dr. Gerhard J., Bielefeld.* - **3512**

Niebour, *Dr. Hermann, Regierungsrat, Wilmersdorf.* - **2884**

Niederquell, *Theodor, Eschborn (Taunus).* - **2432**

Niemeier, *Dr. Georg, *1903, UProf., Braunschweig.* - Ortsnamenkunde **1852**, Soest **2177**

Niemeier, *Dr. Hans-Gerhart, *1908, Ministerialdirigent, Düsseldorf.* - **3176a**

Niemeijer, *Dr. F. W., den Haag.* - **878**

Niemeyer, *Dr. Gerlinde, *1923, Oberstaatsarchivrätin, Münster.* - Scheda **2153**, Prämonstratenser **3001**, Husemann **534**, Altartafeln **1490b**

Nienhold, *Dr. Eva, Staatliche Bildstelle Berlin.* - **155**

Niesert, *Johann Heinrich Joseph, 1766-1841, Pfarrer, Velen.* - **1293**

Nissen, *L.* - **2897**

Nissen, *Robert, 1891-1968, Museumsdirektor in Münster. Widmung zum 75. Geburtstag*

W **45,77**. - Muttergottes **1547**, Landesmuseum **2513**, Heimatmuseumsverbände **2530**, Fröndenberg **1332**, Reliquienfiguren **3412**, Tafelbilder **2514**, Konrad von Soest **614**, Nikolaustafel **2572**, Plastik **3278**, Sterbekerze **615**, Baegert **156**, Museen **2531**, Abzeichen **3452**, tom Ring **817**, Lendner **3483**

Noehles, *Dr. Karl, *1922, Professor Kunstgeschichte, Münster.* - Grabplatte **496**, Statuen **1661**

Noeldechen, *Elfriede, Landesbibliotheksamtmännin, Münster.* - Rensing **807**, Thümmler **972**

Nordhoff, *Joseph Bernhard* (Nekrolog WW **723**). - Liesborn **1490**, Holz- und Steinbau **3353**, Drucke **1771**, Zeitungen **2849**, Johanniterkapelle **1681**, Postreuter **2854**, Landwehren **2666**, Buchbinderkunst **3438**, Gert van Lon **668**, Buchdruckergeschichte **3439**, Funde **2742**, H. Geisberg **398**, F. Westhoff **1016**, Heidentempel **1283**, Bunekeman **222**, Bauwesen **3355**, Altwestfalen **103**

Nottarp, *Hermann, 1886-1974, UProfessor, Würzburg.* - Vermögensverwaltung **1634**, Wappen **1592**, Prälat **872**, Dompropst **1568**, Klemens August **170f.**, Kirchenwesen **40**

Nübel, *Eberhard Johannes, 1802-1876, Propst und Dechant, Soest.* - **2198**

Oberschelp, *Dr. Reinhard, *1936, Oberbibliotheksrat, Hannover.* - Wewelsburg **2299**, Holthausen **1448**, Böddeken **1103**

Oehlert, *Dr. Gisela, Köln.* - Fürstenberg **368**, Platon **1798**

Oeser, *Wolfgang, OStudienrat Bochum.* - Handschriften **1678**, **2444b**

Oeters, *Ernst, gefallen im Osten.* - **2577**

von Oeynhausen, *Julius, Graf, 1843-1886.* - **728**

Offenberg, *1807-1877, Gymnasialoberlehrer, Münster.* - **2229**

Offenberg, *H., †1898, Landgerichtsrat, Münster.* - Köplin **596**, Halsband **3164**, v. Galen **388**

Oldemeier, *G.* -**2577**

von Olfers, *Clemens August Franz, 1787-1861, Geh. Oberjustizrat, Münster.* - Domkapitel **1639**, Hl. Liudger **662**

Oppenheim, *Karl, 1887-1966, Justiz- und Kassenrat.* - **2896**

Ortmann, *Dr. Bernhard, *1903.* - Abdinghofkirche **1921f.**, Befestigungsuntersuchung **1926**

Ossenberg, *Dr. Heinrich, H. nm.* - Grablegung **733**, Bildtafel **3329**

von der Osten, *Dr. Gert, *1910, Gen.-Direktor Museen der Stadt, Prof., Köln.* - Hildesheim **3281**, Andachtsbild **3307**

Ostendorf, *Adolf, 1878-1964, Pfarrer, Bochum-Weitmar.* - **2948**

Ottenjann, *Dr. Heinrich, 1886-1960, Museumsdirektor, Cloppenburg.* - **203**

Overmann, *Alfred, 1866-1946, Archivassistent in Münster († Erfurt).* - Beschreibung **2860**, Wortzins **1501**

van Oyen, *Dr. Gundula, *1925, Bibliothekarin, Münster, vh. Tschira, lebt in Karlsruhe.* - **165**

Paatz, *Dr. Walter, 1902-1978, UProf., Heidelberg.* - Schnitzaltäre **3285**, Kunstkreis **3223f.**

Pagendarm, *Paul, 1891-1953, Lehrer, Grundsteinheim.* - **1370**

Pape, *Dr. Rainer, Museumsleiter, Herford.* - **1406**

Rabe von Pappenheim, *Gustav Freiherr, Rittmeister, Carlshafen.* - **2247**

Pelka, *Dr. Otto, Oetzsch bei Leipzig.* - **211**

Penners, *Dr. Theodor, Archivdirektor, Osnabrück.* - **1889**

Pennings, *Dr. Heinrich,* (Nekrolog **749**). - Museum **2523**, Propsteikirche **2114**, Vestisches Archiv **2113**

Perger, *Ludwig, 1829-1875, Kleinheubach, Fürstl. Löwensteinscher Hofsekretär.* - Iburg **1456**, Erbämter **1609**, Schöppingen **876**, Wandgemälde **1659**, Chigi **232**

Peter, *Dr. Heinrich.* - **1346**

Petermeier, *Paul, Regierungsbauassessor, Hagen.* - Meinerzhagen **1545**, Herdecke **28**

Peters, *Dr. Leo, Nettetal.* - **449b**

Peters, *Wilhelm, Regierungs- und Baurat, Münster, Kreiswegebauinspektor, Büren.* - Büren **1176**, Coesfeld **1207**

Petrasch, *Friedrich, Niedermarsberg.* - Marsberg **1534**, Niedermarsberg **1535**

Petri, *Franz, *1903, UProf., Münster.* - Niederlande **3216, 3219f.**, Friede **2862**, J. R. Thorbecke **971**, Th. Rensing **807**, Politik **2802**, Landschaften **2584**

Peus, *Busso, Frankfurt-Main.* - **1000**

Pfeiffer, *Gerhard, *1905, UProf., Erlangen.* - Kappenberg **1185**, Aufschwörungstafeln **3484b**, Bauernfamilie **3487**, Chr. B. v. Galen **384**, Wirtschaftsführer **2900**, Innungen **3494**, Paderborner Land **2087**, Hubertusritterschaft **2480**, Staatsarchiv **2466**, Peckelsheim **2090**

Philippi, *Friedrich* (Nekrolog WW **755f.**) - Siegel **15**, Porträtbüste **330**, Baumsärge **2639**, Handschrift **2784**, Belagerung **1845**, Standesverhältnisse 713, Pfarrsystem 1596, Ptolomaios 2695, Erbmänner 573, Herdringsches Haus 1747

Pieler, *Franz Ignaz, 1797-1883, Gymnasialprofessor Arnsberg.* - Soest 2168, Meschede 1549, Hanse 3182, J. S. Seibertz 896, Klause bei Meschede 85

Pieper, *Anton* (Nekrolog 764). - Stiftungsfest 73, Domschatz 3405, Emigranten 1625

Pieper-Lippe, *Margarete*. Bildhauer 1801, Regimentsfahnen 2510, Steinreliefs 1802, Kelche 3419, Tod Barbarossas 875, Galen-Erinnerungen 2511, Billerbeck 1088, J. W. Gröninger 447, Domherrenepitaphien 1637, M. Geisberg 399f., J. M. Gröninger 445, L. E. Grimm 420f., Zinn 37, 1805, 3446, Handwerk 3495, Stickerwerkstatt 3458

Pieper, *Dr. Paul, *1912, Professor, Museumsdirektor Münster*. - Letmathe 3292, Eisenhoit 296, Baegert 157ff., Bildhauerwerkstatt 3279, Malerei 3316, Rudolphi 848, Westfälischer Friede 2856, Museen 2533, Tafel 3330, Notgottes 2512, Legden 3276, Maler (Kat.) 2519, H. tom Ring 821f., L. tom Ring 828, Coesfeld 1206, Malerei 14. Jh. (Kat.) 2520, Meister von Liesborn 651ff., Jan Baegert 166, Stundenbuch 565, Haldener Altar 3331, Zeichnung 3332, J. Koerbecke 604, Geusenschüssel 3431

Plassmann, *Dr. Josef Otto, 1895-1964, Historiker und Übersetzer, Berlin*. - 1688

Platte, *Friedrich, 1834-1900, Vikar, Bökenförde*. - 1315

Pöppel, *Diether, *1930, Pfarrer, Dringenberg*. - 180

Pöppel, *Karl Ignaz, 1889-1969, Schulrat, Paderborn*. - Jodefeld 545, 66-Spiel 2066, Brauwerk 2065, Stadelhof 2059

Pöppelbaum, *Johannes, 1845-1934, Pfarrer, Wewelsburg*. - 688

Pörnbacher, *Hans, Studienassessor, Steingaden, Obb.* - 294

Poth, *August.* - 1597

Pottmeyer, *Heinrich.* - 2213

Preising, *Joseph, Seminarlehrer, Rüthen.* - 2143a

Preusker, *Karl, 1786-1871, Rentamtmann, Großenhain in Sachsen*. - Vereine 2327, Plan 68f., Kunstverein 3221, Schweden 2378, Menschliche Gebeine und Kunstprodukte 2676, Altertumsforschung 2675, 2750, Akademie der Inschriften Paris 2451, Mongol. Inschrift 2452, Halberstadt 2687, Ortschaften 2597, Waffen 2677

Preuß, *Otto, 1816-1892, Geh. Oberjustizrat in Detmold*. - Ulenburg 2219, Externsteine 1307, Gaue 1491, Falkenhagen 1310

Prinz, *Joseph, *1906, Honorarprofessor, Staatsarchivdirektor, Abteilungsleiter des Max-Planck-Institutes für Geschichte in Münster. Festschrift zur Vollendung des 65. Lebensjahres, W 51, WW 378-383*. - Osnabrück 3383, Malerfamilie Koerbecke 606, Kartograph 823, Heidenkirchhof 1728, Westwerk 1651, Malerei 1804, Knipperdollinck 595, Bildnisse von H. tom Ring 714, 818, 824, Nottuln 2399, A. K. Hömberg 512, K. Zuhorn 1046, Borgholzhausen 574, Gobelin Person 754, Hofsleger 520, G. Bruse 218, Otto III. 737, Germania Sacra 2929

Quast, *Regierungsbaurat, Minden.* - 1574

Quincke, *Dr. Wilhelm, Museumsleiter, Altena, Burg.* - 970

Quix, *Christian* (Nekrolog 785). - Jülich 1461, Brachelen 1125, Eschweiler 1302, Hohenbusch 1445, Heinsberg 1392, Nothberg 1877, Odenkirchen 1879, Marienstift 1467f., Dalheim 1248

Raab, *Dr. Heribert, *1915, UProf., Fribourg.* - 1959

Radocsay, *Dr. Dénes, Budapest, Landesmuseum.* - **3258**

Rautert, *1780-1858, Landrichter, Hattingen.* - **2717**

Rave, *Paul Ortwin, 1893-1962, Custos an der Nationalgalerie Berlin.* - **2544**

Rave, *Wilhelm* (Nekrolog **789**). - Dom Minden **1571**, **1575**, Pictorius-Lipper-Reinking **758**, Sorge **1725**, Schinkel **2542f.**, Kirchenbau **3210**, **3230ff.**, **3247**, Schloßgarten **1726**, Münsterland **3208**, Pictorius **759**, **761f.**, Apostelgang **1660**, Maastricht **3209**, M. Tympe **984**, Meiering **683**, Werdener Krypten **2276**, Stammbuch **790**, J. Krane **628**, Coesfeld **1203**, Pfeilerquerschnitte **3223**, Küng **629**, W. Helleweg **488**, Mecklenburg **2814**, Westwerke **3243f.**, Corvey **1226**

von Recklinghausen, *Karl Gustav, Detmold.* - Schmedding **1748**, Grimmelshausen **427**, J. Kayser **567**

Regelmeier, *Bernhard.* - **1180**

Reiche, *Dr. Richard, *1876, Leiter der Gemäldegalerie Bochum.* - **3253**

Reichling, *Dietrich, 1845-1931.* - Montanus **528**, Hegius **477**

Reigers, *Friedrich, Kreisgerichtsrat, Bocholt.* - Bocholt **1094**, Parochialstreit **1095**

Reinhard, *Dr. Ewald, Studienrat, Münster.* - Gallitzin **391**, J. v. Laßberg **639**, Th. v. Oer **725**, Familie Sacra **1810a**, J. H. Kistemaker **589**, Münster **1763**, Paulinum **1767**

Reinthal, *Paul, Landesoberinspektor, Münster.* - **2536**

Reismann, *Heinrich* (Nekrolog **805**). - **2012**

Reismann, *Th.* - Grafschaft Tekeneburg **2211**, K. Aug. B. Fleige **322**

Reißner, *Dr. Fritz, Landesbankrat, Münster.* - **2490**

Rensing, *Dr. Theodor, Festgabe W 37, Gedenkrede, Bibliographie* **807**. - Duenwege **293**, Bildhauer **746**, Dominikanerklöster **2999**, Rosenkranzaltar **1277**, Jordan von Sachsen **549**, Madonnen **3298**, Koerbecke **597**, Schloß Ahaus **131**, Schlaun **864ff.**, Observantenkirche **1700**, Kapuzinerkirche **1682**, Schwarzenraben **2157**, Liboripatrozinium **1105**, v. Corfey **237**, Architekten **2071**, Baegert **160**, Gladbach, Gröne **407**, Landsberger Hof **1737**, Petrini **789**, Rechtsfragen **2549**, Rabaliatti **821**, Corvey **1222**, G. Gröninger **438**, W. Heimbach **479**, J. Ev. Holzer **527**, A. v. Vagedes **3379**, Schöppingen **552**, Konrad von Soest **620**, Bauherren **3367**, Denkmalpflege **2550ff.**, Velen **2220**, Barbarossa-Kopf **331**, Ermordung Engelberts **540**, Monumenta memoriae **3310**, Fürstbischof v. Plettenberg **771**, F. v. Fürstenberg **350**, Essener Münsterschatz **3401**, Johannes d. T. **1223**, Meister von Liesborn **650**, Paul Bock **194**, Borghorster Kreuz **3421**, Ambrosius von Oelde **131f.**, Cl. Aug. v. Vagedes **987**, **1021**, Barock **336**

Repgen, *Dr. Konrad, *1923, UProf., Bonn.* - **552**

Reuter, *Dr. Hannelore, Münster.* - **3390**

Reuter, *Rudolf, *1920, Professor, Leiter der orgelwissenschaftlichen Forschungsstelle; UMünster, Angelmodde.* - Orgeldenkmalpflege **2538**, J. Patroklus Müller **3387**, Wiederherstellung **2539**, Klausing **3388**, Musikgeschichte **1811**, Domorgel **3389**, Bibliographie **1816**, Cembalo **3395**, Instrumentarium **1818**, Orgeln **3393**

Ribbeck, *Dr. Walther, 1858-1899, wiss. Beamter Staatsarchiv, Münster.* - Inquisition **2938**, R. Torck **979**, Chr. B. v. Galen **379**

Richter, *Wilhelm* (Nekrolog **812**). - Besessene **1964**, Dompropstei **1973**, Ferd. v. Fürstenberg **341ff.**, Kalandsbruderschaft **1175**, U. Paderborn **2029**, Vereinsgeschichte **72**, W.

Spancken 907, K. Spancken 906, Beiträge 2053, Westphalenhof 2074, Pfarrbeschreibung 1931, Zucht- und Fabrikhaus 2075, Übergang Hochstift 2048, Phil.-Theol. Lehranstalt 2035, Volksschulwesen 2036, Bibliothek 2025a, Paul Wigand 2028, Gymnasium 2034

Richtering, *Helmut, *1922, Staatsarchivdirektor, Münster.* - Wedemhove 1011, Oelinghausen 1881, G. v. Romberg 840, Kirchenschatz 3400

Riesenberger, *Dr. Dieter, *1938, Studienrat in Lippstadt.* - 562

Riewerts, *Dr. Theodor, 1907-1944, Direktorialassistent, Münster.* - Lechter 641, Taufschüssel 2163f., D. Baegert 162f., Hilgardus 507f., A. v. Droste-Hülshoff 281, H. tom Ring 826, Jacoba von Tecklenburg 542, J. v. Koerbecke 603, W. Hollar 523

Ritgen, *Otto, *1882, Oberregierungsrat, Hagen.* - 338

Robitzsch, *P., †1895, Gymnasiallehrer, Höxter.* - Brunsberg 1433, Landwehrbefestigungen 1434, Marktkirche Corvey 1246, Stein 1119

Rodenkirchen, *Nikolaus, 1874-1966, Landesoberarchitekt, Münster.* - Wandmalereien 2559, Hochaltar Geseke 2571, Patrokli 3266, Helden 1393, Vreden, Cappenberg 3272, Berghausen 1082, Lavesum 1487, Kirche Mark 1528

Rörig, *Dr. Maria, Studienreferendarin, Bielefeld.* - 2530f.

Röttinger, *Wilhelm, Professor, Hofrat, Wien.* - 1009

Rohfleisch, *Josef, Professor, Studienrat, Münster.* - 230

Rohling, *Dr. Ludwig, *1907, UDozent Greifswald 1942, a. D. 45 Flensburg.* - Dom Münster 1656, Stammbuch 229

Rohrbach, *Josef, 1893-1967, Oberstudienrat, Paderborn.* - 858

van Roosbroeck, *Robert, Professor, Oosterhout/Niederlande.* - 2978

Rose, *Bürgermeister zu Herford.* - 1027

Rosenkranz, *Georg Joseph* (Nekrolog 841). - Reformation 2038, G. J. Bessen 190, G. Persona 750, Dietrich v. Niem 258, Sporck 917f., A. L. Chr. Gabert 375, Büren 1174, R. Dammers 243, Reineccius 800, F. J. Gehrken 396, Kleinenberg 2867, Juden 2825, Kaffeelärm 2067, Verfassung 1941, A. Kircher 588, Bataillon 2046, Rechtshändel 1952, Becker 174, Rietberg 2127f., Gelehrte 2039

Rosenmeyer, *Dr. Ignaz Philipp, 1764-1830, Justizcommissar, Warburg.* - 3098

Roth, *Dr. August, *1882, Karlsruhe (1940 O-Kriegsgerichtsrat).* - 22

Roth, *Ferd. Wilh. Emil, 1853-1924, Archivar in Wiesbaden.* - 2832

Rothert, *Hermann* (Nekrolog 842). - Bürgerhaus 2184, Lage 3358, Hofsleger 519, Spielleute 3527, Spottschrift 3520, Goethe 415, Stammbuch 892, Münster 1722, v. Kerssenbrock 580, Patrokli 2192ff., Lippstadt 1505, Soest 2178, 2183, Wappenspruch 1527, D. Kolde 608

Rothert, *Hugo, 1846-1936, UProf. Münster (Vater von Hermann Rothert).* - Faust 245, Langermann Haus 1746

Rothert, *Johannes, 1847-1925, Domkapitular, Osnabrück.* - 580

Rübel, *Dr. Rudolf, *1887, Studienrat, Burgsteinfurt.* - 735

Rüther, *Dr. Josef, Studienrat, Brilon.* - Familien Suderland 959, Frau 3489, Bergwerke 2916, Briloner Altertumsverein 1167, Geldfeuer 3506, Landwirtschaft 3491, Plattdeutsch

3072, Heimatkunde 3538, Brunskappel 1168, Vorfahren 851, Elleringhausen 1289

Rüther, *Theodor, 1885-1968, Dr. theol., Studienrat Brilon.* - Assinghausen 1069f., Schnadegang 1162, Sprichwort 3490, Fremdwörter 3073, Brilon 3291, Olsberg 1886

Runkel, *Dr. Martin, Coblenz.* - 2411

von Salis-Soglio, *P. Nicolaus OSB, 1853-1933, Benediktiner in Beuron.* - 1243

Salm-Salm, *Alfred Fürst zu* (Nekrolog 854). - 2773

Salmen, *Dr. Walter, *1926, Professor, Kiel.* - 3528

Sandgathe, *Dr. Günther, Oberstudienrat, Warstein.* - 173

Sarrazin, *Otto, †1973, Regierungsbaudirektor, Münster.* - Apostelkirche 2568, Gademen 1751

Sartory, *Paul* (Nekrolog 855). - 3504

Sauer, *Wilhelm, 1843-1901, Königl. Archivsecretair, Münster.* - Reichsfreiheit 1712, Stiftsfehde 1607, Bispinghof 1628, Korrespondenz 1041

Sauerländer, *Dr. Willibald, Prof., Direktor Zentralinstitut für Kunstgeschichte, München.* - 3255

Sauerland, *Heinrich Volbert, 1839-1910, Trier.* - Auszüge 2022, Handschriften 2444, Dortmunder in Trier 1276, Protestantismus 2037

Schackmann, *J.* - 2714

Schaefer, *Dr. Albert, OStudiendirektor, Wiesbaden.* - 940

Schäfers, *Johannes, 1867-1941, Prälat, Paderborn.* - 314

Schäffer, *Dr. Joseph, 1887-1954, Studienrat, Warburg.* - 2810

Scharlach, *Friedrich, Studienrat, Bielefeld.* - 772

Schauerte, *Dr. theol., Heinrich, 1882-1975, Prof., Paderborn.* - 778

Schaumann, *Friedrich, Major.* - 2699

von Schaumburg, *Ernst, 1807-1882, Major im Generalstabe, Münster.* - Belagerung 376, Befestigung 1836

Scheffer-Boichorst, *Dr. Paul, 1843-1902, UProfessor, Berlin.* - 185

Schelhase, *Ferdinand, 1888-1933, Anstaltspfarrer, Benninghausen.* - 1182

Schellenberg, *Dr. Carl, 1898-1968, Hamburg.* - 3422

Schepers, *Dr. Josef, *1908, Museumsdirektor, Detmold.* - Fachwerkgestaltung 3361, Bürgerhaus 3360, Bürger- und Bauernhaus 3362, Wohnkultur 3357

Schewe, *Dr. Josef, Pastor in Kiel-Fries.* - 1882

Schickedanz, *Dr. Wilhelm Adolf, 1793-1867, Konsistorialrat, Münster.* - 2751

Schieder, *Dr. Theodor, *1908, UProf., Köln.* - 3177

Schieffer, *Dr. Theodor, *1910, UProf., Köln.* - 2933

Schierenberg, *G. Aug. B., 1808-1894, Frankfurt-Main.* - Gnitaheide 2599, Varusschlacht 86

Schiffer, *Dr. Wilhelm, *1901, Pfarrer in Sommersell.* - 515

Schily, *Franz.* - 1238

267

Schlager, *P. Patricius OFM (Harreveld), 1864-1930.* - **2991**

Schlegelmilch, *Dr. Wolfgang, *1928, Prof., Odenwaldschule, Oberhambach.* - **137**

Schlesinger, *Dr. Walter, *1908, UProf., Frankfurt-Main.* - **2758**

Schmale, *Dr. Franz-Josef, *1924, UProf., Bochum.* - **184**

Schmedding, *Johann Heinrich, 1849-1921, Geh. Baurat, Intendanturrat, Münster.* - Haskenau **2669**, Jansburg **2670**

Schmeddinghoff, *Dr. Anton, 1869-1942, Prof., Bocholt.* - Rathaus Bocholt **1096**, v. Rhede **809**, v. Pasqualini **3373**

Schmidlin, *Dr. Josef, 1876-1944, UProf., Münster.* - Ludgerus-Literatur **666**, Chr. B. v. Galen **380**

Schmidt, *Dr. Adolf, Bochum.* - Westwerke **3241**

Schmidt, *E., Königl. Major.* - **2711**

Schmidt, *Ferdinand, Burgarchivar in Altena, †1953.* - Freigerichtsprotokolle **3150**, Menden **1546**, Steinkohlenbergbau **2918**

Schmidt, *Dr. Gustav, Göttingen.* - Soester Fehde **2175**

Schmidt, *Dr. Heinrich, *1897, Prof. Düsseldorf, Kalkar.* - Seidenstoffe **622**, J. Steven **950**

Schmidt, *Dr. Heinrich, *1928, Archivoberrat, Hannover.* - **1330**

Schmidt, *Dr. Julius, 1796-1872.* - Altenroda **3161**, Hohenleuben **2688**, Sinsheim **2166**

Schmidt, *Dr. Ludwig, Prof., OBibliothekar, Dresden.* - Kastelle **2716**, Varusschlacht **2738**

Schmidt, *Dr. Maria geb. Berger, *1935, Museum für Volkskunde, Berlin.* - Wohnungen **2859**, Buchtitel **1785**

Schmidt, *Wilhelm, Appellationsgerichtsrat, Arnsberg.* - Delbrück **1260**, Hohenzollern **2776**

Schmidt - **2459**

Schmidt-Thomsen, *Kurt, *1920, Restaurator, Münster.* - **2560**

Schmitdinger, *Johannes, *1913, Studiendirektor, Paderborn.* - **41**

Schmitz, *Johannes.* - **3152**

Schmitz, *Dr. Karl-Josef, *1932, Museumsdirektor, Professor für Kunstgeschichte, Paderborn.* - Kirchenbaukunst **48**, Ikonologie **1998**, Bartholomäuskapelle **2540**

von Schmitz, *Ludwig Ferdinand, *1800, Canonicus zu Dorsten.* - **2176**

Schmitz-Eckert, *Dr. Hans-Georg, Frankfurt.* - **1618**

Schmitz-Kallenberg, *Dr. Ludwig, Festgabe W 15, 101* (Nekrolog **874**). - H. v. Schwarzburg **482**, Stolgebühren **1254**, Anholt **1063**, Kanzleiordnung **1717**, Liesborn **2898**, Neuenkirchen **1868**, Fraterherrenhaus **1675f.**, A. Brüning **216**, H. Grutkamp **526**, Kunstgeschichte **1800**, Goethe **411f.**, friesisches Offizialat **1601**, Timan Kemener **571**, W. E. Schwarz **894**, Vereinsgeschichte **74**, Leinwandhandel **1792**, Landstände **1611**, Philippis Schriften **756**

Schnabel, *Dr. Franz, 1887-1966, Prof., München.* - **2752**

Schnath, *Dr. Georg, *1898, UProf., Staatsarchivdirektor.* - Göttingen. - **2481**

Schnee, *Dr. Heinrich, 1895-1968, OStudienrat, Bonn.* - **2944**

Schneider, *Dr. Franz, Recklinghausen.* - **2115**

Schneider, *J. P., Chefredakteur, Ravensburg in Württemberg.* - **1192**

Schneppen, *Dr. Heinz, *1931, Münster.* - **2834**

Schnettler, *Otto, 1882-1974, Studienrat.* - Boele **1374**, Erfurt **2838**, Zeugenreihen **2381**, baltische Provinzen **3199a**, Isenberger **538**, Grafschaften **2803**, Kappenberg **1186**, Ministeriales **1636**, Judex **3149**

Schnütgen, *Alexander, *1843, Prof., Domkapitular, Köln.* - **116**

Schöller, *Dr. Peter, *1923, UDozent, Münster.* **1373**

Schöne, *Dr. Franz, *1889, Pfarrektor, Hervest-Dorsten.* - **1184**

Schöne, *Dr. Hermann, UProf., Münster.* - **283**

Schöningh, *Wolfgang, † 1968, Städt. Archivrat, Emden.* - Einwanderung **1328**, Ems-Schiffahrt **3193**

Schoeps, *Dr. Hans-Joachim, *1909, Prof., Erlangen.* - L. v. Vincke **997**, Pfr. Busch **333**

Scholand, *Franz.* - **1626**

Scholte, *Dr. Jan Hendrik, *1874, UProf., Amsterdam.* - **426**

Schoneweg, *Dr. Eduard, Museumsdirektor, Bielefeld.* - **3483c, d**

Schoof, *Dr. Wilhelm, 1876-1975, OStudiendirektor, Senator h. c. Willingshausen.* - v. Haxthausen **472**, J. v. Droste-Hülshoff **289**, v. Schenkendorf **862**, Bökendorfer Kreis **3529**, Dingelstedt-Freiligrath **261ff.**, Freiligrath **327ff.**, **518**, Grimms Märchen **422**, L. W. Grimm **423**, Freundeskreis **264**, J. Grimm **424**, Hoffmann von Fallersleben **518**, Schücking **885ff.**

Schoppa, *Dr. Helmut, *1907, UProf., Marburg.* - Steinfragment **2747**, Import **2749**, Schatzfund **2660**

Schoppe, *Karl, Studienrat, Paderborn.* - **41**

Schoppmeyer, *Dr. Heinrich, *1935, O-Studienrat, Witten.* - Paderborn **2061**, Selbstverwaltung **1967**, Bischof, Städte **47**, **1950**

von Schorlemer, *Friedrich Wilhelm Werner, Freiherr, 1786-1849.* - Minola **701**, Stein **927**, v. Haxthausen **475**

Schrade, *Dr. Hubert, 1900-1967, UProf., Tübingen.* - Monumentalplastik **3252**, Bronzetür **1420a**, Vita Liudger **32**

Schrader, *Franz Xaver* (Nekrolog **879f.**) - Bellinghausen **181**, Marienmünster **1524**, Patroklistift **2196**, Borgentreich **1121**, Warburg **2261f.**, J. A. v. Hörde **513**, Weihbischöfe Minden **1569**, Liebenau **1488**, Peckelsheim **2091**, v. Westheim **1015**, Husen **2436**, Steinheim **2206**, Vörden **2226**, Wahlen Paderborn **1958**

Schrader, *Dr. Ludwig* (Nekrolog **881**). - Helmarshausen **1397**, Heerse **1861**, Lippoldsberg **140**, **1101**, Urkunden **2439**, Hörigkeit **3093**, Möllenbeck **1584**

Schramm, *Dr. Percy Ernst, 1894-1970, UProf., Göttingen.* - **560**

Schreiber, *Adam.* - **3115**

Schreiber, *Georg* (Nekrolog **882**). - Westfalen **2799**, Profile **2831**

Schreiner, *Dr. Ludwig, *1928, Kustos, Hannover.* - Style Plantagenet **3227**, Apostelkirche **2569**

Schrepping, *Heinrich, 1870-1924, Dechant, Winterberg.* - **2316**

Schröder, *Dr. Albert.* - **1368**

Schröder, *Dr. August, *1908, Landesarchivar.* - **363**

Schröder, *Dr. Edward, 1858-1942, UProf., Göttingen.* - **3087**

Schröder, *Friedrich, 1891-1966, Studienrat, Paderborn.* - Bischöfe **1956**, Domweihe **1983**, Reismann **805**, Heinrichskult **481**

Schröder, *Johannes, 1845-1904, Seminardirektor, Paderborn.* - **2313**

von Schroeder, *Johann Karl, *1923, Oberarchivrat, Berlin.* - Bergrecht **3122**, Meister Bertram **189**, H. Huddaeus **829**, Sobbe **901**, Lübeck **1509c**

Schröder, *Oswald.* - **2515**

Schröer, *Dr. Alois, *1907, UProf, Münster.* - Dodo-Dom **1649**, Erpho-Dom **1650**, Chr. B. v. Galen **387**

Schröter, *Dr. Hermann, *1909, Städt. Archivdirektor, Essen.* - Meiering d. Ä. **684**, G. G. Wessell **1014**, Inventar **1008**, Stenelt **945**

Schuchhardt, *Dr. Carl, 1859-1943, Prof., Hannover.* - **2679**

Schücking, *Levin, 1878-1964.* - **740b**

Schücking, *Dr. juris, Lothar, *1873.* - Kirchenvogt **3112**, Franzosen **1854**

Schürenberg, *Dr. Luise, Freiburg/Brsg.* - **1572**

Schütte, *Albert, 1860-1948, Pfarrer, Münster.* - Brüder Ewald **312**, Mimigerneford **1591**

Schulte, *Dr. Eduard, 1886-1977, Stadtarchivdirektor, Münster.* - Schele-Hudenbeck **860**, Kriegssammlung **1851**, Prälat Lacken **632**, Siebenjähr. Krieg **2868**, Schulte im Hofe **889**, Fürstenberg **362**, Rangliste **1850**, Wiener Kongreß **941**, Münster **1846**, Provinz Westfalen **2479**, Niederstift **1612**, Ebstorfer Weltkarte **2601**, Stadtarchiv Münster **1770**, Gelsenkirchen **1343**

Schulte, *Dr. Karl-Joseph, 1871-1941, Prof. in Paderborn, später Kardinal in Köln.* - **2030**

Schulte, *Dr. Karl-Josef, 1888-1971, Regierungsdirektor, Münster.* - **3034**

Schulte-Kemminghausen, *Dr. Karl, 1892-1964, UProf. in Münster.* - Volkssprache **3040**, Droste-Funde **284**, **286**, Schleswig-Holstein **2813**, P. Sartori **855**, Rüschhaus **285**, Gallitzin **392**, Brüder Grimm **425**

Schulte, *Dr. Wilhelm, *1891, Prof., Landesarchivrat, Ahlen.* - W. v. Plettenberg **2419**, Iserlohn **1459**, Max Nohl **722**, Kommunistenmutter **965**

Schulz, *Dr. Ernst-Hermann, 1886-1962, Prof., Dortmund.* - **2923**

Schulz, *Dr. Walther, *1887, Halle an der Saale.* - **2641**

Schulze, *Rudolf, 1884-1957, Studienrat, Münster.* - Gödingsartikel **1635**, Klarholz **1193ff.**, Grabdenkmal **144**, Minoritenkirche **1669**, Christine von Schweden **234**, Liebfrauenkirche **1689**, van Zuichem **1048**

Schulze-Marmeling, *Dr. Wilhelm, Stud.-Assessor, Kamen.* - **998**

Schumacher, *Georg, 1863-1936, Prof. in Höxter.* - **3022**

Schumann, *Dr. Detlev W., *1920, UProf., Providence USA.* - **952**

Schwartz, *Hubertus, 1883-1966, Soest, Senator der Freien Stadt Danzig, Landrat.* - Petri **3269**, Inschriften **2186**, Hohnekirche **3265**, Silberschmiederei **2187**, C. Lentze **661**

Schwarz, *Dr. Wilhelm Eberhard,* (Nekr. **894**) - Gropper **454**, J. v. Hoya **529**, B. v. Raesfeld **786**, Marienthal **1694**, Offizialat **530**, Archidiakonat Friesland **1600**, Domschule **1756**, Dom-Eleemosyne **3473**, Testament **299**, Bodelschwingh **196**, G. v. Raesfeld **787**, Bistums-Visitation **531**

Schwedhelm, *Dr. Sabine, wiss. Referentin, Münster.* - **1881b**

Schwering, *Dr. Julius, 1863-1941, UProf. Lüdinghausen.* - **726**

Schwieters, *Julius, * 1844, Generalvikariats-Registrator, Pfarrdechant, Münster.* - Ahlen **1052**, Freckenhorst **2430**

Scupin, *Hans Ulrich, *1903, UProf., Münster.* - J. Möser **703**, **733**, Reichsstände **2772**

Segin, *Dr. Wilhelm, 1898-1980, Oberstudienrat, Paderborn.* - Dalheim **1250ff.**, Böddeken **1106ff.**, Gymnasium **41**

Seib, *Gerhard, cand. hist. art., Marburg.* - **3447**

Seibertz, *Engelbert, 1813-1905, Maler (Sohn von Johann Suitbert Seibertz).* - G. J. Rosenkranz **841**

Seibertz, *Johann Suitbert* (Nekrolog **896**). - Glossar **2322**, Verfall **2138**, Freistühle **3156**, Engern und Westfalen **1477**, Handel **3179**, Schulen **3018**, Kalandsbruderschaft **1148**, Rüdener Recht **2139**, Gauverfassung **564**, Aldenvels **1055**, Straßen **1478**, H. Dreckmann **272**, v. Grafschaft **417**, J. v. Berswordt **188**, W. v. Plettenberg **775**, Gebräuche **3498ff.**, Arnsberg **1065**, **3158**, Paradies **2200**, W. v. Fürstenberg **371**, Oedingen **3157**, Freigrafschaften **3144**, Meschede **1550**, G. Ketteler **583**, J. v. Plettenberg **84**, Münzgeschichte **1142**

Seiler, *Dr. Harald, 1910-1976, Museumsdirektor, Wuppertal.* - Cornelius **2541**, Arnsberg **1066**, Kalenderklinge **401**, Burgsteinfurt **804**, W. Morgner **706**, Kunstpflege **24**

Seißenschmidt, *Wilhelm, 1801-1871, Justizrat, Arnsberg.* - **2218**

Selzner, *Dr. Max, 1883-1946, Archivar, Anholt.* - **854**

Sichart, *Dr. Karl, Studienrat, Osnabrück.* - **3063**

Siggemeier, *Stephan, 1900-1974, Pfarrer, Oberntudorf.* - **969**

Simon, *Dr. Irmgard, wiss. Referentin, Münster.* - **80**

Smend, *Dr. Julius, 1857-1930, Geh. Konsistorialrat, UProf., Münster.* - **461**

von Sobbe, *Eugen, 1834-1907.* - Salzkotten **2146**, ausgegangene Ortschaften **2147f.**

Sökeland, *Bernhard* (Nekrolog **902**). - Thegaton **3039**, Coesfeld **1201**, Femgericht **3130**, Strabo **2732**, Chronik **1897**

Sönnecken, *Manfred, Studienrat, Lüdenscheid.* - **2924**

Soldan, *W. G. zu Gießen, † 1869.* - **1820**

Sommer, *Dr. Johann Friedrich Josef, 1793-1856 (Westphalus Eremita), Hofgerichtsadvokat zu Kirchhundem.* - **54**

Sommer, *Johannes.* - **23**

Spancken, *Wilhelm Siegfried Adolf (Vater von Karl Sp.)* (Nekrolog **907**). - Büren **1169f.**, Schützengesellschaften **3017**, Bruder Göbel **1109**, Register Saracho's **2391**, Vögte **1355**, Sendhafer **1110**, Soratfeld **2083**, v. Engelsheim **254**, Nachlaß **1171**

Spancken, *Karl* (Nekrolog **906**). - Stift Heerse **1859**, Holthausen **1447**, Paderborn **2417**, Münzgeschichtliches **2486**

Spanke, *Johannes, 1844-1915, Gefängnispfarrer, Herford.* - **1173**

Spannagel, *Karl, 1862-1937, UProf., Geh. Regierungsrat, Münster.* - Minden **1565**, Ravensberg **2106**, Mark und Ravensberg **2107**, Historischer Verein **1819**

Specht, *Dr. Gerhard, *1929, Oberstudienrat, Hagen.* - **42**

Spiegel, *Josef, *1901, Museumsleiter, Schwerte.* - **2489**

Spiethoff, *Dr. Arthur, Prof. Bonn.* - **890**

von Spilcker, *Burchard Christian* (Nekrolog **915**). - Donnersberg **2255**, Urkunde **2416**, Abdinghof **2002f.**, Lehnmänner **1112**, Würfelspiel **1113**, Gymnasium **3051**, von Wölpe **1079**, Gehrden **1339**, Hörige **1111**, **1114**, Volcardinghausen **3094**, v. Scardenberg **857**

Stammler, *Dr. Wolfgang, 1886-1965, UProf., Fribourg.* - **501**

Stange, *Dr. Alfred, 1894-1968, Professor, Tutzing.* - Konrad von Soest **623f.**, Jan Baegert **167**, Malerei 14. Jh. **3314**, Jan Jost **547**

Stapper, *Dr. Richard, 1870-1939, UProf., Münster.* - Agende **2955**, Kirchenjahr **2956**, Osterbräuche **2957**, Kaland **1667**, Kirchweihe **1020**

Steckeweh, *Dr. Hans, Provinzialbaurat, Münster.* - Holtfeld **2565**

Steffens, *Wilhelm* (Nekrolog **926**). - Bauernstand **136**, Vincke **999**, Paul Wigand **1029**, Judenfrage **1038**, Stein-Denkmal **942**

Stehkämper, *Dr. Hugo, *1929, Stadtarchivdirektor, Köln.* - Bischof Hermann II. **498**, Schmiedegilde **2270**, Köln **1472**

Steinbart, *Dr. Kurt, *1890, UProf. Marburg, Lahn.* - **556**

Steinberg, *Dr. Heinz Günter, *1927, UDozent, Münster.* - **2912**

Steinberg, *H. Siegfried, *1899, Leipzig.* - **1663**

Steinbicker, *Clemens, *1920, Städt. Oberrechtsrat, Münster.* - Timmerscheidt **977**, Warnekinck **3391**, Ahnenbildersammlung **888**, Tüshaus **982**, Langermann **635b**

Steinhauer, *Ludwig, 1853-1933, Bibliothekar, Paderborn.* - Domkapitel. - **1978**

Steinkühler, *Emil, Beigeordneter, Heessen.* - **2429**

Steinschulte, *Walter.* - Verfassungsbewegung. W **22,43**

Stentrup, *Dr. Franz, *1876, Studienrat, Gaesdonck.* - **1939**

Stenzel, *G. A., Prof. der Geschichte und Archivar in Breslau,* vgl. Tzschoppe

Stephan, *Hans-Georg, cand. phil., Höxter.* - Höxter **1443**, Haus Loe **1529**

Stieren, *Dr. August, 1885-1970, UProf., Direktor Landesmuseum für Vor- und Frühgeschichte in Münster.* - Steinkisten **2642**, Probleme **2615**, Landesmuseum **2617**, Denkmalpflege **2546**, Holzkammergräber **2644**, Bauten **2616**, Sölten **2649**, Oldenburg bei Laer **2672**, Ringwälle **2671**, Daseburg **2643**

Stoffers, *Dr. Albert, Büren.* - **2047**

Stolle, *Dr. Franz.* - **3052**

Stolte, *Bernhard,* (Nekrolog **954**). - Archiv **91**, Büchersammlung **87**, Engelsheym **104**, Dom **1982**, Ellendenbruderschaft **2021**, Domschule **2027**

Stolte, *Dr. Heinz, *1914, UProf. Hamburg.* - **2880**

Stoob, *Dr. Heinz, *1919, UProf., Münster.* - Städtewesen **2808**, Landesgemeinde **3486**

Storp, *Klemens, Pfarrer, Ahaus.* - 3409

von Stralenheim, *Amélie Freifrau.* - 869

Stratmann, *O., Förde.* - 2160

Strieder, *Dr. Peter, *1913, Direktor Germanisches Nationalmuseum in Nürnberg.* - Petrikirche 3270

Stroick, *P. Dr. Autbert OFM, 1897-1940, Lektor der Kirchengeschichte in Dorsten.* - 3007

Stürzbecher, *Dr. Manfred, *1928, Medizinaldirektor, Berlin.* - 3462

Stüve, *Dr. Carl, 1798-1872, Osnabrück.* - Handel 3178, Geschichte 2801, Sächsischer Krieg 2796

Stüwer, *Dr. Wilhelm, *1908, Staatsarchivdirektor a. D., Düsseldorf.* - Meinolf 689, Katharinenkult 3015, Werden 2274b

Stupperich, *Dr. Robert, *1904, UProf., Münster.* - J. Gropper 453, Melanchthon 694, Kampf um Einfluß 2967, Bugenhagen 221, Rhegius 810, von der Wyck 1042, Frömmigkeit 3012, Philipp von Hessen 506, 30jähr. Krieg 2850b

Stute, *Dr. Franz, *1897, Studienrat, St. Augustin bei Siegburg.* - 1360

Sudendorf, *Hans, 1812-1879, Amtsauditor in Stolzenau (Bruder von J. Sudendorf).* - Osnabrück 1889, Wildeshausen 2310

Sudendorf, *Julius, 1815-1893, Amtsauditor zu Malgarten im Fürstentum Osnabrück.* - 3497

Sudhof, *Dr. Siegfried, 1927-1980, UProfessor, Bamberg.* - Klopstock 593, Th. v. Oer 727, Fürstenberg 355f., Kreis von Münster 590, Ausstellung 282

Svanberg, *Dr. Jan, Bromma, Schweden.* - 3203

Swiechowski, *Dr. Zygmunt, Professor, Warschau.* - 3250

Swientek, *Dr. Horst Oskar, 1908-1967, Stadtarchivdirektor, Dortmund.* - 1272

Sydow, *Dr. Jürgen, *1921, Städt. Archivdirektor, Prof., Tübingen.* - 2943, 3046

Symann, *Dr. Ernst, *1872, Münster.* - Beckum 1076, Landschafts-Pfennigkammer 1796, Teuerung 1619, Brilon 1163, Urk. Brilon 2366

Tack, *Dr. Wilhelm* (Nekrolog 966). - Kapitellornamentik 1987, Ahnenprobe 1970, Barockisierung 1988, Rudolphi 849, Domherrenkurien 1975, Wappenkalender 1971, Pütt 794, Portal 1992, Osterspiel 2958, Kapitelsäle 1976, Paderborn-Riga 1995, Domschule 41, Barockbauten 3364, Domkrypta 1989, Matthiaskapelle 1990, Reliquienhochaltar 1991, Paradiesvorhalle 1993, Brautportal 1994, F. v. Fürstenberg 347

Tackenberg, *Dr. Kurt, *1899, UProf., Münster.* - 2618

Telger, *(vh Münscher), Dr. Leni, *1911, Münster.* - Herford 1410f.

Tellenbach, *Dr. Gerd, *1903, UProf. Freiburg.* - 2764

Tenckhoff, *Dr. Franz, 1865-1921, Akademieprofessor, Paderborn.* - Aufenthaltsort 1903, Badurad 149, Urkundenfälschungen 2394, Meinwerk 690

Tenhagen, *Friedrich, 1854-1940, Pfarrdechant, Werne.* - Sixtuskasel 2237, Äbtissinnen 2234, Sammlung 2239, Pfarrkirchenstreit 2233, Sixtus-Sage 2238, Landwehr 2231, Denkmal 646, Landwehr Ahaus 1051, Walbert 1007, Kölner Revers 2232, Kirchspiel Herbern 1399, Werne 2292

Tentrup, *Franz-Josef, *1936, Dr. med. Trier.* - 2005a

Terborg, *Kaspar, 1816-1897, Dechant, Rhynern.* - **2636**

Terhaar, *Heinrich, Lehrer, Liesborn.* - **2640**

Teudt, *Wilhelm, 1860-1942, Prof. Germanenforscher, Detmold.* - **2704**

Thiekötter, *Dr. Hans, 1906-1967, Städt. Bibliotheksdirektor, Münster.* - K. Zuhorn **1047**, Anton Eitel **298**

Thiemann, *Joseph.* - **2102**

Thier, *Wilhelm, Professor.* - **3448**

Thiersch, *Dr. B., Direktor des Kgl. Gymnasiums, Dortmund.* - Femgerichtsprozeß **3138f**, Dortmund **1269**, Hanse **1270**, Handel **3180**

Thöne, *Dr. Friedrich, 1907-1975.* - **850**

Thöne, *Dr. Wilhelm, 1893-1957, Zahnarzt, Bad Soden, Taunus.* - Dietrich von Nieheim **259**, Thönemann **978**, von Brakel **209**

Thomas, *Dr. Bruno, *1910, Direktor Waffensammlung Kunsthistorisches Museum, Wien.* - Figurenportale **3254**, Steinplastik **3251**

Thomasen, *Anne-Liese, Kopenhagen.* - Ferd. v. Fürstenberg **348**

Thümmler, *Dr. Hans* (Nekrolog **972**). - Freckenhorst **1321f.**, Baukunst **2579**, **3245**, Gewölbekunst **3235**, Baugeschichte **2577**, Hohnekirche **2189**, Grabungsberichte **2580**, Paderborn Dom **1908f.**, Patrokli **2191**, **2195**, **2580**, Stockum **2209**, Warstein **2271**, Warburg **2251**, Kirchen Paderborn **1920**, Sakralarchitektur **3226**, Siegerland **3238**, Ostseeraum **3199**

Tibus, *Adolf,* (Nekrolog **974**). - Dom **1647**, Weihbischöfe **1631**, Erbmännerhöfe **1731**, Jacobipfarre **1680**, Zehnte **1603**, Beverförder Hof **1733**, Dietrich III. **539**, Stadt Münster **1702**, Torck **980**

Tochtrop, *Dr. Joseph.* - **1300**

Tönsmeyer, *Dr. Josef, 1902-1978, OStudienrat, Rheine.* - Zoestius **904**, Tilly **2126**, de Renis **806**

Tophoff, *Dr. Theodor, 1806-1880, Gymnasialdirektor, Essen.* - Zehnten **1598**, B. Sökeland **902**, Chr. v. Braunschweig **233**, Gilden **1783**

Tourtual, *Florenz, 1841-1877, Privatdozent, Münster.* - Friedenskongreß **2853**, **2855**, dreißigjähr. Krieg **2844**

Trier, *Dr. Jost, 1894-1970, UProfessor, Münster.* - Wohnen **3356**, Völkernamen **3065**, Clemenswerth **3480a**

Troß, *Ludwig, 1795-1864, Gymnasiallehrer, Hamm.* - Freckenhorster Heberolle **1314**, Handschriften **2489**, Geschichtsquellen **2470**, Hegius **476**

Trunz, *Dr. Erich, *1905, UProfessor, Kiel.* - Quellen **2829**, Fürstenberg-Büste **591**, F. v. Fürstenberg **349**

Tücking, *Carl, *1827, Gymnasialdirektor, Neuß.* - Drachter **271**, Ahaus **1050**

Tumbült, *Dr. Georg, 1856-1947, Archivar, Donaueschingen.* - Siegel **15f.**, Siegelfälschungen **2478**, Cerocensualität **1711**, v. Morrian **708**

Tzschoppe, *G. A., Kgl. Geh. Oberregierungsrat, Berlin (und G. A. Stenzel).* - **2368**

Ueffing, *Werner, *1927, Oberstudienrat, Oelde.* - **1320**

Ülhoff, *Dr. Wilhelm, 1921-1975, Professor, Paderborn.* - **1933**

Uhlemann, *Dr. Heinz R., Berlin.* - **2870**

von Unruh, *Dr. Georg Christoph, *1913, UProf., Kiel.* - 3176

Usener, *Dr. F. Ph., Senator.* 3136

Vahle, *Dr. Johannes, Gerichtsassessor, Münster.* - Armenwesen 3472, Klemenshospital 1672, Domeleosyne 3474

Varnhagen, *Dr. Friedrich, 1779-1827, Justizrat, Arolsen.* - 311

Varnhagen, *Johann Adolf T. L., 1753-1828, Dr. d. Theol., Kirchen- und Schulrat, Corbach.* - 3159

Vasters, *Peter, *1899, Dr. phil., Münster.* - 2746

Verhoeff, *Karl Eduard, *1803, Pfarrer, Borgholzhausen.* - 2274

Verres, *Dr. Rudolf, Charlottenburg.* - 3413

Vetter, *Hans-Joachim, *1906, Musikdirektor, Münster.* - 1814

Viegener, *Dr. Franz, Rüthen.* - 2143

Vierhaus, *Dr. Rudolf - *1922, UProf., Bochum.* - 2908

Vincke, *Dr. Johannes, 1892-1975, UProf., Freiburg.* - 3544

Völker, *Dr. Christoph* (Nekrolog 1001). - WUB IV, VII 2362, Reformation 2041, Marstall Meinwerks 1907, Familiengeschichtliche Quellen 1902, Kirchhöfe 1935, A. Gemmeke 402, Briefessen 3524

Völlmecke, *P. Lorenz SVD aus Düdinghausen.* - 1288

Voermaneck, *Johannes H., Rentmeister, Brenken.* - 2619

Vogeler, *Eduard, 1851-1915, Gymnasialprof., Stadtarchivar, Soest.* - 3385

Vogt, *Dr. Paul, *1926, Musikdirektor Folkwangmuseum, Essen.* - 836

Volk, *P. Dr. Ludwig SJ, St. Blasien.* - 2953

Vollmer, *Dr. Bernhard, 1886-1958, (Geschichte) Düsseldorf.* - Hofhaltung 793, Verweserschaft 483

Voort, *Dr. Heinrich, Bentheim.* - 191

Voß, *Anton, *1890, aus Atteln, Studienrat, Hannover.* - Busdorf 2017, Atteln 1072, Grundherrschaft 1060, Patrimonialgerichte 3153

de Vries, *Dr. Jan, *1890, Professor, Privatgelehrter, Utrecht.* - 2708

Vriesen, *Dr. Gustav, 1912-1960, Museumsdirektor, Bielefeld.* - A. Macke 673, H. Stenner 946

Vüllers, *Andreas Franz Josef Wilhelm, 1831-1931, Bergwerksdirektor, Paderborn.* - Säulen 1984, Baureste 1919, Sertürner 898, Wasserverhältnisse 2587f., Scharne 2073, Steinmetzzeichen 2477, Salinen 2084, Eisenzeit 2620, Alchemisten 3516, Edda-Lieder 3085

Wackernagel, *Dr. Martin, 1881-1962, UProf., Münster.* - 1444

Wagener, *Dr. Heinz, *1930. Gymn. Lehrer in Rheine.* - 3399

Wagener, *R.* - 2697

Wagner, *Dr. Georg, *1910, Professor für rel. Volkskunde, Paderborn.* - Amtsstube 2110, Kreuz 3014, Volksreligiosität 1938

Wagner, *Dr. Gotthold, *1887, Studienrat, Göttingen.* - 1949

Walter, *Dr. Friedrich, 1890-1975, Oberlandwirtschaftsrat, Münster.* - Flurkarte 2602, Paderborn 2056

Wecken, *Dr. Friedrich, *1875, Genealoge.* - **2407**

Weckwerth, *Dr. Alfred, *1914, Oberstudienrat, Cuxhaven.* - **3225**

Weddige, *Dr. Anton, Hengemühlen bei Rheine.* - Hamilton **465**, Reckenberg **2111**

Weerth, *Otto, 1849-1930, Gymnasialprof., Vorsteher des Museums für Kunstgewerbe, Altertumskunde, Detmold.* - WUB III **4**, Sparrenburg **3347**, Brobeck **3348**, Nieder-Andepen **1869**

Wehrmann, *C., Ingenieur, 1852-1924, Paderborn.* - **2719**

von Weichs, *Engelhart Freiherr, *1910, Dortmund.* - Veme-Kollektivurteil **3160**, Kaland **1554**

Weingärtner, *1825-1896, Kreisgerichtsdirektor, Münster.* - **2485**

Weißgerber, *Otto.* - **20**

Wendehorst, *Dr. Alfred, Prof., Erlangen.* - **2392**

von Wendt, *Rud. Freiherr zu Crassenstein, † 1863.* - **275**

Wenning, *Robert, cand. phil., Münster.* - **2665**

Wentzel, *Dr. Hans, *1913, Professor TH Stuttgart.* - Glasmalereien **3274**, Madonna **3435**, Chorfenster **3277**

Werland, *Peter, Redakteur, Münster.* - **1419**

Wernecke, *Bernhard, *1825, Gymnasialdirektor in Montabaur.* - **3037**

Wersebe, *August von, 1751-1831, Landrat in Meienburg.* - **2590**

Wesenberg, *Dr. Rudolf, 1910-1974, UProf., Landeskonservator, Bonn.* - **1577**

Weskamp, *Dr. Albert, 1861-1931, Oberlehrer, Prof. in Dorsten.* - Warendorf **2269**, Dülmen **1288a**

Westhoff, *Doris.* - **344**

Westhoff-Krummacher, *Dr. Hildegard, Münster.* - **827**

Wichert, *Hans-Walter, Professor, Bad Driburg.* - Völkersen **2225**, Lehnsregister **274**

Wichert-Pollmann, *Dr. Ursula, Bad Driburg.* - **2927f.**

Widmann, *Dr. Simon Peter, 1852-1934, Gymnasialdirektor, Münster.* - **578**

Wiegard, *Dr. Anton, 1886-1915, im Felde gefallen.* - **2263**

Wiegmann, *Wilhelm, 1893-1973, Studienrat, Münster.* - **413**

Wiemers, *Dr. Franz (Kaufmann aus Paderborn).* - **1721**

Wieschebrink, *Dr. Theodor, 1897-1963, Diözesankonservator, UDozent, Münster.* - Kunstpflege **2547**, Elfenbeinmadonna **3423**, Dom des hl. Ludgerus **1652**, **1658**, **1664**, Flechtgewebe **3461**, Bischofspalast **1629**

Wiesemeyer, *Helmut, Studiendirektor, Höxter.* - Gründung **1213**, Klosterschule **1214**

Wiens, *Eberhard, 1798-1848, Gymnasialprofessor, Münster.* - Verschwörung **582**, Wahl **697**, Belagerung **1844**

Wigand, *Paul* (Nekrolog **1028ff.**). - Gründung des Vereins **53**, **54**, Berichte von Archiven: Corvey, Marsberg **2463**, Litzig **1233**, Recht **3090**, F. v. Lüninck **669**, Güterregister, Traditionen **1230ff.**, Höxter **1427ff.**, Urkunden **2389f.**, Klöster Verdienst **2981**, Meiergüter **1236**, Schwaney **2418**, Herford **1407**, Freigrafschaften **3145**, Mestal. Dunghetal **3050**, Corvey **1245**,

Kritik **1229**, Corvey **1210ff.**, Achtwort **3096**, Provinzialrechte **3097**, Warburg **2245**, Ostercappeln **1893**, Brakel **2421**, **2423**, Tuexer marcke **1115**, Lehnrecht **1116**, Böddeken **1117**, Officium Graffen **1118**, Wesel **2293**, Heerse **1857**, **1862**, Rüden **2140**, Herstelle **1416**, Rietberg **2129**, **3148**, Meierrecht **1946**, Kirchborchen **1464**, eheliche Gütergemeinschaft **1561**, Grundlasten **3101**, Hausgenossenrecht **2112**, Gandersheim **2433**, Münster **3154**, Reichskammergericht **3135**, Kemnade **2437**, Soest **2173**, Einläufige Leute **3106**, Geschichtsvereine **2326**, Vernichtung von Handschriften **2446**, Paulini **745**

Wildemann, *Dr. Diether, Landesbaudirektor, Münster.* - Willebadessen **2314**, Altstädte **2556**, Nachgründungen **2557**, Dalheim **1253b**

Wille, *Dr. Hans, Museumsdirektor, Hamm.* - Morgner **707**, Erbslöh **306b**

Wilmans, *Dr. Roger* (Nekrolog **1031**). - Index z. Westf. UB I/II 1, WUB III, IV: **4**, **5**, Thegathon **1878**, Hunighove **2435**, Vreden **2230**, Urkundenfälschungen Abdinghof **2393**

Wink, *Hans.* - **3207**

Winkelmann, *Wilhelm, *1911, Professor, Münster.* - Holsterhausen **2730**, Vreden **2235**, Fürstengrab **2654**, Kultur **2682**, Dombereich **1913**, Karolingische Pfalz **46**, **1914ff.**

Winter, *Dr. Georg, 1895, Dir. Bundes-Archiv, Koblenz.* - **3169**

von Winterfeld, *Luise, 1882-1967, Stadtarchivdirektorin, Dortmund.* - Soester Stadturkunde **2400**, **2402**, Stadtschreiberamt **2818**, Hueck in Curaçao **533**, Matthias Dortmund **270**, Baegert **150**, Rheinischer Bund **3185**, Werner Städtebund **2288**, Dortmunder Stadtarchiv **1273**

Wippermann, *Ferdinand, 1876-1969, Studienrat, Prof.* - **2063**

Wippo, *W. A., Goldarbeiter, Münster.* - Münzfunde **2495f.**

Wittkop, *Dr.* - **2488**

Witting, *Dr. Ernst, *1796, Apotheker, Höxter.* - Siegel **2474**, Glasmalerei **3273**, ältere Dinten **2373**

Wittram, *Dr. Reinhard, *1902, UProf., Göttingen.* - **2754**

Woesler, *Dr. Winfried, Akad. Oberrat, Dülmen.* - Fontane **325**, Geistliches Jahr **287**

Wolf, *Dr. Gunter, *1930, Gymnasialprof., Heidelberg.* - **2765**

Wolf, *Gustav, 1887-1963, Prof., Landesbaupfleger, Münster, Osterode (Harz).* - Bauweise **3493**

Wolffgram, *Dr. Hugo.* - **839**

Wormstall, *Dr. Albert, 1867-1941, Prof., Studienrat, Münster.* - Briefsammlung **1486**, Bronzeschüsseln **2656**, versteinerter Fisch **2622**, Höllenburg **1643**, Altargemälde **654**, Badestuben **3466**, Schauspiel **1807**, Wallburgen **2081**, Babilonie **2674**, Münzfunde **2748**, H. Auling **147**

Wormstall, *Dr. Joseph, 1829-1907, Gymnasialprof., Münster.* - Urgeschichte **2621**, Ortsnamen **3058**, A. v. Gallitzin **390**

Wrede, *Dr. Günther, 1900-1977, Staatsarchivdirektor, Osnabrück.* - Atlas Westfalen **2600**, D. v. Niem **260**, Herzogsgewalt **1476**, Familienforschung **3488**

Wurm, *Hermann Joseph* (Nekrolog **1040**). - B. Stolte **954**, J. Linneborn **660**

Zak, *Alfons, O. Praem., Pfarrer in Kirchberg*

a. d. Wild (Niederösterreich), *1868. - Prälaten 633, Propst Hermann Judas 500

Zaretzki, Dr. Otto, 1863-1929, Prof. in Köln. - 1778

Zeiß, Dr. Hans, *1895, Direktor Archäologisches Institut Frankfurt. - 2658

Zellner, Leo, Lehrer, Rheda. - 2119

Zelzner, Dr. Maximilian, 1883-1946, Direktor Fürstlich Salm-Salmsches Archiv, Anholt. - 854

Zeppenfeld, Ignaz 1760-1831, Assessor, Archivarius, Hildesheim. - 3095

Ziegemeier, Herzogl. Oberförster, Holzminden. - 3162

Zimmermann, Hildegard. - Graphik 3436, Malerei 3312

Zingsheim, M. - 2406

Zink, Dr. Herbert, *1909, Museumsdirektor, Hamm. - 3416

Zschaeck, Dr. Friedrich, † 1958 Gießen, Archivar, Neu-Isenburg (Hessen). - Fälschungen 2396, Freiungsurkunde 2438

Zuhorn, Dr. Karl, Widmung W 40, Bibliographie 1047, (Nekrolog 1046). - Warendorfer Altar 3337, Domherrenliste 1633, Denkmalpflege 2545, Beginen 1671, Marienfeld 1519f., Bürgertum 1716, Zoestius 905, H. Finke 319, vom Stein 943f., R. Rave 789, von Miquel 702, Kritik 353, Dietrich Kolde 609f, H. Rothert 842, D. Baegert 164, Koerbecke 602, Hinrik Funhof 374

Zuhorn, Wilhelm, Amtsgerichtsrat, Warendorf. - 3477

Zurbonsen, Friedrich, 1856-1941, Gymnasialprof., Münster. - Kriegsgesichte 3502, Postbeamtenfamilie 202, Städtefehde 2807, v. Lützow 671, v. Wrangel 1038, Juristen 2816, Birkenbaumsage 3504